Horst E. Richter

Engagierte Analysen

Über den Umgang des Menschen mit dem Menschen

Reden, Aufsätze, Essays

Rowohlt

Umschlagentwurf Werner Rebhuhn

1. Auflage August 1978

Gesamtherstellung Clausen & Bosse,
Leck/Schleswig

Printed in Germany
ISBN 3 498 05685 9

Heinrich Maria Ledig-Rowohlt zum 70. Geburtstag

Inhalt

Vorwort: Worum geht es?

Man könnte die Psychoanalyse eine weibliche Wissenschaft nennen. Sie beschäftigt sich vorrangig mit emotionalen Konflikten und Störungen. Und die Emotionalität gilt in unserer Kultur ja nun einmal als die bestimmende psychische Dimension der Frau. Aber die beherrschende Rolle spielt in diesem naturwissenschaftlich-technischen Zeitalter das ideologisch verherrlichte «männliche» Sachdenken. Auf dieses allein glaubt man sich verlassen zu dürfen, wenn unsere Gesellschaft vernünftig organisiert und die Zukunft geplant werden soll. Emotionalität erscheint demgegenüber als primär unvernünftig, blind, chaotisch. Von ihr befürchtet man Unordnung, Willkür, Verwirrung. Die Gemütsbedürfnisse sollen möglichst im privaten Bereich untergebracht werden. Hier mögen sich Gefühle und Triebregungen wie auf einer abgegrenzten Spielwiese entfalten. Die Einschränkung des emotionalen Bereiches ist traditionellerweise gleichbedeutend mit der kulturellen Einengung der Frau, der man diese psychische Seite als Geschlechtsmonopol zugeteilt hat.

Daß sich die Psychoanalyse überhaupt entwickeln und ausbreiten konnte, läßt sich nur so erklären, daß die soziokulturelle Unterdrückung der Emotionalität inzwischen Komplikationen stiftet und Widerspruch provoziert. Die Psychoanalyse ist in gewisser Hinsicht ein Symptom dieser Komplikationen und dieses Widerspruchs. Durch sie wurde offenbar, daß es viele Menschen nicht mehr aushalten, wesentliche Anteile ihrer Emotionalität zu verdrängen. Ihre dadurch bewirkten psychischen Gleichgewichtsstörungen machen sie unfähig, weiterhin glatt und angepaßt mitzufunktionieren. Selbst die ideologischen Zwänge totalitärer Gesellschaftsordnungen vermochten bzw. vermögen dieses Phänomen nur vorübergehend zu verdecken, nämlich daß sich ein früher unbekannter, zumindest unbeachteter Typus von emotional bedingten Krankheiten immer mehr durchgesetzt hat.

Diese Krankheitsformen bedeuten eine untergründige Rebellion der unterdrückten Emotionalität. Die Betroffenen vermögen dabei ihre verdrängten Gefühle und Impulse nicht unmittelbar, sondern eben nur verschlüsselt in Symptomen auszudrükken. So entstand die Psychoanalyse aus dem Bedürfnis, diese Symptome zu dechiffrieren und die dahinter verborgenen unbewußten seelischen Prozesse aufzuzeigen. Das sprachlose Aufbegehren der verdrängten Emotionalität bediente sich der Psychoanalyse, um sich verständlich zu machen.

Lange Zeit war die «männliche» naturwissenschaftliche Medizin ratlos, wie sie mit dieser neuen Erscheinung von Gesundheitsstörungen umgehen sollte. Als Vertreterin des herrschenden Sachdenkens war sie gewohnt, Krankheiten eben nur als technische Defekte der Sache Organismus zu begreifen und zu behandeln. Sie fühlte sich durch den von der Psychoanalyse aufgedeckten Typ emotional bedingter Krankheiten irritiert. Sie verfiel auf den zu erwartenden Versuch, das Phänomen genauso zu bagatellisieren, wie eben die Dimension des Emotionalen überhaupt gesellschaftlich bagatellisiert zu werden pflegt. Der Psychoanalyse verweigerte die Medizin die Anerkennung als Wissenschaft, indem sie rundweg bestritt, daß es überhaupt so etwas wie Verdrängung und unbewußte emotionale Krankheitsursachen geben könne. Der Streit um die Wissenschaftlichkeit der Psychoanalyse war und ist in Wirklichkeit eine ideologische Verteidigungsschlacht. Nur insoweit man den Menschen als Sache mißt, errechnet und technisch handhabt, soll man diese Tätigkeit wissenschaftlich nennen dürfen. Wenn der Mensch aus Gründen krank wird, die man sich mit diesem methodischen Zugang theoretisch und therapeutisch nicht erschließen kann, dann soll er eben – das ist die fatale Konsequenz – auf eine Hilfe der ärztlichen Wissenschaft verzichten. Seine Krankheit gilt nicht als eigentliche Krankheit, weil sie nicht zu der Ideologie der herrschenden Medizin paßt. Insofern hat diese Auseinandersetzung prinzipiellen Charakter. Von den Schwierigkeiten für die Psychoanalyse, gegenüber der Übermacht der naturwissenschaftlichen Medizin zu bestehen und sich vor der Versuchung einer allmählichen Selbstentfremdung zu bewahren, wird in diesem Buch mannigfach die Rede sein.

Der wachsenden Patientengruppe mit emotional bedingten Störungen begegneten die naturwissenschaftlichen Mediziner entweder, indem sie diese kurzerhand als unbehandelbare «Psychopathen» abwiesen oder indem sie die Betroffenen, wenn es nicht anders ging, als körperlich Kranke umetikettierten und ihnen irgendeine organische Therapie aufoktroyierten. Beide Strategien bedeuten im Grunde eine Verteidigung des rationalistischen Sachdenkens gegen den Anspruch der Emotionalität. Dabei widerlegt sich diese Verteidigung dadurch selbst, daß die unkritische Verleugnung der Wirklichkeit ihrerseits allzu deutlich von emotionalen Motiven mitbestimmt wird.

Noch immer geht die Medizin in dieser Weise überwiegend defensiv mit dem Problem emotionaler Krankheitsursachen um. Damit kann sie zwar vielen betroffenen Einzelnen Unrecht tun und praktisch schaden. Aber daran kann sie nichts mehr grundsätzlich ändern, daß es als gesellschaftlichen Tatbestand so etwas wie einen kollektiven Aufstand der unterdrückten Emotionalität gibt. Dabei ist das medizinische Feld nur *ein* Schauplatz dieses Aufstandes. Dieser findet in zahlreichen unterschiedlichen Bereichen und Formen statt.

Die historische Unterdrückung der Emotionalität spiegelt sich in unserer Gesellschaft überall dort wider, wo Menschen andere Menschen gewaltsam bevormunden. Stets erklärt sich die herrschende Gruppe als Vertreterin des vernünftigen Sachdenkens und unterstellt der in Abhängigkeit gehaltenen Gruppe projektiv eine einseitig emotional gesteuerte Verhaltensweise. Aber es geht dabei nicht nur um Unterstellung. Hier sind seit langem echte Abspaltungs- und Zuteilungsprozesse wirksam. Wer seine eigene Emotionalität verdrängt, braucht Partner, die ihm das Verdrängte quasi abnehmen. Er nötigt sie dazu, daß sie das ausleben, was er in sich unterdrückt. Also stimuliert er Abhängige zu einer Forcierung emotionaler Reaktionsweisen. So konstruiert er ein sich ergänzendes zweiseitiges Rollensystem. Darin übt er organisierend und planend die Macht aus und kompensiert seine psychische Verarmung mit Hilfe jener Abhängigen, an die er seine unausgelebte Gefühlsseite abgetreten hat. Zum Funktionieren des Systems gehört, daß die abhängigen Rollenpartner ihrerseits auf eine psychische Vervollständigung verzichten und bei sich die Fähigkeit zu besonnener Selbststeuerung unterdrücken. Sie sollen den emotionalen Aspekt in einer möglichst infantilen und hilflosen Weise einbringen. Dadurch rechtfertigen sie ihr eigenes Bevormundetwerden und bestätigen den dominierenden Rollenpartner in seinem Bedürfnis, sich jederzeit die Minderwertigkeit und damit zugleich die Unterdrükkungsbedürftigkeit der Emotionalität beweisen zu wollen. Diese Zusammenhänge sind mikropsychologisch eingehend in der Paarforschung und in der Familienforschung aufgehellt worden (vgl. Teil I, 1 u. 2, Teil II, 3).

Es ist dies ein für unsere Kultur spezifisches dissoziatives Rollensystem, das die sozialpsychologische Basis für alle möglichen Varianten von unnatürlichen Dominanzverhältnissen darstellt. Heute drängt sich die Frage auf, wie sich dieses System so lange stabil halten konnte, obwohl es doch auf eine gewaltsame Selbstspaltung des Menschen hinausläuft. In sozialpsychologischer Sichtweise erklärt sich diese Tatsache aus dem allmählichen Überhandnehmen eines an den technischen Fortschritt geknüpften pseudoreligiösen Erlösungswahns. In dem Maße, in dem perfekte technische Naturbeherrschung zur alles bestimmenden Heilslehre wurde, wuchs das Bedürfnis nach der Reinzüchtung des speziellen Denktyps, der als Instrument für die technische Welteroberung gebraucht wurde. Die Ideologie sicherte diesem Denktyp den absoluten Primat gegenüber jener scheinbar primitiven und infantilen emotionalen Erlebensweise, die sich auf dem Weg zu einer perfekten technischen Naturbeherrschung eher als Störfaktor erwies. Die Abspaltung der hinderlichen Emotionalität wurde geradezu zum sinnvollen Opfer im Dienste des allein auf technische Expansion gestützten Fortschrittglaubens.

Unter anderem konkretisierten sich diese kollektiven Dissoziations- und Abspaltungsprozesse in jener Struktur des Geschlechterverhältnisses, die sich bei uns entwickelt hat. Die Männer als die Hüter des technischen Sachdenkens erheben wie selbstverständlich den monopolistischen Anspruch darauf, die

Gesellschaft zu organisieren und den Frauen lediglich das Feld der privaten Beziehungen zur Pflege der emotionalen Werte zuzuweisen. Hier sollen die Frauen in einer Art von Naturschutzpark all die Wärme, Gemütlichkeit, Fürsorglichkeit und Schönheit kompensatorisch produzieren, die bei dem fortschreitenden Technisierungsprozeß immer mehr ins Hintertreffen geraten.

Indessen erweist sich die in unseren Tagen unaufhaltsam fortschreitende Frauenbewegung als ein weiteres Symptom dafür, daß der allein auf technischen Fortschritt bauende Heilsglaube nicht mehr trägt. Indem dieser Glaube sich mehr und mehr als ein selbstzerstörerischer Wahn entlarvt, verliert auch die klassische hierarchische Rollenaufteilung der Geschlechter ihren Anschein von Rechtfertigung. Indem die Frauen gegen ihre Gettoisierung rebellieren, kämpfen sie zugleich im Sinne der Männer dagegen an, daß die totale Technisierung der Gesellschaft automatisch zur totalen Selbstentfremdung des Menschen wird. Denn dies wäre das notwendige Resultat unserer Kultur einer gespaltenen Menschlichkeit, in der die ihre Gefühlswelt verdrängenden männlichen Halbmenschen die als reine Gefühlswesen fixierten weiblichen Halbmenschen in einen technisierten Gesellschaftsbetrieb hineinorganisieren, der nur noch wie eine Maschine funktioniert. Dabei geht es ja, wie immer deutlicher wird, nicht mehr nur um die Gefahr der psychischen Selbstzerstörung, sondern um die Bedrohung des unmittelbaren Überlebens.

Was sich jedenfalls vordergründig als ein Aufstand der Frauen gegen die Männer ausnimmt, ist in Wirklichkeit ein unter Führung der Frauen beginnender Erosionsprozeß, der unsere traditionellen gesellschaftlichen Zielvorstellungen schlechthin in Frage stellt. In der Krise unserer Wertorientierung erscheint vieles unklar, aber *eine* Tendenz artikuliert sich deutlich: das intensive Bedürfnis nach ganzheitlicher menschlicher Selbstverwirklichung. Die Frauen als Repräsentanz der bislang gesellschaftlich unterdrückten Seite des Menschlichen sind die legitimen Anführer der Erneuerungsbewegung. Denn eine Reintegration zu ganzheitlicher Menschlichkeit ist nur denkbar, indem die Frauen die zusammen mit ihnen diskriminierten emotionalen Werte als Maßstäbe für die Gestaltung unserer gesellschaftlichen Zukunft durchsetzen können. Der allenthalben vernehmbare Ruf nach mehr Menschlichkeit, nach menschlicherem Wohnen, nach menschlicherer Arbeitswelt, menschlicherer Stadtplanung, menschlicherer Politik bedeutet ja im Grunde nichts anderes als eine stärkere Berücksichtigung emotionaler Bedürfnisse. Man will eine Welt, in der man sich heimisch fühlen, geborgen fühlen, zusammengehörig fühlen kann. Aber das Dilemma besteht darin, daß die gesellschaftlich herrschenden Männer in sich die Fähigkeit haben verkümmern lassen, nach diesen Maßstäben zu handeln. Und mag ihnen auch mehr und mehr die eigene diesbezügliche Impotenz einleuchten, so macht es ihnen zugleich immer noch enorme Angst, ihre sie scheinbar schützende Machtposition gegenüber den Frauen aufzugeben. Sie tun sich schwer damit, die eigenen illusionären Größenideen aufzugeben und sich die Tatsache einzugestehen, daß nicht sie, sondern die Frauen aus ihrem emotionalen Fundus heraus mehr Reife und mehr Weisheit mitbringen, um unserer fehlorganisierten Gesellschaft vernünftigere Ziele zu setzen. Es erscheint fraglich, ob das dominierende Männergeschlecht sich der von den Frauen indirekt angebotenen gemeinsamen Emanzipation anzuschließen bereit ist. Aber noch fraglicher erscheint, ob ein solcher Bewußtseinswandel, sollte er sich überhaupt durchsetzen, die fixierten objektiven gesellschaftlichen Strukturen in ihrer weitgehend automatisierten Eigendynamik noch erschüttern kann.

Manche beunruhigenden Reaktionsweisen in der jungen Generation lassen sich als eine äußerst skeptische Antwort auf diese Frage verstehen. Nach der lauten Protestwelle Ende der sechziger Jahre haben sich beträchtliche Teile der Jugend in eine Form innerer Isolation zurückgezogen, die nur deshalb noch keine allgemeine Beunruhigung ausgelöst hat, weil sie nach außen hin wenig auffällt. In Wirklichkeit handelt es sich hierbei um eine neue und recht gefährlich erscheinende Absetzbewegung, die eine sehr sorgfältige Beachtung verdient. Sie ist als noch gravierender einzuschätzen als die vergangene lärmende Studentenrebellion. Die damaligen demonstrierenden Protestgruppen suchten noch die offene Auseinandersetzung. Sie hofften, durch Agitation, durch Argumentieren und politische Aktionen Einfluß nehmen zu können. Diese Hoffnung ist inzwischen dahin. Die vielfältigen Gründe des damaligen Scheiterns sind ausdiskutiert. Keineswegs abgeklungen ist die Gegenbewegung der aufgescheuchten bürgerlichen Mehrheit, die sich durch eine (bis zum Radikalenerlaß reichende) disziplinierende Strategie vor einer gefürchteten neuen Herausforderung schützen will.

In Wirklichkeit fördert dieser disziplinierende Umgang mit der Jugend gerade jene resignative Abkehrbewegung, die immer mehr um sich greift. Viele Jugendliche sehen nicht mehr in, sondern nur noch außerhalb der Gesellschaft eine Möglichkeit für ein Stück kreativer Selbstentfaltung. Sie sehen vor sich entweder die Möglichkeit, sich in einer Art Selbstaufgabe von einem bis ins letzte funktional-technisch durchprogrammierten gesellschaftlichen Betrieb vereinnahmen zu lassen, der ihnen fremd und sinnlos erscheint, oder sie suchen die schwache Chance, sich abseits in irgendeinem Winkel in einer alternativen Lebensform zu erhalten. Aber dies erweist sich in einer überorganisierten und überbürokratisierten Gesellschaft, zumal in dem gegenwärtigen intoleranten Klima, als extrem schwierig. Deshalb führt die Anpassungsverweigerung nur selten zu geglückten Modellen tragfähiger Alternativgemeinschaften. Häufiger wird aus dem Ausscheren neuerdings eine hörige Auslieferung an mehr oder minder zweifelhafte Jugendsekten oder an sonstige sektenartige Außenseitergruppen. Oder es kommt zu einem Abkippen in Alkohol- oder Drogenabhängigkeit. Noch am ehesten gesellschaftlich integriert stellen sich die epidemisch zunehmenden Formen von kindlichen und jugendlichen «Verhaltensstörungen» dar, die zum Anlaufen der etablierten psychosozialen Beratungs- und Therapiedienste führen. Aber unverkennbar ist die wachsende Zahl der Jugendlichen, die sich dagegen wehren, als «Sozialfall» oder «Therapiefall» etikettiert und irgendeiner institutionalisierten Betreuung zugeführt zu werden. Sie mißtrauen den Maßstäben der ihnen angebotenen Betreuung und fürchten, dadurch indirekt doch wieder von dem technisierten Gesellschaftssystem vereinnahmt zu werden, gegen das sie gerade ihre innere Freiheit zu verteidigen versuchen, wie schwer ihnen das auch immer erscheint. Deshalb bedeutet ihnen jede Form von «Selbsthilfegruppe» immer noch einen plausibleren Ausweg als das Mitspielen in irgendeinem Behandlungsarrangement. Wir

Psychotherapeuten sind mitunter versucht, diese Entwicklung zu unterschätzen, weil wir immer noch eine ausgedehnte Klientel von Partnern haben, die sich als Neurotiker oder psychosomatisch Kranke organisieren und in der herkömmlichen Patientenrolle mitspielen. Aber wir müssen zugleich die verbreitete Absetzbewegung in der Jugend als eine Herausforderung begreifen, die uns zu einem kritischen Überdenken unserer sozialen Rolle nötigt. Solange das Reaktionsmuster der emotional bedingten Krankheit mit dem entsprechenden Patientenverhalten die hauptsächliche Artikulationsform der gesellschaftlichen Orientierungskrise war, hatte der in üblicher Form klinisch praktizierende Psychoanalytiker unmittelbaren Einblick in die zeittypische Bewußtseinslage bzw. in die aktuellen unbewußten Konfliktmuster. Heute entziehen sich dem Arzt, dem Psychologen und dem Lebensberater wesentliche psychische Prozesse gerade in der Jugend, sofern er sich nicht aus den Räumen seiner Praxis oder seiner klinischen Institution herausbegibt und die Probleme dort aufsucht, wo sie sich artikulieren. Als Psychoanalytiker stehe ich vor der Frage, ob ich mich im Sinne des inzwischen etablierten «Berufsbildes» des psychoanalytischen Therapeuten damit begnügen will, die Konflikte der mich Aufsuchenden zu erhellen und therapeutisch zu bearbeiten oder ob ich mich obendrein aufgerufen fühle, mich auch oder sogar mit besonderem Aufwand um die Probleme derjenigen zu kümmern, die spontan nicht mehr zu mir kommen und auch nichts mehr von mir erwarten.

Tatsächlich sehe ich nicht, wie die Psychoanalyse ihre ursprüngliche gesellschaftliche Aufgabe weiterhin erfüllen könnte, wenn sie sich nach wie vor nur desjenigen psychischen Leidens annehmen würde, das ihr in der Form des traditionellen Patientenverhaltens entgegengebracht wird. Ihre eigentliche Chance besteht ja doch gerade darin, daß sie sich im Gegensatz zu den diversen rein auf Symptombeseitigung bzw. auf Verhaltensänderung abgestellten Verfahren von jeher angemaßt hat, der freien psychischen Entfaltung des Menschen und der Aufdeckung und Bearbeitung der diese Entfaltung hindernden Konfliktfaktoren zu dienen. So war es ja nicht etwa ein privates Hobby oder eine bedenkliche Grenzüberschreitung Freuds und wichtiger Vertreter seiner ersten Schülergeneration, daß sie sich sehr eingehend mit den Wechselbeziehungen zwischen psychischem Befinden und soziokulturellen Faktoren beschäftigt haben. So sind sehr wesentliche theoretische psychoanalytische Beiträge zur Kulturforschung und speziell zur Erziehungswissenschaft und darüber hinaus Initiativen zu praktischen Reformen u. a. in der Sozialarbeit und im Schulwesen entstanden. Aber zugleich war und ist es noch immer ein Streitpunkt innerhalb der Gesellschaft der Psychoanalytiker, ob es sinnvoll oder sogar zulässig sei, die Selbstbeschränkung auf den klar abgrenzbaren Rahmen eines Erfahrungsfeldes aufzugeben, das durch ein spezifisches therapeutisches Arrangement gegeben ist.

Für mich selbst ist es keine Frage, daß ich mich auch denjenigen Formen psychischer Unfreiheit zuzuwenden verpflichtet fühle, die mir nicht unmittelbar als behandlungsbedürftige Krankheiten angeboten werden, obwohl sie innerhalb unserer derzeitigen gesellschaftlichen Situation von erheblicher Bedeutung sind. Ich kann mich ja nicht damit herausreden, daß es gewissermaßen die eigene Sache der Betroffenen sei, ob sie das psychische Leiden an praktizierende Berater oder Therapeuten herantragen wollen oder nicht. Denn wenn sich innerhalb der Gesellschaft eine psychisch leidende Gruppe von den Institutionen abwendet, die sich für die therapeutische Versorgung psychischen Leidens organisiert haben, dann ist die Frage zu stellen: Haben nicht diese Institutionen vielleicht versäumt, ihre Angebote dem sich verändernden Bewußtsein der Menschen anzupassen? Speziell: Kommt die Mehrzahl der Jugendlichen mit psychischen Schwierigkeiten deshalb nicht mehr zu uns, weil wir die Art ihrer Schwierigkeiten nicht mehr richtig verstehen bzw. ihnen Behandlungskonzepte anbieten, die ihnen fremd geworden sind? Besteht das Problem überhaupt darin, daß sie sich von uns entfernen, oder nicht vielmehr primär darin, daß wir uns zuvor von ihnen entfernt haben?

Zweifellos geht es hierbei nicht nur um den speziellen Beziehungsschwund zwischen problembehafteten Jugendlichen und den sich dafür als kompetent verstehenden betreuenden Berufsgruppen. Es geht um einen tiefgreifenden Bruch zwischen den Generationen. Und dieser ist wiederum nicht zutreffend zu beschreiben, wenn man ihn, wie es landauf, landab geschieht, auf das eigentümliche Verhalten dieser neuen Jugend zurückzuführen versucht. Vielmehr müssen wir hier nach allen Erfahrungen der psychoanalytischen Sozialpsychologie wiederum eine Wechselbeziehung annehmen: Die in der Jugend sich ausbreitende Resignation ist zweifellos zugleich Ausdruck einer verdrängten Resignation der älteren gesellschaftlichen Gruppen. Je fremdartiger uns Älteren das anmutet, was wir bei vielen Jugendlichen wahrnehmen können (wenn wir es überhaupt wahrnehmen wollen), um so mehr haben wir uns zu fragen, warum und auf welche Weise wir uns von den Problemen der Jungen entfernt haben. Genauer noch: Warum wir bei uns selbst das Leiden und die Ohnmacht nicht mehr zu sehen wagen, die wir durch Projektion an die nachfolgende Generation abgetreten haben. Was einer Altersgruppe widerfährt, fällt stets in die Mitverantwortung der Gesamtgesellschaft. Und die speziellen Schwierigkeiten der Jugend sind immer auch eine repräsentative Abbildung der von den Älteren ungelösten Probleme. Es ist die verdrängte Verzweiflung und Orientierungslosigkeit der mittleren und der älteren Jahrgänge, der sich jetzt die Jugend, die ja nur ein Teil von uns allen ist, stellvertretend ausgeliefert sieht.

Es kommt also für uns Ältere darauf an, unsere eigene von uns selbst geflissentlich verleugnete Orientierungskrise mit dem daran haftenden psychischen Leiden bewußt auf uns zu nehmen und es nicht länger verleugnend den Jugendlichen zuzuschieben, die unter diesem Druck kaputtgehen müssen. Dabei haben wir zu begreifen, daß wir im Zuge unseres Älterwerdens innerlich partiell zu Abbildern der dehumanisierten Welt geworden sind, die wir geschaffen haben. Wir sind weitgehend zu Automaten geworden, die in einem nach technischen Maßstäben durchorganisierten und rationalisierten System mitfunktionieren und unsere eigene Entmenschlichung gar nicht mehr wahrnehmen. Die überreizten Defensivreaktionen gegenüber allen systemkritischen Zweiflern und Reformanhängern ist nur die Kehrseite der Angst, die eigene mühsam errungene Anpassungs- und Verleugnungshaltung gefährdet zu sehen. Die tragische Paradoxie des Verhaltens der bürgerlichen Mehrheit besteht gerade darin, daß sie durch ihre Überreaktion auf Systemkritik gerade die Phänomene von Anarchismus und letztlich auch terroristischen Auswüchsen begünstigt, deren Prävention vorgeblich die diversen Maßnahmen der Einschüchterung und der Gesinnungskontrolle dienen.

Aber dieser Widerspruch ist ein typisches Merkmal der in diesem Buch verschiedentlich beschriebenen Reaktion nach dem Sündenbock-Muster. Je angstvoller eine Gesellschaft ihre wachsenden Zweifel am eigenen Zustand und an ihren Ziel- und Wertvorstellungen niederhält, um so nötiger bedarf sie des Anblicks von Außenseitergruppen, die ihr den eigenen Zweifel in so schrecklicher Übertreibung vorführen, daß sie sich darin nicht mehr selbst erkennen muß. Sie kann sich dem Zwang zu einer kritischen Selbsterneuerung so lange entziehen, als sie sich einzureden vermag, jedes Rütteln am gegenwärtigen Zustand liefere sie vollends dem grauenhaften Bösen aus, das die jeweiligen Außenseitergruppen repräsentieren. In diesem Beziehungssystem steckt eine unheimliche Tendenz zur Selbsteskalation. Die Entlastungsfunktion der Teufelsjagd ist so unentbehrlich, daß man dieses Reaktionsmuster auch bei momentanem Fehlen von greifbaren Anlässen stetig wachhalten muß. Also erzeugt man, was man augenblicklich nicht hat, und bezieht in die Inszenierung laufend neue Feindgruppen ein, angebliche Ziehväter, Hintermänner, Sympathisanten, Helfershelfer, Nährbodenzüchter. Und notwendigerweise verfällt man bei dieser Selektierung am Ende auf die radikalen Fürsprecher und Verteidiger der tiefsten menschlichen Grundbedürfnisse, deren Frustration genau das verdrängte und latente Leiden der gesellschaftlichen Mehrheit bedingt. Man ächtet in den vermeintlichen Gesellschaftsfeinden das eigene Elend, das anzuerkennen man zu schwach ist. Dies liegt genau auf der Linie der Strategie, mannigfache kritische Initiativen der Jugend scheitern zu lassen. Dadurch kann man sich in der furchtgenährten Illusion bestätigen, das Verharren in einer bedrückenden gesellschaftlichen Sackgassensituation sei immer noch ungefährlicher als der Aufbruch zu Alternativen, wie sinnvoll diese auch immer sein mögen.

Die allgemeine Orientierungskrise, in die wir zur Zeit immer deutlicher hineingleiten, ist speziell hierzulande so schwer erträglich, daß die Mehrheit sie – in typisch deutscher Weise – am liebsten mit Gewalt, nämlich durch überkompensatorisches Machen «in den Griff» bekommen möchte. Man sucht nach omnipotenten Krisenmanagern, die durch kräftiges Zupacken und Durchgreifen wieder «Ordnung» und «saubere Verhältnisse» schaffen. Die unkritische Verherrlichung oberflächlicher «Stabilität» ist die Kehrseite einer Unfähigkeit, eine schwierige Phase des notwendigen Selbstzweifels und des experimentierenden Umdenkens auszuhalten. Die Leute wollen mehr «innere Sicherheit» im Lande, und die sollen ihnen eine schärfer durchgreifende Polizei und eine härtere Justiz besorgen. Aber sie verkennen, daß sie damit zugleich das Problem ihrer gefährdeten inneren, psychischen Sicherheit gewissermaßen erschlagen wollen. Denn diese eigentliche innere Unsicherheit, der Schwund an Sinngefühl und verbindender geistiger Identität ist das, was sie sich nicht zu tragen und zu bewältigen zutrauen. Es ist unser eingewurzeltes deutsches Reaktionsmuster, daß wir jeweils zeitbedingte äußere Ordnungen zu ewigen und heiligen Fundamenten unserer Existenz erklären, nur weil wir uns in ganz besonderem Maße davor fürchten, die Labilitätsphasen im Verlaufe einer kritischen Neubesinnung aushalten zu müssen.

Wenn ich mich als Psychoanalytiker denen anschließen will, die gerade an die vom allgemeinen Bewußtsein abgespaltenen und diskriminierten Formen und Bedingungen psychischen Leidens näher herankommen wollen, so bedeutet das für mich natürlich viel mehr als nur eine Abweichung vom standesüblichen Berufsbild in Auseinandersetzung mit der Fraktion konservativ angepaßter Fachkollegen im engeren und weiteren Sinne. Ich bin vielfältig mitverstrickt in die Verantwortung dafür, daß wir in unserer Generation zu lange gezögert haben, die Revisionsbedürftigkeit derjenigen Wertmaßstäbe einzugestehen, die weitgehend an der Dehumanisierung unseres gesellschaftlichen Zusammenlebens schuld sind. Obwohl Fürsprecher der gemeinsamen Geschlechteremanzipation, kann ich von mir allenfalls sagen, daß ich auf dem Wege bin, mir eine Identität jenseits des anerzogenen Männlichkeitsbildes zu erarbeiten. Und meine Kinder spiegeln mir in zeittypischer Weise meine Unfähigkeit wider, ihnen als überzeugender Wegweiser zu dienen. Vielmehr habe ich gerade an ihnen und den Studenten, mit denen ich professionell Umgang habe, zu lernen, daß wir einander in der allgemeinen Orientierungskrise wechselseitig mehr zuhören und uns gegenseitig unterstützen müssen, neue Lösungen herauszufinden. Es bereitet Angst, ist aber letztlich hilfreich, sich als elementar Fragenden noch in einer Lebensphase und zumal in einer Berufsrolle zu erleben, in der man traditionellerweise eher Halt zu vermitteln und anzuleiten pflegt. In einer Periode, in der kritisches Umdenken notwendig ist, sollten wir Älteren gerade nicht defensiv unsere Identität mit Normen verwechseln, an die wir uns angepaßt haben, obwohl sie uns zu Recht überaus fragwürdig geworden sind. Man kann sich in tieferem Sinne selbst treu bleiben, so meine ich, wenn man als Älterer zumal gegenwärtig zugesteht, daß man die Jugend zu einer stetigen Neudefinierung des eigenen und des gemeinsamen Lebenskonzeptes braucht. Es ist leichter, die provozierte Enttäuschung und gelegentlich auch Verärgerung zu ertragen, die das Eingeständnis eigener Ahnungslosigkeit und eigenen Leidens hervorruft, als sich in der Rolle des scheinbar orientierungssicheren Wegweisers als Hochstapler fühlen zu müssen.

In den in diesem Buch gesammelten Aufsätzen, Reden, Essays wird der Leser als Schwierigkeit erkennen, daß ich mich einerseits um sinnvolle Beiträge innerhalb meiner engeren Wissenschaft bemühe, andererseits immer wieder für notwendig halte, die mir als Psychoanalytiker zugänglichen Fragestellungen, Einsichten und Interventionsmöglichkeiten auch in sozialen und politischen Feldern anzuwenden, die meine eigentliche Fachkompetenz zum Teil überfordern. Wie unbeholfen manche derartige Ausflüge auch immer wirken mögen, so ergeben sie sich aus meinem Bedürfnis, mich nicht nur als Experten, sondern vor allem auch als Betroffenen einzubringen. Dies führt mich am Ende eben zu dem Bestreben, nicht nur die psychischen Wurzeln sozialen Fehlverhaltens und umgekehrt die psychischen Abbildungen sozialer Störfaktoren zu analysieren, sondern mich auch in politischen Problemen zu engagieren.

Es erscheint mir charakteristisch, daß Fachvertreter aus Wirtschafts- und Rechtswissenschaft, aus Naturwissenschaft und Technik seit längerem aus ihren jeweiligen Perspektiven heraus immer mehr Einfluß auf Politik nehmen, während wir Psychologen unsere Kenntnisse von den psychischen Bedürfnissen und Konflikten praktisch fast nur im Bereich persönlicher Beratung, Therapie und Erziehung genutzt haben, wenn nicht als Gehilfen der Wirtschaftswerbung. In dieser Selbstbeschränkung spiegelt sich zweifellos die eingangs erörterte gesellschaftliche Unterdrückung der Emotionalität wider, also des Bereiches, für den wir kompetent sind. Ist diese Diagnose indessen richtig, so haben wir Psychologen und Psychoanalytiker allen Grund, uns politisch einzumischen und dafür einzutreten, daß nicht eine technisch funktionierende Gesellschaft, sondern allein sich psychisch und sozial wohlbefindende Menschen zum Ziel aller politischen Strategien gemacht werden.

Ich sehe als Psychoanalytiker drei Möglichkeiten, meine fachlichen Kenntnisse und Fertigkeiten auf politische Sachverhalte zu beziehen.

Die erste besteht in einer beschreibenden Analyse psychologischer Anteile politischer Haltungen und Aktionen von Einzelnen oder Gruppen.

Die zweite Möglichkeit besteht in einer parteinehmenden Stellungnahme für oder gegen politische Programme oder Planungen, insofern von diesen je nachdem eine positive oder negative Wirkung auf die sozialen Voraussetzungen psychischer Freiheit bzw. psychischer Gesundheit zu erwarten sind. Die zunehmenden Erkenntnisse über die psychischen Folgen sozialer Faktoren bedeuten eine Herausforderung für den psychoanalytischen Sozialpsychologen, sich um eine Beeinflussung von politischen Entscheidungen zu bemühen, die insbesondere für die *Prävention* psychischer Entfremdung und Krankheit relevant sind. Ich kann diese Einflußnahme als Autor, als Gutachter, als Berater, auch als Mitglied einer politischen Organisation versuchen.

Die dritte Möglichkeit liegt für mich darin, eigene Rollenbeziehungen, die meine Partner und mich durch ein Moment künstlicher Unfreiheit beschränken, unmittelbar zu verändern. Dies ist zunächst ein gemeinsamer Selbsthilfeversuch. Er bekommt dann einen politischen Gehalt, wenn wir diesen Versuch nicht als stilles privates Experiment betreiben, sondern mit dem Anspruch bekannt machen, daß er als maßgebliches Beispiel für

Reformschritte diskutiert werden sollte. Ich kann etwa daran mitwirken, etwas an der Organisationsstruktur meiner Institution durch die Vermehrung von Gruppenentscheidungen zu verbessern. Ich kann zu einer Überwindung künstlicher Kompetenzabgrenzungen durch Integration in Teams beitragen, in denen Angehörige verschiedener Berufe in gemeinsamer Verantwortung ganzheitlich arbeiten. Ich kann mich an Modellen beteiligen, in denen neue Formen der Kooperation zwischen Klienten und Betreuern (z. B. Randgruppen-Initiativen), zwischen Bürgern und Politikern (s. Dialog statt überreden – Politische Öffentlichkeitsarbeit in der Gruppe, S. 242ff), zwischen administrativ und fachlich getrennten Institutionen (s. Die Psychosoziale Arbeitsgemeinschaft Lahn-Dill, S. 201ff) erprobt werden.

Man begegnet häufig dem Vorurteil, als modellhaft deklarierte Projekte widerlegten ihren politischen Anspruch, wenn ihre Initiatoren selbst zugeständen, daß sie darin zugleich therapeutische Selbsthilfe leisten bzw. finden wollten. Gewiß gibt es viele Selbsthilfekreise, die lediglich innerhalb der eigenen Gruppe Ängste, Alkoholabhängigkeit oder irgendwelche psychosomatischen Störungen abbauen wollen und die deshalb auch in aller Regel in stiller Zurückgezogenheit, zum Teil sogar in Anonymität wirken. Wenn andere Fachkollegen und ich die Betätigung in einer Obdachloseninitiative, in einer regionalen Psychosozialen Arbeitsgemeinschaft oder in irgendeinem sonstigen sozialpolitischen Kooperationsmodell zugleich als eine Form von Selbsthilfe deklarieren, so ist damit etwas anderes gemeint. Wir gehen davon aus, daß wir uns nur dadurch vor fortschreitender innerer Selbstentfremdung schützen können, wenn wir unser psychisches Bedürfnis nach Freiheit und Solidarität auch beharrlich als Maßstab für die Strukturierung unserer Beziehungen in unserer sozialen Praxis zur Geltung bringen. Es gibt einen kreisförmigen Zusammenhang zwischen Erkennen und Machen. Wenn man im Machen nicht mehr das anwendet, was man erkannt hat, kann man schließlich auch nicht mehr erkennen, was zu machen ist. Wenn man sich mit theoretischer Kritik dort begnügt, wo eine praktische Veränderung in persönlicher Reichweite gewesen wäre, korrumpiert die Unterlassung schließlich auch das kritische Denken. Die äußere Unterwerfung macht emotional stumpf und kognitiv blind. Wer nicht überall dort, wo er eine Chance dazu hat, mehr Solidarität praktiziert, hält sie bald nicht mehr für möglich, weil er seine Feigheit rationalisieren muß. Und schließlich kann er sie gar nicht mehr denken – oder er halluziniert ihr Vorhandensein. Dies ist ja die übliche Resignation der Alternden: Sie erklären ihre unerreichten Ideale für Realität und bekämpfen in der kritischen Jugend ihre eigenen Enttäuschungen und Zweifel, die zu ertragen sie zu schwach geworden sind. Nur deshalb kann sich heute die Furcht, mehr demokratische Freiheiten zuzulassen, so leicht als die Verteidigung des Wertes maskieren, den sie eigentlich verrät. Wer einmal nachläßt, sich gegen Unfreiheit zu wehren, möchte schließlich stets sein Versagen vergessen, indem er das Ziel für verwirklicht erklärt, dessen Verfehlen er sich nicht verzeihen könnte. Und die Resignierenden sind heute in der großen Überzahl.

Wenn man, um sich hinreichende soziale Sensibilität und Widerstandskraft zu erhalten, zähe an der Änderung von Mikrostrukturen an der Basis arbeitet, muß man sich natürlich gefallen lassen, nicht nur von den Law-and-order-Priestern, sondern auch von jenen linken Dogmatikern attackiert zu werden, die derartige Basisexperimente beharrlich für unerheblich erklären. Aber so manchen, für den immer nur die schnelle und umfassende Lösung zählte, habe ich schon total kapitulieren sehen, weil er sich eines Tages allzusehr verübelte, immer nur die ferne große Utopie gedacht und gefordert, aber letztlich persönlich gar nichts bewirkt zu haben. Es blieb am Ende kein Zutrauen mehr übrig, nachdem er sich und den anderen stets zuviel zugetraut hatte. Die Bedeutung der kleinen Schritte ist nicht nur an der Riesengröße der offenen politischen Probleme zu messen, sondern auch daran, was sie denen an Orientierungshilfe und Durchhaltefähigkeit vermitteln, die sie machen.

I. Teil Geschlechter- und Generationenprobleme

Beide Geschlechter können sich nur gemeinsam befreien*

Wie sieht das Verhältnis der Geschlechter 100 Jahre nach Erscheinen des Bestsellers von August Bebel *«Die Frau und der Sozialismus» aus? Aus der Frauenfrage ist das Problem einer umfassenden Umstrukturierung der Geschlechterrollen geworden. Trotz eines teilweisen Abbaus formaler Behinderung der Frauen hat sich die Gesellschaft im letzten Jahrhundert weiter «vermännlicht», nämlich einseitig nach «männlichen» Wertmaßstäben weiterentwickelt. Nicht nur die Herrschaft der Männer, sondern darüber hinaus die Herrschaft der «Männlichkeit» zu überwinden, muß das Ziel einer gemeinsamen Emanzipation der Geschlechter sein. Zwei eigene repräsentative Untersuchungen in der Bundesrepublik und West-Berlin von 1968 und 1975 sprechen dafür, daß Ansätze zu einer Umorientierung vorhanden sind: Die deutschen Frauen und Männer beginnen, sich stärker an «weiblichen» Wertvorstellungen zu orientieren: Bedürfnisse nach emotionaler Entfaltung, nach Kontakt und Solidarität bestimmen zunehmend das Selbstbild beider Geschlechter.*

* Der Aufsatz erscheint gleichzeitig in «Frauen heute – Jahrhundertthema Gleichberechtigung», Hg. Willy Brandt, Europäische Verlagsanstalt, Köln 1978.

Als BEBEL «Die Frau und der Sozialismus»[1] schrieb, gab es noch Gesetze, die dem Mann «eine mäßige körperliche Züchtigung der Frau» gestatteten, die Frauen wie Schülern und Lehrlingen die Beteiligung an politischen Vereinen verboten, die dem Mann zu bestimmen erlaubte, wie lange seine Frau dem Säugling die Brust gab. Die Frau wurde zur Sklavin des Mannes erzogen, der das gemeinsame Vermögen verwaltete, die Kindererziehung bestimmte. Vom Erstgeburtsrecht war sie ausgeschlossen, wenn Brüder vorhanden waren. Und Verträge durfte sie vielerorts nur mit Zustimmung des Mannes schließen. Die Mehrzahl der führenden Mediziner rechtfertigte den erniedrigten Status der Frau mit deren angeblich inferiorer biologischer Ausstattung. Die Forderung nach Gleichberechtigung wurde mit ernsthaften wissenschaftlichen Argumenten als «widernatürlich» verworfen.

So mußte sich BEBEL noch lang und breit mit dem Problem der Geschlechtsdifferenz der Gehirngewichte auseinandersetzen und war heilfroh, einem wortführenden Gelehrten der Gegenpartei postum nachweisen zu können, daß dessen eigenes Gehirn weniger gewogen hatte als der Durchschnitt der weiblichen Gehirne. Der herrschenden Lehrmeinung, die Frau tauge von Natur aus nicht zu höherer Bildung wie zu differenzierten Berufen und habe deshalb ihren «Naturberuf» zu Hause unter der Herrschaft des Mannes auszuüben, trat die Sozialdemokratische Partei als erste mit einem Programm entgegen, das die volle Gleichberechtigung der Frau verlangte. BEBEL machte klar, daß der Kampf gegen soziale Unterdrückung schlechthin nur glaubwürdig geführt werden könne, wenn er die Frauen neben den Arbeitern als eine Hauptgruppe von Unterdrückten einbeziehe. «Die Frauenfrage ist also für uns nur eine Seite der allgemeinen sozialen Frage, ... und sie kann daher ihre endgültige Lösung nur finden durch Aufhebung der gesellschaftlichen Gegensätze und der aus diesen Gegensätzen hervorgehenden Übel.»

Hundert Jahre nach Erscheinen dieses Buches leben hierzulande der Kapitalismus und mit ihm viele ungelöste soziale Fragen fort. Dazu zählen die verbleibende Benachteiligung der Frauen in Bildung und Ausbildung, im Beschäftigungsrisiko, in der Arbeitszuteilung, in den beruflichen Aufstiegschancen, in der Bezahlung, in diversen rechtlichen Bestimmungen –

und dies trotz der längst verfassungsmäßig fixierten Gleichberechtigungsgarantie. Bebels Grundidee, daß die Frauenfrage von der Gesellschaftspolitik schlechthin nicht zu trennen und somit nicht isoliert von dieser zu lösen sei, ist gültig geblieben. *Aber die Frauenfrage hat sich zur Frage einer generellen Umstrukturierung des Geschlechterverhältnisses überhaupt erweitert.* Und der Lösung dieser Aufgabe muß im gesellschaftspolitischen Zusammenhang eine neue Priorität zuerkannt werden.

Hundert weitere Jahre Patriarchat haben trotz eines im Westen und Osten unterschiedlichen Abbaus formaler Behinderungen der Frauen das Gesicht unserer Welt hochgradig «vermännlicht». Die Fortentwicklung der männlich geprägten technischen Zivilisation hat den Kampf gegen die Unterdrückung der Frauen – vielfach unbemerkt – in einen Kampf um eine volle Integration der Frauen in eine Männergesellschaft umfunktioniert: So wird die Emanzipation der Frauen zunehmend mit dem Ziel gleichgesetzt, mit den Männern bei gleichzeitiger Unterwerfung unter eine spezifisch «männliche» Wertordnung gleichzuziehen.

Studiert man das Leben in diversen staatssozialistischen Ländern, wo die Frauen längst in großer Zahl in männliche Berufe und Stellungen vorgedrungen und auch im öffentlichen Leben stärker hervorgetreten sind, kann man keineswegs die Erwartung bestätigen, daß die Frauen als Frauen das gemeinsame Leben der Geschlechter stärker mitprägen würden. Statt dessen findet man vielfach eine fortschreitende Uniformisierung in der Erziehung und in den Verhaltensstilen, die speziell zu Lasten weiblicher Eigenarten geht. Nach männlichem Vorbild werden die Frauen auf maximale Sollerfüllung, auf aktivistische «sozialistische» Kampfbereitschaft abgerichtet. Das den Männern Nicht-mehr-Nachstehen ist die große Errungenschaft – der dafür gezahlte Preis aber ist eine neue und radikale Variante von Unterdrückung. Nämlich der auferlegte Verzicht, die Welt weiblich zu sehen und das Zusammenleben nach weiblichen Kriterien mitzubestimmen.

Aber auch in den westlichen Demokratien ist die «Vermännlichung» der Gesellschaft, wie gesagt, stetig vorangeschritten. Nahezu unmerklich verändert das typisch männliche Prinzip der technischen Funktionalität stetig die Situation des Menschen bzw. den Umgang des Menschen mit dem Menschen. Mehr und mehr wird der Einzelne in ein immer minutiöser durchorganisiertes System eingepaßt, datenmäßig dokumentiert und verrechnet, bürokratisch administriert und in nahezu sämtlichen Verhaltensebenen verplant. Seine Bedürfnisse nach Spontaneität und Spiel werden durch zunehmende Kommerzialisierung des Freizeitsektors eingefangen und nivellierend kanalisiert. Zur Entlastung von emotionalem Überdruck bieten sich klischeehafte Medienprogramme für eine passive, unpersönliche Partizipation an Stories an, die alle abreaktionsbedürftigen Trieb- und Gefühlskategorien ausschöpfen. Am härtesten und konsequentesten hat sich technische Zweckrationalität bei der Verunstaltung der Landschaft, bei der Monotonisierung und Entseelung der Arbeitsplätze und der Arbeitsformen durchgesetzt. All dies liegt auf dem Wege zu einer einseitig männlich-technokratischen Umgestaltung unserer Umwelt und unserer Lebensformen bei gleichzeitiger Zurückdrängung «weiblicher» Bedürfnisrichtungen.

Statt dessen müßte eine fortschreitende Gleichberechtigung der Frau dahin führen, gegen «männliche» Größenideen das Maß einfacher menschlicher Wünsche, gegen «männliche» Nüchternheit und Technokratie ästhetisch-emotionale Aspekte zu setzen, gegen männliche Macht- und Konkurrenzverherrlichung auf der Priorität von Zusammengehörigkeit, Kommunikation und Caritas zu insistieren.

Der Kampf der Frauen gegen die Vorherrschaft der Männer kann nur dann zu einer Vermenschlichung der Gesellschaft führen, wenn er zugleich gegen eine Vorherrschaft der «Männlichkeit» geführt wird. Sonst erreichen die Frauen nur ihre formale Gleichstellung in einer männlichen Gesellschaft, die in nichts der von Bebel entworfenen großartigen Utopia ähneln würde. Bebel rechnete mit einer Rückwendung der Menschen von den großen Städten auf das Land, mit gesünderen und angenehmeren Wohnverhältnissen, mit einer «höchsten Blüte» der Gartenkultur – als einem unerschöpflichen Feld menschlicher Tätigkeit ohne Maschinenanwendung. Die Frau – wie der Mann – sollte ganz und gar in «naturgemäßen Lebensbedingungen» leben, ihre natürlichen Triebbedürfnisse befriedigen können. Sie kann «ihre physischen und geistigen Kräfte und Fähigkeiten entwickeln und betätigen; sie wählt für ihre Tätigkeiten diejenigen Gebiete, die ihren Wünschen, Neigungen und Anlagen entsprechen ... Eben noch praktische Arbeiterin in irgendeinem Gewerbe, ist sie in einem anderen Teil des Tages Erzieherin, Lehrerin, Pflegerin, übt sie in einem dritten Teil irgendeine Kunst aus oder pflegt eine Wissenschaft, und versieht in einem vierten Teil irgendeine verwaltende Funktion.» – Statt dessen haben wir inzwischen eine zunehmende arbeitsteilige Fragmentierung der Beschäftigungen, immer mehr Einengung und Stereotypisierung der Tätigkeiten, programmierte Festlegung statt spontaner Wahlmöglichkeiten, unnatürliche Eingleisigkeit im Dienste optimaler funktionaler Verwertbarkeit. Am wenigsten Wahlchancen hat die Frau, der bei Verknappung der Arbeitsplätze – sofern sie überhaupt Beschäftigung findet – die unattraktivsten bzw. am wenigsten humanen Arbeiten mit Vorrang zugeteilt werden (63 Prozent der Fließbandarbeiter sind Frauen!). Die Beziehung zwischen Frauenemanzipation und Fortschritt zum demokratischen Sozialismus ist jedenfalls nicht mehr in dem Sinne vorstellbar, daß jene nur einseitig von diesem abhängt. Sondern man muß die Beziehung auch umgekehrt sehen:

Nur unter dem gleichberechtigten Einfluß der Frauen und in maßgeblicher Orientierung an der «weiblichen» Lebensperspektive sind diejenigen Lebensqualitäten zu erkämpfen, die eine wahrhaft demokratische Gesellschaft auszuzeichnen haben.

Freilich ist die «weibliche» Lebensperspektive nicht gleichbedeutend mit weiblicher Naturanlage. Und die Benutzung der Anführungsstriche dient dazu, diese traditionelle Gleichsetzung in Frage zu stellen. Geistig-psychische «Männlichkeit» und «Weiblichkeit» sind durch eine künstliche historische Aufspaltung der Geschlechterrollen jeweils der einen oder der anderen Seite zugeteilt worden. In Abweichung von anderen Kulturen, wo sich die uns geläufigen Geschlechterstereotypen keineswegs ausgebildet haben, haben wir uns, durch zahlreiche Generationen von Philosophen, Pädagogen, Medizinern bekräftigt, an das Vorurteil von einem biologisch bestimmten psychologischen Geschlechtsunterschied gewöhnt. In Wirklichkeit haben sich Frauen und Männer (freilich unter männlicher Herrschaft) gegenseitig künstlich zu dem gemacht, was sie allmählich auch geworden sind und wie sie sich schließlich zu verstehen gelernt haben: Konkurrenz- und Machtstreben, abstrahierendes und versachlichendes Denken gerieten zum männlichen Monopol, während die von den Männern unterdrückte Gefühlsseite quasi an die Frauen abgetreten wurde. Doch was nützte es den Frauen, etwa in der Moralphilosophie SCHOPENHAUERS[10] als die Hüterinnen der Grundtugenden von Menschenliebe und Caritas gepriesen zu werden, wenn sie von den herrschenden Männern daran gehindert wurden, deren politische Fehlplanungen nach eigenen Maßstäben zu korrigieren?

Die traditionelle Dominanz der Männer hat eben nicht nur eine Versklavung der Frauen, sondern darüber hinaus eine Verarmung der Kultur an denjenigen psychosozialen Qualitäten bewirkt, welche die Männer traditionellerweise bei sich selbst unterdrückt und statt dessen den Frauen projektiv zugeteilt hatten. «Männliche» Größen- und Machtbedürfnisse, «männliches» Sachdenken, «männliche» Gefühlsverdrängung haben uns zu einer rein expansionistisch orientierten Wirtschaft und zu einer größenwahnsinnigen Supertechnik verführt, deren ungeheure Gefahrenpotentiale uns erst neuerdings sichtbar werden. Wir haben im gleichen Sinne eine weitgehend «männliche», d. h. nüchtern technisierte, kommunikationsfeindliche Arbeitswelt und überwiegend eine entseelte Betonkasten-Wohnwelt in unseren Städten geschaffen. Eben weil die unterjochten Frauen daran gehindert worden sind, das an sie separat abgetretene «weibliche» Element von Menschlichkeit in der gesellschaftlichen Realität durchzusetzen, haben wir jetzt allenthalben die Unmenschlichkeit der Arbeitsplätzegestaltung und der Arbeitsorganisation, der Stadt- und Landschaftsplanung usw. zu beklagen. Was wir vermissen, sind doch in erster Linie als weiblich geltende Merkmale wie Wärme, schlichtes menschliches Maß, Liebenswürdigkeit, Kommunikationsfreundlichkeit.

Also erfordert die Umkehr zu einer menschlicheren Gestaltung unseres Zusammenlebens und unserer Umwelt, daß die traditionellerweise zurückgedrängten weiblichen Wertkategorien intensiver zur Geltung gebracht werden. In dieser Version bedeutet Emanzipation also keineswegs, daß die Frauen einen

Vorsprung der Männer aufzuholen haben, sondern daß umgekehrt die Männer einen eigenen hochgradigen Rückstand abbauen müssen. Sie bedürfen erst der Hilfe der Frauen, um ihr eigenes beängstigend angewachsenes Defizit an seelisch-emotionaler Reife zu reduzieren. Die Kehrseite ihrer überlegenen Machtposition ist ihr eklatantes Minus an Humanität, ein im Vergleich zur Frau erschreckendes Extrem an menschlicher Selbstentfremdung. Auf dem Weg zu einer für die Bewältigung der Zukunftsprobleme der Gesellschaft erforderlichen neuen Solidarität der Geschlechter hat der Mann in seiner Bewußtseinsentwicklung mehr Boden gutzumachen als die Frau.

Das damalige groteske Ausmaß der Frauendiskriminierung hatte Bebel noch daran gehindert, die mit der künstlichen Polarisierung der Geschlechterrollen verbundene gleichzeitige Schädigung des Mannes voll zu erkennen. Es schien nur die Frau zu benachteiligen, daß ihr Lebensradius auf den häuslichen Privatbereich eingeengt wurde. Nicht die einseitige Verstandes- und Willenserziehung des Mannes erschien Bebel kritikwürdig, vielmehr nur die selektive Erziehung der Gefühlsseite bei der Frau. Seine Mahnung lautete: «Es darf sich nicht darum handeln, das Gemütsleben und die Phantasie der Frau noch mehr zu entwikkeln, was ihre Anlage zur Nervosität nur steigert . . .» – «Im allgemeinen ist, was man das Gemüts- und Seelenleben der Frau nennt, bei ihr ins Maßlose genährt, ihre Verstandesentwicklung hingegen gehemmt, schwer vernachlässigt und unterdrückt worden.» Von daher sei begreiflich, daß die Frau die Welt anders sehe als der Mann; nämlich – so muß man folgern – weniger klar und weniger zutreffend.

Nunmehr aber stellt sich die schwere Vernachlässigung und Unterdrückung der Gefühlsseite beim Mann als eine nicht minder folgenschwere Fehlerziehung heraus. Eben wegen der Unterentwicklung seiner Emotionalität sieht gerade auch der Mann die Welt seinerseits einseitig und damit falsch. Als der Herrschende richtet er mit seiner Halbblindheit indessen praktisch weit mehr Unheil an, indem er es ist, der die gemeinsamen Lebensbedingungen für beide Geschlechter bevormundend nach seiner eingeengten Perspektive festgelegt hat.

Für die Frau stellt sich demnach das dialektische Problem, daß sie einerseits weiterhin konkurrierend gegen die Vormachtstellung des Mannes ankämpfen muß, um endlich in Politik, Technik, Wirtschaft, Kultur ihren Einfluß auf die Gestaltung unserer Lebensverhältnisse hinreichend ausüben zu können, daß sie andererseits bei diesem Rivalisieren ihre «Weiblichkeit», d. h. die vorläufig von ihr schwerpunktmäßig gehüteten menschlichen Qualitäten bewahrt und obendrein dem Mann noch quasi Entwicklungshilfe leistet, mit dem Ziel, daß er bei sich allmählich Züge von emotionaler Sensibilität nachentwickelt, die er von sich abgespalten hatte.

Der Psychologe C. G. JUNG[6] hatte bereits 1929 diese Entwicklung so gesehen: «Wie sie (die Frau, der Verf.) durch die Umstände gedrängt wurde, ein Stück Männlichkeit zu erwerben und damit zu verhindern, in einer antiquierten, rein instinktmäßigen Weiblichkeit stecken zu bleiben, fremd und verloren in der Welt des Mannes als ein geistiges Baby, so wird sich der Mann gezwungen sehen, ein Stück Weiblichkeit zu entwickeln, d. h. psychologisch und erotisch sehend zu werden ...»

Auf den ersten Blick mutet es verwirrend und paradox an, daß man mehr noch als die sozial eingeengte und an öffentlicher Wirksamkeit gehinderte Frau den dominierend agierenden Mann als in der Bewußtseinsentwicklung hinterherhinkend zu diagnostizieren hat. Aber es ist so, daß vielen Frauen inzwischen die Notwendigkeit ihrer Rollenveränderung klargeworden ist und daß sie längst die Unhaltbarkeit jener noch zu BEBELS Zeiten gültigen Lehrmeinung bewiesen haben, daß das weibliche Geschlecht nur zu seinem traditionellen häuslichen «Naturberuf» tauge. Viel zögernder nähern sich auf der anderen Seite die Männer der Einsicht, daß sie sich bislang zum eigenen Schaden mit ihrem unbedingten Dominieren-Wollen überfordert haben und daß es ihnen nur gut täte und auch ihrer Natur viel besser entspräche, sich die Verantwortung für die Planung und die Gestaltung der gemeinsamen Zukunft mit den Frauen partnerschaftlich zu teilen und den Frauen hinsichtlich der Prinzipien jener Gestaltung sogar einen vorrangigen Einfluß einzuräumen.

Vor hundert Jahren war es BEBELS Problem gewesen, belegen zu müssen, daß die Frauen nach Schädelumfang, Körpergröße, Knochen- und Blutbeschaffenheit sowie auf Grund ihrer psychischen Kapazität imstande seien, bislang den Männern vorbehaltene Aufgaben ohne weiteres zu leisten. Heute stellt sich daneben oder sogar vorrangig das umgekehrte Problem, nämlich nachzuweisen, daß die Männer sich nicht von Natur aus zu denjenigen technokratischen Sachmenschen und Gefühlskrüppeln entwickelt haben, als welche sie sich in unserer Kultur weitgehend darstellen und auch selbst (miß-)zuverstehen neigen, sondern daß dies nur eine historisch bedingte künstliche Fehlidentifikation ist. Wir haben miteinander in den letzten hundert Jahren gelernt, den Frauen mehr männliche Möglichkeiten zuzutrauen, aber noch immer ist nicht hinreichend begriffen, wieviel ungelebte Weiblichkeit in den Männern steckt.

So wie seinerzeit Physiologie und Psychologie sich mit der wissenschaftlichen Legitimation des weiblichen Emanzipationsanspruches beschäftigten, muß die Wissenschaft neuerdings eher den Männern beispringen, um ihnen nicht nur die Zulässigkeit, sondern die Notwendigkeit eines neuen Begriffes von sich selbst klarzumachen. Sie muß ihnen Mut machen, daß ihre robustere Knochen- und Muskelkonstitution sie in einer Menschheitsperiode, in der die Lebensbewältigung längst nicht mehr von athletischen Kraftakten abhängt, sie keineswegs mehr zur Erschöpfung in einem extravertierten Aktivismus zwingt, und daß es nicht nur für ihre seelische, sondern auch für ihre körperliche Gesundheit unerläßlich ist, daß sie sich ihrer nur künstlich verdrängten Gefühlswelt wieder mehr überlassen.

Wäre die heutige Lebensform des Mannes eine natürliche, würde er nicht im Durchschnitt mehrere Jahre vor der Frau sterben.*[4,9] Dazu erzogen, sich immerfort als stark und fit darzustellen und die Unterdrückung der Gefühlsseite mit idealer «Maskulinität» zu verwechseln, neigt er zu chronischer Überanstrengung. Und es ist nun ein hochwichtiges Resultat der modernen psychosomatischen Forschung, daß gerade die an das tradi-

* 1972/1974 betrug in der BRD die durchschnittliche Lebenserwartung der Männer 67, 87 J., die der Frauen 72–74, 36 J. Seit 1949/50 hat sich der Rückstand der Männer gegenüber den Frauen in der Lebenserwartung laufend vergrößert, nämlich von 3,92 auf 6,49 Jahre.

tionelle Männlichkeitsideal am besten angepaßten hektischen, hochehrgeizigen Aktivistentypen ein überdurchschnittliches Risiko tragen, einen frühen Herzinfarkttod zu erleiden.[5] Also: Was vielen noch als das Verhaltensbild der reinsten «Männlichkeit» erscheint, ist in Wirklichkeit nichts als ein extrem ungesundes Resultat einer Fehldressur. Als brillante «Dynamik» und imposante «Fitness» blufft nur eine Fassade, hinter der sich die gefährlichste Verschleißkrankheit unseres Zeitalters vorzeitig vorbereitet.

Die psychosomatische Wissenschaft hat demnach die Aufgabe, dieses gern totgeschwiegene Ergebnis der gegenwärtigen Infarktforschung weithin publik zu machen, weil die Angst vor gesundheitlicher Selbstzerstörung immerhin als nützliches Hilfsmittel gegen die andere, bislang überwiegende Angst funktionieren kann, nämlich gegen die Angst vor Weichheit und Sensibilität als Zeichen von «Unmännlichkeit».

Zweifellos ist die tief eingewurzelte Angst des Mannes, mit der Preisgabe der üblicherweise antrainierten Dominanzattitüde gegenüber der Frau die eigene geschlechtliche Identität zu verlieren, sich rettungslos zu blamieren und selbst verachten zu müssen, ein Haupthindernis auf dem Wege zu einer tiefgreifenden Umstrukturierung des Geschlechterverhältnisses.

In einem Ostblockstaat, in dem bereits in viel höherem Maße als bei uns Frauen in Männerberufen arbeiten und aufgestiegen sind, verrieten mir namhafte Psychiater im vertraulichen Gespräch, daß die Männer durch die Verselbständigung der Frauen weithin geängstigt worden seien. Die Frauen hätten ihre Rollen verändert, aber die Männer hätten sich überwiegend als unfähig erwiesen, sich auf diese Veränderung einzustellen. Anstatt die steigende Verantwortungsübernahme der Frauen als Chance der eigenen Entlastung bzw. als Ermöglichung eines neuen Gleichgewichtes zu begrüßen, reagierten die Männer in großer Zahl verunsichert und rein defensiv. Massenhaft Ehekrisen und Scheidungen seien die Folge eben dieser männlichen Starrheit. Der Versuch vieler Ehemänner, die im Beruf selbstbewußt gewordenen Frauen zu Hause wieder zu unterwerfen, sei im Grunde ein rein angstbedingtes Protestverhalten und Zeichen dafür, daß die Männer dem steigenden Rivalitätsanspruch der Frauen nicht gewachsen seien.

Für den Emanzipationsprozeß beider Geschlechter, vor allem aber auch für die Frauen selbst, wäre es sehr nachteilig, würden sie nun etwa aus dem erkannten Bewußtseinsrückstand der Männer die Konsequenz ziehen, ihren Anspruch auf Beseitigung ihrer noch vorhandenen konkreten sozialen Benachteiligungen zurückzustellen oder auch nur zu mäßigen. Seit je ist es ein typischer weiblicher Fehler, aus Einsicht in die Brüchigkeit und Gewaltsamkeit des männlichen Dominanzgehabes zuviel pseudotherapeutische Nachsicht zu üben. Nur durch weiteres zielstrebiges Aufbegehren gegen alle fortbestehenden Gewohnheiten und Rechtsnormen, die dem Gleichberechtigungsgrundsatz widersprechen, können und müssen die Frauen den für beide Geschlechter notwendigen Prozeß der Rollenänderung vorantreiben. Ducunt fata volentem, nolentem trahunt. Es ist die Chance der Männer, sich rechtzeitig einer unausweichlichen Neustrukturierung des Geschlechterverhältnisses anzuschließen und den Prozeß aus eigener Initiative aktiv mitzuvollziehen. Ihre Alternative bestände nur darin, von dem auf die Dauer unaufhaltsamen Wandel überrollt und dadurch in eine um so erschrekkendere Identitätskrise gestürzt zu werden. So sah es auch bereits C. G. Jung[6] vor einem halben Jahrhundert: Die Männer, die es versäumen würden, sich parallel zur Veränderung der Frauen mitzuverändern, müßten am Ende ohnmächtig hinterherlaufen.

Die Schwierigkeit und zugleich die Dringlichkeit der Neufassung der eigenen Geschlechtsrolle seitens der Männer wurde hier bislang deshalb besonders betont, weil dieses Problem oft verkürzt oder gar in falscher Perspektive dargestellt wird. Wenn der Anschein erweckt wird, als müßten die Frauen den Männern großartige Vorteile an Freiheit und Selbstverwirklichungsmöglichkeiten abtrotzen, so fixiert man die Männer auf diese Art eher in ihrer irrationalen Defensivhaltung, obwohl ihre Schädigung durch die Fehlkonstellation des bisherigen Geschlechterverhältnisses sich von der Schädigung der Frauen nur dadurch unterscheidet, daß sich die Männer der Tatsache weniger bewußt sind.

Aber auch auf der Seite der Frauen regt sich noch immer offener und auch versteckter Widerstand dagegen, die Struktur des Geschlechterverhältnisses zu revidieren. Die Frauen sind sich beileibe nicht über das Ziel einig, daß sie sich einerseits nach wie vor massiv und zäh gegen männliche Bevormundung wehren müssen und daß sie obendrein davon zu profitieren hätten, die Männer zu mehr Sensibilität und emotionaler Kommunikation zu erziehen. Zu den Hemmungen der Frauen tragen soziale und psychische Faktoren bei, die sich kreisförmig selbst verstärken.

Noch immer wird Massen von Frauen seit früher Kindheit Fügsamkeit als weibliches Verhaltensideal anerzogen. Das zunächst nur äußerlich aufgezwungene Merkmal wird verinnerlicht und wandelt sich zu einer strukturellen Abhängigkeitsbereitschaft. Geradezu zielstrebig werden Selbstunsicherheit und Konkurrenzunfähigkeit konditioniert, wobei diese Defekte schönfärbend als attraktive Sanftheit, Zartheit, Zurückhaltung, Anpassungsfähigkeit hochgelobt werden. Diese einengende Erziehung wird oft mit mangelhaften Bildungs- und Ausbildungshilfen gekoppelt. In Zeiten verknappter Arbeitsplätze resignieren die Frauen schneller, aber sie werden auch massiv von außen benachteiligt. Die Studierwilligkeit der Mädchen geht zurück. Sie nehmen vielfach die Versagung von Ausbildungsplätzen und Arbeitslosigkeit eher ergeben hin. Die Fügsamen werden obendrein den anderen oft als Vorbild vorgehalten, die um ihre beruflichen Chancen kämpfen, ohne den traditionellen Vorrang des männlichen Arbeitsanspruches anzuerkennen. Zur Zeit sind 63 Prozent aller Jugendlichen, die vergeblich nach einem Ausbildungsplatz suchen, weiblich. Viele von Konjunkturschwierigkeiten betroffene Firmen entlassen als erste Frauen. Die weibliche Arbeitslosigkeit übersteigt relativ bei weitem den Anteil der weiblichen Arbeitnehmerinnen in der Bundesrepublik.

So fügt sich eines zum anderen: Die restriktiven Erziehungsmaßstäbe schüchtern das Mädchen ein. Wegen ihrer psychischen Verunsicherung läßt sie sich im Durchschnitt eher eine schlechtere Bildung und Ausbildung gefallen. Durch diese Bildungs- und Ausbildungsdefizite vermindert sie wiederum ihre realen sozialen Chancen, einen Arbeitsplatz oder gar einen attraktiven Beruf zu finden. Diese sozialen Mißerfolge werden zu einer neuerlichen psychischen Belastung und ruinieren das schon von vornherein geschwächte Selbstvertrauen zusätzlich. Mannigfache Erfahrungen äußerer Zurücksetzung werden oft als nachträgliche Rechtfertigung der ursprünglichen Einschüchterungserziehung erlebt. Und so entsteht eine junge Mutter, die an ihre Töchter wieder nur das alte weibliche Gefügigkeitsstereotyp weitergibt.

Empirische Erhebungen haben nachgewiesen, daß vor allem bei Frauen der Unterschicht immer noch die anerzogene Ideologie vorherrscht, daß der Mann im Zweifelsfall bestimmen solle. Die Forderung, von dieser verinnerlichten Norm abzuweichen, beunruhigt diese Frauen eher. In der Oberschicht und bei jungen Frauen verliert diese Ideologie glücklicherweise allmählich an Boden.[11]

Ähnlich ist es mit der häuslichen Aufgabenverteilung. In Abhängigkeit von der Schichtzugehörigkeit (mit Zunahme in der Unterschicht) hält es noch immer die große Mehrheit der Frauen für ihre natürliche Pflicht, die Hauptlast der Hausarbeit selbst zu tragen. Die alte geschlechterspezifische Arbeitsteilung scheint ihnen unstrittig, auch wenn sie selbst berufstätig sind.[11] Entsprechend dieser Einstellung verhalten sie sich auch. Natürlich bedeutet diese Arbeitsverteilung auch Machtverteilung. Die Frau unterwirft sich, wenn sie, durch Berufsarbeit gleich belastet wie der Mann, noch den größten und obendrein meist den weniger attraktiven Teil der Hausarbeit macht.

Je fester verheiratete Frauen noch an dem traditionellen Konzept der häuslichen Aufgabenverteilung haften, um so schwerer haben sie es natürlich, sich besonders sozial zu aktivieren, sich voll beruflich zu engagieren und eventuell obendrein Funktionen wie Vertrauensfrau oder Betriebsrätin zu übernehmen oder sich gar noch gewerkschaftlich oder parteipolitisch zu betätigen. Ihr Konflikt verschärft sich, wenn sie von ihren Ehemännern dabei nicht progressiv unterstützt werden. Und hier geht es nun nicht nur um die oft mangelnde männliche Bereitschaft zu einer modernen kooperativen Aufgabengliederung. Es geht auch um das Problem der erotischen Bestätigung. Wahrlich nicht groß ist die Zahl der Männer, die eine Frau noch hinreichend angstfrei als attraktive Partnerin begehren können, die sich ambitioniert und erfolgreich sozial entfaltet. So engen manche begabte und auch sozial durchsetzungsfähige Frauen ihren Aktionsradius freiwillig wieder ein und maskieren sich gewaltsam als unscheinbare, lenksame Geschöpfe, weil sie um jeden Preis einen bedrohlichen Konkurrenzkonflikt in ihrer Zweierbeziehung vermeiden wollen. Alle sonstigen Einschränkungen nähmen sie eher in Kauf, als die ungetrübte Zuwendung ihres Partners aufs Spiel zu setzen. Daß diese Rücksichtnahme vielfach eine emotionelle Überforderung mit neurotischen oder psychosomatischen Störungen als Konsequenz bedeutet, steht auf einem anderen Blatt.

Nicht trotz, sondern gerade wegen der schmerzlichen Selbstverleugnung, die es viele Frauen in ihrer Kindheit und Jugend gekostet hat, sich dem traditionellen passiv-fügsamen Weiblichkeitsstereotyp anzupassen, reagieren sie schließlich eher erschreckt und defensiv, wenn sie im nachhinein mit radikalen Emanzipationsparolen konfrontiert werden. Der Abstand zwischen ihrer eigenen ängstlichen Angepaßtheit und dem proklamierten Idealtyp einer progressiven Emanzipierten macht sie ratlos und verwirrt sie. Sie können sich, wenn sie sich an progressiven Leitbildern dieser Art messen, nur entweder als minderwertig bzw. als hoffnungslos rückständig erleben – oder umgekehrt, um ihre Selbstachtung nicht vollends preiszugeben, diese modernen Leitbilder radikal verwerfen. Sehr häufig, wenn auch in der Öffentlichkeit weniger sichtbar, trifft man zur Zeit diese Reaktion an. Scharen von Frauen, die sich durch die Zielvorstellungen emanzipierter Verhaltensmuster überfordert fühlen, hängen sich dankbar an die sich mehrenden Befürworter einer Bewahrung bzw. Restitution der mittelalterlichen Frauenrolle. In Psychotherapien enthüllt sich diese Zuflucht zum mittelalterlichen Frauenideal überaus häufig als angstbedingte Rationalisierung. Diese Frauen rechtfertigen ihren Rückzug auf die – angebliche – «Naturrolle» der Frau durch das Feindbild des radikal militanten Feminismus, als sei nur diese Alternative zum traditionellen Hausmütterchen realisierbar. Immerhin wäre es lohnend zu untersuchen, ob die absolut männerfeindlichen Publizistinnen unter den Wortführerinnen der Frauenbewegung, die eigentlich nur sadomasochistische Aspekte der Geschlechterbeziehung akzentuieren, mehr Frauen zur Emanzipation anregen oder umgekehrt mehr Frauen so verschrecken, daß sie diese in die Arme der konservativen Gegenbewegung treiben.

Seit alters her scheint es nun einen Trick zu geben, wie sich die

Frau ein unbequemes Rivalisieren mit dem Mann ersparen kann, ohne auf die Erfüllung eigenen sozialen Ehrgeizes verzichten zu müssen. Sicherlich wird die große Zahl derjenigen Frauen unterschätzt, die sich dieses Tricks bedienen, der sich freilich im nachhinein meist als eine arge Fehlrechnung herausstellt. Es handelt sich um ein bestimmtes Muster von Ehepartnerwahl, das im Grunde nur eine Wiederholung der traditionellen Geschlechterrollenverteilung im kleinen darstellt. Es suchen und finden sich eine Frau und ein Mann, die sich insgeheim auf eine Art von psychologischem Vertrag einigen. Jeder entwickelt bei sich schwerpunktmäßig einen psychischen Aspekt, der sich ergänzend zu dem Aspekt verhält, den jeweils der andere betont kultiviert. Zugleich unterdrückt der eine das, was er dem anderen quasi überläßt. Was jeder bei sich auslebt, gestaltet er zugleich für den Partner mit. Er übernimmt das, was jener bei sich verdrängt hat. Das funktioniert als ein unbewußter Austauschvorgang, der in den letzten zwanzig Jahren an der Zweierbeziehung sehr genau studiert worden ist. Typischerweise läßt sich die Frau darauf ein, ihren eigenen Drang nach sozialer Entfaltung zu bremsen, indem sie sich in der Erwartung an den Mann hängt, daß dieser um so intensiver das tun sollte, was sie sich versagt. So schiebt sie ihn etwa in die Rolle, daß er um jeden Preis sozial aufsteigen solle. Dies werde es ihr ermöglichen, so unterstellt sie, ihren auf ihn verschobenen sozialen Ehrgeiz mitzuerfüllen. Dafür bietet sie dem Partner ihrerseits an, den emotionalen Bereich darzustellen, der diesen häufig ohnehin eher irritiert. Der Mann kann und soll sich ganz auf seine soziale Durchsetzung konzentrieren, indem sie ihn kontinuierlich mit den Gefühlen wärmt und labt, deren eigene Ausgestaltung er sich versagt. So kann er sich wenigstens vorderhand die Wahrnehmung seiner faktischen emotionalen Verkümmerung ersparen, weil die Partnerin kompensatorisch sein Defizit auffüllt. Solange beide einander sehr intensiv positiv zugewandt sind und der eine jeweils den anderen stellvertretend für den Aspekt entschädigt, den dieser bei sich unterdrückt, können die Partner sich wechselseitig in der Illusion bestärken, daß sie einen guten Weg gemeinsamer Selbstverwirklichung eingeschlagen hätten. Jeder findet in der engen Verbundenheit mit dem anderen genügend Halt, um verleugnen zu können, daß er eigentlich nur als ein Fragment existiert und ohne den Partner in der Rolle eines ergänzenden Substituts sofort hochgradig labilisiert werden würde.

In der Tat funktioniert diese wechselseitige Kompensationsbeziehung nur selten längere Zeit störungsfrei. Hinsichtlich der Situation der Frau drohen folgende Komplikationen: Entweder der Mann bleibt erfolglos. Dann fällt das Problem ihrer unerfüllten sozialen Ambitionen auf sie selbst zurück. Darauf eingestellt, auf ihn zu projizieren, wird sie leicht versucht sein, mit ihm zu hadern und ihn zu drangsalieren, wobei sie ihn dafür kritisiert, was sie selbst hätte tun wollen und sollen. Sie fängt sich genau in den Minderwertigkeitsgefühlen, die sie sich durch die ihm abgeforderte Aufwärtsentwicklung hätte ersparen wollen. – Oder der Mann hat Erfolg. Aber dann geschieht es oft, daß er mit der Erweiterung seines sozialen Spielraums und seiner Verantwortlichkeiten zumindest so viel an innerer Festigkeit gewinnt, daß ihm eine unselbständige und rein aus dem Gefühlsbereich heraus lebende Frau langweilig wird. Er gewinnt für seine Selbstachtung genügend anderweitige soziale Bestätigung und fühlt es immer mehr eher als Last, daß sie sich nur auf ihn stützt. Er tendiert dazu zu vergessen, daß er sie als selbstunsicherer junger Mann ursprünglich intensiv zu der kompensatorischen Rollenaufteilung mitveranlaßt hatte. Schließlich war sie es, die ihn durch ihre emotionale Zufuhr erst so weit stabilisiert hatte, daß ihm sein sozialer Aufstieg möglich war. Aber eben dies versucht er in dem Bedürfnis, sich ganz und gar mit seiner neuen Position zu identifizieren, zu verdrängen. Und so wirft er später seiner Frau eher vor, daß sie unbedingt selbst mehr hätte für sich tun sollen, um mit ihm und seinem Aufstieg Schritt zu halten. Hatte er sie früher genötigt, ihren Emanzipationsbestrebungen zu entsagen, wird sie jetzt dafür bestraft, daß sie sich auf den Handel eingelassen hat. Dies ist ein jedem Ehepaartherapeuten geläufiges Ehekonfliktmuster, das sich für viele älter werdende Frauen zu einer gravierenden Krise auswächst.

Oft finden Frauen für lange Zeit Ersatz- und Notlösungen, die es ihnen ermöglichen, die krisenhafte Dekompensation ihrer Zweierbeziehung und den damit verbundenen eigenen psychischen Zusammenbruch immer wieder hinauszuzögern. Die geläufigste dieser Behelfslösungen ist durch unsere kulturellen Normen vorgeprägt. Der Frau wird angeboten, den allmählich entstehenden Überschuß an emotionaler Energie, der sich durch den sich reduzierenden Bedarf des Mannes entwickelt, den Kindern zuzuführen. Von der psychoanalytischen Forschung ist bewiesen, wie nötig kleine Kinder zumal in den ersten Jahren eine intensive verläßliche Gefühlszuwendung haben. Aber nirgends ist belegt worden, daß diese Gefühlsbindung sich einseitig an die Mutter knüpfen müßte. Auch allein erziehende Väter erweisen sich unter entsprechenden sozialen Umständen durchaus als geeignet, die Gefühlsbedürfnisse kleiner Kinder vollauf zu sättigen. Und in einer vollständigen Familie wäre es grundsätzlich sinnvoll, wenn der Vater von früh an mehr an der emotionalen wie an der körperlichen Pflege des Kindes partizipieren würde, als dies durchschnittlicherweise der Fall ist. Die Kleinkindpflege ist keinesfalls ein Naturmonopol der Mütter. Das Vorurteil, den Männern Neigung und Begabung abzusprechen, mit Kindern geschickt, pfleglich und zärtlich umzugehen, fundiert seit eh und je die mittelalterliche Rollenaufteilung der Geschlechter. Aber es ist inzwischen ein wichtiger Stabilisator für die Selbstachtung zahlloser «Nur-Hausfrauen» geworden.

So ist es natürlich kein Wunder, daß viele Frauen eher durch die These beunruhigt werden, daß die emotionale und praktische Fürsorge für die Kinder unter beiden Partnern gleichmäßiger aufgeteilt werden sollte. Solange die Arbeitswelt von den dort bevorrechtigten Männern beherrscht wird, was ja eben auch gerade den hier beschriebenen Typ von Ehekonstellation begünstigt, kann es die Frauen nur ängstigen, wenn ihnen auch noch der Alleinbesitz der Kinder streitig gemacht werden soll.

Zu einem Abbau männlicher Privilegien in der Arbeitswelt müssen familienpolitische Initiativen hinzutreten, die auch den Vätern, nicht nur den Frauen Erziehungshilfen bieten. Die notwendige Emanzipation beider Geschlechter kann nur auf dem Wege gefördert werden, der in Schweden begonnen wurde und u. a. ermöglicht, daß entweder der Vater oder die Mutter Arbeitserleichterungen zur Kleinkindpflege in Anspruch nimmt.

Die große Zahl von jungen Müttern, die sich auf das zitierte

Ehemodell der einseitigen Aufteilung der psychosozialen Funktionen eingelassen hat, pflegt in zunehmende Schwierigkeiten zu geraten, wenn die Kinder älter werden. Es kommt die Zeit, in der die Kinder anderweitige Gefühlsbeziehungen eingehen wollen und die andauernde mütterliche Fürsorglichkeit eher als Umklammerung empfinden. Viele Jugendliche unterstellen ihren unflexiblen Müttern autoritäre Einmischungsinteressen und verkennen deren innere Notlage. In Wirklichkeit ist es ja doch vielfach eine verzweifelte Angst der Frauen, die ihr irrationales Anklammerungsverhalten bedingt. Ohne rechtzeitige Eröffnung anderweitiger Aktivitätsmöglichkeiten oder Kontakte stehen große Zahlen von Müttern im Augenblick der Ablösung ihrer Kinder vor einer unendlichen psychischen Leere. Es wird ihnen bewußt, daß sie mit Hilfe der Kinder nur lange Zeit den Empfang der Quittung verzögert hatten, die aus der Fehlrechnung ihrer schiefen Ehekonstellation folgen mußte. Die vielfältigen psychosozialen Schwierigkeiten und psychosomatischen Störungen von Frauen im fünften Lebensjahrzehnt haben nur zum Allerwenigsten etwas mit einer biologisch bedingten Alterungskrise zu tun. Es sind nicht die anlagebedingten Veränderungen des weiblichen Organismus in dieser Lebensphase, die jetzt eine Kulmination von Beschwerden bedingen. Sondern es sind ganz überwiegend die Konsequenzen sozialer Fehlentscheidungen der Frauen, die freilich ihrerseits wiederum durch falsche Normen und konkrete gesellschaftliche Fehlregelungen gebahnt worden sind. Gerade die erkannte Bedeutung des sozialen Einflusses bei der Verursachung vieler psychischer und psychosomatischer Frauenkrankheiten zählt zu den maßgeblichen Gründen dafür, daß sich speziell jüngere Psychotherapeuten und Psychiater vermehrt für sozialwissenschaftliche und gerade auch familienpolitische Fragen engagieren.

Auf der anderen Seite gilt es an der These festzuhalten, daß zu einer allmählichen Umstrukturierung des Geschlechterverhältnisses gesellschaftliche *und* psychische Bedingungen in einer Wechselbeziehung wirksam werden müssen. Ohne progressive politische Initiativen ist der Prozeß einer gemeinsamen Geschlechteremanzipation nicht denkbar. Umgekehrt werden solche Initiativen immer wieder zusammenbrechen, oder es werden erkämpfte progressive Regelungen wieder in rückschrittlichem Sinne revidiert werden, wenn ihnen ein breiter Rückhalt im Bewußtsein der Menschen fehlt. Viele unnötige Fehlschläge an sich sinnvoller politischer Planungen ergeben sich nur daraus, daß am bloßen Machen orientierte Politiker sich nicht hinreichend vergewissern, ob sie in der Art und im Tempo ihrer Maßnahmen Schritt mit den psychischen Möglichkeiten und Wünschen derer halten, denen die Maßnahmen zugute kommen sollen. Um so wichtiger erscheint es, gerade auch hinsichtlich der Frage des Geschlechterverhältnisses, die *Bewußtseinsentwicklung* in der Bevölkerung kontinuierlich zu verfolgen. Daß sich hier tatsächlich qualitative Veränderungen abspielen, die sich quantitativ objektivieren lassen, verdient als Resultat einschlägiger Untersuchungen angemessene Beachtung.

Am Zentrum für Psychosomatische Medizin der Universität Gießen[2,3] wurden zusammen mit zwei Meinungsforschungsinstituten (DIVO und Infratest) zwei repräsentative psychologische Erhebungen in der Bundesrepublik durchgeführt. Dabei ging es um die Frage nach der psychischen Veränderung der Bürger der Bundesrepublik zwischen 1968 und 1975. Es wurden jeweils die Profile der 18- bis 60jährigen Bürger mit Hilfe des Gießen-Tests erhoben. Gewonnen wurden die sogenannten Selbstbilder. Die in der repräsentativen Stichprobe befragten Personen stellten ihre eigene psychische Verfassung durch Beantwortung von 40 skaliert vorgegebenen Fragen dar, die in dem Gießen-Test zusammengefaßt worden sind. Dieser Test ist inzwischen in der psychologischen Forschung weithin gebräuchlich und gilt als anerkanntes diagnostisches Instrument. Unsere Erhebungen führten zu dem nicht ohne weiteres erwarteten Befund, daß sich die 18- bis 60jährigen Westdeutschen seit 1968 in beträchtlichem Grade psychisch gewandelt haben. In 15 der 40 Testfragen ließen sich Antwortdifferenzen statistisch sichern. Im Vergleich zu 1968 sehen sich die Bundesbürger 1975 deutlich weniger egozentrisch, weniger individualistisch abgekapselt, statt dessen mehr auf soziale Kommunikation ausgerichtet. Kontakt in der Gruppe, ganz besonders aber auch in der Zweierbeziehung ist ihnen wichtiger geworden. Sie suchen mehr Halt in sozialen Bezügen, während sie sich als Einzelne nicht mehr stark und sicher genug fühlen, um sich allein aus sich heraus zu behaupten und zu verwirklichen.

Die Bürger empfinden sich mehr vertrauensbereit, offener, insbesondere durchlässiger für Gefühle. Mehr als sieben Jahre vorher suchen die Menschen 1975 die enge, dauerhafte Partnerbeziehung. Liebesbedürfnisse, aber auch Liebesfähigkeit werden stärker bejaht. So wie die Menschen augenscheinlich wieder ihren Gefühlsbedürfnissen mehr Beachtung schenken, erleben sie sich zugleich als phantasiereicher. Dies ist jedenfalls im kurzen Extrakt das, was sich aus der statistischen Verrechnung der Antwortverläufe ergibt.

Wenn man die herkömmlichen Rollenklischees von «männlich» und «weiblich» zum Maßstab nimmt, kann man demnach ohne weiteres sagen, daß der Gesamttrend in Richtung von mehr «Weiblichkeit» weist. Mehr Gefühlsbetonung, mehr freimütige Kundgabe von emotionalen Bedürfnissen, stärkere Bindungswünsche, mehr Kommunikationsverlangen überhaupt – all diese gesicherten Befunde betonen Züge, die man seit je eher der weiblichen Psyche zuzurechnen pflegte.

An diesem psychologischen Trend nehmen beide Geschlechter teil. Es ist also im Durchschnitt nicht so – wie man nach gewissen feministischen Publikationen hätte erwarten können –, daß die Frauen sich eher in Richtung größerer Aggressivität und Härte wandeln würden. Auch die Frauen sehen sich 1975 noch um einiges «weicher» als 1968. Stärker hat diese Wandlung indessen überraschenderweise die Männer ergriffen. Die Männer weichen statistisch in 14, die Frauen nur in 7 Items von den Angaben der Erstbefragung 1968 ab. Beide Geschlechter beschreiben sich 1975 als liebevoller, kontaktoffener, phantasievoller, relativ abhängiger. Die Männer allein sehen sich obendrein im Vergleich zu 1968 vertrauensvoller, durchlässiger hinsichtlich der Preisgabe von Gefühlen und Bedürfnissen. Überraschenderweise sind es nun nicht die jüngeren (18 bis 34 Jahre), sondern die älteren Männer (35 bis 60 Jahre), die – was die Gesamtzahl der psychischen Veränderungen anbetrifft – am weitesten von den Daten von 1968 abgerückt sind. Die älteren Männer haben sich wesentlich intensiver als die älteren Frauen gewandelt.

Diese relativ stärkere Befundveränderung bei den Männern bedeutet freilich noch keineswegs, daß sie mit ihrem Trend zu mehr Weichheit, mehr Gefühlswärme und mehr Anhänglichkeit bereits in unmittelbare Nähe des Frauenprofils gerückt wären. Man muß berücksichtigen, daß die Ausgangswerte von 1968 bei beiden Geschlechtern erheblich auseinanderliegen. Die Bewegung der Männer in Richtung «Weiblichkeit» hat ihre Differenz zu den Selbstbildern der Frauen deshalb noch nicht aufgehoben, weil ja auch die Frauen, obschon in geringerer Intensität, in paralleler Richtung «gewandert» sind. Die Männer haben sich psychisch ein Stück weit aufgelockert. Im Vergleich zu den Frauen sind sie indessen immer noch beträchtlich starrer, härter und emotionell eingeengter.

Bei 20 der 40 Fragen des Gießen-Tests sehen sich die Frauen 1975 anders als die Männer. Ängste, Depressionen, Selbstvorwürfe werden von ihnen häufiger angegeben. Ihnen gelingt es schlechter, so meinen sie, ihre Interessen im Lebenskampf durchzusetzen. Dementsprechend beurteilen sie auch ihr Verhältnis zu anderen Menschen. Sie äußern vergleichsweise noch immer mehr Passivität, Unterwerfungsbereitschaft und Gehemmtheit. Deutlich ist ihr gemessen am Profil der Männer weiterbestehendes Defizit an Selbstvertrauen. Sie geben eher nach, anstatt zu rivalisieren. Was sich die Männer – entsprechend deren Selbstbild – an Laxheit und Bequemlichkeit leisten, kompensieren die Frauen, indem sie – wie sie selbst sagen – sich wesentlich mehr Mühe schaffen. Daß sich die Frauen mehr Fürsorglichkeit zusprechen als die Männer, liegt auf der Linie ihres traditionellen Leitbildes.

Dies ist, knapp zusammengefaßt, das errechnete Bild der psychischen Längsschnittentwicklung und des Quervergleiches zwischen den Geschlechterprofilen. Demnach hat die im Vergleich zu den Frauen stärkere emotionale Auflockerung der Männer deren relative Dominanz gegenüber den Frauen bzw. die psychische Unterlegenheitsposition der Frauen gegenüber den Männern noch nicht prinzipiell revidiert. Nichtsdestoweniger deuten die Veränderungen im Selbstbild beider Geschlechter darauf hin, daß sich die Chancen für ein wechselseitiges Verständnis und für ertragreichere Kommunikationen ein Stück weit verbessert haben. Und es liegt auf der Linie der eingangs als notwendig erklärten Veränderung der Wertorientierung, daß beide Geschlechter sich stärker nach Werten hin ausrichten, die nach der bisherigen Etikettierung auf der weiblichen Seite liegen.

Ein spezieller Befund verdient abschließend noch besondere Würdigung. Das ist die in der Gesamtbevölkerung nachweisbare Tendenz zu einer engen, dauerhaften Zweierbeziehung. In Einklang mit vielfältigen Erfahrungen der Psychotherapeuten und der Ehe- und Familienberatungsdienste zeigt sich in diesem Befund eine Wiederzunahme des Bedürfnisses nach intimer, verläßlicher Bindung in Ehe und Familie. Ehe und Familie werden erneut hoch bewertet als Chance zum Austausch intim persönlicher Gefühle, zugleich als Aufgabenfeld für eine verantwortungsvolle Kooperation in reflektierter Partnerschaft. Die Qualität ihrer Beziehungen in Ehe und Familie empfindet eine große Zahl von Menschen als zentralen Maßstab ihres Wohlbefindens. Die Hochkonjunktur für Partnerschaftstraining, für Ehe- und Erziehungshilfeliteratur und die rasche Ausbreitung von Ehe- und Familientherapie nahezu in allen westlichen Ländern sind Symptome für die steigende Bewertung von Zweierbeziehung und Familie generell. Hier hatte sich BEBEL getäuscht, als er prognostiziert hatte, daß das häusliche Leben immer mehr zurückgehen und «sich auf das Notwendigste beschränken» werde. Genau umgekehrt erscheint der häusliche Bereich mehr und mehr als eine Zufluchtstätte, besetzt mit der Hoffnung, hier die nötige Stärke zum Widerstand gegen eine äußere Welt zu finden, die als immer unwirtlicher und immer mehr erdrückend erlebt wird. Das «Draußen» wird zum Inbegriff von Unpersönlichkeit, Kommunikationsverarmung, Rivalitätsdruck, Bürokratismus, Fremdbestimmung und Zwang in jeder Hinsicht. Kontrastierend wird die Familie als Freiraum zur Artikulation aufgestauter emotionaler Grundbedürfnisse besetzt. Hier erwartet man noch die Chance für Nähe, Wärme, offenes und intimes Gespräch, für Spiel und Kreativität, für den Austausch zwischenmenschlicher Fürsorglichkeit. Hier hofft man, sich zur Kompensation der dehumanisierenden Arbeitswelt ein Stück weit «rehumanisieren» zu können.

Für die Politik eines demokratischen Sozialismus bedeutet dies, daß die Lebensbedingungen im außerfamiliären Bereich – vor allem in der Arbeitswelt – in vieler Hinsicht revidiert werden müssen, um den Menschen das Bewußtsein zu vermitteln, daß sie sich auch hier und gerade hier als Personen entfalten können und daß dieses wichtige Feld der Wirklichkeit für und nicht gegen ihre Interessen einer menschlichen Lebensweise orientiert ist. Es muß dies also eine Politik genau in der Wertrichtung sein, die für eine gemeinsame Befreiung der Geschlechter als maßgeblich beschrieben wurde. Aber auch bei einer partiellen Entlastung des häuslichen Bereiches von der Funktion einer kompensatorischen Zufluchtstätte werden Ehe und Familie eine hohe Bedeutung bewahren. Durch politische Förderung der Geschlechteremanzipation werden Ehe und Familie sogar noch neue Freiräume für die Ausgestaltung menschlicher Beziehungen im persönlichsten Bereich dazugewinnen können.

Literatur

1. Bebel, A.: Die Frau und der Sozialismus (1879). Dietz Verlag, Berlin–Bonn-Bad Godesberg 1977
2. Beckmann, D. u. H. E. Richter: Gießen-Test. Handbuch. Huber Verlag, Bern–Stuttgart–Wien 1972
3. Beckmann, D., E. Brähler u. H. E. Richter: Neustandardisierung des Gießen-Test. Diagnostica 1977, 23, S. 287
4. Der Bundesminister für Jugend, Familie und Gesundheit: Daten des Gesundheitswesens – Ausgabe 1977, Bonn-Bad Godesberg
5. Friedman, M. u. R. H. Rosenman: Der A-Typ und der B-Typ. Rowohlt Verlag, Reinbek 1975
6. Jung, C. G.: Die Frau in Europa. Rascher Verlag, Zürich u. Stuttgart 1959
7. Richter, H. E.: Konflikte und Krankheiten der Frau. Arch. Gynäk. 1973, 214, S. 1
8. Richter, H. E.: Lernziel Solidarität. Rowohlt Verlag, Reinbek 1974
9. Rosenmayr, L.: Soziologie des Alters. In: R. König (Hg.), Handbuch der empirischen Sozialforschung, 2. Bd., S. 306, Enke Verlag, Stuttgart 1969

10. SCHOPENHAUER, A.: Preisschrift über die Grundlage der Moral (1840, 2. Aufl. 1860). Reclam Verlag, Leipzig. Sämtl. Werke hg. von GRISEBACH, Bd. 3
11. STIEGLER, B.: Die Mitbestimmung der Arbeiterin. Verlag Neue Gesellschaft, Bonn-Bad Godesberg 1976

Das Kind spiegelt die unbewältigten Konflikte der Familie wider*

Jede Generation bürdet der nächstfolgenden die unbewältigten Reste der eigenen Probleme auf. Innerhalb der Familie sind die psychischen Schwierigkeiten der Kinder ein psychologischer Schlüssel zum Verständnis der ungelösten Konflikte der Eltern, zugleich aber auch der übergreifenden gesellschaftlichen Probleme, die in die Dynamik der Einzelfamilie eingreifen. Früher bereits in «Eltern, Kind und Neurose» sowie «Patient Familie» veröffentlichte Erkenntnisse über unbewußte Rollenbeziehungen zwischen Eltern und Kindern werden durch Beobachtungen und Überlegungen über den Einfluß schichtspezifischer und allgemeiner soziokultureller Faktoren erweitert. Die Entwicklung des Kindes in der Unterschicht- und in der Randschichtfamilie wird ebenso zu einem aktuellen psychoanalytischen Forschungsthema wie die Veränderung der Familie durch neue soziale Leitbilder.

* Nach einem Vortrag, gehalten auf dem 29. Internationalen Psychoanalytischen Kongreß in London 1975

Es gilt weithin als eine Selbstverständlichkeit, daß die Familie sich mit Vorrang nach dem Wohl des Kindes zu richten habe. Der Psychoanalytiker kommt indessen nicht um die Feststellung herum, daß in einer Familie *alle* unbewußt die Hilfe der übrigen Mitglieder für die Förderung der eigenen Entwicklung beanspruchen. Jeder Familienangehörige fragt unbewußt: Was bedeuten die anderen für mich? Auch die Eltern wollen, ja müssen sich immer noch weiter entwickeln, um die Aufgaben ihrer späteren Lebensphasen erfüllen zu können. Und nichts liegt näher für sie, als unbewußt ihre Kinder als ein Mittel auszunutzen, um sich die eigene weitere Entwicklung zu erleichtern bzw. sich vom Druck bisher ungelöster Probleme zu entlasten. Mögen nahezu alle Eltern auch bewußt das Prinzip bejahen, daß sie sich in ihrem erzieherischen Verhalten in erster Linie nach den Erfordernissen der kindlichen Entwicklung richten sollten, so wissen wir sehr genau, daß die meisten in der Praxis von diesem Ziel weit abweichen. Steff Bornstein[3] hat 1934 die allgemeine Erfahrung formuliert, daß Eltern gegenüber ihren Kindern leichter als gegenüber allen übrigen Menschen undurchschaute unbewußte Tendenzen ausagieren. Und so ergehe es nicht nur überreizten, stimmungslabilen, überarbeiteten Eltern, sondern ... «auch den gesunden, klar denkenden, auf ihre Kinder gut eingestellten Eltern; so geht es nicht nur dem nicht analysierten Erzieher, sondern auch Menschen, die in der eigenen Analyse eine größere Vertrautheit mit ihrem Unbewußten erworben haben».

Diese ernstlich kaum bestreitbare Feststellung St. Bornsteins befindet sich jedoch in einem auffallenden Widerspruch zu der traditionellen psychoanalytischen Pädagogik, die den Primat des Kindeswohls genauso als Selbstverständlichkeit in der Motivation der Eltern unterstellte, wie dies unsere kulturelle Norm fordert. Das heißt, man wandte sich an die Eltern wie an rein rational pflichtorientierte Erwachsene, die nur besserer Informationen über die kindliche Psyche und über die Quelle kindlicher Fehlentwicklungen bedürften, um ihr Erziehungsverhalten entsprechend zu korrigieren. Auf der gleichen Linie liegt die Beobachtung, daß in der theoretischen und vor allem auch in der klinischen psychoanalytischen Literatur das Elternverhalten sehr oft mehr kritisch normativ und weniger verstehend analytisch erörtert wird. Es ist selten, daß in psychoanalytischen Fallberichten die Eltern eines Patienten genauso sympathisch porträtiert werden wie dieser selbst.

Es erscheint nicht unwichtig, über diese Widersprüchlichkeit noch einen Augenblick nachzudenken, weil sich in diesem Problem vermutlich ein wichtiger Grund dafür verbirgt, daß die praktische Umsetzung der psychoanalytischen Erkenntnisse über die Erfordernisse des Kindes so schwierig ist. In der psychoanalytischen Familientherapie lernt man, daß Eltern ihre Bedeutung für die innere Entwicklung eines Kindes erst dann einsehen wollen und können, wenn sie sich überzeugt haben, daß der Analytiker ihnen zugesteht, daß für sie das Kind auch eine große Bedeutung im Zusammenhang ihrer eigenen Schwierigkeiten hat, ja daß es unmittelbar ein Teil ihrer persönlichen Schwierigkeiten ist. Wenn wir nun aber zögern, in der Eltern-Kind-Beziehung allen Personen das gleiche Recht auf Befriedigung ihrer Bedürfnisse zuzugestehen und immer wieder darauf verfallen, uns die Eltern einseitig normativ als pflichtschuldige Erfüller der kindlichen Entwicklungsbedürfnisse vorzustellen, so verweist das doch auf ein Problem in uns selbst. Eine Schwierigkeit rührt sicher daher, daß Psychoanalytiker traditionellerweise gewöhnt sind, nur die innere Welt des Individuums – also in diesem Falle diejenige des Kindes – für ihr eigentliches Arbeitsthema zu halten. Die Reize, die von außen, also etwa von der Familie her, auf das Kind treffen, galten von jeher eher als Forschungsgegenstand der Soziologen. Erst die Auswirkungen dieser Reize innerhalb der Struktur des Kindes fallen nach der hergebrachten Auffassung wieder eindeutig in die psychoanalytische Kompetenz (s. FENICHEL[8]). Die psychoanalytische Familienforschung, die das Beobachtungsfeld nun neuerdings auf die Dynamik in der Gesamtfamilie ausdehnt, schafft hier eine wichtige Änderung. – Noch relevanter scheint mir freilich ein affektiver Faktor zu sein. Wenn Psychoanalytiker sich die Eltern der Kinder insgeheim vollkommener wünschen, als diese sein können, so läßt dies doch darauf schließen, daß sie Angst haben, durch die Unvollkommenheit der Eltern an die eigene Unvollkommenheit erinnert zu werden. Vermutlich, weil

Analytiker sich immer noch zu sehr vor unbewußten konflikthaften Anteilen ihrer Beziehungen zu ihren Patienten und auch zu ihren eigenen Kindern fürchten, können sie sich nicht leicht mit den Schwächen der Eltern ihrer Analysanden identifizieren. Daraus würde folgen, daß wir gerade in dieser selbstkritischen Hinsicht unseren Blick schärfen sollten, nicht nur, um in der psychoanalytischen Familienforschung die Wechselbeziehung zwischen Eltern und Kind weniger einseitig zu sehen, sondern auch, um in den eigenen professionellen psychoanalytischen Beziehungen manche verleugnete Konfliktanteile besser bearbeiten zu können. Ich meine z. B., daß wir an psychoanalytischen Instituten eine Menge von neurotischen «Familienrivalitäten» entdecken können und daß auch das Verhältnis der psychoanalytischen Lehrer zu ihren psychoanalytischen Schülern nicht frei ist von manchen Zügen undurchschauten Agierens, wie wir es bei den Eltern unserer kindlichen Patienten beobachten, sofern wir nur genügend darauf achten. Die moderne psychoanalytische Familienforschung sollte dazu stimulieren, die Instrumente der psychoanalytischen Wissenschaft mehr als bisher auch für die Analyse der Prozesse innerhalb der Gemeinschaft der Psychoanalytiker selbst zu benutzen.

Die Familie läßt sich als eine Gruppe ansehen, in der alle miteinander unbewußte Phantasien und Wünsche austauschen. Dieser Austausch läßt sich als eine Art von multipolarem unbewußtem Dialog studieren und beschreiben. Jeder wirkt aus seinem Unbewußten mit Fragen und Reaktionen in das Unbewußte seiner Partner hinein und empfängt seinerseits von diesen unbewußte Fragen und Reaktionen. Niemand anders als der Psychoanalytiker verfügt über das Rüstzeug, diese dialogische Verknüpfung der individuellen unbewußten psychischen Prozesse innerhalb des Familiensystems zu verfolgen und zu verstehen. Dabei kann er lernen, daß bestimmte Symptome ebensowohl von ihrer Bedeutung innerhalb des psychischen Systems des betroffenen Individuums wie von ihrer Bedeutung innerhalb des unbewußten Dialogs in der Familiengruppe her aufgeschlüsselt werden können.

Von Ehrenwald[7] stammt der Begriff der «psychosozialen

Abwehr». In der Tat gibt es psychosoziale Abwehrtechniken, welche die klassischen intraindividuellen Abwehrmechanismen überformen und die sich etwa darin äußern, daß ein Familienmitglied unbewußt ein anderes als Instrument zur Minderung eigener Konfliktspannung gebraucht. In bestimmten Fällen funktioniert diese psychosoziale Konfliktentlastung auch wechselseitig. J. WILLI [31] hat symmetrische Austauschvorgänge dieser Art mit Hilfe des Begriffs der «Kollusion» bei Ehepaaren sehr differenziert beschrieben. Auch L. WYNNE [33] hat derartige Wechselbeziehungen studiert und unter der Formel «trading of dissociations» dargestellt. – Es gibt in zahlreichen Familien schließlich übergreifende gemeinsame Phantasien, die im pathologischen Falle so etwas wie familiäre Charakterneurosen entstehen lassen. Davon sei später noch die Rede.

Was die Beziehung zwischen Kind und Eltern anbetrifft, so haben wir aus der Vielzahl der Studien über den kindlichen Reifungsprozeß verhältnismäßig verläßliche Vorstellungen darüber gewonnen, welche äußeren Hilfen das Kind benötigt, um zunächst zu einem hinreichenden Urvertrauen und Selbstwertgefühl sowie zu einer Balance zwischen Narzißmus und Objektbezogenheit und ferner zu einer Bewältigung der nachfolgenden Stufen seiner Entwicklung zu finden. Von diesem Gesichtspunkt aus können wir die Einwirkungen der Eltern einfach danach charakterisieren, inwiefern sie den jeweiligen phasenspezifischen Erfordernissen für das Kind entgegenkommen oder zuwiderlaufen. Das impliziert die Modellvorstellung, daß das Kind in seinem Entwicklungsverlauf an die Eltern immer neue Fragen stellt, die von diesen mehr oder weniger angemessen beantwortet werden. Tatsächlich vollzieht sich der dialogische Austausch zwischen Eltern und Kind indessen nicht so, daß die Eltern regelmäßig erst sekundär auf die latenten oder manifesten Ansprüche des Kindes reagieren, sondern vielfach umgekehrt. Das heißt: die Eltern dirigieren das Kind mit ihren Erwartungen von vornherein in bestimmte Reaktionen hinein. Oft findet man bereits vor der Geburt des Kindes ziemlich differenzierte Phantasien der Eltern über die Position, die das Kind in der Familie einnehmen soll. Darauf haben u. a. M. BOWEN [4] und J. L. FRAMO [10] hingewiesen. Solche unbewußt verankerten Erwartungsphantasien pflegen dann die kindliche Entwicklung zu begleiten. Sie steuern das Erziehungsverhalten der Eltern um so rigider und zwanghafter, je mehr die Eltern von eigenen inneren Konflikten belastet sind, deren Druck sie mit Hilfe des Kindes mildern zu können hoffen. Dieser Aspekt, nämlich die Frage nach der Bedeutung der konfliktbedingten elterlichen Erwartungen für die kindliche Entwicklung, ist erst nach längerem Zögern und im Zusammenhang mit der neueren Familienforschung in den Vordergrund des psychoanalytischen Interesses gerückt.

In dieser Perspektive wird die Entwicklung des Kindes als eine fortdauernde Auseinandersetzung mit der Rolle betrachtet, die ihm ein Elternteil oder beide Eltern unbewußt vorschreiben. In der Tat eignet sich für die Erfassung dieses Zusammenhanges der Begriff der Rolle, sofern man darunter – in Abweichung von der soziologischen Definition – das strukturierte Gesamt der unbewußt determinierten Erwartungen versteht, die Eltern auf ein Kind richten. Wenn man in langjährigen Familienbeobachtungen die Bedeutung solcher elterlichen Rollenvorschriften für die kindliche Entwicklung studiert, kann man einen Überblick über verschiedenartige typische Rollenmuster und ihre Auswirkung auf das Kind gewinnen.

Um solche Rollen zu klassifizieren, kann man auf die beiden Grundtypen von Objektwahl zurückgreifen, die S. Freud [12] beschrieben hat, nämlich die Wahl nach dem *Anlehnungstyp* und die Wahl nach dem *narzißtischen Typ*. Es gibt Eltern, die an dem Kind einen anderweitig ungesättigten Objekthunger ausagieren müssen, und es gibt andere, die ihr Kind vornehmlich als Instrument bestimmter narzißtischer Strebungen mißbrauchen. Die Gefahren solcher elterlichen Rollenerwartungen lassen sich am deutlichsten bei sehr ausgeprägten Fällen studieren.

E. Buxbaum [9] und M. Mahler [18] haben eine bestimmte Form von *symbiotischer Anklammerung* von Müttern an ihre Kinder beschrieben. E. Buxbaum hat gefunden, daß Mütter, die als Patientinnen in einer analytischen Therapie eine exzessive abhängige Übertragung mit größten Trennungsängsten entwikkeln, sich vielfach gegenüber ihren Kindern sehr ähnlich benehmen. Sie schreibt: «Diese Mütter verlangen, daß das Kind bei ihnen bleibt aus Angst, daß das Kind oder sie selbst oder beide sonst sterben würden.» Hier vollzieht sich wenigstens teilweise das von E. JONES beschriebene Phänomen der Generationsumkehr. *Die Mütter phantasieren sich als oral abhängige Kinder ihrer eigenen Kinder.* In dieser Rolle als *mütterlicher Ersatzpartner* erlebt das Kind laut BUXBAUM schwere Irritierungen auf dem Gebiet der Sprachentwicklung, des Essens und der Ausscheidungsfunktionen. Ich selbst habe diesen Typ von Mutter-Kind-Beziehung in längerfristigen Studien an zwölf Kindern beobachtet, die ebenfalls an Eß- und Verdauungsstörungen litten und die exzessive Trennungsängste mit dem Versuch abzuwehren versuchten, die Hypochondrie ihrer Mütter durch Eßanomalien und Verstopfung zu manipulieren.

Geläufiger ist eine andere Variante einer *Partner-Substitut-Rolle*, bei der das Kind von einer Elternfigur als *inzestuöser Sexualpartner* phantasiert wird, nachdem der betreffenden Elternfigur der Reifungsprozeß zum Aufbau adäquater Sexualbeziehungen mißglückt ist. Am häufigsten findet man diese Rollenkonfiguration bei Müttern, die ihre zurückgestauten libidinösen Impulse an ihren Söhnen ausagieren. Besonders hartnäckige inzestuöse Fixierungen des Kindes mit schweren, oft dauerhaft unbewältigten Ablösungskonflikten können die Folge sein.

Außer als *Partner-Substitut* kann das Kind von den Eltern unbewußt dazu benutzt werden, unerfüllte *Aspekte des eigenen idealen Selbst* oder umgekehrt verleugnungsbedürftige *Aspekte des eigenen negativen Selbst* darzustellen.

In unserer industriellen Leistungs- und Konkurrenzgesellschaft geschieht es häufig, zumal in aufstiegsorientierten kleinbürgerlichen Gruppen, daß Eltern das Leiden am eigenen Mißerfolg unbewußt mit Hilfe eines Kindes aufzuheben versuchen, das die von ihnen verfehlten Ziele realisieren soll. Die narzißtische Kränkung des eigenen Unterliegens soll durch Identifizierung mit einem Kinde aufgehoben werden, das um jeden Preis erfolgreich sein muß. Im Gegensatz zu solchen Eltern, für deren ideales Selbst Leistung, Karriere, Sozialprestige wichtig sind, findet man vornehmlich in Bevölkerungsgruppen mit einem stärkeren puritanisch moralistischen Einschlag Eltern, die ihre Selbstvorwürfe unbewußt dadurch zu beschwichtigen versuchen, daß ihr Kind stellvertretend für sie ein hohes Reinheitsideal realisieren soll. Je nach dem Inhalt des idealen Selbst der Eltern, welchen das Kind kompensatorisch verwirklichen soll, wird ein Kind perfektionistisch auf Größe, Stärke, Erfolg oder auf absolute moralische Integrität trainiert und gerät durch diesen Druck und durch diese Einengung stets in Entwicklungsschwierigkeiten, die für diese Rolle typisch und an kasuistischen Beispielen anschaulich belegt worden sind.

Während das Kind als *Substitut des elterlichen idealen Selbst* die *positiven* Ziele erreichen soll, unter deren Verfehlen die Eltern leiden, soll das Kind umgekehrt in der Rolle des *Substituts des negativen Selbst* stellvertretend für die Eltern deren *Schwächen* und *Minderwertigkeiten* ausleben, um den Eltern die Verleugnung eben dieser negativen Merkmale möglich zu machen.

ADELAIDE JOHNSON[14] hat die kindliche *Sündenbockrolle* als erste deutlich formuliert: «Bei unseren Untersuchungen konnten wir immer wieder erstaunt beobachten, auf welche subtile Weise in einer Familie mit mehreren Kindern ein Kind unbewußt zum Sündenbock gemacht werden kann, der dann die nur schlecht integrierten, verbotenen Impulse der Eltern ausagiert.» Hier soll also das Kind verpönte Impulse realisieren, welche die Eltern gewissermaßen an das Kind abtreten, um sie nicht bei sich selbst wahrnehmen zu müssen. In der phantasierten Identifizierung mit diesem Kind können sich die Eltern eine geheime Ersatzbefriedigung verschaffen und können sich dadurch von Schuldgefühlen freihalten, daß sie dem Kind die Strafen zufügen, die sie sonst für sich selbst suchen müßten. Daß diese Rolle besonders geeignet ist, Kinder auf den Weg von Soziopathie und Dissozialität zu drängen, haben nach A. M. JOHNSON und S. A. SZUREK[15] eine Reihe von Autoren gezeigt. J. KAISER hat die Bedeutung dieses Rollentyps für die Jugendkriminalität hervorgehoben.

Anderen Eltern geht es nicht darum, einen verdrängten *bösen Aspekt*, sondern eher einen verdrängten *schwachen Teil ihres Selbst* auf das Kind zu verschieben. Eltern können sich z. B. so lange groß, stark und aktiv fühlen, so lange sie ihre abgewehrten Gefühle von Kleinheit, Ohnmacht und Passivität an einem Kind verwirklicht finden. Das Kind muß gleichsam die Depression ausdrücken, welche die Eltern bei sich verleugnen. Das Kind stellt in dieser Rolle die hilflose Kehrseite dar, die den Eltern ermöglicht, ihren Selbstaspekt von Größe und Omnipotenz verleugnend festzuhalten. Insgeheim können die Eltern freilich ein Stück der eigenen unterdrückten Passivität und Depression in projektiver Identifizierung mit dem Kinde ausleben. Während oberflächliche Betrachter die Eltern dafür bedauern, daß sie angeblich unter der Last eines so kläglichen und erfolglosen Kindes leiden müßten, ziehen solche Eltern aus dieser Rollenbeziehung unbewußt einen wichtigen Gewinn. Selbstverständlich liegt für ein derartiges Kind die Gefahr eines Verkümmerns besonders nahe, da es nur durch Schwäche und Elend die Voraussetzung dafür garantiert, daß die Eltern kontrastierend ihre narzißtischen Größenideen erfolgreich behaupten können.

Diese Rollenmuster, in denen Eltern bestimmte Anteile ihres Selbst unbewußt auf ihre Kinder verschieben, tauchen übrigens auch in der interessanten Delegations-Theorie von H. STIERLIN[30] auf. Langjährige Familienstudien zeigen, daß Kinder sehr genau die Rolle durchschauen, die ihnen das elterliche Unbewußte zuzuweisen versucht und daß viele ihrer Reaktionen lesbar sind teils als Identifizierungen, teils als Proteste gegen die ihnen unbewußt auferlegten Vorschriften.

Die bislang beschriebenen Rollenbeziehungen sind prinzipiell *bipolar konfiguriert.* Mit diesem Modell kann man entweder arbeiten, wenn beide Eltern in einer gemeinsamen Rollenforderung an das Kind konvergieren oder wenn man die Bedeutung charakterisieren will, die das Kind für die eine der beiden Elternfiguren hat. Das bipolare Rollenmodell reicht indessen nicht aus, um die Position eines Kindes innerhalb der Familiendynamik vollständig zu erfassen. Denn natürlich hat der Gruppenprozeß der Gesamtfamilie einen wesentlichen Einfluß auf die Prozesse in ihren bipolaren Subsystemen. Die Frage ist nun, kann man mit psychoanalytischen Kategorien die *übergreifende Struktur der Familie als Ganzheit* begreifen, in die bipolare Rollenbeziehungen der bisher beschriebenen Art eingeordnet sind? Ist das komplexe Zusammenspiel bewußter und unbewußter Austauschvorgänge im Gesamt der Familiengruppe überhaupt noch voll überschaubar und mit psychoanalytischen Vorstellungen erfaßbar? Oder muß man sich bei diesem Versuch schließlich mit eher groben behavioristischen Modellvorstellungen begnügen?

Tatsächlich begegnen wir in letzter Zeit einer wachsenden Zahl von familiendynamischen Arbeiten, die sich vorwiegend an Oberflächenmerkmalen des familiären Kommunikationsverhaltens orientieren. Auf der anderen Seite bemühen sich psychoanalytische Familienforscher, bestimmte familiäre Organisationsformen von unbewußten Phantasien aus zu erfassen, die in den Familien strukturierend wirken. Von dem Erfolg solcher Bemühungen hängt es ab, inwieweit man die Entwicklung eines Kindes abhängig vom Zusammenspiel aller unbewußten Austauschvorgänge im Familiensystem verständlicher machen kann. Wegen der Komplexität des Beobachtungsfeldes gestalten sich solche Arbeiten indessen sehr schwierig, und man muß zugestehen, daß vom psychoanalytischen Standpunkt aus ergiebige Forschungen dieser Art im Verhältnis zu der Gesamtsumme der familiendynamischen Literatur noch relativ dünn gesät sind.

Man kann zunächst eine grobe Einteilung in solche Familiensysteme vornehmen, die durch *deutliche innere Aufspaltungsprozesse* gekennzeichnet sind und andererseits in solche, die mehr *homogen organisiert* sind.

Zu dem *ersten Typ* gehören Familien, in denen *Dissoziationsmechanismen* wirksam sind, wie sie bereits zuvor gekennzeichnet wurden. Die Familie spaltet sich auf in einen Teil, der groß, gesund und gut sein darf, während ein anderer Teil kompensatorisch schwach, krank und schlecht sein muß. Mitunter fungieren nacheinander mehrere Kinder oder auch erwachsene Familienmitglieder abwechselnd als «masochistische Opfer», da eine solche Familie eben keine andere Organisationsformel kennt als eine permanente Aufspaltung in einen hypomanisch verleugnenden und einen armselig masochistischen Teil, wobei beide Teile stets wechselseitig unbewußt aneinander partizipieren. Den extremsten Typ dieser Reihe bietet die «ausstoßende Familie», wie die Bezeichnung von St. Fleck[9] lautet. Hierbei versucht die Restfamilie, die Phantasie der eigenen Perfektheit und Grandiosität dadurch zu schützen, daß sie kranke, defekte, versagende Mitglieder ausschaltet. Als Repräsentanten des Negativen werden schwach begabte, behinderte oder dissozial auffällige Kinder meist von solchen Familien bald eliminiert und in Heime, Internate oder Kliniken abgeschoben.

Demgegenüber findet man Familien, deren innere Struktur durch so etwas wie ein *homogenes krankhaftes Leitmotiv* bestimmt ist. Jedes Familienmitglied nimmt an einer gemeinsamen gleichartigen krankhaften Phantasie teil.

Aus der reichhaltigen Literatur über die *Familien von Schizophrenen* ist uns bekannt, daß bestimmte psychotische Denkweisen und Kommunikationsmuster die ganze Familiengruppe ergreifen und somit auch primär unauffällige Kinder induktiv verändern können. Ich verweise etwa auf die Studien von TH. LIDZ[1] und Mitarbeitern. E. ANTHONY[17] unterscheidet solche Familien, in denen sich die übrigen gegen einen Schizophrenen einigermaßen abgrenzen können, von anderen Familien, in denen die Psychose eines Erwachsenen induktiv auf die Gesamtfamilie übergreift. In diesem Fall «. . . wird jeder Aspekt des Familienlebens durch die Psychose beeinträchtigt, so daß auch die Kinder völlig in den Bann der elterlichen Wahnvorstellungen und Halluzinationen geraten. Sie gelangen in einen Strudel widersprüchlicher Interaktionen und Verhaltensweisen, die sie völlig desorientieren und realitätsfremd werden lassen.» ANTHONY hat eine solche «psychische Ansteckung» von Kindern in Psychotikerfamilien mit eindrucksvollen Fallbeispielen belegt.

Sehr viel mehr verbreitet, dennoch klinischer Beobachtung vielfach entzogen ist eine mildere Form von *paranoider* Familienverfassung. Eine solche Familienstruktur wird meist von einem Erwachsenen mit paranoiden, fanatischen Zügen gesteuert, dessen Störung meist nicht als medizinisch relevant bewertet wird. In solchen Familien kann man hochgradige aggressive Spannungen beobachten, die jedoch durch Übersolidarisierung der Mitglieder miteinander und durch gemeinsame Außenfeind-Projektion in Schach gehalten werden. Die einer Verschwörung gleichkommende Übersolidarisierung erklärt sich aus der ungeheuren Angst, die nach außen abgeleitete Aggression könnte in die Familiengruppe selbst zurückschlagen, sobald man familieninterne Konflikte überhaupt nur ins Auge fassen würde. Auf die Kinder wirkt ein massiver Zwang, sich von früh an dem paranoiden Denksystem der Eltern voll anzupassen.

Das paranoide Konzept hält die Familie wie eine Festungsmauer zusammen. Und ein Kind, das auszubrechen versucht, würde sich als Verräter einer ungeheuren Bedrohung durch die übrigen aussetzen. In extremistischen politischen Kreisen, in bestimmten religiösen Sekten und in anderen durch Fanatismus geprägten Außenseiterkollektiven sind solche paranoiden Züge unter den dazugehörigen Familien geradezu epidemisch verbreitet und werden vielfach durch Induktion von einer Generation auf die nächste tradiert.

Von der *paranoiden Familie* läßt sich ein ähnlich homogen strukturierter Familientyp unterscheiden, das ist die *angstneurotische Familie.* Vielfach wird die angstneurotische Familie von einem Mitglied aus organisiert, das in charakteristischer Weise von Vernichtungsbefürchtungen, Vereinsamungsängsten, vegetativen Beschwerden und Hypochondrie bestimmt ist. Zur Beschwichtigung dieser Ängste bemüht sich diese Person um eine besonders risikoarme, peinlich hygienische Lebensführung und um sehr enge spannungsarme Partnerbeziehungen als Schutz vor Vereinsamung. Folglich übt sie auf die übrigen Familienmitglieder einen sehr massiven Druck aus, damit diese sich in ihr phobisches Abwehrsystem einfügen. Alle sollen zwanghaft vorsichtig leben, Gefahren und Auseinandersetzungen meiden, möglichst nicht einmal gesprächsweise beunruhigende Themen in die Familie hineintragen. Lebt die paranoide Familie gewissermaßen in einer Art *Festung*, etabliert sich die angstneurotische Familie eher in einer Art von selbstgeschaffenem *Sanatorium.* Fügen sich die übrigen Familienmitglieder in die Regie der primär kranken Hauptfigur, gehen deren Symptome zurück, weil das gemeinsame Abwehrsystem die angstverschärfenden Reize verringert. Dafür agiert nun die ganze Familie so etwas wie eine *Gruppenphobie* mit Hilfe eines universalen Systems von Verleugnungen und Vermeidungen. Es findet eine *Einschränkung des familiären Gruppen-Ichs* statt. Und es fällt einer solchen Familie nicht schwer, auch Kinder schon sehr bald in dieses phobische System voll zu integrieren. Man unterläßt es, die ohnehin in den Kindern phasenspezifisch auftretenden Ängste durch ermutigende Ich-Stärkung zu reduzieren. Statt dessen bieten zunächst die Mutter, dann aber auch die gleichgeschalteten übrigen Familienmitglieder die gemeinsam eingeübten phobischen Auswege an: 1. Rückzug aus allen Risiken, die von den

Eltern übertrieben erschreckend dargestellt werden. 2. Zuflucht in eine symbiotisch überenge Integration in den Familienverband hinein. Natürlich merkt das Kind zunächst nicht, daß diese Rezepte nicht primär seinem Schutz, sondern der Stützung der neurotischen Abwehr der übrigen Familie dienen.

Ein äußerer stabilisierender Faktor für solche angstneurotisch-phobischen Familiensysteme besteht darin, daß diese sich weitgehend *in Übereinstimmung mit den geltenden Leitbildern der kleinbürgerlichen Familie* in unserer Gesellschaft befinden. Die meisten der geschilderten phobischen Vermeidungen und Verleugnungen lassen sich deshalb bequem als anerkannte gesellschaftliche Tugenden rationalisieren: Die neurotische Unfähigkeit zu irgendeinem Risiko und zu spannungsvollen Auseinandersetzungen kann man als Ausdruck wertvoller Friedfertigkeit umdeuten. Die wechselseitige angstbedingte Anklammerung der Familienmitglieder läßt sich auch als Inbegriff wahrer Liebe uminterpretieren. Die Mutter, die zur Beschwichtigung ihrer Todesängste bei ihren Kindern Halt suchen muß, kann sich für diese neurotische Angstabwehr als Muster altruistischen Engagements und Fürsorgesinnes preisen lassen. Und wenn alle aus gemeinsamen hypochondrischen Todesbefürchtungen heraus von morgens bis abends auf Diät achten, Vitamine nehmen, sich vor Kälte schützen, unzuträgliche Erregungen unterdrücken und überhaupt alle medizinisch anerkannten Schädlichkeiten meiden, so mögen sie sich als musterhaft in einer Zeit fühlen, in der sich genaue Befolgung von Hygiene-Vorschriften als Leitbild ersten Ranges etabliert hat.

Fest steht jedenfalls, daß solche phobischen Lebenseinstellungen in entsprechend organisierten Familien in einem sehr hohen Maße an Kinder weitergegeben werden. Offensichtlich ist dabei der mütterliche Einfluß in der Frühphase der kindlichen Entwicklung von hervorragender Bedeutung. Wir haben bei einer systematischen Befragung von über 100 Angstneurotikern gefunden, daß in der Elterngeneration achtmal mehr die Mutter als der Vater die gleichen Symptome gehabt hat. Dieser Befund ist nicht genetisch, also durch ein Vererbungsmodell, erklärbar.

Grundsätzlich muß man indessen festhalten, daß alle Rollenmuster und Familientypen, die im vorigen Abschnitt mehr angedeutet als ausgeführt worden sind, die Entwicklung von Kindern zwar in eine bestimmte Richtung drängen, aber nicht absolut festlegen. Weder z. B. in einer Sündenbockrolle noch im induktiven Klima einer angstneurotischen Familie muß ein Kind automatisch den jeweiligen Störeinflüssen erliegen. Seine Anlage, seine Position in der Geschwisterreihe und seine Erfahrungen mit außerfamiliären Bezugspersonen bestimmen sehr wesentlich mit, wie etwa seine Auseinandersetzung mit den unbewußten Rollenerwartungen der Eltern verlaufen wird. Wesentliche Spuren pflegen die aus einer gestörten Familiendynamik erwachsenden Einflüsse indessen immer im Kinde zu hinterlassen, sei es nun in der Richtung der Identifizierung mit einer unbewußt aufgenötigten Rolle, sei es in der Richtung einer allmählich verinnerlichten Rebellion gegen die Rolle etwa in Form bestimmter Reaktionsbildungen.

Am Beispiel der angstneurotischen Familie wurde bereits daran erinnert, daß die einzelne Familie stets *im Zusammenhang übergreifender gesellschaftlicher Bedingungen* zu sehen ist. Die Entwicklung des Kindes in der Familie wird dadurch wesentlich mitgeprägt, daß die Familie ein Subsystem der Gesellschaft darstellt, das in sich die sozioökonomischen Verhältnisse und die Wertbilder dieser Gesellschaft bzw. einer bestimmten sozialen Schicht abbildet und dem Kinde übermittelt. Die professionelle Beschäftigung mit den inneren psychischen Prozessen eines Individuums oder mit dem Austauschsystem psychischer Prozesse in der einzelnen Familie macht es ergänzend nötig, diese gesellschaftlichen Einflüsse auf die Entstehung bestimmter Familienstrukturen und Erziehungsweisen im Auge zu behalten. Dabei können Soziologie und psychoanalytische Familienforschung durchaus voneinander profitieren. Für den Psychoanalytiker ist es eine wichtige Orientierungshilfe zu wissen, *daß mit dem sozialen Status bestimmte Voraussetzungen für die Familienorganisation und spezifische Erziehungsnormen zusammenhängen.* Der Soziologe kann wiederum vom Psychoanalytiker lernen, wie sich spezifische soziale Einflüsse bis in die Mikrostrukturen der Familiendynamik und bis in subtile Merkmale psychischer Entwicklungsvorgänge hinein umsetzen.

Die Abhängigkeit der psychischen Entwicklung des Kindes

vom sozialen Status der Familie wird am deutlichsten sichtbar, wenn man Vergleiche zwischen Familien weit auseinanderliegender sozialer Schichten anstellt. Dafür, daß Kinder in der *sozialen Unterschicht allgemein weit ungünstigere Entwicklungschancen* haben als Kinder der Mittelschicht oder der Oberschicht, läßt sich bereits indirekt aus der Häufung psychischer Störungen in der Unterschicht schließen, die von der psychiatrischen Epidemiologie überzeugend nachgewiesen wurde. BECKMANN und ich haben mit Hilfe einer repräsentativen Testuntersuchung in der Bundesrepublik bestätigt, daß das mittlere Selbstbild mit absinkendem Sozialstatus zunehmend Merkmale von psychischer Beeinträchtigung aufweist. Allgemein bekannt ist der Anstieg von Lernstörungen und Schulversagen in der Unterschicht. In der untersten Sozialschicht wird in Westdeutschland etwa die Hälfte der Kinder aus Normalschulen in sog. Sonderschulen (Hilfsschulen) verwiesen.

Aufschlußreiche Studien sind in letzter Zeit unter Beteiligung von Psychoanalytikern in *Unterstschicht* (very low – lower class) -*Randsiedlungen* verschiedener Industrieländer vorgenommen worden. Hier handelt es sich um verarmte Gruppen meist kinderreicher Familien, die in häßlichen, vernachlässigten Teilen von Industriestädten leben. Diese Gettopopulationen unterscheiden sich zwischen den verschiedenen Ländern und auch innerhalb einzelner Länder zwar erheblich nach ethnischen Merkmalen, nach ihrer Struktur, nach dem Grad ihrer Isolation, ihres Bildungsrückstandes und ihres ökonomischen Elends, nach Größe, Vorgeschichte und Zustand der Siedlungen. Dennoch ergeben sich gewisse bemerkenswerte Parallelen in den Befunden hinsichtlich der Art der hervorstechenden seelischen Störungen, hinsichtlich der Beziehung zwischen elterlichem Erziehungsverhalten und kindlichen Fehlentwicklungen und vor allem auch hinsichtlich der Mißtrauensschranken zwischen dieser Population und den darüberliegenden Sozialschichten.

Psychoanalytische Untersuchungen in dieser untersten Schicht haben uns klar demonstriert, welchen schwerwiegenden Einfluß bestimmte sozioökonomische Bedingungen auf die Familienorganisation und die kindliche Entwicklung haben können. Bei diesen Unterstschichtfamilien wirken zusammen: Verarmung, Leben in überfüllten, häßlichen Wohnungen, Isolation in gettoartigen düsteren Stadtteilen, Einbettung in eine kollektive Stimmung der Mutlosigkeit und Apathie, verbunden mit einer erhöhten Anfälligkeit für Alkoholismus und dissoziales Agieren. Für den Psychoanalytiker ist es hier zunächst einmal wichtig, die Lebensbedingungen, die Verhaltensmuster und die Wertbegriffe dieser Menschen kennenzulernen, darunter auch die von der Mittelschicht eklatant abweichenden Vorstellungen von Gesundheit und Krankheit. Welche Reaktionsweisen hier als krankhaft und welche als adäquate Formen der Adaptation an dieses spezifische soziokulturelle Milieu zu gelten haben, ist keinesfalls einfach zu klären.

Ich möchte nur exemplarisch stichwortartig auf einige einschlägige Forschungen hinweisen. Bemerkenswert erscheinen mir z. B. die Studien von D. R. Meers[21], welcher besonders der Frage der «Retardierung» bei Gettokindern nachgegangen ist, die deren massenhaftes Schulversagen bedingt. Seine Untersuchungen sprechen dafür, daß die spezifischen Entwicklungsbedingungen in gettoartigen Randsiedlungen zunächst apathische Züge, Passivität und Depressivität entstehen lassen mit einer darauf folgenden Neigung zu Impulsdurchbrüchen und Affektisolation. Meers[20] hat ferner einen Zusammenhang zwischen der Abwehr unbewußter sadistischer Regungen und schweren Störungen der Realitätsprüfung bei diesen Kindern verfolgt. Er unterstellt einen *neurotischen* Hintergrund der typischen Verhaltensstörungen, der nur deswegen schwer erkennbar sei, weil er sich in seinen Auswirkungen sehr von den üblichen neurotischen Symptommanifestationen von Mittelschichtkindern unterscheide.

E. Pavenstedt[22] hat mit ihrer Forschungsgruppe bei «Multi-Problem-Familien» Längsschnittbeobachtungen angestellt. Ein wesentliches Verdienst ihrer Untersuchungen besteht darin, daß sie die oft unterschätzten Unterschiede in Familiendynamik, Erziehungsverhalten und kindlicher Pathologie zwischen den eben noch leidlich angepaßten Unterschichtfamilien und den desorganisierten Familien der Unterstschicht deutlich gemacht hat. Derartige vergleichende Studien helfen u. a. auch zu einem besseren Verständnis der großen Spannungen beizutragen, die zwischen den noch aktiv um Anpassung bemühten und den bereits in resignativer Passivität versinkenden Gruppen am unteren Rand der Schichtenskala zumal dann bestehen, wenn diese Gruppen in enger Nachbarschaft wohnen.

E. Pavenstedt beobachtete bei den Kindern der Unter- und Unterstschicht-Familien, die vom Kindergartenalter bis in die ersten Grundschuljahre hinein kontrolliert wurden, eine eigenartige Mischung von Zudringlichkeit und werbendem Verhalten einerseits und ängstlichem Mißtrauen andererseits. Sie verstand diese Merkmale als Reaktion auf Unverläßlichkeit und Inkonstanz der Mütter, auf vielfache Trennungs- und Vernachlässigungserlebnisse, schließlich auf das überaus wechselhafte und impulsiv dranghafte Benehmen der erwachsenen Bezugspersonen überhaupt. Die Kinder entwickelten überwiegend eine massive Affektverdrängung. Trennungsangst konnte nicht mehr offen ausgedrückt werden. Grimassieren und Clownerien vertraten die Darstellung von Freude. Verwirrung und Furcht führten zur Lähmung der Motorik oder umgekehrt zu chaotischer Geschäftigkeit. Gegenüber Lernforderungen reagierten die Kinder mit tiefem ängstlichen Argwohn. E. Pavenstedt sieht diese kindlichen Störungen nicht nur auf dem Hintergrund innerfamiliärer Prozesse, sondern bezieht sie auch auf das konflikthafte Verhältnis dieser Familien gegenüber der organisierten Mittelklassegesellschaft.

Wir haben selbst mehrjährige Studien an einzelnen westdeutschen Obdachlosen-Familien angestellt. (In der BRD gelten rund eine dreiviertel Million verarmte Personen, die in gettoartigen Stadtrandsiedlungen spezielle primitive Billig-Unterkünfte bewohnen, als obdachlos.) Wir haben uns z. B. besonders mit den Auswirkungen eines eigentümlich widersprüchlichen Verhältnisses der Familien zu den herrschenden bürgerlichen Normen auf die kindliche Über-Ich-Bildung und Triebkontrolle beschäftigt. Die Eltern einer von uns vorzugsweise studierten Randsiedlung verwirren ihre Kinder fortgesetzt dadurch, daß sie diesen verbal demonstrativ die Normen der Mittelschicht predigen, häufig in einer rigiden moralistischen Strenge, während sie selbst laufend gegen eben diese Normen verstoßen und zwischendurch auch den einen oder anderen triebhaften Durchbruch bei ihren Kindern in Gleichgültigkeit hinnehmen. Hier prägt sich die tiefe Ambivalenz der Erwachsenen gegenüber der bürgerlichen Mittelklasse-Gesellschaft aus, die sie einerseits als Ausgestoßene hassen müssen, an deren Normen sie aber gleichzeitig fixiert geblieben sind, um den eigenen Außenseiter-Status verleugnen zu können. Sie haben also nicht etwa eine eindeutige proletarische Gegenmoral entwickelt. Diese widersprüchliche Haltung begünstigt bei den Kindern natürlich die Entwicklung soziopathischer Merkmale.

Ein anderer sehr eindrucksvoller Befund betrifft die mangelhafte Abgrenzung der Individuen und der Familien voneinander in einem solchen Unterstschicht-Getto. In den überfüllten Häusern, in denen meist Fenster und Türen offenstehen, nehmen fast alle an allem Anteil. Informationen breiten sich rapide in der Siedlung aus, erregende Konflikte springen schnell von einer Familie auf einen ganzen Wohnblock über. Als Psychoanalytiker muß man erst lernen, daß man in diesem sozialen Feld ein Kind, selbst eine Familie kaum allein für sich sehen und verstehen kann, da hier die Menschen zum Unterschied von den darüberliegenden sozialen Schichten in viel engeren emotionellen und auch physischen Zusammenhängen leben. Dazu tragen die beengten Wohnverhältnisse, der inselartige Zustand der Siedlung und die sozialisationsbedingte Neigung zum Ausagieren aller Spannungen bei entsprechend verminderter intraindividueller Erlebnisverarbeitung bei. Studien in einer solchen von der Mittelschicht weit entfernten Subkultur machen uns jedenfalls klar, wie unterschiedlich die Institution Familie in den einzelnen sozialen Schichten aussieht.

Auch die *Leitbilder der Kindererziehung* sind *je nach Sozialschicht sehr verschiedenartig*. Unterschichteltern nehmen z. B. viel weniger wichtig als Mittelschichteltern, wie ihr Kind mit seinen inneren Problemen zurechtkommt, weil ihnen das Ideal einer autonomen Persönlichkeit mit einer differenziert entfalteten inneren Welt ohnehin fremd ist. Hier werden die Kinder eher davon abgehalten, ihre inneren Phantasien, überhaupt ihre psychische Verfassung zu beachten und verbal zu artikulieren. Sie sollen lernen, prompt praktisch zu funktionieren, sich schnell dem Zwang äußerer Umstände anzupassen und sich in einem durch hochgradige sozioökonomische Abhängigkeit sehr eingeengten Spielraum geschickt zu arrangieren. In der Unterstschicht vermitteln die Eltern infolge ihrer tiefen Ambivalenz und ihrer Mutlosigkeit vielfach nicht einmal solche Fertigkeiten zu prompter pragmatischer Anpassung. Ihr Pessimismus hindert sie daran, ihren Umgang mit den Kindern überhaupt nach irgendwelchen zukunftsbezogenen Konzepten planvoll zu steuern.

Mir erscheint es jedenfalls sehr wichtig, daß sich in letzter Zeit Anzeichen für ein vermehrtes Interesse von Psychoanalytikern findet, im Bereich der unteren sozialen Schichten die spezifischen Strukturen der Familien und die Beziehung zwischen Familiendynamik und kindlicher Entwicklung zu erforschen. Daß solche Studien zu engeren Kontakten zwischen Psychoanalyse und Soziologie Anlaß geben, ist nur zu begrüßen. Da sich Forschung in der Psychoanalyse stets zugleich mit irgendeiner Form der klinischen Praxis zu verbinden pflegt, ergeben sich in diesem Zusammenhang zugleich sehr wichtige Fragen nach den Voraussetzungen und den methodischen Möglichkeiten der Anwendung der Psychoanalyse in Familien, deren Kommunikationsformen, Normen und Wertvorstellungen weit von denen der oberen Mittelschicht abweichen, aus der die Psychoanalytiker selbst zu stammen pflegen. Dabei ist auch die Frage nicht irrelevant, wie Psychoanalytiker mit den Ängsten fertig werden, wenn ihre eigene Stabilität durch die Konfrontation mit ihnen fremdartigen und irritierenden Verhaltensmustern anderer sozialer Schichten belastet wird.

Aber statt dieser aus unserem engeren Themenkreis herausführenden Frage nachzugehen, möchte ich ein letztes Problem wenigstens noch kurz andeuten, das meines Erachtens im Hinblick auf die Beziehung zwischen Familie und kindlicher Entwicklung nicht übergangen werden darf. *Die Institution Familie ist nicht nur etwas Unterschiedliches im Querschnittsbild der Bevölkerungsstruktur. Sie ist auch etwas Wandelbares im Prozeß der gesellschaftlichen Entwicklung.* Wir leben in einer Phase, in der wichtige mit Familie und Erziehung verknüpften Normen fragwürdig geworden sind. Ich erinnere z. B. an die aktuellen Bemühungen, das Rollenverhältnis der Geschlechter zu ändern, an die Tendenz, die Gefahren der Isolation der Kleinfamilie durch die Bildung neuer Gruppenformen zu mindern, an das verstärkte Interesse an gemeinschaftlicher Kindererziehung in bestimmten progressiven Kreisen der jüngeren Generation. In zahlreichen westlichen Ländern experimentieren z. B. junge Eltern mit einer neuen Aufteilung der Aufgaben der Kinderpflege zwischen Mutter und Vater. Wir finden ein Bedürfnis, alteingefahrene künstliche Bevormundungsverhältnisse zwischen Mann und Frau sowie zwischen den Generationen zu revidieren. Mir scheint eine wichtige Aufgabe für uns Psychoanalytiker darin zu liegen, die Auswirkungen dieser Bestrebungen sorgfältig zu studieren und wissenschaftlich zu diskutieren. Eine andere Aufgabe für manche Psychoanalytiker kann auch darin bestehen, solche Bemühungen unmittelbar zu begleiten, die ja zum Teil das ausdrückliche Ziel verfolgen, bestimmte potentiell pathogene Faktoren der traditionellen bürgerlichen Familienstruktur und der Kindererziehung mit Hilfe psychoanalytischer Erkenntnisse zu reduzieren. Trotz mancher anfänglicher Irrwege und Übertreibungen verdient diese Strömung doch unsere besondere Aufmerksamkeit. Es stellt nun einmal eine ernsthafte Herausforderung für die Psychoanalyse dar, daß die herkömmlichen Leitbilder der bürgerlichen Familie und der Kindererziehung in Bewegung geraten sind. Auch wenn Psychoanalytiker die Richtung dieser Bewegung nicht bestimmen können, so müssen sie doch zu denen gehören, die sich vordringlich um ein Verstehen dieser Prozesse und ihrer Bedeutung kümmern.

Literatur

1. Anthony, E. J. (1972): Die ansteckende Subkultur der Psychose. In: Handbuch der Ehe-, Familien- und Gruppentherapie. Kindler Verlag, München 1973
2. Beckmann, D. u. Richter, H. E. (1972): Gießen-Test. Huber Verlag, Bern, Stuttgart, Wien
3. Bornstein, St. (1934): Unbewußtes der Eltern in der Erziehung der Kinder. Zschr. f. psychoanal. Pädag. 8, 353–362
4. Bowen, M. (1965): Family psychotherapy with schizophrenics in

the hospital and in privat practice. In: Intensive Family Therapy. Harper a. Row, New York

5. Buxbaum, E. (1964): The parents' role in the etiology of learning disabilities. Psychoanal. Study Child. 19
6. Dohrenwend, B. P. a. Dohrenwend, B. S. (1965): The problem of validity in field studies of psychological disorder. J. abnorm. Psychol. 70, 52–69
7. Ehrenwald, J. (1963): Neurosis in the Family and Patterns of Psychosocial Defense. Harper a. Row, New York
8. Fenichel, O. (1954): Über Erziehungsmethoden. In: Der psychoanalytische Beitrag zur Erziehungswissenschaft. Wissenschaftliche Buchgesellschaft, Darmstadt 1974
9. Fleck, S. (1965): Some general and specific indications for family therapy. Confin. Psychiat. 8, 27
10. Framo, J. M. (1972): Das Wesen der Symptome aus familientransaktioneller Perspektive. In: Handbuch der Ehe-, Familien- und Gruppentherapie. Kindler Verlag, München 1973
11. Freud, A. (1972): The infantil neurosis, genetic and dynamic considerations. Psychoanal. Study Child. 26
12. Freud, S. (1914): Zur Einführung des Narzissmus. Ges. Werke 10
13. Hollingshead, A. B. a. Redlich, F. (1958): Social Class and Mental Illness. Wiley a. Sons, New York
14. Johnson, A. M. (1949): Sanctions für superego lacunae of adolescents. In: Searchlights on Delinquency. Universities Press, New York 1949
15. Johnson, A. M. a. Szurek, S. A. (1952): The genesis of antisocial acting out in children and adults. Psychoanal. Q. 21, 323–343
16. Jones, E. (1948): The significance of the grandfather for the fate of the individual. In: Papers on Psychoanalysis. Williams a. Wilkins, Baltimore
17. Lidz, Th., Fleck, S. a. Cornelison, A. R. (1965): Schizophrenia and the Family. Intern. Universities Press, New York
18. Mahler, M. (1952): On child psychosis and schizophrenia: autistic and symbiotic infantile psychosis. Psychoanal. Study Child. 7
19. Mahler, M. S. (1968): On Human Symbiosis and the Vicissitudes of Individuation. Vol. 1 Infantile Psychosis. Intern. Universities Press, New York
20. Meers, D. R. (1970): Contribution of a ghetto culture to symptom formation: psychoanalytic studies of ego anomalies in childhood. Psychoanal. Study Child. 25
21. Meers, D. R. (1973): Psychoanalytic research and intellectual functioning of ghetto-rared black children. Psychoanal. Study Child. 28

22. Pavenstedt, E. (1965): A comparison of the child-rearing environment of upper-lower and very low-lower class families. Am. J. Orthopsychiat. 35
23. Richter, H. E. (1958): Beobachtungen an 14 Kindern mit chronischer Obstipation. Psyche. 12, S. 291–308
24. Richter, H. E. (1960): Die narzißtischen Projektionen der Eltern auf das Kind. Jahrbuch d. Psychoan. 1, S. 62–81
25. Richter, H. E. (1963): Eltern, Kind und Neurose. Klett Verlag, Stuttgart
26. Richter, H. E. (1970): Patient Familie. Rowohlt Verlag, Reinbek
27. Richter, H. E. (1972): Pathogenic constellations in family dynamics. In: Childhood and Socialization. Macmillan, 1973
28. Richter, H. E. (1972): Die Gruppe. Rowohlt Verlag, Reinbek
29. Richter, H. E. a. Beckmann, D. (1969): Herzneurose. Thieme Verlag, Stuttgart
30. Stierlin, H. (1973): Interpersonal aspects of internalizations. Intern. J. Psycho-Anal. 54, 203–213
31. Willi, J. (1972): Die Kollusion als Grundbegriff für die Ehepsychologie und Ehetherapie. Gruppenther. u. Gruppendyn. 6, 147–154
32. Winnicott, D. W. (1965): The Maturational Process and the Facilitating Environment. The Hogart Press a. The Institute of Psycho-Analysis, London
33. Wynne, L. C. (1965): Some indications and contraindications for exploratory family therapy. In: Intensive Family Therapy. Harper a. Row, New York

Die Krisen der Erwachsenen sind keine Altersphasen-Krisen

Noch immer fehlt trotz mancher Ansätze eine eigentliche Entwicklungspsychologie des Erwachsenenalters. Keine psychische Konflikt- oder Krisenkonstellation läßt sich als spezifisches Merkmal einer einzelnen Altersphase zuordnen. Deshalb ist die «midlife crisis» keine wissenschaftliche Entdeckung, sondern eine Erfindung, sofern von den beschriebenen psychischen Prozessen behauptet wird, sie hingen altersmäßig mit der Lebensmitte zusammen. Im übrigen verändern sich die psychischen Probleme der einzelnen Altersgruppen sehr rasch im historischen Wandel, und die Merkmale einer Generation lassen sich immer nur innerhalb des dynamischen Zusammenhanges der gegenwärtig zusammenlebenden Altersklassen verstehen.

Was geht mit dem Menschen vor sich, nachdem er das Erwachsenenalter erreicht hat? Wenn man der Entwicklungstheorie FREUDS[5] folgt, schließt die eigentliche psychische Entwicklung mit dem Jugendalter ab, nämlich mit dem Ende des biologischen Wachstums. Im Normalfall wäre jetzt die psychische Struktur nach Absolvierung sämtlicher phasenspezifisch zu bewältigender Entwicklungsschritte bis zur genitalen Stufe ausgereift. Aber jeder Erwachsene trägt noch unverarbeitete, verdrängte Kindheitserfahrungen in sich. Und deshalb bleibt ihm die Aufgabe, verpaßte oder mißlungene Schritte aus zurückliegenden Phasen der psychischen Entwicklung nachzuholen. Dies ist dann freilich keine echte Weiterentwicklung, sondern im Grunde nur eine Nach-Entwicklung, eine Aufarbeitung unerledigter Vergangenheit. Prinzipiell enthält das Erwachsenenalter nach FREUD also keine echten neuen Entwicklungsaufgaben. Das dem Jugendalter folgende Stadium wäre das letzte und endgültige.

Unter FREUDS Nachfolgern und Schülern hat ERIKSON[4] den bekanntesten, wenn auch keineswegs überzeugenden Versuch unternommen, die klassische psychoanalytische Entwicklungstheorie in das Erwachsenenalter hinein zu erweitern. Gleichzeitig hat er die Stufen der psychosexuellen Entwicklung auch in der psychosozialen Dimension näher zu beschreiben versucht. ERIKSON[4] nennt drei neue Entwicklungsstadien des Erwachsenenlebens. Diese Phasen sollen sich an das Stadium der Adoleszenz anschließen, in welchem sich der Jugendliche mit der Gefahr der Identitätsdiffusion im Kampf um die Festigung seiner Ich-Identität auseinanderzusetzen habe.

Das erste Stadium des frühen Erwachsenenalters soll unter dem Thema *Intimität und Distanzierung gegen Selbstbezogenheit* stehen. ERIKSON greift dabei auf Merkmale zurück, die von FREUD längst durch den Begriff Genialität erfaßt worden waren. Der junge Erwachsene, der seiner Identität relativ sicher geworden sei, suche Intimität in echter genitaler Partnerschaft; zugleich habe er in «reifer» Art Einflüsse und Menschen abzuwehren, die für das eigene Wesen gefährlich wären. Die nächste Stufe steht unter dem Motto *Generativität gegen Stagnierung.* «Generativität», so formuliert ERIKSON, «ist in erster Linie das Interesse an der Erzeugung und Erziehung der nächsten Generation». Wer keine Generativität entwickle, erliege oft einer Einstellung zu sich selbst, als sei er sein eigenes einziges Kind. Er verwöhne nur sich selbst, anstatt sich seiner sozialen Verantwortung inne zu werden. Die dritte Stufe des reifen Erwachsenenalters wird durch die Aufgabe für den Einzelnen gekennzeichnet, das eigene Leben als einziges und endgültiges zu akzeptieren. Mit dem Stichwort *Integrität* wird eigentlich nichts weiter ausgesagt, als daß man «ja» zu sich, seiner Vergangenheit, seinen Eltern und seiner Verantwortung für sich selbst sagen solle. Die Bejahung des eigenen einzigen Lebenszyklus und der eigenen Lebensform schütze gegen Todesfurcht und Verzweiflung, die mit der Phantasie einhergingen; man müßte eigentlich noch einmal ein neues, besseres Leben beginnen, und die Zeit sei zu kurz dazu.

Wenn man von der Stufe der Generativität absieht, erscheinen die beiden übrigen von ERIKSON genannten Aufgaben nicht unbedingt als phasengebundene Entwicklungsprobleme. Man sieht nicht ein, warum die Fähigkeiten zu Intimität und Distanzierung einerseits und die Gewinnung dessen, was ERIKSON unter Integrität versteht, nicht bereits zum Abschluß der Adoleszenz anzusetzen sind. Inhaltlich vollendet sich mit Hilfe der unter Intimität, Distanzierung und Integritätsfindung beschriebenen Prozesse lediglich die Ausformung der persönlichen Identität. Man kann darin kaum qualitativ neue spezifische Entwicklungsthemen des mittleren oder höheren Erwachsenenalters erkennen. Mit anderen Worten: abgesehen von der Stufe der Generativität, die auch TH. BENEDEK[3] ausdrücklich als neue Entwicklungsphase beschrieben hat (*«Elternschaft als Entwicklungsphase»*), liefert ERIKSON keine systematische Fortsetzung der FREUDschen Entwicklungstheorie ins Erwachsenenalter hinein. Dazu kommt es bei ihm deshalb nicht, weil er im Grunde an dem klassischen biologistischen Grundkonzept festhält. Auch bei ihm bleibt letztlich die psychosoziale Entwicklung des Menschen determiniert durch Reifungsvorgänge des Organismus. «Man kann sagen», so definiert er wörtlich, «daß die Persönlichkeit in Abschnitten wächst, die *durch die Bereitschaft des menschlichen Organismus* vorherbestimmt sind, einen sich ausweitenden sozialen Horizont bewußt wahrzunehmen und handelnd zu erleben.»

Der Organismus ist aber am Ende der Adoleszenz ausgewachsen. Deshalb kann eine an den biologischen Prozessen orientierte Sichtweise nicht mehr die weitere psychische Entfaltung im Erwachsenenalter fundieren, sie könnte viel eher das psychische Altern als eine reine Abwärtsentwicklung begründen. In der Tat erreicht die rein biologische Sexualkapazität ihren Höhepunkt bereits zwischen dem fünfzehnten und zwanzigsten Jahr und geht dann zurück. Ebenfalls sehr früh läßt die Güte und Raschheit der Akkomodation des Auges nach. Zahlreiche vorliegende Untersuchungen beschäftigen sich in dieser Richtung mit dem sukzessiven Nachlassen von Teilleistungen im Erwachsenenalter. Dabei hat man z. B. festgestellt, daß sich die Arbeitstauglichkeit in manchen Berufen sehr früh verringert. Nach WITTE[14] und Mitarbeitern sind z. B. Hochofenmänner, Bohrhauer und Hauer durchschnittlich nur bis zu einem Alter von 35 bis 45 Jahren ihren Aufgaben gewachsen. WELFORD[13], der sich in zahlreichen Studien mit altersbedingten Leistungsabschwächungen bei Industriearbeitern beschäftigt und insbesondere das Nachlassen von Schnelligkeit, Genauigkeit, Komplexität und Lernfähigkeit studiert hat, kommt zu dem Ergebnis, daß alle von ihm erforschten altersbedingten Leistungsverminderungen etwa um das fünfundzwanzigste Jahr einsetzen und von da an progressiv verlaufen.

Eine Tendenz, das Altern vorwiegend als einen fortschreitenden Abbauprozeß aufzufassen, findet sich auch in einigen populären Theorien wieder, die davon ausgehen, daß dem Menschen so etwas wie ein definitiver Vorrat an Lebenskraft zur Verfügung stehe, den der eine rascher, der andere langsamer aufzehre. Mit dieser Vorstellung pflegen psychohygienische Mahnungen verknüpft zu werden, sich vor Ausschweifungen und Überanstrengungen zu hüten, um ein vorzeitiges Schwinden des Energievorrates zu verhüten. Noch H. W. GRUHLE[6], einer der Pioniere der Gerontopsychologie, sah in langdauernder affektiver Belastung eine wahrscheinliche Hauptursache für vorzeitige psychische Rückbildungsprozesse: «Wenn die Frage des Zusammenhanges von vorzeitigem seelischem Altern mit Außenschädigungen angeschnitten wird, so wird man (abgesehen von Schlafmangel, Rauschgiften u. dgl.) am ehesten an einen *Aufbrauch durch übermäßig beanspruchte Affektivität* glauben . . .» Tatsächlich kann sich diese physikalistische Vorstellung auf keinen Nachweis stützen, und von der Sexualität wissen wir inzwischen sogar, daß früh begonnene intensive Betätigung die Wahrscheinlichkeit erhöht, daß die Funktion besonders lange intakt bleibt.

Der Mangel an gesicherten Einsichten über die psychologische Entwicklung im Erwachsenenalter ist auch nicht durch die sich in letzter Zeit häufenden Versuche verringert worden, altersspezifische Krisen späterer Lebensphasen aufzuspüren. Typisch sind die vorliegenden Aussagen über die sogenannte midlife crisis[10, 9]. Zunächst erweckt der Begriff Lebensmitte den Anschein, als sei er zeitlich definiert. Man versucht ihn aber eher umgekehrt durch bestimmte krisenhafte Verhaltensweisen zu bestimmen, die für die Lebensmitte typisch sein sollen. Einmal gilt also ein bestimmtes Alter als Bedingung für spezifische psychische Phänomene. Ein anderes Mal sind es eben diese psychischen Phänomene, von denen man das Alter, nämlich die Lebensmitte erschließt. Nun tauchen die als charakteristisch bezeichneten krisenhaften Ängste, Verstimmungen, Handlungsimpulse und Konflikte bei manchen bereits um die Dreißig, bei anderen in den Sechziger Jahren, bei wieder anderen überhaupt nicht in der beschriebenen Weise auf. Schon die enorme zeitliche Streuung belegt, daß man die entdeckten Phänomene nicht als automatische psychische Begleiterscheinungen einem biologischen Stadium zuordnen kann, sondern daß man die konkrete soziale Lage für das Verständnis der großen Variationsbreite einkalkulieren muß. Am Ende bleibt der Eindruck, daß das Phantom der sogenannten midlife crisis seine Entdekkung oder besser Erfindung dem Wunsche verdankt, gewissen irritierenden und teilweise anstößigen Reaktionsmustern älterer Menschen eine psychobiologische Scheinerklärung zu liefern. Man kann bestimmte Ausbrüche, Kapriolen, Merkwürdigkeiten leichter entschuldigen, wenn man sie als Ausdruck der Trotzphase, der Pubertät, der Wechseljahre und nun modernerweise der Lebensmitte werten kann. Plötzlich sieht dann etwas Heikles wieder ganz normal und natürlich aus. Nicht der Mensch, sondern sein Alter hat schuld.

Vorläufig ist jedenfalls nur eines sicher, daß es abgesehen von dürftigen Ansätzen überhaupt noch keine fundierte Entwicklungspsychologie des Erwachsenenalters gibt. Vielleicht ist es sogar das wichtigste Verdienst der bisherigen Entwürfe, daß sie wenigstens geklärt haben, welche Fragestellungen notwendigerweise in einer Sackgasse münden. Dazu gehört etwa die Suche nach einer allgemein menschlichen Kurve der psychischen Erwachsenenentwicklung bzw. des psychischen Alterns unabhängig von der jeweiligen besonderen sozialen Situation.

Jede neue Generation vollzieht ihr Altern unter neuen und jeweils einzigartigen historischen Bedingungen. Bei der systematischen Sammlung und Durchsicht von Autobiographien hat Hans Thomae[12] gefunden, daß die Befragten wesentliche Wendemarken für psychische Veränderungen in bestimmten herausragenden historischen Ereignissen sahen. Die zur Zeit der damaligen Befragung Fünfzig- bis Sechzigjährigen nannten den Ersten Weltkrieg, die Inflation, die Nazizeit, den Zweiten Weltkrieg, die Zeit bis zur Währungsreform und die Zeit der beginnenden Konjunktur. Inzwischen sind weitere historische Einschnitte eingetreten, die sich zweifellos prägend ausgewirkt haben. Allein der Zweite Weltkrieg hat gezeigt, wie eine krisenhafte historische Periode eine Riesenkluft zwischen Jahrgängen aufreißen kann, die nicht einmal durch die Spanne einer Generation voneinander getrennt sind. Diejenigen, die in den Zweiten Weltkrieg als Adoleszenten eintraten, verloren weitgehend den inneren Kontakt zu den unmittelbar nachfolgenden Jahrgängen. Üblicherweise ist es ein Merkmal höheren Alters, daß man um sich herum den Tod vieler Altersgenossen erlebt und daß man selbst kontinuierlich den nahen eigenen Tod gewärtigt. Insofern hat die damalige junge Kriegsteilnehmergeneration bereits eine Spätphasenproblematik vorweggenommen. Die Betroffenen waren damals in gewisser Hinsicht schon psychisch alt, bevor sie noch im vollen Sinne jugendlich sein konnten. Und sie verstanden dann die Nachfolgenden kaum noch, die ohne bewußtes Erleben der faschistischen Unfreiheit und ohne die vorgezogene Endphasenerfahrung aufgewachsen waren. Ein wenig erinnert diese Entfremdung zwischen benachbarten Altersgruppen an den großen Abstand, den die aktiven Teilnehmer der Studentenrebellion gegenüber der neuen studentischen Jugend schon wenige Jahre später empfunden haben.

Welche kurze historische Zeitstrecke genügt, um die Psychologie einer Altersklasse zu verändern, erweisen auch empirische Längsschnittuntersuchungen, wie wir sie selbst beispielsweise an unserem Gießener Zentrum für Psychosomatische Medizin[1,2] vorgenommen haben. Wir haben herausgefunden, daß sich das Selbstbild vergleichbarer Altersgruppen zwischen 1968 und 1975 in wesentlichen Merkmalen gewandelt hat. Hinsichtlich der genaueren Ergebnisse darf ich auf den Aufsatz «Neustandardisierung des Gießen-Tests» von BECKMANN, BRÄHLER und mir verweisen, der in *Diagnostica*, Heft 4 (1977), erschienen ist. Insgesamt betonen die Bürger der Bundesrepublik 1975 weit mehr als 1968 ihre soziale Abhängigkeit, zugleich ihr Bedürfnis nach Kontakt und Solidarität. Sie haben ihren Schwerpunkt mehr nach außen verlagert, indem sie sich stärker als zuvor darauf angewiesen fühlen, ihren Halt in sozialen Beziehungen zu finden statt allein in sich selbst. Bei einer getrennten Analyse der Achtzehn- bis Vierunddreißigjährigen und der Fünfunddreißig- bis Sechzigjährigen kommt heraus, daß beide Altersgruppen an dieser zitierten psychischen Veränderung teilnehmen.

Man hätte erwarten können, daß sich bei den jüngeren Leuten eine markantere Differenz zeigen würde. Sind wir doch gewöhnt zu unterstellen, daß es eine typische Eigenschaft der Jungen sei, sich von Zeit zu Zeit radikal umzuorientieren und auf veränderte gesellschaftliche Situationen am ehesten und krassesten mit neuen Einstellungen und Haltungen zu reagieren. Demgegenüber pflegen wir zu erwarten, daß etwa von Mitte Dreißig an eher wieder eine Mäßigung und ein Zurückpendeln auf eine mittlere Ausgangslage stattfinde. Also müßte die Altersklasse der Fünfunddreißig- bis Sechzigjährigen im Wandel der Zeiten psychisch weniger hin und her schwanken. In unserer Untersuchung aber haben sich die Fünfunddreißig- bis Sechzigjährigen innerhalb des Untersuchungszeitraums von 7 Jahren psychisch genauso ausgiebig verändert wie die Achtzehn- bis Vierunddreißigjährigen. Die bei weitem markanteste Umorientierung haben sogar die älteren Männer durchgemacht. Sie stellen sich 1975 bedeutend gefühlvoller, durchlässiger, vertrauensbereiter, aber auch selbstkritischer dar als ihre altersentsprechenden Geschlechtsgenossen 7 Jahre vorher.

So interessant es auch wäre, die psychischen Veränderungen der Westdeutschen seit 1968 noch näher zu analysieren, so genügt für die hiesige Fragestellung die Herstellung des Befundes, daß es offenbar *kein überdauerndes typisches psychologisches Profil einer bestimmten Altersklasse* gibt. Wenn man nach charakteristischen psychischen Merkmalen einer Altersgruppe fahndet, dann ist das also nur sinnvoll, wenn man sich bewußt ist, daß die Ergebnisse nur für den jeweiligen konkreten historischen Augenblick gültig sind. Die Fünfunddreißigjährigen von 1985 könnten sich psychologisch also schon wieder wesentlich anders darstellen als die Fünfunddreißigjährigen von heute.

Aber auch zur gleichen Zeit variieren die Bilder des psychischen Älterwerdens natürlich unter dem Einfluß unterschiedlicher sozialer Bedingungen. Die Chancen, sich im Erwachsenenalter psychisch weiterzuentwickeln, stellen sich für die Frau anders dar als für den Mann, für einen Künstler anders als für einen Fließbandarbeiter. Mit wachsender sozialer Freiheit steigen grundsätzlich die Möglichkeiten einer Form des psychischen Älterwerdens, die gekennzeichnet ist durch wachsende Offenheit, durch zunehmende kreative Entfaltung der eigenen Kräfte bei gleichzeitiger Ausweitung und Vertiefung der sozialen Kommunikation. Die Struktur unserer Gesellschaft mit ihren sehr unterschiedlichen Bedingungen für sozial unterprivilegierte und privilegierte Gruppen bringt es mit sich, daß wir sehr stark divergierende psychische Entwicklungs- bzw. Rückbildungskurven als Produkte der jeweiligen sozialen Lage sehen. Wir registrieren sogar die Paradoxie gegenläufiger Kurven. Den einen gewährt ein allmählich wachsender sozialer Spielraum ein Ansteigen von Spontaneität, eine Bereicherung der Möglichkeiten zu empfinden, zu verstehen, sich auszudrücken und sich in sozialen Bezügen sinnvoll zu entfalten. Den anderen zwingen frühzeitige exzessive soziale Abhängigkeiten und reizlos monotone Arbeitsumstände eine fortlaufende psychische Einengung und Rigidisierung auf. Unter der Bedingung größerer sozialer Freiheit beschränkt das physiologische Nachlassen einzelner Teilleistungen nicht die Möglichkeiten einer zunehmenden psychosozialen Selbstverwirklichung. Anders sieht es für einen Fließbandarbeiter aus, der durch das Absinken der Kurve solcher Teilleistungen schwer getroffen wird, von deren Funktionieren seine soziale Sicherheit abhängt. U. LEHR und J. PUSCHNER[7] zitieren aus ihren biographischen Protokollen einen siebenundvierzigjährigen Metallarbeiter:

«Mit 45 Jahren gehört man erschlagen. Obwohl man noch nicht so alt ist, fühlt man sich alt, weil man nicht mehr leisten kann, was man früher konnte. Ich fühle mich älter als 47 . . . Seit 13 Jahren mache ich jetzt Akkord . . . Ich bin der Älteste in der Abteilung. Seit 3, 4 Jahren merke ich, daß mir die Arbeitszeit immer länger wird. Ich fühle mich müde, alt . . . fühle mich überlastet, man hat zu nichts mehr Lust, nichts macht mehr Spaß . . .»

Im Gegensatz zu einer solchen Selbstdarstellung steht etwa die

Bekundung eines Schriftstellers wie HENRY MILLER[8], der als Siebenundsiebzigjähriger von sich sagte, daß er sich überhaupt erst seit seinem fünfundvierzigsten Jahr jung fühle und vorher relativ älter gewesen sei. Dementsprechend lautet der deutschsprachige Titel seiner als Buch erschienenen Gespräche mit G. BELMONT, die er als 77jähriger geführt hatte: «Meine Jugend hat spät begonnen.» GEORGES SIMENON[11] schrieb mit 67 seine autobiographische Heftsammlung: «Als ich alt war.» Im Vorspann bekennt er: «1960, 1961 und 1962 fühlte ich mich aus persönlichen Gründen oder aus Gründen, die ich nicht kenne, alt und fing an, diese Hefte zu schreiben. Damals ging ich auf die Sechzig zu. Nun bin ich bald 67 und fühle mich schon lange nicht mehr alt.» – Es ist sicher nicht statthaft, MILLER und SIMENON einfach nach dem Begriff von GIESE als Vertreter eines «Protesttyps» zu klassifizieren und ihnen eine tendenziöse Verleugnung ihrer Altersproblematik zu unterstellen. Vielmehr darf man HENRY MILLER und SIMENON eher zusammen mit FONTANE, BERTRAND RUSSELL und nicht zuletzt auch MAX FRISCH zu denjenigen Schriftstellern zählen, die sich mit zunehmendem Alter in ihren Werken tatsächlich noch besonders psychisch jung darstellen, ja bisweilen jünger als in früheren Produkten.

An manchen Künstler- und Schriftstellerbiographien läßt sich verfolgen, wie eine kreative psychische Weiterentwicklung dadurch gefördert werden kann, daß Menschen sich immer wieder soziale Freiräume erkämpfen und sich zugleich durch wiederholte Modifikation ihrer sozialen Bedingungen neue psychische Aufgabenstellungen schaffen. Exzeptionell günstige soziale Voraussetzungen allein garantieren allerdings nicht im mindesten eine kreativ voranschreitende Selbstverwirklichung. Wie uns das Älterwerden glückt oder mißglückt, ist im hohen Maße stets auch abhängig von unserem Mut und unserer Fähigkeit, uns immer wieder selbst aufs Spiel zu setzen, unser Bild von uns selbst und von der Welt fortwährend kritisch zu überprüfen und auf neue soziale Situationen mit neuen Handlungskonzepten zu reagieren. Dabei besteht eine zentrale Aufgabe offensichtlich darin, daß man sich einerseits seiner eigenen Identität zu vergewissern lernt und zugleich begreift, daß man seinem eigentlichen Selbst dann am ehesten treu zu bleiben vermag, wenn man sich fortwährend fragend, suchend und kreativ experimentierend verhält. Nicht auf die Konstanz und Einheitlichkeit des äußeren Image, der Persona im Sinne der antiken Maske, kommt es an, sondern auf die festgegründete innere Identität. Die Gefahr der Bindung an ein definitives Image artikuliert SIMENON[11], wenn er sich an folgenden ihn irritierenden Dialog mit ANDRÉ GIDE erinnert:

«Gide: Sagen Sie, Simenon, zu welchem Zeitpunkt haben Sie sich für Ihre Person entschieden?

Ich weiß nicht mehr, ob er ‹entschieden› oder ‹festgelegt› sagte. Ich verstand nicht gleich.

Meine Person?

Einen Augenblick fragte ich mich, ob er nicht von Maigret sprach und ich antworten sollte, dies sei nicht meine Person, Maigret sei nur ein Zufall, und ich messe ihm keine Bedeutung bei.

Aber nein, er meinte *mich*. Er erklärte:

Jeder von uns schafft früher oder später seine Persönlichkeit, der er mehr oder weniger treu bleibt.

Das hat mich sehr enttäuscht an ihm. Ich habe verstanden, als ich seine Fotografien aus verschiedenen Epochen sah. Es stimmte. Seit seinem achtzehnten oder zwanzigsten Lebensjahr nahm er stets die gleichen Posen ein, setzte den gleichen Blick auf wie mit Siebzig.

Ist das nicht erschreckend? Ich habe mich nicht für eine Person entschieden. Ich habe meine Haltung hundertmal verändert.»

Vielleicht kann einer sich auch frühzeitig auf eine Haltung, auf eine äußere Erscheinung von sich festlegen und sich trotzdem dahinter weiter verwandeln und in dem Sich-Verwandeln sich selbst treu bleiben.

Aber sich selbst treu bleiben kann nur jemand, der zuvor so etwas wie ein persönliches Selbst gefunden hat. Auf dem Wege zum persönlichen Selbst erfährt man sich in vorgegebenen sozialen Rollen und versucht sich auf die von den Älteren tradierten Normen und Werte zu stützen. Aber sind diese momentan angebotenen Stützungen verläßlich? Ist unsere heutige Gesellschaft imstande, junge Leute mit ihren Normen und Werten zu überzeugen und ihnen dadurch hinreichenden äußeren Halt für die Festigung ihrer persönlichen Identität zu vermitteln?. Es mehrt sich die Zahl der kritischen jungen Menschen, die diese Frage verneinen. Die im Betrieb unserer im Grunde rücksichtslosen Wettbewerbsgesellschaft keine sinnvollen bzw. glaubwürdigen Zielvorstellungen mehr erkennen. Diese jungen Leute lehnen ein bloßes Mitfunktionieren in einer Gesellschaft, die zugleich mit technischem Fortschritt immer mehr menschlichen Rückschritt produziert, ab. Sie wollen sich auf Distanz halten, ihre Vereinnahmung und funktionale Verwertung in einem von der Zielbestimmung her fragwürdigen System verhindern. Dieser tief verwurzelte und oft nur sehr unklar artikulierte Konflikt erklärt die Suche vieler nach alternativen Lebensformen, auch die Anfälligkeit für esoterisches Sektierertum, nicht zuletzt für Drogen, für Meskalero-Ideen und am Ende selbst für terroristischen Aktionismus. Den unterschiedlichen Ausbruchsversuchen ist gemeinsam, daß an ihnen die Vorstellung zumindest beteiligt ist, daß man *in* der Gesellschaft sich nur selbst verlieren, sich aber nur *gegen* die Gesellschaft selbst finden könne.

Wenn die heutige Jugend weniger auffällig aufbegehrt als die Jugend Ende der sechziger Jahre, dann resultiert das eher aus wachsendem Ohnmachtsgefühl als aus freigewählter gesellschaftlicher Integration. Unsere repräsentativen Vergleichsuntersuchungen beweisen bei der Jugend einen starken Schwund an Selbstsicherheit und eine auffällige Zunahme von Abhängigkeitsgefühlen. Aber die Verfassung der Jugend und die Verfassung der Älteren passen in einer Gesellschaft stets zusammen. Die Problemlage einer Altersgruppe wird nie allein von ihr selbst bestimmt, sondern zugleich von den übrigen Altersgruppen der Gesellschaft. Je mehr die dominierenden mittleren und höheren Altersklassen die Gesellschaft so organisieren, daß fundamentale menschliche Bedürfnisse unterdrückt werden, um so chaotischer und archaischer werden sich diese vergewaltigten Impulse in der Jugend artikulieren. Wenn heute viele Ältere sagen, die Jugend sei ihnen weitgehend unbegreiflich, so sind sie selbst es, die das bei sich nicht mehr begreifen wollen, was ihnen bei den Jungen so unheimlich scheint.

Schließen möchte ich mit der erneuerten Absage an ein Konzept von Entwicklungstheorie, wonach man die Situation einzelner Altersgruppen des Erwachsenenalters für sich betrachten und beschreiben könne. Jede Altersgruppe spiegelt stets das Gesamt der Verfassung der Gesellschaft wider. Wie sich eine Altersgruppe darstellt, hat seinen Stellenwert im dialogischen Gefüge der Gesamtgesellschaft. Ähnlich wie wir durch die Familiendynamik die Bezogenheit der individuellen Probleme aufeinander zu verstehen gelernt haben, müssen wir uns daran gewöhnen, die Merkmale der einzelnen Generationen innerhalb des dynamischen Zusammenhangs aller gesellschaftlichen Altersklassen zu verstehen.

Aber nicht einmal durch die Einbeziehung ihres Verhältnisses zu den jeweils Jüngeren und Älteren läßt sich die psychosoziale Lage einer Altersgruppe erschöpfend beschreiben. Denn die von der Gesellschaft zu lösenden Aufgaben weisen über den Horizont der gegenwärtig Lebenden weit hinaus. Wir stehen vor der Notwendigkeit einer tiefgreifenden Revision unserer tragenden kulturellen Leitvorstellungen. Die megalomane Identifizierung mit göttlicher Allmacht, die uns seit dem Mittelalter bestimmt und zum Glauben an grenzenlose Expansion bei unendlichem technischen Fortschritt verführt hatte, erscheint von Jahr zu Jahr fragwürdiger. Ein neues, sinnvolleres menschliches Maß zu finden, schlichter, aber wesentlicher zu leben, von künstlich stimulierten Überkonsum auf die Erfüllung echter humaner Grundbedürfnisse überzuwechseln und gleichzeitig zu lernen, das gemeinsame Überleben durch Abkehr von der traditionell verherrlichten Rivalitätsideologie zu sichern und einen neuen Geist von ungeteilter Solidarität zu entwickeln, dieser kaum erfüllbar erscheinende Aufgabenkatalog steht vor uns. Wir fühlen uns nahezu überfordert, indem wir uns – von unseren Vorfahren vielfältig in die Irre geführt – in sehr kurzer Zeit radikal geistig umerziehen und ganz neue Maßstäbe für unser wirtschaftliches, technisches und politisches Handeln nicht nur gewinnen, sondern baldigst praktisch verwirklichen müssen, um den nachfolgenden Generationen nicht unlösbare Probleme zu hinterlassen. Unsere gemeinsame Ratlosigkeit verbirgt sich in unserer Schuldgefühls-Gesellschaft heute wie oft zuvor hinter wechselseitigen projektiven Beschuldigungen der unterschiedlichen Altersgruppen. Im derzeitigen historischen Augenblick kommt es indessen darauf an, daß alle Altersgruppen zusammenstehen und gemeinsam gleichzeitig alle Fähigkeiten einsetzen, die man sich traditionellerweise über die verschiedenen Lebensphasen verstreut vorstellt. Wir müssen alle zugleich maximal jugendlich, nämlich kreativ und experimentierfreudig einen durch die zitierten Orientierungspunkte gekennzeichneten menschlicheren way of life herausfinden und auf der anderen Seite ebenso solidarisch die eher dem Alter zugeschriebene Tugend der Beharrlichkeit und Zähigkeit praktizieren, um die erforderliche kulturelle Kurskorrektur, sofern wir sie erst klar vor Augen haben, auch unbeirrt durchzuhalten.

Literatur

1. Beckmann, D. u. H. E. Richter: Gießen-Test. Handbuch. Huber Verlag, Bern–Stuttgart–Wien 1972
2. Beckmann, D., E. Brähler u. H. E. Richter: Neustandardisierung des Gießen-Test. Diagnostica 1977, S. 287
3. Benedek, Th.: Elternschaft als Entwicklungsphase. Jahrb. Psychoan. 1960, 1, S. 35
4. Erikson, E. H.: Wachstum und Krisen der gesunden Persönlichkeit. Klett Verlag, Stuttgart 1953
5. Freud, S.: Vorlesungen zur Einführung in die Psychoanalyse (1917). Ges. Werke, Imago Publ. Bd. 11
6. Gruhle, H. W.: Das seelische Altern. In: Altern. H. Thomae u. U. Lehr (Hg.), Akadem. Verlagsgesellschaft, Frankfurt 1972
7. Lehr, U. u. J. Puschner: Untersuchungen über subjektive Alternssymptome. In: Altern. H. Thomae u. U. Lehr (Hg.), Akadem. Verlagsgesellschaft, Frankfurt 1972
8. Miller, H.: Meine Jugend hat spät begonnen. Dialog mit G. Belmont. Stahlberg Verlag, Stuttgart 1971
9. Schreiber, H.: Midlife Crisis. Bertelsmann Verlag, München 1977
10. Sheehy, G.: In der Mitte des Lebens (1974). Kindler Verlag, München 1976
11. Simenon, G.: Als ich alt war. Diogenes Verlag, Zürich 1977
12. Thomae, H.: Zur Entwicklungs- und Sozialpsychologie des alternden Menschen. In: Altern. H. Thomae u. U. Lehr (Hg.), Akadem.

Verlagsgesellschaft, Frankfurt 1972
13. WELFORD, A. T.: Ältere Menschen in der Industriearbeit. In: Altern. H. THOMAE u. U. LEHR (Hg.), Akadem. Verlagsgesellschaft, Frankfurt 1972
14. WITTE, M. K., E. J. STESHENSKAJA, W. W. KRYSCHANOWSKAJA u. L. W. GAWRILIA: Veränderungen der beruflichen Arbeitsfähigkeit im Zusammenhang mit Alter und Arbeitsbedingungen. In: Altern. H. THOMAE u. U. LEHR (Hg.), Akadem. Verlagsgesellschaft, Frankfurt 1972

II. Teil Psychoanalyse Psychosomatische Medizin und Soziale Therapie

Ist Psychosomatische Medizin überhaupt zu verwirklichen?*

Obwohl der Arzt durch neue Medizintechnologien zeitlich entlastet wird, nutzt er diese Chance nicht dazu, sich ausgiebiger um die psychischen und sozialen Probleme des Patienten zu kümmern. Aber solange die Gesellschaft Krankheit, Behinderung und Sterben nur als sinnloses Versagen der «Maschine Organismus» einschätzt, ist die gemeinsame Verdrängung des an Krankheiten haftenden psychischen Elends eine plausible Übereinkunft zwischen der Mehrheit der Ärzte und der Mehrheit der Patienten. Eine Psychosomatische Medizin im eigentlichen Sinne setzt eine allgemeine Bewußtseinserweiterung voraus. Immerhin sind in der öffentlichen Diskussion und auch in der Klinik vermehrte Anzeichen für ein Bemühen spürbar, die Endlichkeit des Lebens, Leiden und Gebrechlichkeit als notwendige Aspekte menschlicher Existenz zu begreifen und gemeinsam bewußt zu tragen.

Nachdem Psychosomatik Pflichtfach im Medizinstudium geworden ist und nachdem an Universitäten und auch außerhalb zahlreiche psychosomatische Abteilungen, Kliniken und Kurkliniken entstanden sind, erscheint die Frage einigermaßen seltsam, ob Psychosomatische Medizin überhaupt zu verwirklichen sei. Verständlich wird die Frage erst dann, wenn man Zweifel daran hegt, ob sich mit der Fachbezeichnung bzw. mit entsprechend benannten Einrichtungen auch die Sache ausgebreitet habe oder sich zumindest auszubreiten im Begriff sei.

Aber was ist die Sache? Wie eine Psychosomatische Medizin

* Dies ist die gekürzte Fassung eines Aufsatzes, der in *Psychosozial* Heft 2, 1978, erscheinen wird.

aussehen müsse, das hat VIKTOR VON WEIZSÄCKER, der maßgebliche Wegbereiter des psychosomatischen Gedankens in Deutschland, deutlich erklärt. Sein Konzept erscheint noch heute überzeugend, obwohl viele inzwischen seine Vorstellungen verwässert und entstellt haben. v. WEIZSÄCKER plädierte entschieden für eine Einführung der Psychologie und vor allem der Psychoanalyse in die Medizin. Zugleich warnte er hellsichtig: «Es ist nicht im geringsten so, daß etwa durch das Hinzufügen der Psychologie die Medizin nun von selbst menschlicher würde. Sie bietet nicht die Spur einer Garantie dafür, daß die Medizin nicht unmenschlich würde.»[15] «Die Anwendung der Psychologie bleibt auch seelenlos, wenn sie in kein Gespräch eingeschlossen ist, und es gibt auch eine Psychiatrie ohne Seele ...»[14]

Entscheidend war für v. WEIZSÄCKER die Forderung nach einer Medizin, die sich auf den Menschen als *Subjekt* richtet, weil «nur der Begriff der Subjektivität wirksam verhindert, daß man einer vermeinten objektiven Wissenschaftlichkeit zuliebe jene mit der Psychologie, dem personalen, sozialen, anthropologischen Gesichtspunkt gekommenen Vermenschlichungen der Pathologie immer wieder so versachlicht, daß sie dem menschlichen Wesen entfremdet werden»[14].

Freilich kann ein Begriff nicht die Wirklichkeit selbst steuern. Aber an seinem Maßstab muß sich die Wirklichkeit prüfen lassen, die sich auf ihn beruft. v. WEIZSÄCKER meinte eine Medizin, welche die naturwissenschaftlich-technischen Methoden weiterentwickelt, aber deren Anwendung einbezieht in einen umfassenderen Umgang mit dem kranken Menschen. Der Kranke sollte als Subjekt mit seinem Erleben, seiner Krankheitsdeutung und seiner sozialen Situation (der Begriff «Soziale Krankheit» wurde von v. WEIZSÄCKER eingeführt[16] in die medizinische Wissenschaft eingehen. «Medizin», so lehrte v. WEIZSÄCKER, «ist eine Weise des Umganges des Menschen mit dem Menschen». Und das wesentliche Moment dieses Umganges sei das Gespräch.[14]

Einige der von v. WEIZSÄCKER gewünschten Veränderungen sind Wirklichkeit geworden. Die Fächer Medizinische Psychologie und Psychosomatik/Psychotherapie werden nun an allen medizinischen Fakultäten gelehrt, und einige psychosomatischpsychotherapeutische Institutionen haben sogar Psychoanalytiker als Leiter erhalten. Wie hat sich aber inzwischen die engere Berührung der Medizin mit der Psychologie ausgewirkt? Hat die Psychologie tatsächlich Einfluß auf die Medizin gewonnen? Ist durch sie die Bedeutung des Patienten als Subjekt in der Arzt-Patient-Beziehung verstärkt worden? Wird heute mehr als früher mit dem Patienten gesprochen? Ordnen sich die sachlich-technischen Maßnahmen mit dem Kranken mehr als zuvor dem persönlichen Umgang des Menschen mit dem Menschen unter? Sind das persönliche Erleben des Patienten und seine Krankheitsdeutung Bestandteile des wissenschaftlichen Krankheitsbegriffes geworden?

Keine dieser Fragen läßt sich entschieden bejahen. Das heißt, die Einführung der Spezialfächer Medizinische Psychologie und Psychosomatik/Psychotherapie hat in der übrigen Medizin so gut wie nichts verändert. Im Verlauf der wachsenden Technisierung der Medizin sind Patient und Arzt sogar noch weiter auseinandergerückt. Nicht nur in der klinischen Intensivmedizin, auch in der Praxis des niedergelassenen Arztes nimmt die Herrschaft des Apparates zu. Ob und wie er den Patienten als Person in seinem Erleben und in seinen sozialen Beziehungen versteht, erscheint für den Arzt weiterhin von nebensächlicher Bedeutung gegenüber seiner allein als wissenschaftlich relevant begriffenen Aufgabe, das Körpergeschehen als solches zu analysieren. Und für diese Analyse wird der fragende, horchende, betastende Arzt immer unwichtiger. Der Apparat analysiert genauer, differenzierter, er wertet zuverlässiger aus. Der Autoanalyzer produziert selbsttätig Diagnosen und schreibt die Therapien vor, die ihrerseits in wachsender Zahl von Apparaten geliefert werden. Im Vergleich zu der Ära Viktor von Weizsäckers stellt sich die heutige Medizin also noch weniger als eine Weise des Umganges des Menschen mit dem Menschen dar, vielmehr in erster Linie als die Anwendung immer vielfältigerer und immer komplizierterer technischer Prozeduren. Warum, was und wie mit ihm geschieht, wird für den Patienten immer weniger durchschaubar. Im Widerspruch zu der über die Medien mit Aufwand betriebenen sogenannten Gesundheitsaufklärung fühlt sich der einzelne Kranke im konkreten Fall weitgehend desorientiert, wie medizinsoziologische Erhebungen beweisen.[5] Nachweislich sind viele Ärzte gar nicht mehr imstande, ihre an abstrakten Befunddaten orientierten Vorstellungen in eine für Patienten verständliche Sprache zu übersetzen. Ja sie merken häufig gar nicht einmal, daß ihre Mitteilungen unverstanden bleiben.[5] Und selbst diejenigen Patienten, die schließlich – vielfach mit Hilfe eines Gesundheitslexikons – ihren Krankheitsfall fachlich einzuordnen lernen, vermissen zumeist das Gespräch mit dem Arzt darüber, was die fachliche Beschreibung für ihre individuelle Situation bedeutet bzw. wie sie in ihrer persönlichen Lebenswirklichkeit damit umgehen können.

Nun müßte die zunehmende Technisierung durchaus nicht automatisch die Kommunikation zwischen Arzt und Patient erschweren. Die neuen Diagnosemaschinen entlasten den Arzt sogar von manchen zeitaufwendigen Verrichtungen, so daß er sich prinzipiell mehr als früher um die psychischen und sozialen Belange seiner Kranken kümmern könnte. Daß diese Reaktion in aller Regel nicht erfolgt, bedarf einer besonderen Erklärung. Ein plausibler Grund liegt darin, daß der Mediziner so stark in einer versachlichenden, technisch-funktionalen Denkweise befangen ist, daß seine professionelle Wahrnehmung des Patienten sich kaum grundsätzlich von der Art unterscheidet, wie der Apparat diesen analysiert. Die einseitige Forcierung der Entwicklung immer neuer Medizintechnologien – und die übliche Verwechslung dieser Entwicklung mit medizinischem Fortschritt schlechthin – sind Ausdruck und Wirkung eines damit korrespondierenden Denksystems. Freilich geht mit diesem Denksystem eine ökonomische Automatik einher, wie sie auch für die fortschreitende Technisierung anderer Lebensbereiche in der Gesellschaft kennzeichnend ist. Zwischen der Einstellung der Menschen und den Strategien der Wirtschaft funktioniert eine Wechselbeziehung der Art, daß diese alles tut, um jene auf die eigenen Angebote auszurichten. Natürlich fördert die Wirtschaft nach Kräften den traditionell eingewurzelten Mythos, daß Medizin nur als auf Physik und Chemie basierende Laborwissenschaft überhaupt Wissenschaft sei. Sie lehrt Krankheiten nur in der materiellen Dimension zu suchen und zu behandeln, wo man ihre eigenen technischen und chemischen Produkte gebrauchen kann und gebrauchen soll. Und noch immer sieht es nicht so aus, als müßte sie sich ernstlich sorgen, daß ihre auf die Verteidigung dieses Dogmas gerichtete Werbung an Wirksamkeit einbüßen könnte.

Das herrschende medizinische Denksystem funktioniert als eine emotional verankerte Grundhaltung der ärztlichen Berufsgruppe. Diese emotionale Fundierung zeigt sich immer wieder an der mangelnden Bereitschaft der Mehrheit der Ärzte, aus einwandfreien Beweisen für den Einfluß psychischer Faktoren auf Krankheitsprozesse praktische Konsequenzen zu ziehen und etwa ihre traditionellen Konzepte für die Therapie bzw. Prävention der entsprechenden Krankheiten auf breiter Basis zu revidieren.

Vor allem jüngere Vertreter der Psychosomatischen Medizin unterschätzen immer wieder die emotionale Verankerung der herrschenden rein somatologischen Sichtweise. Deshalb knüpfen sie leicht utopische Erwartungen an den Umerziehungseffekt wissenschaftlicher Untersuchungen, in denen sie unter strenger Wahrung formal methodologischer Kriterien belegen, daß z. B. irgendeine verbreitete internistische Krankheit in wesentlichem Maße von psychischen Momenten abhängt. An unserem Psychosomatischen Zentrum in Gießen haben wir z. B. an einem in der ärztlichen Allgemeinpraxis und in inneren Kliniken sehr häufig auftretenden Krankheitsbild, der Herzneurose, die wichtige Rolle psychischer Strukturmerkmale und psychischer Auslösungsfaktoren an über 100 Kranken statistisch nachgewiesen und daraus die Notwendigkeit der Einbeziehung psychotherapeutischer Aspekte in eine optimale Behandlungsstrategie ableiten können.[11] Da diese Krankheit, bei der keinerlei ursächliche Organschädigung vorliegt, üblicherweise chronisch verläuft und neben dem Wohlbefinden auch meist die Arbeitsfähigkeit erheblich beeinträchtigt, glaubten wir, die von uns in Vorträgen informierten Ärzte würden es begrüßen, der Herzneurose mit der von uns angeregten psychosomatischen Sicht- und Behandlungsweise künftig wirksamer begegnen zu können. Aber in den Ärztevereinen, vor denen wir referierten, begegneten uns Diskussionsvoten ganz anderer Art:

Wenn die Herzneurotiker nicht ursächlich organisch, sondern

«nur» aus Ängsten heraus krank seien, dann sei dies doch eher eine Frage mangelnder Selbstdisziplin als eine Aufgabe der Medizin. Oder es wurde offen gesagt: man sollte lieber 100 Herzneurotiker fälschlich mit organischen Herzmitteln bzw. mit gefäßerweiternden Präparaten behandeln, als einen einzigen organisch Herzkranken versehentlich als Herzneurotiker einzustufen und ihm die entsprechenden Medikamente zu versagen. Andere meinten, daß aus einer Herzneurose später vielfach organische Herzkrankheiten würden und daß man deshalb lieber gleich organisch behandeln sollte. In der Tat hatte sogar eine große pharmazeutische Firma für ein bestimmtes Präparat mit der falschen Behauptung massiv geworben, daß die Herzneurose längerfristig hohen Blutdruck, Angina pectoris und coronare Herzkrankheiten begünstige. In Wirklichkeit existiert dieser ursächliche Zusammenhang nicht, wie in einer groß angelegten statistischen Längsschnittstudie von 20 Jahren bewiesen wurde[4,17], und wir haben die Firma veranlaßt, ihre irreführende Werbung unverzüglich einzustellen. – Jedenfalls lösten unsere Informationen in den angesprochenen Ärztekreisen überwiegend defensive, zum Teil regelrecht ablehnende Reaktionen aus. Vielen Kollegen erschien es so, als würde mit dem Psychischen nur eine Nebensache hochgespielt, während doch nur wichtig sei, was objektiv an Herz und Kreislauf geschehe.

Obwohl Patienten mit funktionellen Körperstörungen einen beträchtlichen Anteil vor allem der Klientel des Allgemeinarztes, aber auch vieler Kliniken stellen, hält sich ihnen gegenüber – unausgesprochen oder auch offen bekannt – das traditionelle Vorurteil: eigentlich seien dies eben wegen des Fehlens organischer Schäden keine Krankheiten im engeren Sinne, vielmehr nur Funktionsbeeinträchtigungen, denen von den Patienten subjektiv irrtümlich ein Krankheitswert beigelegt werde. Die wissenschaftliche Medizin sei für diese Fälle höchstens dann kompetent, falls die funtionellen Störungen Vor- oder Frühformen von echten organischen Krankheiten seien oder falls die funktionellen Beschwerden mit psychiatrischen Krankheiten – im engeren Sinne – zusammenhingen. Bezeichnenderweise trifft man dieses Argument am ehesten in Kreisen von Universitätsklinikern an, die durch ihr speziell ausgelesenes Krankengut viel weniger als der niedergelassene Allgemeinarzt mit den funktionell gestörten Patienten zu tun haben und denen es dadurch auch leichter fällt, die Tatsache zu übersehen, daß Patienten mit funktionellen Beschwerden wie mit Psychoneurosen längst in großer Zahl – zu Recht – in die medizinische Versorgungspraxis integriert worden sind.

Um so mehr erschien es nun logisch, daß sich die Schulmedizin von der Notwendigkeit einer psychosomatischen Sichtweise dann überzeugen ließe, wenn der Nachweis erbracht würde, daß echte Organkrankheiten, also Krankheiten mit Läsionen an den Organen, unter dem Einfluß von psychischen Faktoren stehen. Hier kann man nun eine sehr bezeichnende Entwicklung beobachten. In den vergangenen 30 Jahren hat sich die Zahl derjenigen Organkrankheiten laufend erweitert, denen wir auf Grund beweiskräftiger Untersuchungen eine wesentliche Abhängigkeit von psychischen Bedingungen zuerkennen müssen. Inzwischen liegen Belege für relevante psychische Einwirkungen bekanntlich auch bei den beiden bedeutendsten lebensbedrohlichen Massenerkrankungen, beim Herzinfarkt und beim Krebs vor. Die offizielle Medizin nimmt von diesen Entdeckungen aber regelmäßig nur zögernd Notiz. In den Neuauflagen der großen Lehrbücher werden die bewiesenen psychogenen Momente bei Organkrankheiten meist nur gestreift, wenn sie überhaupt erwähnt werden. Erst mit bemerkenswerter Verspätung hat man die allzu offenkundige psychische Komponente bei einer kleinen Gruppe von Organkrankheiten weitgehend akzeptiert, so etwa bei der Colitis ulcerosa und beim Bronchialasthma. Nur hier und da war man bereit, auch das Zwölffingerdarmgeschwür den psychisch mitbedingten Krankheiten zuzurechnen, obwohl speziell gerade hier der psychogene Faktor durch viele einschlägige Untersuchungen längst als definitiv gesichert gelten muß[1,8,9]. Die Stellungnahme der Schulmedizin zu den relevanten psychologischen Befunden bei Organkrankheiten folgt immer deutlicher der Tendenz, eine – möglichst kleine – Sonderkategorie von sogenannten psychosomatischen Krankheiten auszusondern und diese streng abgegrenzte Krankheitsgruppe ganz oder teilweise dem Fach Psychosomatik/Psychotherapie zuzuordnen.

Diese Strategie entspricht dem üblichen Verfahren bei der

Herausdifferenzierung neuer medizinischer Fachgebiete: etablierte klinische Fächer erklären sich bereit, eine kleinere randständige Krankheitsgruppe aus ihrem traditionellen Kompetenzbereich an eine zusätzlich geschaffene Spezialdisziplin abzutreten. So haben Internisten und Psychiater die organischen Nervenkrankheiten an die Neurologen – Chirurgen und Internisten eine Krankheitsgruppe aus dem Urogenitalbereich an die Urologen delegiert. Die Kriterien für solche Abgrenzungen sind entweder durch die Anatomie oder durch eine spezielle körperliche Behandlungsmethode (wie etwa bei der Neurochirurgie gegenüber der Neurologie) definiert. Und es läßt sich nun erkennen, daß man sich in der Art und Weise der Ausgliederung einer Spezies «psychosomatische Krankheiten» darum bemüht, die fundamentale Andersartigkeit eines psychosomatischen Krankheitsbegriffes und einer psychosomatischen Grundhaltung des Arztes zu verleugnen. Man verhält sich so, als ob Psychogenese nur eine neue Variante in der gleichen Ebene wie etwa hormonelle, mechanische oder infektiöse Pathogenese sei, und als ob Psychotherapie sich bruchlos organischen Spezialtherapien wie etwa Strahlentherapie, Hydrotherapie usw. anreihen lasse. Ein nach diesem Konzept abgespaltenes Spezialfach Psychosomatik würde, falls sich seine Vertreter der darin waltenden Verleugnungsstrategie fügten, gerade nicht zu jener von v. Weizsäcker vorgezeigten Veränderung der Gesamtmedizin beitragen. Man würde an dieses Fach den psychischen und den sozialen Aspekt quasi «überweisen», so wie man abgrenzbare hormonelle Störungen an den Endokrinologen zu delegieren vermag. Eine solche «Psychosomatik» würde der übrigen Medizin also eher dazu verhelfen, ihre Verantwortung für die Einbeziehung des psychischen und des sozialen Aspektes bei jeder Krankheit und bei jedem Kranken weiterhin zu verdrängen.

Aber eben diese Verdrängung ist ein seit langem fixiertes Element der traditionellen medizinischen Grundhaltung, die Krankheit nur als gegenständliche Organangelegenheit wissenschaftlich gelten lassen will. Und so ist es alles andere als verwunderlich, daß man weithin die an sich hochwichtigen Entdeckungen über die Rolle psychischer Einflüsse bei den großen organischen Massenerkrankungen totschweigt. Obwohl die Bedeutung des psychischen Risikofaktors bei der Coronarkrankheit bzw. beim Herzinfarkt vor allem durch die prospektiven Forschungen der ROSENMAN-Gruppe[6, 13], die wiederholt von anderen Untersuchungen in ihren Ergebnissen bestätigt wurden, seit geraumer Zeit feststeht, hört man davon auf ärztlichen Fortbildungskursen oder im Rahmen von Aktionen der öffentlichen Gesundheitsaufklärung so gut wie nichts. Mit Informationen über die Einflüsse von Ernährung und körperlicher Bewegung auf die Entstehung von Coronarleiden wird die Öffentlichkeit überflutet, aber in welchem Maße die psychische Einstellung bzw. bestimmte psychische Verhaltensmuster zur Vorbeugung des Herzinfarktes zu beachten sind, das ist nur wenigen bekanntgeworden. Und da heute oft nur noch das geglaubt wird, was kontinuierlich, laut und als scheinbar kompetente Lehrmeinung verkündet wird, werden selbst die wenigen Informierten verführt, an der Relevanz der psychologischen Befunde, von denen so wenig geredet wird, zu zweifeln. Ein ähnliches Schicksal widerfährt z. Z. den höchst bemerkenswerten – aber eben kaum bemerkten – psychosomatischen Krebsuntersuchungen und ihren hinsichtlich des psychischen Einflusses beweiskräftigen Resultaten[2, 3, 12]. Der Wunsch, das psychosomatische Denken nur für eine kleine randständige Krankheitsgruppe – und für ein dieser Krankheitsgruppe zugeordnetes Spezialistenhäuflein – zuzulassen, erschwert es den führenden Vertretern der traditionellen Lehrmeinung ungemein, hinnehmen zu müssen, daß selbst die zentrale Krankheitsgruppe der Organmedizin nicht mehr ohne Einbeziehung von Psychologie wissenschaftlich zulänglich begriffen werden kann. Der Gedanke, auf längere Sicht die mit so viel Mühe ausgesonderten und innerhalb der Umzäunung eines kleinen Sonderfachgebietes abgespeisten Psycho-Spezialisten als Partner wieder in die allgemeine klinische Medizin zurückholen zu müssen, erscheint vielen konservativen Klinikern als ein ängstigender, aber vermutlich realitätsgerechter Alptraum.

Im übrigen rechtfertigt sich der Anspruch auf eine Veränderung der Gesamtmedizin im Sinne eines die psychosoziale Dimension umfassenden Verständnisses, des Kranken und seiner Krankheit natürlich keineswegs nur durch die angeführten Beweise für den Einfluß psychischer Faktoren auf die Genese und den Verlauf funktioneller Störungen oder organischer Schäden. Jede, auch jede primär organische Krankheit bedeutet einen Eingriff in die psychische Situation und in die soziale Verfassung des betroffenen Menschen. Wie dieser sich innerlich mit der Krankheit zurechtfindet und wie diese sich auf seine soziale Situation auswirkt, geht die Medizin nicht nur etwas an, sondern gehört nach dem modernen Krankheitsbegriff der Weltgesundheitsorganisation, der schon manche Unruhe gestiftet hat, unmittelbar zu dem Aufgabenfeld medizinischer Fürsorge. Speziell für chronische Krankheiten mit Leistungseinschränkungen gilt, was v. Weizsäcker formuliert hat: «Die Krankheit ist schlimm, aber das Leiden an den psychologischen, sozialen, ökonomischen Folgen der Insuffizienz ist schlimmer. Ist es möglich, daß die Medizin einen Begriff von sich beibehalte, der diese Insuffizienz des Menschen in seinem menschlichen Dasein als Begleiterscheinung betrachtet, die nicht mehr zu ihrem Gegenstand gehöre?»[16]

Daß dies bislang ebenso möglich ist wie die Verleugnung der primär ursächlichen psychischen Komponente bei vielen Organkrankheiten, beweist die nach wie vor herrschende medizinische Lehrmeinung und die Haltung der Mehrheit der Ärzte.

Wenn es aus dem Gesagten nun deutlich ist, daß diese Grundhaltung in der Tat überwiegend emotional fundiert ist, dann stellt sich für den psychologischen Mediziner die Frage nach der Herkunft dieser emotionalen Determinante.

Wer selbst jahrelang klinisch mit Schwerkranken gearbeitet hat, kennt die beschwichtigende Wirkung einer ganz überwiegenden Konzentration auf die rein körperlichen Befunde und physikalisch-chemischen Meßwerte und auf das unmittelbare ärztlich-handwerkliche Machen. Er weiß, daß er selbst und seine Patienten die Konfrontation mit der Zerstörungsmacht vieler Krankheiten nur dadurch aushalten, daß man sich gemeinsam in eine Betrachtungsperspektive flüchtet, die das oft unfaßbare persönliche Schicksal auf ein bloßes technisch-funktionales Geschehen reduziert, auf einen zumindest potentiell reparablen Maschinenschaden. So reden Arzt und Patient über die Krankheit als über eine Summe abstrakter Befunddaten, und man trifft sich in der Versicherung des Zutrauens in die Chance irgendeines technischen Machens – etwa der chemischen oder der mechanischen Reparatur funktionaler Defekte. Wer leichthin die defensive Verdrängungsstrategie der Mehrheit der klinischen Mediziner als bloße Borniertheit, Oberflächlichkeit, Feigheit oder als Mangel an sozialer Sensibilität abzutun neigt, verkennt die ungewöhnliche emotionale Belastung eines kontinuierlichen Umganges mit unabwendbarem Siechtum und Sterben und mit dem Elend der in das Schicksal der Kranken verwickelten Familien. Hinzu kommt der Druck des Insuffizienzgefühls, daß man als Arzt seitens der Kranken und seitens der Angehörigen beständig mit Erwartungen bedrängt wird, denen man nur ungenügend gewachsen ist. Immerfort bekommt man eine Überschätzung der medizinischen Möglichkeiten allgemein und speziell der eigenen Fähigkeiten zu spüren, und man schämt sich, wie wenig man weiß und kann. Vollends zermürbend wirkt die Erfahrung, daß man, wie sorgfältig und genau man auch immer zu Werke geht, dennoch hin und wieder prinzipiell vermeidbare Fehler macht, daß man sich diagnostisch täuscht, eine Indikation verpaßt oder umgekehrt vorschnell eingreift, wenn man besser abgewartet hätte. Gerade für besonders feinfühlige Ärzte bedeutet eine – meist eher unbewußt verlaufende – Assimilierung der im jeweiligen Klinikmilieu bereits vorfindbaren Abschirmungshaltung gegenüber emotionalen Stimuli die Chance, sich überhaupt im Gleichgewicht zu halten und aktionsfähig zu bleiben. Vieles, was an der üblichen stereotypen Defensivhaltung gegenüber Psychosomatik und Psychotherapie beim ersten Hinsehen als töricht, engstirnig oder gar böswillig erscheint, ist im Grunde nur die verzweifelte Behauptung eines aus Not antrainierten Selbstschutzes. Zahlreiche Ärzte fürchten verständlicherweise für ihre innere Balance bzw. zweifeln daran, weiterhin überhaupt noch entscheidungsfähig zu bleiben, würden sie versuchen, das an vielen Krankheiten hängende Schicksalselend voll mitzufühlen und etwa gar in ihr ärztlich-wissenschaftliches Aufgabenfeld einzubeziehen.

Manche Psychotherapeuten machen sich ihre Kritik an der versachlichenden Abschirmungshaltung der Mehrheit ihrer Kollegen jedenfalls zu leicht. Sie übersehen dabei, wieviel Mühe es sie selbst bereits oft kostet, sich denjenigen Ängsten und Depressionen ihrer Patienten zuzuwenden, die «nur» aus neurotischen Phantasien entspringen und nicht etwa mit real lebenszerstörenden Krankheiten verbunden sind. Wenn man sich selbst auf eine Klientel zurückzieht, die es sich quasi leisten kann, sich in der Therapie auf die Förderung langfristiger innerpsychischer Entwicklungsprozesse zu konzentrieren und die einem den fortgesetzten Druck schicksalsentscheidenden Entscheiden-müssens erspart, dem Kollegen in anderen medizinischen Bereichen ausgesetzt sind, dann sollte man die an die eigenen speziellen Arbeitsbedingungen gebundenen Verhaltensmuster nicht der gesamten ärztlichen Kollegenschaft unkritisch als nachahmungspflichtig vorhalten.

Im übrigen: wie die Medizin mit Krankheit und Sterben umgeht, wird nicht erst von Ärzten und Patienten entschieden, sondern ergibt sich daraus, wie die Gesellschaft in einem historischen Augenblick generell Gesundheit, Krankheit und Sterben bewertet und in den allgemeinen Lebenssinn einordnet. Wenn der Arzt heute überwiegend auf Menschen trifft, für die Krankheit, Behinderung und Sterben nur eine rein negative Bedeutung haben, nämlich als Kehrseite des allein maßgeblichen Wertes einer permanenten jugendlichen «Fitness», dann fehlen ihm die Partner für ein psychosomatisches Kommunizieren in der Therapie, selbst wenn er selbst eine derartige Umgangsweise vorziehen würde. Noch immer klammert sich eine Mehrheit an die Fiktion, der technisch-wissenschaftliche Fortschritt müsse die Medizin umgehend befähigen, uns allen ein sehr viel längeres Leben ohne Kräfteverfall zu garantieren. In dieser Sicht bedeuten dann Krankheiten bzw. ausbleibende Heilungen ein bloßes Technisch-noch-nicht-Können der Medizin oder die Konsequenz aus mangelhaftem Gesundheitstraining der Betroffenen, allenfalls aus Versäumnissen im Bereich der Umwelthygiene. Krankheit ist unter diesem Aspekt nirgends notwendig und eine mit menschlicher Existenz unmittelbar verbundene Aufgabe geistig-seelischer Verarbeitung, sondern eine rein technische Betriebspanne, die es durch bessere präventive «Wartung» bzw. durch perfektere medizinische Ingenieurskunst zu eliminieren gilt. Auf dem Hintergrund einer solchen soziokulturell fundierten Lebenseinstellung ist eine Psychosomatische Medizin, d. h. eine um die Dimension des Psychosozialen erweiterte Körpermedizin, schlechterdings noch gar nicht möglich. Die Medizin muß sich in ein allgemeines gesellschaftliches Verdrängungssystem einfügen, das weder von einem einzelnen Arzt noch von einer einzelnen klinischen Abteilung noch von einem Spezialfach Psychosomatik/Psychotherapie erschüttert werden kann.

So erklären sich übrigens – was hier nur gestreift werden kann – zahlreiche Symptome einer unbeabsichtigten und weitgehend sogar unbemerkten Anpassung innerhalb der Fachgruppe Psychosomatik/Psychotherapie an das technisch-versachlichende Denken der traditionellen Organmedizin. Und es spricht vieles dafür, daß sich das enge Nebeneinander der klassischen Medizin und der Spezialdisziplin Psychosomatik/Psychotherapie bisher eher im Sinne einer Adaption dieser an jene als umgekehrt ausgewirkt hat. Zeichen für diese Entwicklung sind vielerorts verstärkte Selbstzweifel der «Psychosomatiker» an dem wissenschaftlichen Wert des persönlichen Verstehensprozesses in der Arzt–Patient-Kommunikation, eine einseitige Identifizierung statistisch-empirischer Ansätze mit psychosomatischer Forschung überhaupt, die Selbstbeschränkung auf eine fiktive Sondergruppe «psychosomatischer» Krankheiten, das Suchen nach einer für diese Krankheitsspezies charakteristischen «psychosomatischen Struktur» usw.

Andererseits gibt es z. Z. zweifellos Anzeichen für einen möglichen allmählichen Wandel im allgemeinen Lebensgefühl, der sich durchaus im Sinne der Förderung einer psychosomatischen Grundeinstellung auswirken könnte. Es ist unverkennbar, daß der Glaube an die Omnipotenz der Technik und auch an die unbedingte technische Machbarkeit von Gesundheit schrumpft. Die Abhängigkeit von der Natur – von der äußeren wie von der inneren – wird stellenweise wieder deutlicher wahrgenommen. Damit wird die Endlichkeit des Lebens – und damit die Krankheit – automatisch wieder mehr zu einer Tatsache, die akzeptiert zu werden verlangt. Symptomatisch erscheint die Wiederentdeckung des Sterbens als einer wesentlichen Phase, um die sich neuerdings Soziologie, Psychologie, Publizistik vermehrt kümmern. Die Medizin wird von außen kritisch befragt, ob und welcher Weise sie sich der Aufgabe stellt, *menschliches* Sterben zu ermöglichen bzw. zu begleiten. Man will von dem Arzt auf der Intensivstation wissen, ob er noch eine unmittelbare partnerschaftliche Beziehung zum sterbenden Mitmenschen hat oder ob er durch seine Konzentration auf Apparate und Laborwerte den Tod etwa nur noch in derjenigen indirekten Weise wahrnimmt, wie etwa Fluglotsen einen Flugzeugabsturz lediglich als Verschwinden eines Lichtpunktes auf einem Radarschirm registrieren. Die Diskussion darüber, wann der Intensivmediziner seine Apparate abschalten darf oder soll, ist vermutlich nur die Einleitung einer viel tiefergehenden und wesentlicheren Diskussion über das Verhältnis der Medizin und der Gesellschaft zum Sterben allgemein.[7]

Man bemerkt bereits, daß man bei einer solchen Diskussion vor allem auf diejenigen hören muß, die selber von Todesnähe betroffen waren oder sind und die bislang ihrer geängstigten Umwelt zuliebe darüber geschwiegen haben, was sie vom Sterben wissen, wie sie damit innerlich umgehen und wie sie speziell auch ihre sozialen Bedingungen in dieser Endphase erleben und gestalten möchten[10]. Bisher haben die meisten unheilbar Kranken und vom Tode Gezeichneten trotz aller noch so perfekten medizinisch-technischen Versorgung emotional in einer Art Verbannung vegetiert, die ihnen auferlegte, über ihre Probleme entweder zu schweigen oder gar ihrer Mitwelt Ahnungslosigkeit oder illusionistischen Optimismus vorzuspielen. Sie sollten sich so unauffällig und geräuschlos wie irgendmöglich davonmachen und sich bis zum letzten Augenblick in dem Sinne «normal» benehmen, als geschehe mit ihnen nichts Außergewöhnliches und als forderten sie auch von niemand mehr oder eine andere Zuwendung als im üblichen Betrieb des Lebensalltags. Offensichtlich läßt der Druck dieses Tabus allmählich nach, denn nunmehr melden sich immer mehr Menschen zu Wort und beschreiben ganz offen ihre Gedanken und ihre Gefühle als Krebs- oder Leukämiekranke, als Betroffene von verstümmelnden Eingriffen usw. Sie verlangen, daß man sich mit ihren Erfahrungen, ihrer Kritik, ihren Wünschen und ihren Ängsten beschäftigt. Sie treten aus ihrem Schatten als verdrängte Randgruppe heraus und beanspruchen, das gesellschaftliche Bewußtsein mitzubestimmen, d. h. um eine entscheidende und bislang ausgeblendete Dimension zu erweitern.

Die Medizin kann sich nur dadurch in psychosomatischer Richtung verändern, daß sie die Abspaltung der Emotionalität allmählich aufgibt. Dazu läßt sie sich nicht einfach dadurch bewegen, daß «Psychosomatiker» psychophysiologische oder psychopathogenetische Daten in der der vergegenständlichenden Naturwissenschaft entlehnten quantifizierenden Denkweise präsentieren. Der Kunstgriff, die Emotionalität durch Transformierung in einen meßbaren Gegenstandsbereich gewissermaßen wissenschaftlich rehabilitieren zu wollen, bestärkt sogar viele in der Tendenz, die Emotionalität mit denjenigen Abstraktionen oder quantifizierbaren Derivaten zu verwechseln, die bei jener Art wissenschaftlicher Bearbeitung produziert werden. Dies entwertet natürlich nicht diese Forschung. Vielmehr ist es unerläßlich, daß der Medizin auch innerhalb ihres traditionellen Denksystems unter Wahrung ihrer klassischen methodologischen Kriterien nachgewiesen wird, daß z. B. Herzinfarkt und Krebs wesentlich mit psychischen Faktoren zu tun haben. Aber es ist auf Grund des Gesagten verständlich, daß sich die Emotionalität nicht in die Medizin theoretisch hineinbeweisen läßt, sondern daß sie sich letztlich nur direkt im Verlauf bzw. als Konsequenz des Abbaus einer allgemeinen gesellschaftlichen Verdrängungshaltung Geltung verschaffen kann. Um so mehr sollte man eben solche Phänomene beachten, die auf eine spontane Schwächung derartiger Verdrängungen hindeuten.

Offensichtlich reicht die kollektive Verdrängungskraft auf die Dauer nicht mehr aus, Todesangst durch die bisherigen Manöver der Verleugnung, der Bagatellisierung, der psychopathologischen Relativierung in Schach zu halten. Mit dem wieder sichtbar gewordenen Phänomen des Sterbens ist unmittelbar ein emotionaler Zentralbereich von Ängsten, Leiden, Verzweiflung, Ratlosigkeit aufgebrochen. In der klinischen Medizin zeigt sich diese Veränderung in symptomatischer Weise daran, daß das Personal zumal auf Abteilungen für chronisch Schwerkranke und auf Intensivstationen vielerorts zunehmend innere Spannungen wahrnimmt und Unterstützung sucht, um die mobilisierten Gefühle von Ohnmacht, Nervosität, Angst, Unruhe, Reizbarkeit besser bewältigen zu können. Charakteristischerweise beobachtet man diese Sensibilisierung besonders auf solchen Abteilungen, wo man dem Gesundheitsverfall der Kranken nur in sehr geringem Maße mit irgendeinem praktisch-technischen Machen begegnen kann. In der Chirurgie gibt es immerhin noch die Chance zu vielerlei aktiven Verrichtungen, und wenn man durch eigener Hände Tun immer wieder auch Menschenleben zu retten vermag, können solcher Art Erfolgserlebnisse einigermaßen die Hilflosigkeit gegenüber zahlreichen anderen unbeeinflußbaren Krankheitsverläufen ausgleichen. Auf manchen Abteilungen für chronisch neurologisch oder internistisch Kranke z. B. fehlen indessen solche Erfolgserlebnisse. Und das Personal kann nur passiv und ohnmächtig einem allmählichen Hinsiechen der Patienten zuschauen bzw. sich in mancherlei symptomunterdrückende oder diagnostische Maßnahmen flüchten, die indessen keine nennenswerte Beschwichtigung vermitteln. Am meisten Druck lastet hier auf dem Pflegepersonal. Der Arzt absolviert seine Visiten, er fragt kurz ab, was er für die etwaige Korrektur oder Neuansetzung von irgendwelchen Interventionen in Rechnung stellen muß, er kann das Elend der Kranken weitgehend in die Vorstellungsebene von abstrakten Meßwerten übersetzen, und außerhalb der Visiten vermag er z. B. in irgendeiner wissenschaftlichen Labortätigkeit seine durch den Patientenkontakt etwa mobilisierten Unruhegefühle zu dämpfen. Aber Schwestern und Pfleger müssen bei den Kranken bleiben, ihnen zuhören, und sie werden unmittelbarer gefühlsmäßig ergriffen, weil sie anders als der Arzt weniger gewohnt bzw. fähig sind, sich aus der unmittelbaren persönlichen Beziehung zu lösen und das emotional wirksame Bild der Menschen hinter der Vorstellung von Röntgenbildern, elektrophysiologischen Kurven, blutchemischen Daten verschwinden zu lassen.

Die emotionale Labilisierung des Personals auf manchen Intensivstationen, Dialyseabteilungen, Strahlentherapiestationen, Stationen für chronisch neurologische Kranke läßt oft zunächst ihre eigentliche Ursache nicht erkennen. Vielfach fällt zunächst nur auf, daß es hier mehr Reizbarkeit und Streitereien, mehr

Krankmeldungen oder Arbeitsunlust gibt. Man sucht den Grund für das schlechte Abteilungsklima u. U. in persönlichen Versäumnissen einzelner Mitarbeiter oder Mitarbeitergruppen, in Organisationsfehlern oder sonstigen äußeren Umständen. Immerhin wendet man sich neuerdings von solchen Einrichtungen aus gehäuft an Psychotherapeuten mit der Bitte um irgendeine Form der Beratung oder der Supervision, um die Ärgernisse und Konflikte in diesen betroffenen Gruppen abbauen zu helfen. Und dann stellt der Psychotherapeut meist schnell fest, daß es sich hierbei nicht nur oder zumindest nicht in erster Linie um Schwierigkeiten handelt, die das Personal aus sich heraus produziert, sondern daß eine Überforderung durch eine psychosoziale Aufgabe vorliegt, die weder zufriedenstellend bewältigt noch hinreichend verdrängt werden kann. Da gibt es vor allem jetzt zahlreiche junge Schwestern, die mit den ihnen anvertrauten unheilbar Kranken weder rein sachlich-technisch umgehen können noch wollen. Zugleich aber fühlen sie sich auch nicht dem Anspruch gewachsen, ihren Patienten eine hinreichend hilfreiche menschliche Obhut zu bieten. Sie registrieren seitens der Patienten und aus dem eigenen Inneren heraus das Bedürfnis, an den Problemen der Kranken mitfühlend und mittragend Anteil zu nehmen, aber das übersteigt ihre Kräfte. Vielfach suchen sie dafür zunächst Rat bei ihren vorgesetzten Ärzten, aber gerade von diesen fühlen sie sich nicht selten im Stich gelassen, indem diese sich unter Hinweis auf ihre Überlastung eine Arbeitsteilung in dem Sinne vorstellen, die Pflegekräfte sollten die menschliche Betreuung allein übernehmen, während sie selbst ausschließlich die unmittelbaren diagnostischen bzw. therapeutisch-technischen Maßnahmen neben der organisatorischen Leitung wahrnehmen möchten.

Aber auch unter den Ärzten speziell in diesen maximal belasteten klinischen Bereichen spürt man neuerdings gelegentlich mehr Aufgeschlossenheit und Sensibilität für psychische Probleme. Kliniker, die bislang kaum je ein freundliches Wort für die Psychosomatik übrig hatten, verbünden sich hier und da mit Psychotherapeuten, um z. B. emotional dekompensierende Dialysepatienten oder Krebskranke kooperativ zu behandeln. Dazu werden sie nicht primär motiviert durch die Vorlage empirischstatistischer Beweise für die mögliche Effizienz psychotherapeutischer Aktivität bei solchen Krankengruppen, sondern durch ihre persönliche Hilflosigkeit gegenüber emotionalen Problemen, unter denen sie leiden. Sie können ihre Defensivhaltung gegenüber Psychotherapeuten revidieren, wenn sie erleben, daß diese willens und fähig sind, ihnen beim Umgang mit psychisch gefährdeten Schwerkranken bzw. unheilbaren Patienten beizustehen. Ihre Entdeckung, daß Psychotherapeuten einen echten Beitrag zur Verarbeitung von Todesängsten leisten können, bringt ihnen indirekt eine eigene Entlastung. Und diese Erfahrung vermag augenscheinlich in einzelnen Fällen eine allmähliche Öffnung für den Sinn psychosomatischer Ansätze zu bewirken. Aber man muß als Psychotherapeut auch gewärtig sein, daß man von den Kollegen, von denen man zu deren eigener Entlastung kotherapeutisch herangezogen wird, zwar eine erhöhte persönliche Wertschätzung erfährt, daß diese persönliche Respektierung indessen keineswegs unmittelbar das ärztliche Denksystem der betreffenden Kollegen tangiert. Es wäre also verfrüht zu erwarten, daß von dieser Stelle aus bald ein breiter Einbruch psychosomatischer Perspektiven in die allgemeine klinische Medizin erfolgen könnte. Wenn man auch als Psychotherapeut Gelegenheit bekommt, sich als kompetent für die Bearbeitung der Konflikte in der Personalgruppe einer Schwerkrankenabteilung oder der Familie von Karzinomkranken zu erweisen, so bewirkt das noch nicht, daß dies im Kollegenkreis als wissenschaftlich fundierte medizinische Leistung anerkannt wird, auch wenn man selbst methodisch auf Grund eines klar definierbaren theoretischen psychoanalytischen Konzeptes vorgeht. Sondern in den Augen mancher, ja vieler ärztlicher Kollegen stellt man sich nach wie vor eher als eine moderne Variante von Seelsorger dar. Erzielte Effekte werden nicht als Ergebnis eines wissenschaftlich begründeten methodischen Ansatzes, sondern rein als Auswirkung freundlicher menschlicher Zuwendung, intuitiver Trostspendung usw. interpretiert. Von vornherein wird unterstellt, daß therapeutisch relevante emotionale Faktoren, die in der psychotherapeutischen Arbeitsbeziehung wirksam und in der psychoanalytischen Sozialpsychologie seit Jahrzehnten untersucht und begrifflich geklärt worden sind und deren Kontrolle mittels introspektiver Wahrnehmung in psychotherapeutischer Ausbildung systematisch eingeübt wird, nichts mit wissenschaftlicher Medizin zu tun hätten.

Wie wenig psychotherapeutische Erfolge dieses Urteil zu ändern vermögen, sei noch an einer kleinen persönlichen Erfahrung verdeutlicht. Als einige Kollegen und ich selbst vor sechzehn Jahren am Universitätsklinikum in Gießen dort erstmalig das Fach Psychosomatik/Psychotherapie zu vertreten Gelegenheit bekamen, dauerte es nur vier Jahre, bis 50 Prozent aller ordentlichen Professoren der damaligen Gießener Medizinischen Fakultät uns entweder für sich selbst oder für Probleme in ihren Familien therapeutisch in Anspruch genommen hatten. Nach einer uns anfänglich entgegengebrachten großen Skepsis bezeugte diese Verhaltensänderung gewiß eine indirekte Bestätigung unserer Effizienz. Aber selbst diese uns oft auch unmittelbar versicherte Anerkennung änderte nichts an einer allgemeinen theoretischen und auch fachpolitisch vertretenen Widerstandshaltung gegen eine Integration der psychosomatischen Perspektive in die wissenschaftliche Medizin. Dieses paradox erscheinende Splitting erklärt sich eben daraus, daß die Ausblendung der persönlichen Gefühlssphäre aus dem quasi offiziellen ärztlichen Gesichtsfeld immer noch als Norm in der Kultur der klinischen Medizin wirksam ist, die nicht etwa schon durch eine Bewußtseinsänderung einzelner Kollegen erschüttert wird.

Der Psychotherapeut muß sich darüber klar sein, daß die Auflockerung der klassischen ideologisierten Verdrängungshaltung der Ärzteschaft nur in kleinen Schritten denkbar ist. Ein erster Schritt ist es immerhin, daß Psychotherapeuten überhaupt in der geschilderten Weise in den Kliniken verstärkt herangezogen werden, weil trotz – oder gerade wegen – der Übertechnisierung der Medizin emotionale Konflikte bei Kranken und medizinischem Personal verstärkt sichtbar werden. Ein weiterer Schritt müßte darin bestehen, daß immer mehr Internisten, Chirurgen, Kinderärzte, Frauenärzte unter Mithilfe von Psychotherapeuten lernen, sich selbst an der Klärung und an der therapeutischen Bearbeitung dieser Konflikte zu beteiligen. Das heißt für den Psychotherapeuten, daß er nicht zuviel von den verstärkt anfallenden emotionalen Problemen an sich bzw. an sein Fach delegieren lassen sollte, sondern daß er, wo immer es möglich ist, seinen medizinischen Kollegen hilft, ihre eigene psychosoziale Kompetenz zu erweitern. Damit schützt er sich nicht nur vor eigener Überforderung, sondern er erleichtert sich obendrein den Umgang mit den prinzipiell unvermeidlichen interkollegialen Rivalitätskonflikten, die sich automatisch verstärken, wenn der Psychotherapeut oder ein psychotherapeutisches Team monopolistisch die psychosozialen Probleme an sich delegieren läßt. Je mehr es dem Psychotherapeuten gelingt, seinen ihn umgebenden Kollegen der verschiedenen klinischen Disziplinen deutlich zu machen, daß sie selbst zum Verständnis und zur Handhabung psychosozialer Probleme befähigt sind und von diesen Fähigkeiten mutiger Gebrauch machen sollten, um so eher wird er zur Ausbreitung einer psychosomatischen Einstellung beitragen können.

Allerdings ist es eine schwierige Aufgabe, seine interkollegialen Beziehungen in dieser Weise zu organisieren. Denn viele Kollegen scheuen sich ja gerade wegen der vom Psychotherapeuten ausgehenden Bedrohung der eigenen schützenden Verdrängungshaltung, ihn zu nahe an sich heranzulassen. So erscheint es ihnen vergleichsweise weniger beunruhigend, die Kompetenz für den psychosozialen Bereich an ihn abzutreten und ihn u. U. – wie ambivalent auch immer – für seine psychotherapeutischen Leistungen zu loben, als sich von seinem emotional belastenden Konzept gewissermaßen infizieren zu lassen und sich künftig zu den bisherigen somatisch diagnostisch-therapeutischen Verpflichtungen auch noch die psychosozialen Konflikte der Patienten als zusätzliche professionelle Aufgabe aufzuhalsen. Umgekehrt kann es auch für den Psychotherapeuten eine Versuchung bedeuten, eigene megalomane Wünsche dadurch zu befriedigen, daß er sich als allein kompetenter Sachverständiger darstellt, dem man prinzipiell alle psychosozialen Probleme zur Begutachtung und Therapie überlassen sollte. Kurz: viele äußere und innere Umstände komplizieren die Annäherung zwischen den verschiedenen ärztlichen Grundhaltungen in hohem Maß. Und es bedeutet im Grunde eine Überforderung für den Psychotherapeuten, daß er die Aufgabe einer verstärkten Durchdringung der Medizin mit psychosomatischem Denken zugleich als eine therapeutische bzw. eigentherapeutische Aufgabe verstehen muß.

In jeder medizinischen Fakultät erfährt der Psychotherapeut notwendigerweise, daß sich das automatische Spannungsverhältnis zwischen der herrschenden Verdrängungshaltung des vergegenständlichenden-technischen Denkens und einer diese Verdrängung bedrohenden Perspektive emotionaler Offenheit zunächst automatisch in einem gruppendynamischen Konflikt abbildet, der den Psychotherapeuten zum Außenseiter macht. Der Psychotherapeut kann die Spannung vermindern, wenn er sich im therapeutischen Bereich als lieber Seelenfürsorger ohne wissenschaftlich-medizinischen Anspruch anbietet und wenn er wissenschaftlich eine komplett vergegenständlichte, nur aus quantifizierbaren Leistungen und Funktionen zusammengesetzte Psyche präsentiert, die sich wie irgendeines der physiologischen Systeme messen und verrechnen läßt. Der Psychotherapeut kann an seiner ihm zunächst automatisch und notwendig zufallenden Außenseiterrolle blindlings masochistisch verzagen oder in ihr auch – als der scheinbar einzig Weise unter Ahnungslosen – manisch triumphieren. Vielleicht kann er es aber auch schaffen, dem enormen Druck dieser gruppendynamischen Konstellation standzuhalten, indem er sie als unvermeidliche Abspiegelung der übergreifenden sozialen Problemlage durchschaut. Vielleicht ist er auch fähig, seinen Begriff von Psychosomatischer Medizin als einer «Weise des Umganges des Menschen mit dem Menschen» im Sinne Viktor von Weizsäckers theoretisch und praktisch durchzuhalten und diesen Begriff in der Art und Weise partnerschaftlicher interdisziplinärer Kooperation so zu vertreten, daß man sich im medizinischen Umkreis allmählich mehr für diese Sichtweise zu öffnen vermag. Er muß in seiner Person und in seinen kollegialen Beziehungen glaubwürdig die psychosomatische Grundhaltung repräsentieren, die er theoretisch proklamiert. Das ist die ungeheure, sicherlich vorläufig nur vereinzelt lösbare Schwierigkeit, eben weil der Druck der Außenseiterrolle sehr viel eher dazu führt, daß der Psychotherapeut sich durch Annäherung an das organmedizinische Denksystem der Mehrheitsgruppe anpaßt oder daß er, wenn er seinen psychosomatischen Anspruch ohne entfremdende Abstriche aufrechterhalten möchte, in die Haltung des armen Verfolgten oder umgekehrt des verkannten einsamen Wissenden gerät – beides Weisen einer Selbstisolierung, aus der heraus er keine Chance hat, die Medizin im gewünschten Sinne zu beeinflussen. Vielleicht ist es sogar unvermeidlich, daß man sich als Psychotherapeut erst nacheinander auf allen drei Fluchtwegen erfährt – und als Scheiternden erlebt –, ehe man die Bedingungen und die Chancen für die Entwicklung einer Psychosomatischen Medizin realistischer einzuschätzen und die eigene Schwäche für die Mithilfe an dieser Aufgabe klarer zu erkennen lernt.

Literatur

1. ALEXANDER, F. (1951): Psychosomatische Medizin. Verlag de Gruyter, Berlin
2. BALTRUSCH, H.-J. (1969): Einige psychosomatische Aspekte der Krebskrankheit unter Berücksichtigung psychotherapeutischer Gesichtspunkte. Z. psycho-som. Med. 15, S. 31–36
3. BECK, D. u. a. (1975): Zur Psychosomatik des Mamma-Carcinoms. Z. psycho-som. Med. 21, S. 101–117
4. CHRISTIAN, P., K. FINK-EITEL, W. HUBER (1966): Verlaufsbeobachtungen bei 100 Patienten mit vegetativen Herz- und Kreislaufstörungen. Z. Kreisl.-Forsch. 55, S. 342–357
5. DUBACH, U. C., K. N. v. RECHENBERGER (1977): Krankheitsverständnis und Patienten-Arzt-Beziehung in der Ambulanz. Dtsch. med. Wschr. 102, S.1239–1244
6. FRIEDMAN, M., ROSENMAN, R. H. (1975): Der A-Typ und der B-Typ. Rowohlt Verlag, Reinbek
7. HEIFETZ, M. D. (1976): Das Recht zu sterben. Umschau Verlag Breidenstein, Frankfurt
8. MIRSKY, I. A. (1958): Physiologic, psychologic and social determinants in the etiology of duodenal ulcer. Amer. J. Dig. Dis. 3, S. 285
9. MIRSKY, I. A. (1961/62): Körperliche, seelische und soziale Faktoren bei psychosomatischen Störungen. Psyche 15, S. 26–37
10. MOODY, R. (1977): Leben nach dem Tod. Rowohlt Verlag, Reinbek
11. RICHTER, H. E., D. BECKMANN, (1969): Herzneurose. Thieme Verlag, Stuttgart

12. Schmale, A. H., H. P. Iker (1966): The effect of hopelessness and the development of cancer. Psychosom. Med. 28, S. 714–721
13. Schucker, B., D. R. Jacobs (1977): Assessment of behavioral risk for coronary disease by voice characteristics. Psychosom. Med. 39, S. 219–228
14. Weizsäcker, V. v. (1947): Klinische Vorstellungen. Hippokrates Verlag Marquardt & Cie., Stuttgart
15. (1951): Fälle und Probleme. Enke Verlag, Stutgart
16. (1955): Soziale Krankheit und soziale Gesundung. Vandenhoeck & Ruprecht Verlag, Göttingen
17. Wheeler, E. O., P. D. White, E. W. Reed, M. E. Cohen (1950): Neurocirculatory Asthenia (anxiety neurosis, effort syndrome, neurasthenia). J. Amer. med. Ass. 142, S. 878–889

Vom unterdrückten Trieb zum unterdrückten Selbst
Die Schwierigkeit der Psychoanalyse, der sich wandelnden Problemlage der Menschen zu folgen*

Aus klinischen Beobachtungen und einer repräsentativen psychologischen Längsschnitterhebung läßt sich erkennen, daß die Menschen ihr inneres Befinden als zunehmend abhängig von sozialen Lebensbedingungen einschätzen. Ihr inneres Leiden verstehen sie immer mehr als Folge und Ausdruck von sozialen Schwierigkeiten. Dementsprechend verändern sich die Heilungserwartungen bei seelischen Störungen. Es verstärkt sich das Bedürfnis, gleichzeitig und im Zusammenhang mit der Bearbeitung innnerer Verdrängungen die Beziehungsschwierigkeiten im äußeren Zusammenleben abzubauen. Das Erleben und Mitgestalten von sozialer Solidarität wird als Bedingung wie als Mittel psychischer Gesundung erkannt.

Wie sollen, wie können sich Psychoanalytiker auf die stetig enger werdende Verzahnung von sozialer Bedrängnis und psychischer Entfremdung einstellen? Nicht wenige Psychoanalytiker wehren sich dagegen, dem aktuellen sozialen Beziehungsfeld in der psychoanalytischen Theorie und Praxis mehr Beachtung zu schenken. Die Geschlossenheit eines auf die psychische Innenwelt beschränkten Denksystems dient ihnen als Stütze für die Illusion, die Macht der soziogenen Faktoren schwinde einfach dadurch, daß man von diesen absehe. Aber das Gegenteil tritt ein: Man wird psychisch um so wehrloser und automatischer zum Spiegelbild einer inhumanen Umwelt, je weniger man diese bewußt

* gekürzte Fassung des Aufsatzes: Die Beziehung der Psychoanalyse zur Innenwelt und zur sozialen Realität in «Psychotherapie als Denken und Handeln», hg. von Becker u. Reiter, Kindler Verlag, München 1977 (Festschrift für Hans Strotzka)

kontrolliert. Die Reinerhaltung eines tradierten fachlichen Denksystems ist ein fragwürdiges Ziel, wenn damit unbemerkt gerade die psychische Freiheit aufs Spiel gesetzt wird, die heute nur noch in permanentem Widerstand gegen äußere Unfreiheit verteidigt werden kann. Das Selbstverständnis der Psychoanalyse kann sich nur nach der Problemlage der Menschen richten und nicht umgekehrt.

Die soziale Realität wird für den Psychoanalytiker erstens dadurch notwendigerweise zu einem persönlichen Problem, daß er seine Tätigkeit nur unter konkreten äußeren Bedingungen erlernen und ausüben kann. Er muß ein Institut finden, das ihn ausbildet. Er muß das Geld aufbringen, seine Ausbildung zu finanzieren. Er muß sich an Ausbildungsrichtlinien halten und Prüfungen bestehen. Später muß er bestimmte Auflagen erfüllen, um seine Behandlungen über die Krankenkassen abrechnen zu können. Von außen wird seine Arbeit ferner durch von der Gesellschaft gesetzte Normen von Gesundheit und Krankheit bestimmt, die in die kassenärztlichen Regelungen mit einfließen. Die Behandlung muß den Rahmen von gesetzlichen Bestimmungen einkalkulieren, die z. B. das Sexualverhalten, das eheliche Verhalten, die Erziehungspraxis und das Arbeitsverhalten in unserer Gesellschaft normieren. Die soziale Realität macht sich für den Psychoanalytiker ferner dadurch bemerkbar, daß seine Patienten ihre Schwierigkeiten nicht nur als Problem ihrer Innenwelt erleben und darstellen, sondern zugleich als Konflikt mit ihrer Umwelt. Darüber hinaus muß er respektieren, daß er selbst für seine Patienten nicht nur einen Stellenwert in deren psychischem System hat, sondern für sie auch ein Stück konkrete Umweltwirklichkeit bedeutet, so wie die Patienten umgekehrt ebenfalls ein Stück seiner realen Umwelt sind und nicht nur etwa seine narzißtischen Schatten oder Spiegelbilder. Es ist aber nun eine Frage der Grundeinstellung des Psychoanalytikers, wie er diese Tatsache, daß er als Person und in seiner Tätigkeit als Psychoanalytiker ständig die Welt des Psychischen überschreiten und mit konkreter Wirklichkeit umgehen muß, bewertet und welche praktischen Konsequenzen er daraus zieht.

Wenn ich die Grundeinstellung des Analytikers an den Anfang setze, so heißt das nur, daß ich die weiteren Erwägungen an diesem Ausgangspunkt beginnen lasse. Ich unterstelle, daß diese Grundeinstellung ihrerseits entscheidend von der konkreten sozialen Lage des Analytikers und seiner Klientel mitbestimmt wird. – FREUDS Grundeinstellung zur sozialen Realität, die sein ganzes Werk durchzieht, läßt sich aus vielen Bemerkungen ablesen. Sie ist letztlich durch drei Begriffe zu kennzeichnen: Ohnmacht, Anpassung und Narzißmus. In «Das Unbehagen in der Kultur»[10] diskutiert er die Vor- und Nachteile verschiedener Lebenstechniken. Darin stellt er die äußere Realität als die Macht des unabänderlichen Schicksals dar. Vergleichsweise am besten sei derjenige daran, dessen psychische Konstitution fähig sei, ihre Funktion der Umwelt anzupassen. Wer die Umwelt umschaffen wolle, um aus ihr die unerträglichsten Züge zu tilgen und sie bedürfnisgerechter zu gestalten, der müsse scheitern. Wörtlich: «Wer in verzweifelter Empörung diesen Weg einschlägt, wird in der Regel nichts erreichen. Die Wirklichkeit ist zu stark für ihn. Er wird ein Wahnsinniger, der in der Durchsetzung seines Wahns meist keine Helfer findet.»[10] Untauglich seien aber auch alle gemeinschaftlich angestellten Versuche, etwa durch Änderung der Eigentumsverhältnisse psychisches Leiden von außen her mindern zu wollen. Denn das in der Gesellschaft wirksame Aggressionspotential lasse sich nicht reduzieren, indem man eine äußere aggressionsauslösende soziale Bedingung aus der Welt schaffe. Dann werde sich eben die Destruktion an andere konflikthaltige Lebensumstände knüpfen. Demgegenüber beschrieb FREUD die Chancen einer *narzißtischen Lebenstechnik* sehr viel positiver. «Die zu lösende Aufgabe ist», so FREUD wörtlich, «die Triebziele solcher Art zu verlegen, daß sie von der Versagung der Außenwelt nicht getroffen werden können. Die Sublimierung der Triebe leiht dazu ihre Hilfe. Am meisten erreicht man, wenn man den Lustgewinn aus den Quellen psychischer und intellektueller Arbeit genügend zu erhöhen versteht. Das Schicksal kann einem dann wenig anhaben.» Während der Tatmensch seine Kräfte letztlich in einem vergeblichen Anrennen gegen die übermächtige Realität verbrauche, werde «der eher selbstgenügsame Narzißtische die wesentlichen Befriedigungen in seinen inneren seelischen Vorgängen suchen».[10]

Es ist nun leicht zu erkennen, daß Freud im Verfahren der Psychoanalyse eine besondere Möglichkeit zur Anwendung einer solchen narzißtischen Lebenstechnik eröffnet hat. Analytiker und Patient treffen sich in einer gemeinsamen Beschäftigung mit innerseelischen Vorgängen. Am Anfang, als die Analysen noch kürzer waren, wurde den Analysanden ja sogar ausdrücklich auferlegt, sich während der gesamten Dauer der Behandlung möglichst nicht dem Druck irgendwelcher wichtiger äußerer Entscheidungszwänge auszusetzen. Freuds Absicht war, die aktuelle Umwelt soweit als möglich fernzuhalten, um die Arbeit an den innerpsychischen Prozessen nicht zu stören. Begünstigt wurde diese weitgehende Ausblendung der Außenrealität durch den Umstand, daß die damaligen Analysen weder durch Vorschriften über die Ausübung der Psychotherapie noch – bei den meist wohlhabenden Analysanden – durch ökonomische Rücksichtnahmen belastet waren. Analytiker und Analysanden konnten sich einigermaßen unbeschwert aus der Umwelt in die gemeinsame Klausur ihrer dialogischen Innenschau zurückziehen. Sie mochten sich – im Sinne der Formulierung Freuds – sagen, daß ihnen das Schicksal in dieser Situation wenig anhaben könne. Insbesondere die Analytiker, die den weitaus größten Teil ihres Tages in dieser rein introspektiven Beschäftigung zubrachten, konnten sich die psychohygienischen Vorzüge dieses narzißtischen Rückzuges aus der Außenrealität beweisen.

Diese narzißtische Grundeinstellung ist ein maßgebliches Element der gesamten weiteren Entwicklung der psychoanalytischen Bewegung geblieben. Allerdings sind einige der begabtesten Schüler und Anhänger Freuds von dieser Linie abgewichen. Sie interpretierten die Umwelt nicht als eine konstante abstrakte Schicksalsmacht, sondern als eine differenziert zu untersuchende, historisch sich wandelnde gesellschaftliche Wirklichkeit, die sich in spezifischer Weise auf die psychischen Prozesse auswirke. Reich, Bernfeld, Fenichel, Fromm u. a. versuchten, die psychoanalytischen Erkenntnisse Freuds mit der Gesellschaftstheorie von Marx zu verknüpfen und die psychischen Entfremdungseffekte des kapitalistischen Systems psychoanalytisch zu beschreiben. Aber sie drangen mit ihren Vorstellungen bei der Mehrzahl ihrer Kollegen nicht durch bzw. manövrierten sich, wie REICH, BERNFELD und FROMM, gerade durch diese Ideen in eine Außenseiterposition gegenüber der offiziellen psychoanalytischen Schule hinein. Ganz anders erging es den vielen jüngeren Analytikern, die vor allem in den ersten Jahrzehnten unseres Jahrhunderts die Sozialwissenschaften und die Pädagogik gewissermaßen zu psychologisieren versuchten. Sie blieben insofern der narzißtischen Perspektive verhaftet, als sie die Gesellschaft und ihre Institutionen nicht länger als eine eigenständige Wirklichkeit, sondern mehr oder weniger als bloße kollektive Abspiegelung individualpsychischer Strukturen und Konflikte beschrieben. Wenn uns aber aus der Außenwelt nur die Probleme entgegenkommen, die wir projektiv in sie hineingelegt haben, dann müßte es wiederum genügen, diese Probleme an ihrem Ursprungsort, nämlich in uns selbst, anzuschauen und zu bearbeiten. In den alten Bänden der «Fortschritte der Psychoanalyse» findet man in der Rubrik «Angewandte Psychoanalyse» zahlreiche Beispiele für diesen Versuch, soziologische, ethnologische, pädagogische Tatbestände lediglich als Ausdruck oder Resultat seelischer Prozesse zu verstehen und damit quasi von der Psychoanalyse her wissenschaftlich zu vereinnahmen.

In der Entfaltung der psychoanalytischen Theorie selbst bildet sich die zitierte narzißtische Grundeinstellung zu allen Zeiten ab. Gefördert wurde diese Einstellung dadurch, daß FREUD eindeutig den Vorrang der «psychischen Realität» vor der «materiellen Realität» für die Erklärung und Behandlung der Neurosen postulierte und daß er außerdem seine Entwicklungstheorie auf das Kindes- und Jugendalter begrenzte.

1917 revidierte er seine frühere Auffassung, daß reale Träumen in der Kindheit ein wichtiges pathogenes Moment darstellten. Inzwischen hatte er erfahren, daß zahlreiche Neurotiker traumatische Kindheitsszenen nur phantasiert und nicht in Wirklichkeit erlebt hatten. Er folgerte: «Es bleibt eine Tatsache, daß der Kranke sich solche Phantasien geschaffen hat, und die Tatsache hat kaum geringere Bedeutung für seine Neurose, als wenn er den Inhalt der Phantasien wirklich erlebt hätte. Diese Phantasien besitzen psychische Realität im Gegensatz zur materiellen, und wir lernen allmählich verstehen, daß in der Welt der Neurosen die psychische Realität die maßgebende ist.»[9] Diese Feststellung FREUDS ist von großer Tragweite. Sie lieferte eine theoretische Legitimation dafür, den sozialen Einflüssen in der pathogenetischen Forschung keine besondere Bedeutung mehr beizulegen. Mit der Abkehr von der alten Traumatheorie entfiel die Notwendigkeit, wenigstens an der Ursprungsstelle der Neurosenentwicklung die Außenrealität in die Betrachtung einzubeziehen. ANNA FREUD ist dieser Linie gefolgt und hat lapidar erklärt, die Neurosen hingen nicht von vermeidbaren Umweltbedingungen, sondern davon ab, wie das Kind mit unvermeidlichen schicksalshaften äußeren Belastungsfaktoren und seinen ihm angeborenen Konfliktpotentialen fertig werde.[7] Diese Stellungnahme bedeutet natürlich eine klare Absage an alle sozialpsychologisch orientierten Analytiker, die z. B. einen Zusammenhang zwischen spezifischen, gesellschaftlich bestimmten Familienstrukturen und Erziehungsmustern einerseits und der Persönlichkeitsentwicklung andererseits annahmen und darauf ihr besonderes Forschungsinteresse richteten.

Ich komme nun zum Ausgangspunkt der Überlegungen zurück und greife die Frage wieder auf, wie sich das Verhältnis von Umweltrealität und psychischer Innenwelt für den heutigen Psychoanalytiker darstellt. Da gilt es, ein wichtiges Phänomen zu berücksichtigen. Es handelt sich darum, daß sich im allgemeinen Lebensgefühl der Menschen eine Veränderung des Selbstverständnisses abzeichnet. Die Abhängigkeit des Psychischen von der sozialen Wirklichkeit wird heute höher eingeschätzt, als es früher der Fall war. Tatsächlich scheint diese Gewißheit von dem unmittelbaren Zusammenhang zwischen den realen sozialen Verhältnissen und dem inneren Befinden eher noch anzusteigen. Dafür spricht jedenfalls eine eigene, von unserem Zentrum für Psychosomatische Medizin in Gießen durchgeführte repräsentative psychologische Längsschnittstudie an den 18- bis 60jährigen Bewohnern der Bundesrepublik Deutschland[2]. Indessen kommt dieses Gefühl wachsender sozialer Abhängigkeit keineswegs spontan und ohne entsprechende Veränderung der realen Umwelt zustande. Die Menschen fühlen sich abhängiger, weil sie es auch faktisch immer mehr werden. Abgesehen von ihrer Gefährdung durch die Naturzerstörung bemerken sie die fortschreitende nivellisierende Verplanung, Überorganisierung und Bürokratisierung ihres Lebens. Sie fühlen sich als Menschen nach den gleichen Prinzipien technisch rationalisiert und nach Rentabilitätsmaßstäben be- und verwertet wie alle sonstigen Faktoren unseres Wirtschaftssystems.

Natürlich bekommt auch der Psychoanalytiker als Person seine soziale Abhängigkeit in wachsendem Maße zu spüren. Wenn am Anfang einige äußere Bedingungen genannt wurden, die den Einfluß der sozialen Realität auf das Ausüben des Psychoanalytikerberufs ablesbar machen, so zeigt sich, daß sich diese Bedingungen in letzter Zeit erheblich verschärft haben. Innerhalb weniger Jahre sind z. B. die deutschen Psychoanalytiker zu Kassenärzten oder, als Psychologen, zu «Delegierten» von Kassenärzten geworden. Sie vereinbaren ihre Behandlungen nicht mehr frei mit Privatpatienten, sondern müssen Formulare ausfüllen, sich Begutachtungen und Kontrollen gefallen lassen. Und sie müssen ihre Behandlungen den Kassenreglements anpassen. Die Tätigkeit der Psychoanalyse, bislang fernab oder hoch über den gewöhnlichen gewerblichen Tätigkeiten in einem geschützten Freiraum, etwa der Seelsorge vergleichbar, betrieben, wird zu einer gewöhnlichen sozialen Versorgungsleistung innerhalb eines durchorganisierten gesundheitspolitischen Systems. Ausübungsberechtigung und Honorierung werden zum Gegenstand verbandspolitischer Auseinandersetzungen mit Behörden. Waren die Rivalitäten mit Nachbarberufen, etwa mit konservativen Psychiatern oder pragmatischen Psychotherapeuten, bislang vornehmlich durch wissenschaftliche Kontroversen über die Theorie und die Methoden bestimmt, so geht es neuerdings zusätzlich, sogar vordringlich um handfeste juristische und ökonomische Fragen. Wer darf an den Privilegien des künftigen Psychotherapeutengesetzes partizipieren und wer nicht? Gelingt den psychoanalytischen Ärzten gegen den Widerstand der Bundesärztekammer eine Berücksichtigung in der Facharztordnung, oder werden sie in diesem Kampf unterliegen? Welchen psychotherapeutischen Ausbildungsgängen gebühren Finanzierungshilfen vom Staat oder von den großen Stiftungen? Wie können die Psychoanalytiker ihre Honoraransprüche im permanenten Konkurrenzkampf um attraktive Positionen in der kassenärztlichen Gebührenordnung durchsetzen? – Es ist noch nicht lange her, da sträubte sich die Mehrzahl der Analytiker, verwöhnt durch den Zustrom von Privatpatienten, gegen eine Einbeziehung in die kassenärztlichen Regelungen überhaupt. Binnen weniger Jahre ist die Mehrheitsmeinung radikal umgeschlagen, weil erkennbar ist, daß nur noch wenige Analytiker Aussicht hätten, sich allein mit Hilfe des verbliebenen schmalen Rests einer reichen Privatklientel wirtschaftlich über Wasser zu halten. Wenn einzelne ältere Analytiker zögern, sich diesem Meinungswandel anzuschließen, so muß man einkalkulieren, daß manche ihre Einkünfte vor allem aus ihrer Ausbildertätigkeit (Lehranalysen, Kontrollanalysen, Supervisionen usw.) decken.

Gewissermaßen am eigenen Leib kann sich der Psychoanalytiker also klarmachen, daß die konkreten sozialen Einengungen, die er repräsentativ für eine allgemeine Entwicklung erlebt, nicht nur eine vermehrte Verwicklung in administrative und bürokratische Prozeduren darstellen. Es geht um weit mehr als um eine Belästigung durch zwar aufwendige, aber letztlich äußerliche Formalien. Vielmehr steht das ökonomische Überleben auf dem Spiel. Und der Psychoanalytiker erfährt dabei obendrein, daß seine eigenen Vorstellungen vom Ziel psychoanalytischer Behandlungen und dem darauf bezogenen methodischen Aufwand in Konkurrenz zu den ökonomischen Prinzipien geraten, die mehr und mehr auch in unserem Gesundheitssystem durchschlagen. Man fragt ihn und kontrolliert ihn daraufhin, wie wirtschaftlich er eigentlich arbeite, wie schnell er Patienten gesund mache. Dabei kontrastiert sein eigener Gesundheitsbegriff im Sinne einer psychosozialen Ausreifung der Persönlichkeit mit einem ihm von außen begegnenden Konzept, das Gesundheit in die Nähe von optimaler gesellschaftlicher Verwertbarkeit rückt.

An anderem Ort habe ich die Tatsache ausführlicher diskutiert, daß die gesellschaftliche Idealnorm des ambitionierten, hochaktiven und dennoch flexibel anpassungsfähigen und -willigen Leistungstyps in einem bemerkenswerten Widerspruch zu dem analytischen Begriff von psychischer Gesundheit steht. Bekannt ist, daß die von der psychosomatischen Forschung entdeckte sogenannte koronare Risikopersönlichkeit in besonderem Maße die Verhaltensmerkmale erfüllt, die in unserer Gesellschaft gemeinhin als Ziel einer geglückten Persönlichkeitsentwicklung verherrlicht werden. Als Psychoanalytiker wissen wir, daß dieses Persönlichkeitsbild auf einer counterphobischen Abwehrstruktur mit dem Resultat einer fragwürdigen Pseudogesundheit beruht. Hinter einer erfolgreichen Außenaktivität und einer auf weitgehender Verdrängung der Emotionalität beruhenden Angstfreiheit und Leidensunfähigkeit finden offensichtlich beschleunigt und verstärkt u. a. jene körperlichen Verschleißprozesse statt, die einen frühen Koronartod begünstigen. Entsprechend den Prinzipien unserer kapitalistischen Ordnung ist es nicht etwa absurd, sondern absolut folgerichtig, daß ökonomische Gesichtspunkte die Bedeutung der inneren Verfassung des Menschen zugunsten des bloßen sogenannten «Gesundheitsverhaltens» in den Hintergrund zu drängen versuchen. K. Horn[12] hat am Beispiel der Krankengeschichte des «Fliegers» von Argelander[1] die Schwierigkeit für den Psychoanalytiker dargestellt, wenn die Psychopathologie von Menschen soziofunktionell aufgeht und auf dem kapitalistischen Markt problemlos verwertet werden kann. Und er hat auf die gelegentlich von Analytikern unterschätzte Gefahr hingewiesen, sich von Patienten zur Förderung der Fähigkeit umfunktionieren zu lassen, eine vorhandene Psychopathologie nur gewissermaßen noch marktgerechter ausnutzen zu können.

Der Psychoanalytiker begegnet aber keineswegs nur oder auch nur überwiegend Patienten, die in diesem Sinne eine «marktgerechte» psychische Pseudogesundheit anstreben. Wir wissen ja z. B., daß der besonders leistungsaktive, ambitionierte und erfolgreich anpassungsbeflissene koronare Risikotyp in der Regel einen Bogen um Psychoanalytiker macht, eben um seine den äußeren Erfolg garantierende Verdrängungsfertigkeit nicht gefährden zu lassen. Beim Psychoanalytiker finden sich eher solche Menschen ein, die unter den sich verstärkenden, ökonomisch bestimmten und bürokratisch-administrativ vermittelten sozialen Zwängen besonders leiden und seine Hilfe suchen, um unter diesem Druck nicht kaputtzugehen.

Wenn zuvor von den Anhaltspunkten für eine Wandlung des

allgemeinen Lebensgefühls die Rede war, so kann man nun sagen, daß diese Wandlung sich auch speziell in den subjektiven *Krankheitskonzepten* und in den *Heilungserwartungen* der Menschen abzeichnet. Wer die heutzutage für eine glatte soziofunktionelle Anpassung vorteilhaften massiven Verdrängungen und Verleugnungen nicht zustande bringen kann bzw. sich dagegen sträubt, gerät unter den Druck besonderer Spannungen. Das Ausmaß und die Art dieser Spannungen spiegeln sich darin wider, wie die Betroffenen ihr Leiden artikulieren und auf welche Weise sie ihre Widerstandskraft gegen die entfremdenden Einflüsse stärken zu können hoffen. Man kann in der spontanen Schilderung der Schwierigkeiten, die zum Aufsuchen des Psychoanalytikers führen, sehr deutlich einen Zug zu einer vermehrten Betonung psychosozialer Momente wahrnehmen. Die innerpsychischen Probleme werden zunehmend verknüpft mit Störungen im Umweltverhältnis. *Innere Unfreiheit und äußere Unfreiheit werden offensichtlich mehr als früher direkt aufeinander bezogen.* Ein vorherrschender Zug in den Leidensschilderungen ist die Artikulation von Isolation und der sie begleitenden Empfindungen von emotioneller Verarmung, Ohnmacht, Hilflosigkeit und sozialer Ineffizienz. Dazu passen neuartige Heilungserwartungen. So wie viele ihr Problem nicht mehr ausschließlich als ihre eigene innere Angelegenheit ansehen können, so ist es ihnen ebenso unvorstellbar, daß sie allein für sich und ohne Unterstützung durch ihre Umwelt gesund werden könnten.

Es wird bemerkt, daß man als Einzelner machtlos gegen die ansteigenden sozialen Zwänge ist, die man mehr oder minder undeutlich mit dem Gefühl einer allgemeinen Frustration registriert. Wenn man etwas in der Richtung von psychischer Heilung, zumindest von psychischer Stärkung, ausrichten will, so scheint dies noch am ehesten in Gemeinschaft mit anderen möglich zu sein. ULICH spricht von der Zielvorstellung einer kommunikativen Selbstbestimmung.[26] Immer mehr ratsuchende Klienten bringen gleich ihre Partner in Beratungsstellen und psychotherapeutische Ambulanzen mit. Wo Familientherapie angeboten wird, stellt sich heraus, daß auf sie bereits ein großes latentes Interesse wartet. Immer mehr Menschen können sich eine Entlastung von ihren psychischen Schwierigkeiten nur noch in Solidarität mit anderen vorstellen. Ohne Halt in einer gut kooperierenden Gruppe fühlen sich viele zu ohnmächtig, um ihre innere Verfassung zu bessern.

Die Art der neuen Heilungserwartungen zeigt übrigens, daß der Konflikt zwischen Individuum und Gesellschaft nicht mehr der einfachen Formel Egoismus versus Altruismus folgt, die FREUD in «Das Unbehagen in der Kultur» noch als Selbstverständlichkeit darstellte. Die Faszination von Begriffen wie «Gruppe», «Solidarität», «Kooperation», «Kommunikation», «Kontakt» ist symptomatisch für eine Verschiebung der alten, aus dem 19. Jahrhundert überkommenen Leitbilder des bürgerlichen Individualismus zugunsten einer eher sozial orientierten Lebensperspektive. Die tief verwurzelte Phantasie, daß man als Individuum nur in Gruppensolidarität überhaupt noch persönliche Entfaltungs- und soziale Wirkungsmöglichkeiten habe, ist zweifellos ein entscheidendes ursächliches Element für die Stimulierung der Fülle von Gruppenexperimenten, die uns geradezu überschwemmt haben und noch weiter überschwemmen. Diese Gruppen markieren die Richtung neuzeitlicher Selbstheilungswünsche. Und es sind natürlich die gleichen Wünsche, die auch vielen psychoanalytischen Therapeuten nahegelegt haben, in den Katalog ihrer Therapieangebote eines oder mehrere der neuen psychosozialen Verfahren aufzunehmen.

Ich vertrete die These, daß psychoanalytische Familientherapie und Gruppentherapie nicht so sehr als kreative Erfindungen der Therapeuten, sondern vielmehr als Reaktion sensibilisierter Therapeuten auf die veränderten Krankheitskonzepte und Heilungserwartungen anzusehen sind, die sich im allgemeinen Lebensgefühl der Bevölkerung abzeichnen. Nichtsdestoweniger vollzieht sich die Assimilation der neuen psychosozialen Perspektiven und Verfahren durch die Psychoanalyse keineswegs reibungslos, sondern im Gegenteil nur unter heftigen Spannungen und Auseinandersetzungen. In der Diskussion über die Beziehung der Psychoanalyse zu den psychoanalytisch orientierten Gruppenmethoden offenbart sich eine ähnliche Zwiespältigkeit wie in der ebenfalls kontrovers behandelten Frage, ob es für Psychoanalytiker richtig oder falsch sei, sich praktisch um die gesundheitspolitischen und die standespolitischen Implikationen der psychoanalytischen Tätigkeit zu kümmern. In vielen psychoanalytischen Instituten streitet man sich unablässig darüber, ob man z. B. psychoanalytisch orientierte Gruppentherapie oder Familientherapie in die Lehrpläne aufnehmen dürfe oder gar solle; ferner darüber, ob die psychosozialen Verfahren eine erwünschte Erweiterung oder umgekehrt nicht eher eine Gefährdung der eigentlichen Substanz der Psychoanalyse mit sich brächten.

Zusammenfassend läßt sich jedenfalls feststellen, daß in maßgeblichen Kreisen der Psychoanalyse noch eine deutliche Ambivalenz gegenüber den Herausforderungen spürbar ist, die auf unterschiedliche Art einen Einbruch der sozialen Realität in den Frieden der reinen Beschäftigung mit der innerpsychischen Welt bedeuten. Sowohl die verstärkte Bedrohung der eigenen beruflichen Existenz wie die vermehrt sozialbezogenen Probleme der Patienten werden nicht etwa einheitlich im Sinne der Forderung verarbeitet, daß die Psychoanalyse den Aspekt der sozialen Wirklichkeit verstärkt in ihrer Theorie und in den Anwendungskonzepten berücksichtigen sollte.

Beim Versuch, die konservative Argumentationslinie besser zu verstehen, stößt man allerdings auch auf ein triftiges objektives Argument. Dieses Argument besagt, daß man die Psychoanalyse inhaltlich tatsächlich nicht mehr klar abgrenzen könne, wenn man sie über den Bereich der psychischen Innenwelt hinaus erweitere. In der Tat: sobald man auch nur ein Stück Außenrealität mit hinzunimmt, etwa den Bezirk der Ehe oder der Familie, dann drängen sich notwendigerweise auch die weiteren sozialen Bezüge ins Gesichtsfeld, die ebenfalls quasi ein Anrecht darauf haben, in ihrer psychologischen Relevanz gewürdigt zu werden. Da spielt die Wohnung hinein – wie MITSCHERLICH mit seiner Studie über Städteplanung gezeigt hat.[14] Schule und Hochschule wirken sich in spezifischer Weise psychologisch aus. Ich verweise hier auf FÜRSTENAU[11], MÖLLER und SCHEER.[15] Daß sogar die Erfahrungen in unterschiedlichen Studienfächern die psychische Entwicklung in bestimmter Weise modifizieren, haben BECKMANN u. a. an unserem Zentrum nachgewiesen.[3] Die Arbeitswelt verlangt nach besonderer Berücksichtigung. Man erinnere sich an die Studie von STROTZKA und LEITNER über die emotionellen bzw. psychosomatischen Auswirkungen der Krise eines Stahlwerkes.[25] Neuerdings beginnen Psychoanalytiker, sich an der Untersuchung psychischer Folgen von Umstellungen industrieller Arbeit zu beteiligen, z. B. der Umwandlung von Einzel-Fließbandarbeit in teilautonome Gruppenarbeit. Ich darf an eigene Ausführungen zur Psychologie von Betrieben der psychosozialen Versorgung sowie zum Vergleich zwischen institutioneller und spontaner sozialer Tätigkeit erinnern.[21] Das Rechtswesen ist von hoher psychologischer Relevanz, worauf neuerdings REITER, STROTZKA u. a. aufmerksam gemacht haben.[17, 18] VON WEIZSÄCKER[27] und später STROTZKA[23] haben gezeigt, welche spezifischen psychischen Einflüsse von gesundheitspolitischen Regelungen, insbesondere vom Versicherungssystem abhängen. Erinnert sei etwa an STROTZKAS Hinweise auf den Zusammenhang zwischen Überangeboten an sozialer Versorgung und psychischer Regression.[24] Schließlich ist das ganze soziokulturelle System mit seiner Wirtschaftsordnung als Determinante in transkultureller Vergleichsforschung zu berücksichtigen, eine Perspektive, deren Wichtigkeit aus ethnopsychoanalytischen Studien deutlich wird.

Es erscheint also tatsächlich nur zu berechtigt zu fragen, ob sich die Psychoanalyse nicht in gefährlicher Weise verzettelt, wenn ihre Vertreter nicht allein die Auswirkung psychischer Prozesse auf die soziale Wirklichkeit, sondern umgekehrt obendrein den Einfluß der Umwelt schlechthin auf die psychische Innenwelt studieren wollen. Muß nicht ein solcher universalistischer Anspruch zu einer Zerstörung dessen führen, was man modernerweise als «Identität» der Psychoanalyse zu bezeichnen pflegt?

Dieser Einwand ist gewissenhaft zu prüfen. Man muß sich darüber klar sein, daß man eine breite neue Dimension eröffnet, wenn man – statt zu fragen: was macht die individuelle Psyche mit der Umwelt? – konsequent die polar entgegengesetzte Fragestellung verfolgt: was macht die Umwelt mit der individuellen Psyche? In der klassischen Perspektive ist es das individuelle Ich, das gewissermaßen als Autor die Umwelt in sich verarbeitet, und man kann die Geschlossenheit des Denksystems dadurch sichern, daß man nur die Prozesse und die Resultate dieser intrapsychischen Verarbeitung studiert und therapeutisch bearbeitet. Diese Geschlossenheit wird tatsächlich bereits in dem Moment definitiv preisgegeben, in dem man zwei aufeinander bezogene Partner, etwa Mutter und Kind, gleichzeitig betrachtet und feststellt, daß jeder von beiden erstens auf den anderen real einwirkt, nämlich einen psychischen Einfluß bis in das jeweilige fremde Unbewußtsein hinein ausübt, und zweitens für den anderen wiederum in der Bedeutung einer intrapsychischen Repräsentanz existiert, etwa in Gestalt einer narzißtischen Projektionsfigur. Der entscheidende qualitative Sprung ist also der von der intraindividuellen Dynamik zur Paardynamik. Mit *einem* Realpartner als psychisch wirksamem Außenagens ist bereits die soziale Realität schlechthin eingeführt, und es ist nur eine Frage der Willkür, ob und gegebenenfalls wo man die Untersuchung der psychologisch relevanten Umwelt künstlich abstoppt. Man begibt sich jedenfalls hiermit auf das Gleis einer universalistischen Psychosozialwissenschaft, in der die Psychoanalyse zwar viel beisteuern kann, indem sie vor allem die Rolle des Unbewußten in der Vermittlung der psychosozialen Prozesse darzustellen hätte. Aber dieser Anteil der Psychoanalyse wäre eine unabgrenzbare Komponente einer multidisziplinären Perspektive, auf die wir nur mangelhaft vorbereitet sind und die vielen zweifellos zunächst utopisch anmuten mag.

Andererseits – können wir einfach die weitere Entwicklung der Psychoanalyse aus Rücksicht auf die psychohygienischen Bedürfnisse der heutigen Psychoanalytiker oder aus Rücksicht auf den Erhalt der fachlichen Einheitlichkeit und Geschlossenheit gängeln? Natürlich wäre es für uns bequemer und ökonomischer, wenn wir die konkrete soziale Realität in der pathogenetischen Forschung nach wie vor als ubiquitäre, schicksalsmäßige Konstante ansetzen und damit vernachlässigen könnten. Aber wir müssen umlernen und anerkennen, daß tiefgreifende psychische Veränderungen in unmittelbarem Zusammenhang mit sozioökonomischen Faktoren stattfinden können. Wie PARIN unter Hinweis auf bestimmte Beobachtungen in Lateinamerika feststellt, können so tief verwurzelte Charakterzüge wie chronische Apathie und dauerhafte Gefügigkeit «bei vielen, wenn nicht allen Angehörigen eines Volkes plötzlich verschwinden und anderen Lebenseinstellungen weichen»[16]. G. BOROWITZ hat nachgewiesen, wie nordamerikanische Neger-Gettokinder im Verlauf politischer Aktivierung der Negerbevölkerung, die in dem betreffenden Getto praktisch die Exekutivgewalt übernahm, binnen ganz kurzer Zeit ihre typischen psychischen Retardierungssymptome verloren.[5] Wir selbst sind wiederum mit dem Phänomen konfrontiert, daß sich – wie schon zitiert – die Bilder der psychischen Störungen unserer Patienten im eigenen soziokulturellen Bereich verändern. CALOGERAS und SCHUPPER betonen das Vordringen neuer, vor allem regressiver Abwehrformen.[6] Ich selbst habe in diesem Zusammenhang die wachsende Bedeutung der Isolationsangst und – in Verbindung damit – die unbewußte Tendenz zu einer verstärkten Über-Ich-Externalisierung beschrieben.[21] Dies sind Phänomene, die man nur als psychische Reaktionen auf eine sich wandelnde soziale Wirklichkeit verstehen kann.

Zusammenfassend meine ich, daß die Psychoanalyse nicht umhinkann, dem sozialen Wandel zu folgen und ihren Anteil zur Klärung der Beziehung zwischen realer Umwelt und Innenwelt beizusteuern. Sie muß die Tatsache akzeptieren, daß innere Unfreiheit und äußere Unfreiheit sich im wachsenden Maße verflechten und demzufolge subjektiv als unmittelbar zusammenhängend erlebt werden. Der Psychoanalytiker steht vor den eindeutigen Belegen für die Bedeutung soziogener Krankheitsfaktoren und für die gesellschaftliche Züchtung jenes ruinösen Verdrängungsmusters, das als Pseudogesundheit idealisiert und gesellschaftlich ausgebeutet wird. Er muß seinen kritischen Gesundheitsbegriff in konkreten gesundheitspolitischen Auseinandersetzungen gegen die gesellschaftlichen Kräfte verteidigen, die eine funktionell angepaßte psychische Entfremdung mit Gesundheit gleichsetzen wollen. Und dabei darf ihm nicht entgehen, daß die gleichen Kräfte auch bereits am Werke sind, diejenigen neuen psychosozialen Verfahren zu entschärfen, die an sich der Stärkung der individuellen Widerstandskraft in Gruppensolidarität dienen sollten. Denn schon zeichnen sich auch in der Familientherapie und in der Gruppentherapie Tendenzen ab, diese Arrangements kritiklos als Instrumente zur harmonisch konfliktfreien Anpassung des Menschen an hierarchisch-paternalistische Mikrostrukturen umzufunktionieren.

Freud hat die Psychoanalyse als eine Möglichkeit entwickelt, den Menschen zur Klärung und zur Bewältigung von psychischer Unfreiheit zu helfen. Das besagt, daß die Psychoanalyse im historischen Wandel sich jeweils darauf einstellen muß, wie psychische Unfreiheit von den Menschen in der jeweiligen konkreten historischen Situation erlebt und artikuliert wird. Zur Zeit Freuds war die Sexualunterdrückung das aktuelle bearbeitungsreife Reizthema zumindest in der sozialen Schicht, in der Freud lebte und wirkte. Inzwischen hat sich das Bewußtsein von psychischer Unfreiheit verschoben oder, genauer, noch mehr generalisiert. Es hat sich, wie E. Jones es treffend formulierte, das «odium sexicum» der Ära Freuds in das «odium politicum» verwandelt.[13] Das Gefühl der Unterdrückung ist nicht mehr abgrenzbar auf die Triebsphäre, sondern unmittelbar auf das Selbst bezogen. Der Mensch erlebt sich im ganzen als unterdrückt, und zwar nicht mehr, wie es die antiautoritäre Rebellion noch darstellte, durch andere Menschen, durch Personen in Autoritätsrollen, sondern durch bürokratisch-administrativ vermittelte gesellschaftliche Macht- und Herrschaftsstrukturen, die dem durchschnittlichen Individuum so abstrakt und kafkaesk undurchschaubar erscheinen, daß es in Resignation zu erlahmen droht. – Heute wie je stecken hinter solchen Unfreiheitsgefühlen frühinfantile und ödipale Anteile, die der Analytiker mit Patienten gründlich genetisch zu bearbeiten hat. Aber bei dieser retrospektiv genetischen Bearbeitung müssen sich Analysand und Analytiker bewußt bleiben, daß diese die tatsächliche Unfreiheit in der gesellschaftlichen Realität ebensowenig aufhebt, wie der Kampf gegen die äußere Unterdrückung etwa die strukturell verankerte innere Unfreiheit automatisch zu tilgen vermag.

Die Notwendigkeit, sich persönlich in bislang ungekanntem Maße mit den sozialen Zwängen auseinanderzusetzen, die seine Tätigkeit bedrohen, verhilft dem heutigen Psychoanalytiker dazu, die Kräfte leibhaftig zu spüren und seine Widerstandskraft an ihnen zu erproben, denen in irgendeiner Weise auch alle seine Patienten ausgeliefert sind. Er entgeht damit der Gefahr, sich innerlich zu weit von den Patienten zu entfernen. Insbesondere verhilft ihm diese zunächst allein beschwerlich scheinende äußere Inanspruchnahme dazu, an sich selbst die unmittelbaren emotionalen Korrelate konkreter Sozialbelastungen zu studieren. Ich habe an anderem Ort dafür den Namen *«introspektives Konzept»* eingeführt, womit ich eine gezielte Beobachtung der emotionalen Niederschläge konkreter sozialer Situationen meine.[20,21] Es eröffnet ein durchaus wichtiges neues Studienfeld, wenn man die eigene Verwicklung in irgendwelche konkreten Aufgaben des Ausführens oder Anordnens, des Verwaltens, des Organisierens, des Verhandelns und Kämpfens in der eigenen Institution, auf Behörden, mit Verbänden usw. nicht krampfhaft von seinem Ich fernzuhalten und als bloße geschäftsmäßige pragmatische Probleme nebenher zu erledigen versucht, sondern wenn man sich diesen Prozessen mit der gleichen introspektiven Aufmerksamkeit aussetzt, um die man sich in Therapien bemüht. Die Erfahrung, daß man sich dabei in unterschiedlichen Rollen psychisch verwandelt und daß man oft erst nach einer solchen Verwandlung retrospektiv erkennt, daß die psychische Verfassung in einer eben abgelaufenen sozialen Situation unbewußt durch diese determiniert war, eröffnet überraschende Einsichten. Ohne Zweifel ist dies für einen Psychoanalytiker ein interessantes Forschungsfeld, zumal die unbewußt vermittelten emotionalen Folgen spezifischer sozialer Situationen fraglos in den Kompetenzbereich einer Disziplin fallen, die von Freud explicite als die Wissenschaft vom Unbewußten definiert worden ist. Aus derartigen introspektiven Studien kann der Analytiker Einblicke in die typischen psychischen Entfremdungswirkungen z. B. der Hierarchie, des Bürokratismus und der klientenfernen Arbeitsformen in Institutionen der sozialen Versorgung gewinnen. Er kann obendrein bei sich registrieren, wie er dazu tendiert, die ihm von außen und oben begegnenden Zwänge nach unten weiterzugeben.

Das Reflektieren dieser introspektiv wahrnehmbaren psychosozialen Zusammenhänge führt freilich auch zu der höchst unangenehmen Überlegung, daß wir Analytiker in unseren eigenen Institutionen, in unseren Instituten und Exekutivausschüssen, vermutlich genau den hier geschilderten institutionellen Einflüssen unterliegen und sogar öfter erliegen, als wir dies wahrhaben wollen. Ist es hier nicht so, daß wir unbewußt dieselbe Entwicklung zu mehr Restriktion, mehr Ritualisierung, mehr Kontrolle und mehr Sanktionsbereitschaft reproduzieren, der wir unsererseits ebenso wie unsere Patienten in laufend vermehrtem Maße ausgesetzt sind? Ich denke hier an die von Anna Freud 1972 lebhaft beklagte Entwicklung zu mehr Formalismus in Satzungen und Regelungen, zur Verschärfung der Selektion von Kandidaten, zur Verzögerung der Mitgliederaufnahmen, zu Inflexibilität in den Unterrichtsangeboten usw.[8] Vieles spricht in der Tat dafür, daß diese von A. Freud scharf kritisierte Praxis an den Instituten damit zusammenhängt, daß wir Analytiker bislang nicht darauf vorbereitet waren, daß in unseren eigenen Institutionen automatisch Strukturen und Prozesse der Makrogesellschaft sich zu reproduzieren tendieren und daß wir unbewußt dazu verleitet werden, diesen Eigengesetzlichkeiten durch eine Verhaltensweise Vorschub zu leisten, die eigentlich – wie es A. Freud ausgedrückt hat – «dem Klima der ursprünglichen Psychoanalyse zuwiderläuft». Die gezielte introspektive Betrachtung solcher unter Umständen bedenklichen soziopsychischen Zusammenhänge ist für die Psychoanalytiker demnach weit mehr als nur ein interessantes Forschungsfeld, vielmehr allem Anschein nach ein höchst notwendiger Ansatz auch für eine Art von therapeutischer Selbsthilfe in der eigenen Gruppe.

Es ist freilich klar, daß psychische Störwirkungen realer sozialer Tatbestände nicht dadurch automatisch verschwinden, daß man sie erkennt und benennt. Die soziale Realität ändert sich gewiß nicht dadurch, daß man ihre schlimmen psychischen Folgen diagnostiziert. Allerdings verhilft es dem Einzelnen unter Umständen zu einer wichtigen Klärung und gelegentlich auch zum Abbau von persönlichen Schuldgefühlen, wenn er durchschauen kann, daß er einen bestimmten Konflikt nicht ausschließlich aus sich heraus produziert hat, sondern daß dieser Konflikt zugleich oder gar dominierend als Effekt konkreter Umwelteinflüsse zu verstehen ist. Darüber hinaus kommt es allerdings zu der dringenden Frage, ob und wie man handelnd diejenigen Sozialfaktoren verändern kann, durch die man psychisch beeinträchtigt wird.

Manche Psychoanalytiker sind von dieser neuartigen Perspektive ihres Faches zweifellos vor allem deshalb beunruhigt, weil sie den Sog einer praktischen Verwicklung in konkreten sozialen Feldern erwarten, sofern sie die soziale Realität in ihre wissenschaftliche Kompetenz einbeziehen. Aber ich versuchte bereits zu zeigen, daß es ja gar nicht mehr in der Hand der Analytiker liegt, diese Verwicklung zu suchen oder von sich aus abzuweisen. Die Regelung ihrer eigenen institutionellen Probleme und vor allem die Verteidigung ihrer praktisch-beruflichen Chancen innerhalb des Systems der psychosozialen Versorgung sind z. B. unabweisbare praktische soziale Aufgaben bereits im engsten professionellen Umkreis. Wenn der Psychoanalytiker den zitierten neuartigen Heilungskonzepten innerhalb seiner Klientel folgt, so hieße das für ihn konkret: Wie kann er zunächst im eigenen Kreis und darüber hinaus zusammen mit benachbarten Berufsgruppen mehr solidarische Kooperation entwickeln, um von der Basis aus bessere Möglichkeiten für eine wirksame psychische Gesundheitsfürsorge zu erkämpfen? Derartige Aktivitäten würden im Grunde nicht heißen, neue Umweltverstrickungen auf sich zu nehmen, sondern nur vorhandene Verstrickungen nicht mehr passiv und verleugnend hinzunehmen, sondern bewußt und reflektiert offensiv auf sie zu reagieren.

Heute sind wir Psychoanalytiker freilich eine nach den Prinzipien narzißtischer Lebenstechnik ausgewählte und sozialisierte Berufsgruppe. Und bei kritischer Selbsteinschätzung haben wir zweifellos hinreichenden Grund daran zu zweifeln, ob wir als gegenwärtige Repräsentanten der Psychoanalyse dazu taugen, die reale Umwelt in dieser offensiven Weise in unser berufliches Selbstverständnis einzubeziehen. Aber eine Sache ist es, was wir heutigen Psychoanalytiker können, und eine andere, welche neuen sozialen Aufgaben der psychoanalytischen Wissenschaft unabweisbar zuwachsen. Hier sehe ich eine objektive Herausforderung, die wenigstens nicht verleugnet werden sollte.

Literatur

1. ARGELANDER, H.: Der Flieger. Eine psychoanalytische Charakterstudie. Frankfurt 1972
2. BECKMANN, D., BRÄHLER, A. KÖHL, H. R. LADEMANN u. H. E. RICHTER: Repräsentative Erhebung an 1600 Personen der Bundesrepublik und Berlin; unveröffentl. Material. Gießen 1975
3. BECKMANN, D., M. L. MOELLER, H. E. RICHTER u. J. W. SCHEER: Studenten. Urteile über sich selbst, über ihre Arbeit und über die Universität. Frankfurt 1972
4. BECKMANN, D. u. H. E. RICHTER: Der Gießen-Test. Ein Test für Individual- und Gruppendiagnostik. Bern–Stuttgart–Wien 1972
5. BOROWITZ, G. H.: Play in the Study of Personality Development of Black Ghetto Four-Year-Olds. Zit. n. P. PARIN, vgl. Nr. 16
6. CALOGERAS, R. C. u. F. X. SCHUPPER: Verschiebung der Abwehrformen und einige ihrer Konsequenzen für die analytische Arbeit. In: K. HORN (Hg.): Gruppendynamik und der subjektive Faktor. Frankfurt 1972
7. FREUD, A.: Psychoanalysis and Education. Psychoan. Study of the Child 1954, 9, S. 9
8. FREUD, A.: Child-Analysis as a Speciality of Psychoanalysis. Intern. Journal of Psycho-Anal. 1972, 53, S. 151
9. FREUD, S.: Vorlesungen zur Einführung in die Psychoanalyse (1917). Ges. Werke Bd. XI
10. FREUD, S.: Das Unbehagen in der Kultur (1930). Ges. Werke Bd. XIV
11. FÜRSTENAU, P.: Zur Psychoanalyse der Schule als Institution. Das Argument. Berliner Hefte für Probleme der Gesellschaft, 1964, Nr. 29
12. HORN, K.: Psychoanalyse und gesellschaftliche Widersprüche. Psyche 1976, 30, S. 26
13. JONES, E.: Das Leben und Werk von Sigmund Freud. Bd. 2; Bern–Stuttgart 1960
14. MITSCHERLICH, A.: Die Unwirtlichkeit unserer Städte. Frankfurt 1965
15. MOELLER, M. L. u. J. W. SCHEER: Psychotherapeutische Studentenberatung. Stuttgart 1974
16. PARIN, P.: Vergleichende Psychoanalyse und Makrosozietät. Psyche 1976, 30, S. 1
17. REITER, L.: Werte, Ziele und Entscheidungen in der Psychotherapie. In: H. STROTZKA (Hg.): Psychotherapie: Grundlagen, Verfahren, Indikationen. München–Berlin–Wien 1975

18. Reiter, L., E. Steiner u. H. Strotzka: Wert-, Ziel- und Normenkonflikte in der Familientherapie: Zur Beziehung von Familienarbeit und Recht. In: H. E. Richter (Hg.): Familie und seelische Krankheit. Reinbek 1976
19. Richter, H. E.: Die Gruppe. Reinbek 1972
20. Richter, H. E.: Lernziel Solidarität. Reinbek 1974
21. Richter, H. E.: Flüchten oder Standhalten. Reinbek 1976
22. Richter, H. E.: Die Rolle des Familienlebens in der kindlichen Entwicklung. Familiendynamik 1976, 1, S. 5
23. Strotzka, H.: Psychotherapie und soziale Sicherheit. Bern–Stuttgart–Wien 1969
24. Strotzka, H.: Regression durch soziale Sicherheit. Praxis der Psychotherapie 1970, 15, S. 260
25. Strotzka, H. u. J. Leitner: Sozialpsychiatrische Auswirkungen einer akuten ökonomischen Krise. Wien. Med. Wschr. 1969, 119, S. 196
26. Ulich, E.: Interview zum Thema: Verbesserung der Lebensqualität durch Humanisierung des Arbeitslebens – teilautonome Gruppen. Psychologie heute 1975, S. 71
27. Weizsäcker, V. v.: Soziale Krankheit und soziale Gesundung (1930). Göttingen 1955

7 Jahre Erfahrung mit einer neuen Form von psychoanalytischer Paartherapie*

Mit dem Entschluß, Paare und Familien gemeinsam zu behandeln, haben Psychoanalytiker den ersten und zugleich entscheidenden Schritt getan, um der Entwicklung von einem ursprünglich individualistischen zu einem sozial bezogenen Konzept psychischen Leidens Rechnung zu tragen, das sich in der Bevölkerung mehr und mehr durchsetzt. Zum Verständnis von Paar- und Familienkonflikten ist der Psychoanalytiker durch die langjährige Erforschung der Dynamik der Therapeut–Patient-Beziehung (Übertragung, Gegenübertragung) vorbereitet. Aber die grundlegende Veränderung gegenüber der Einzeltherapie liegt in der qualitativen Neubestimmung des Therapieziels. Nicht dem Befinden des Einzelnen, sondern dem gemeinsamen Befinden und Miteinander-Umgehen in der Paar- und Familiengruppe widmet sich die Behandlung vorrangig. Jedes Mitglied der sozialen Gemeinschaft soll zugleich Hilfe bekommen, aber auch den Partnern Hilfe geben. Jeder ist zugleich Patient wie Kotherapeut. Der Paar- und Familientherapeut erweitert sein Aufgabenfeld, indem er den ganzheitlichen Beziehungskonflikt einer Gruppe, der die inneren Konflikte der Einzelnen überformt, zu bearbeiten versucht. Aber er reduziert seine Kompetenz zugleich dadurch, daß er einen Teil der Aufgabe von dem Paar bzw. der Familie selbst bewältigen läßt. Er teilt seine Verantwortung mit der Gruppe, indem er diese in dem Vertrauen und in der Fähig-

* Dieser Beitrag wurde vom Autor dieses Buches gemeinsam mit Dipl. Psych. H. J. Wirth verfaßt. Er ist unter dem Titel «Sieben Jahre Erfahrung mit der analytischen Zwei-Wochen-Paartherapie» in *Familiendynamik* 3, 1978, S. 20, erschienen.

keit stärkt, ihr gemeinsames eigentherapeutisches Potential zu nutzen. Er stimuliert sie dazu, durch subtilere wechselseitige Einfühlung und sensibleres Reagieren ihre Möglichkeiten als Selbsthilfegruppe besser auszuschöpfen.

Der folgende Bericht beschreibt und überprüft ein spezielles von mir entwickeltes Verfahren, das wir an unserem Gießener Zentrum für Psychosomatische Medizin neben einer Reihe anderer Varianten von Paar- und Familientherapie anwenden. Da es sich bei dieser Sonderform von Paartherapie um ein neues Modell handelt, haben wir es für erforderlich gehalten, die Möglichkeiten und Grenzen dieser Methode sorgfältig zu erforschen. Wir haben uns nicht mit dem kritischen Vergleich unserer persönlichen Eindrücke begnügt, sondern die Wirkung der Behandlung auf Beschwerden wie auf das psychische Befinden mit Fragebögen bzw. einem Test kontrolliert. Die Deutsche Forschungsgemeinschaft hat das Projekt gefördert. Die Ergebnisse der wissenschaftlichen Kontrolle hat H. J. WIRTH, *der Mitverfasser dieses Beitrages, im zweiten Teil des Berichtes dargestellt.*

Dieses Kapitel mag stichprobenartig die Möglichkeit verdeutlichen, psychoanalytisches Verstehen in psychosozialer Therapie durch quantitativ auswertbare Testmethoden zu ergänzen. Nach der Lektüre des vorletzten Kapitels wird dem Leser klar sein, daß die Einführung derartiger Verfahren eine Störungsquelle für den unmittelbaren zwischenmenschlichen Dialog darstellen kann. Die schematischen Fragen in Fragebögen ergeben sich nicht mehr aus einer aktuellen Gesprächskonstellation, und die Patienten können zunächst nicht kontrollieren, was der Therapeut damit macht. Wir legen deshalb Wert darauf, die aus den Testfragebögen gewonnenen Informationen den Patienten alsbald mitzuteilen und mit ihnen zu diskutieren. Dadurch läßt der Therapeut sie an seinem Wissen teilnehmen, bzw. er macht ihnen ihr latentes Wissen über sich selbst besser verfügbar, das sie in die Testantworten eingebracht haben. Und er gibt ihnen obendrein die Chance, die mit der Testkonstruktion und -auswertung in der Regel verbundenen Simplifizierungen und Nivellierungen zu revidieren. Sie können durch ihre Assoziationen aus dem zahlenmäßigen Befund wieder etwas persönlich Erlebtes machen. Und durch eine solche Form der Testverarbeitung kann die partnerschaftliche Gesprächssituation wiederhergestellt werden.

Eine eingehende kritische Erörterung der Testanwendung in der analytischen Paartherapie kann der Leser in meinem Beitrag «Die Anwendung des Gießen-Tests der analytischen Zwei-Wochen-Paartherapie» in dem gemeinsam mit D. Beckmann *herausgegebenen Band «Erfahrungen mit dem Gießen-Test», Huber, Bern, 1978, finden.*

Bereits vor vierzig Jahren begannen Versuche mit einer gemeinsamen psychoanalytischen Therapie von Paaren. Seitdem der New Yorker Psychoanalytiker Oberndorf[10] dieses Therapie-Setting bekanntgemacht hat, haben sich allmählich unterschiedliche Varianten von analytischer Paartherapie herausdifferenziert. Das hier beschriebene Verfahren weicht von den übrigen bekannten Modellen durch seine festgelegte kurze Dauer von zwei Wochen und durch die hohe Frequenz der Sitzungen (täglich eine Doppelstunde mit eintägiger Unterbrechung zwischen der ersten und zweiten Behandlungswoche) ab. Solche Angebote einer zeitlich komprimierten Blocktherapie waren bisher in der Paartherapie unüblich. Ähnliche zeitliche Arrangements ist man lediglich von gruppendynamischen Veranstaltungen und von der Methode der Krisenintervention her gewöhnt. Die Einführung der Zwei-Wochen-Paartherapie an unserem Zentrum für Psychosomatische Medizin in Gießen geschah indessen nicht aus Anlaß von akuten Krisenfällen, vielmehr als Versuch, länger anhaltende und zum Teil sogar recht chronifizierte Paarkonflikte in einer besonders intensiven Weise zu bearbeiten.

Während jede psychoanalytische Langzeittherapie darauf ausgeht, strukturell eingreifende Entwicklungsprozesse zu begleiten, die ihrem Wesen nach nur langsam ablaufen, kann eine Paarkurztherapie lediglich Anstöße vermitteln. Sie kann durch Aufhellung von Beziehungskonflikten den Partnern zu helfen versuchen, ihre persönlichen Anteile an ihren gemeinsamen Schwierigkeiten besser zu verstehen. Und sie kann ihnen die Chance vermitteln, ihre individuelle bzw. gemeinsame Entwicklung künftig weniger durch einen Austausch unbewußter psychosozialer Abwehrstrategien zu blockieren.

Zum Unterschied von der Einzeltherapie ist der Paartherapeut von dem Zwang entlastet, allein den therapeutischen Vorgang zu lenken. Er kann, ja er muß sogar dahin wirken, daß die Patienten die Therapie eher als Stimulus und zugleich Unterstützung für die Entfaltung eigener Selbsthilfekapazitäten auffassen. Er regt sie dazu an, sich voreinander mutiger zu öffnen, einander geduldiger zuzuhören und Probleme mehr kooperativ statt defensiv rivalisierend anzugehen. Dabei spielt eine wichtige Rolle, daß er ihnen in der Therapie genügend Spielraum läßt, sich selbst als aktiv Entdeckende und Experimentierende zu fühlen, vor allem in der zweiten Behandlungsphase. Der Therapeut achtet also sowohl darauf, *daß* die Partner mehr von sich bzw. voneinander erkennen, als darauf, *wie* sie diesen Zuwachs an Erkenntnis erfahren bzw. aktiv zustande bringen. Der vor allem erstrebte nachdauernde Effekt ist ein vermehrtes Zutrauen und eine gesteigerte Fähigkeit der Partner, von sich aus Probleme miteinander hilfreich zu besprechen.

Unter dem Aspekt, daß die Zwei-Wochen-Paartherapie vor allem die Selbsthilfemöglichkeiten des Paares stärken will, erscheint der Rückzug des Therapeuten nach der kurzen Therapiedauer sinnvoll. Bekanntlich erzeugen die meisten längerfristigen Therapien tiefere Übertragungsbeziehungen, zumindest aber bahnen sie eine passive Abhängigkeitshaltung gegenüber dem Therapeuten. Dieser wird bei längeren Paartherapien oftmals als Dauerpartner phantasiert und schließlich illusionärerweise als integrierter Bestandteil des Familiensystems erlebt. Er bekommt irgendeine fixe Rolle zwischen beiden Eheteilen als Adressat von Beschützerhoffnungen, Sexualwünschen, Prügelknabenprojektionen oder dergleichen. Die Partner stehen bei immer wieder aufflackernden Beziehungskonflikten nicht unter dem Zwang einer eigenständigen Problemlösung. Sie können sich, wenn sie untereinander mit einer Spannung nicht gleich fertig werden, immer wieder in die Phantasie flüchten: In ein paar Tagen gehen wir ja wieder zum Therapeuten, und der wird schon etwas mit uns machen. Die Kürze und die Technik der Zwei-Wochen-

Therapie sollen also davor bewahren, ein solches Abhängigkeitsmuster einzuschleifen.

Nachdem diese Therapieform nunmehr seit sieben Jahren praktiziert und mit Hilfe eines Begleitforschungsprogramms (ein im Rahmen des Sonderforschungsbereichs 32 von der Deutschen Forschungsgemeinschaft gefördertes Teilprojekt) studiert wird, erscheint es sinnvoll, einige in einem ersten Bericht von 1973[16] angegebenen Erfahrungen und Hypothesen zu überprüfen und zu ergänzen. Die Mitteilungen stützen sich auf die klinischen Beobachtungen von fünf Therapeuten, sie verwerten zahlreiche Diskussionen mit Paartherapie-Experten in verschiedenen Ländern und berücksichtigen die Auswertung von Sozial-, Beschwerde- und psychologischen Testdaten.

Zur Indikation

Manchmal ergibt sich der Vorschlag zu einer Zwei-Wochen-Paartherapie, nachdem sich zunächst einer der Partner in üblicher Weise als Einzelpatient mit irgendwelchen persönlichen Beschwerden dargestellt hat. Im Interview bietet sich dann ein Paarkonflikt als ein vorrangig belastendes Problem an. Und es zeigt sich, daß auch der Partner unter diesem gemeinsamen Konflikt leidet und bereit ist, sich ebenfalls in einer Therapie zu engagieren. In den letzten Jahren melden sich zunehmend Paare, die von vornherein eine gemeinsame Therapie anstreben. Dies hängt zum einen vermutlich damit zusammen, daß innerhalb der Bevölkerung die Neigung ansteigt, psychische Schwierigkeiten weniger oder zumindest weniger ausschließlich als intraindividuelle Probleme, sondern zusätzlich oder gar überwiegend als Beziehungsprobleme aufzufassen.[8] Aus einer an unserem Zentrum durchgeführten und kürzlich veröffentlichten repräsentativen Längsschnittstudie ist deutlich zu ersehen, daß das Bedürfnis nach enger und emotionell erfüllender Partnerschaft bei den 18- bis 60jährigen in der Bundesrepublik seit 1968 deutlich angestiegen ist. Aus dem Umstand, daß sich die Menschen für ihre Selbstverwirklichung vermehrt auf befriedigende Zweier- und Familienbeziehungen angewiesen fühlen, läßt sich ohne weiteres auch ein verstärktes Interesse an paartherapeutischen und familientherapeutischen Angeboten verstehen. Freilich wird der Wunsch nach Paartherapie an unsere Klinik auch deshalb häufiger herangetragen, weil inzwischen bekanntgeworden ist, daß wir zu den relativ wenigen Institutionen bzw. Psychotherapeuten zählen, die Paartherapie in verschiedenen Varianten praktizieren.

Aus einem Vergleich der Gießen-Test-Profile läßt sich schließen, daß psychische Beeinträchtigungen und Leidensdruck bei den zu einer Zwei-Wochen-Paartherapie ausgewählten Patienten deutlich ausgeprägter sind als bei durchschnittlichen Paaren in der Bundesrepublik. Die Therapiepaare geben ein höheres Gesamtmaß von Beschwerden an und klagen speziell mehr über Herzbeschwerden und Erschöpfung.[7,9] Dies erscheint deshalb bemerkenswert, weil mitunter bezweifelt wird, ob eine solche Paartherapie eigentlich eher Kranke erfaßt und deshalb zu den Verfahren der medizinischen Versorgung gerechnet werden muß oder ob sie eher eine Methode der «Lebenshilfe» für Fälle von sozialen Schwierigkeiten darstellt, die nicht mit krankhaften Gesundheitsstörungen im engeren Sinne zusammenhängen. Gewiß kann man sagen, daß sich die Therapie selbst unmittelbar auf Lebensschwierigkeiten im Sinne der Bearbeitung von Beziehungskonflikten richtet. Aber da diese Schwierigkeiten offensichtlich zumeist fest mit medizinisch relevanten Beschwerden verbunden sind, die durch die Therapie zum Teil nachweislich gebessert werden (s. u.), ist diese Paartherapie auf jeden Fall auch als eine legitime Methode der Krankenversorgung einzustufen.

Einige der um eine Zwei-Wochen-Paartherapie nachsuchenden Paare werden von uns als für diese Methode nicht geeignet befunden und erhalten irgendeine anderweitige Empfehlung. Die statistische Analyse ergibt, daß bei den als nicht indiziert beurteilten Paaren die psychosozialen Probleme noch krasser ausgeprägt sind. Bei diesen Paaren beurteilen die Patienten ihre Fähigkeiten zu sozialer Entfaltung in Skala 6 des Gießen-Tests*

* Der Gießen-Test ist ein Test zur Individual- und Gruppendiagnostik. Zu 40 Merkmalen sind Angaben über das persönliche Befinden und die zwischenmenschlichen Beziehungen zu machen. Näheres s. «Gießen-Test». Handbuch. D. Beckmann und H. E. Richter, Huber

(soziale Potenz) vergleichsweise negativer, sowohl in den beiderseitigen Selbstbildern wie in den Fremdbildern. Auch hinsichtlich der sozialen Resonanz (Skala 1 des Gießen-Tests) empfinden sich die nichtindizierten Partner sowohl selbst wie wechselseitig noch ungünstiger als die Patienten der zur Zwei-Wochen-Therapie zugelassenen Gruppe. Aus klinischer Sicht ergibt sich der Eindruck, daß die Therapeuten ein gewisses Mindestmaß an Kooperationsbereitschaft und Kooperationsfähigkeit bei den Paaren voraussetzen, um das beschriebene Verfahren als hinreichend aussichtsreich zu empfehlen.

In Ergänzung zu früheren Ausführungen zum Indikationsthema[15,16] seien im folgenden einige Fragestellungen genannt, die zur Orientierung wichtig erscheinen:

1. Sind beide Partner fähig, psychische Probleme verbal auszudrücken?
2. Erkennt jeder von beiden auch einen eigenen Beitrag zur Bewältigung des Paarkonfliktes als notwendig an?
3. Erscheinen beide hinreichend belastungsfähig, um die Anstrengung der durch die zeitliche Komprimierung sehr eingreifenden Therapie durchstehen zu können? (Frage nach Suizidversuchen, Anfällen, gravierenden psychosomatischen Dekompensationen in der Anamnese.)
4. Fehlen ausgeprägtere paranoide Merkmale? (Bei zwei Paaren zeigte die katamnestische Kontrolle nach einem Anfangserfolg längerfristig eine negative Entwicklung. Als ausschlaggebend erwies sich die paranoide Störung jeweils eines Partners, die in ihrer Bedeutung von uns unterschätzt worden war.)

Die Voraussetzung einer hinreichenden Fähigkeit, psychische Probleme verbal mitzuteilen, begrenzt die Indikation für diese Paartherapie-Variante auf eine entsprechend sozialisierte Klientel. So verwundert es nicht, daß die statistische Kontrolle eine Überrepräsentierung von Therapiepaaren ausweist, die hinsichtlich der sozialen Schichtzugehörigkeit vom Durchschnitt nach oben abweichen. Bei Paar- und Familienkonflikten aus dem

Verlag, Bern–Stuttgart–Wien 1972 und «Erfahrungen mit dem Gießen-Test», hg. von D. Beckmann und H. E. Richter. Huber Verlag, Bern–Stuttgart–Wien 1978.

Bereich der unteren Sozialschichten oder gar der sozialen Randschicht bevorzugen wir eine stärker sozialtherapeutisch orientierte Arbeitsweise.

Bemerkenswert ist schließlich, daß bei den Frauen der Anteil der Berufstätigen mit 71 Prozent deutlich über dem Bundesdurchschnitt von 40 Prozent liegt. Daraus kann man aber natürlich nicht einfach – wie es in einem Presseartikel über unsere Paartherapie geschah – den Schluß ziehen, daß weibliche Berufstätigkeit ehestörend und zugleich krankheitsfördernd wirke. So plausibel die Annahme ist, daß stärker emanzipierte und berufstätige Frauen durch Aufgabe eines kritiklosen Unterwerfungsverhaltens eher mit ihren Männern offene Rivalitätskonflikte austragen, die eventuell das Interesse an paartherapeutischen Hilfen fördern, so gibt es auf der anderen Seite sicher viele unemanzipierte Frauen, die ihre bedrückende Einengung und Verkümmerung in einer rein patriarchalischen Ehestruktur gar nicht als Krankheitsfaktor erkennen und sich deshalb stets nur als Einzelpatienten darstellen. Krankheitsauslösende Ehestrukturen werden ja nur dann beim Therapeuten als behandlungsfähiges Problem angeboten, wenn die Ehepartner bereits hinreichend sensibilisiert und wenn vor allem die Frauen genügend mutig geworden sind, diesen Faktor überhaupt als Störungsherd bzw. Krankheitsursache zu erkennen und offen anzusprechen. Das ist bei herkömmlichen Ehekonstellationen zumal unter dem Druck der Idealnorm einer zumindest nach außen zu behauptenden Eheintaktheit vielfach noch gar nicht möglich.

Zur Methode

Das Konzept der Methode ist psychoanalytisch fundiert. Den beiden Partnern soll die Möglichkeit vermittelt werden, die ihnen in der kurzen Zeit der Therapie zugänglichen Gründe näher zu betrachten, die sie an einer befriedigenden Kommunikation hindern. Dazu ist es wichtig, die Herstellung einer Atmosphäre zu fördern, die diese Betrachtung möglich macht. Je mehr affektive Spannung anfänglich zwischen den Patienten herrscht, um so weniger pflegen beide zunächst bereit zu sein, die Struktur ihrer wechselseitigen Beziehung anzuschauen. Das Verhalten des Therapeuten zielt also initial darauf ab, beiden mehr Zutrauen zu ermöglichen, daß sie sich voreinander öffnen können, ohne daß diese Öffnung jeweils vom Partner in gefährlicher Weise mißbraucht werden wird. In der ersten Phase muß der Therapeut öfter kritisch intervenieren, um ein blindes Ausagieren projektiver Vorwürfe zu stoppen. Er bietet sich als ein verläßlicher Agent an, der aufpaßt, daß niemand von beiden zu Schaden kommt, wenn er selbstkritischer über sich nachdenkt und zugleich dem anderen ohne automatisches defensives Agieren geduldiger zuhört. Sobald die Patienten es auf diese Weise auszuhalten lernen, überhaupt erst einmal genauer hinzuschauen, was eigentlich in ihnen und zwischen ihnen passiert, ist bereits sehr viel gewonnen. Regelmäßig zeigt sich dann, daß sie spontan dem Partner Erkenntnisse über sich anbieten können, die in ihnen längst bereitlagen, aber immer aus der Sorge heraus versteckt gehalten worden waren, dem anderen einen Ansatzpunkt für irgendeine gefürchtete Manipulation zu bieten. Die Anzahl der auf diese Weise ans Licht zu befördernden, bislang defensiv verleugneten Einsichten ist oft erstaunlich. Und die Patienten machen meist die für sie überraschende Entdeckung, daß sie offen zugestandene negative Gefühle, z. B. Neid-, Eifersucht- und Racheimpulse, wechselseitig viel besser ertragen können, als sie dies je erwartet hatten. Es zeigt sich, daß jeder oft unterschätzt, daß der andere längst feindselige Regungen geahnt hatte, die man perfekt zu verbergen geglaubt hatte. Immer wieder erfahren zwei Partner, daß sie es viel leichter haben, einmal unverhüllt ausgedrückte aggressive Gefühle miteinander zu verarbeiten, als die Fortsetzung einer vielleicht jahrelang praktizierten Strategie länger zu ertragen, bei welcher jeder seine Aggressionen sei es durch Kopfschmerzen, Frigidität, bedrückenden Pessimismus, zermürbende Pedanterie oder dergleichen maskiert hatte.

Beispiel:

40jähriger Angestellter, 34jährige Hausfrau, seit 9 Jahren miteinander verheiratet, 2 Kinder von 7 und 3 Jahren. Er stottert, sie hat Magenschmerzen. Beide finden, daß sie «so miteinander nicht weiter leben können».

Sie:

«Du sprichst nicht! Ich muß dich zehnmal fragen, um von dir etwas zu hören!»

«Du kritisierst mich dauernd. Ich kann dir nichts recht machen.»

«Du mußt mich immer klein machen!»

«Mir fehlt bei dir Wärme und Sicherheit.»

«Du schläfst wochenlang nicht mit mir!»

Er:

«Du läßt dich gehen. Du arbeitest ohne System.»

«Du bist wahnsinnig mißtrauisch! Dabei habe ich in unserer ganzen Ehe kein Verhältnis mit einer anderen Frau gehabt.»

«Du konzentrierst dich hundertprozentig auf mich. Schon mein Beruf ist dir zuviel. Ich fühle mich von dir dauernd auf die Füße getreten.»

In den ersten Sitzungen erläutern beide vor allem ihre Vorwürfe gegeneinander.

Er kritisiert ihre Unordentlichkeit und ihre Penetranz. *Sie* schildert an Beispielen, wie er sich ihr fortwährend entziehe.

Der Therapeut interveniert: Beide mögen deutlicher sagen, was sie selbst empfänden.

Er legt daraufhin dar, daß er die Nachlässigkeit seiner Frau so erlebe, daß sie es ihm zu Hause nicht schön machen *wolle*. Daß sie ihn z. B. ihre Ablehnung spüren lassen wolle, indem sie den Tisch nachlässig decke.

Sie unterstellt, daß er sich deshalb so wenig um sie kümmere, weil er sich nichts mehr aus ihr mache. Am liebsten würde er wohl ein Verhältnis mit einer anderen beginnen, und sie müsse dafür büßen, daß er dies noch nicht getan habe.

In der dritten Sitzung jammert jeder von beiden, daß er bzw. sie durchaus an dem Partner hänge, daß sich jeweils der andere aber offenbar innerlich schon weitgehend gelöst habe, denn sonst würde dieser sich doch nicht so schlimm benehmen.

Der Therapeut konfrontiert beide mit dem Widerspruch, daß jeder die eigene Nähe zu dem Partner bekunde, ohne daß dieser darauf positiv reagiere. Keiner freue sich, obwohl er vom Partner genau das zu hören bekomme, was er angeblich vermisse.

Sie wie er kleben nach wie vor zäh an ihren Vorwürfen und lassen die Sympathieerklärung des Partners unbeachtet liegen.

Darauf interpretiert der Therapeut: «Wenn Sie einander nicht glauben wollen, daß der andere sich Ihnen noch positiv verbunden fühle, dann heißt das doch, daß jeder von Ihnen einen Vorwand sucht, um seine negativen Gefühle offen bekennen zu können. Jeder von Ihnen hat Impulse, vom Partner wegzugehen. Aber jeder möchte, daß der andere die Bombe zündet, damit er für die eigenen Impulse eine Entschuldigung hat.»

Beide schweigen betroffen und nachdenklich. Dann gesteht sie spontan zu, daß sie wirklich öfter daran denke, von ihrem Mann wegzugehen. Er fällt ihr gleich ängstlich ins Wort: Ob sie nicht auch die Kinder bedenke. Ihre Wut auf ihn läßt sie jetzt heraus, lenkt aber am Ende ein, daß sie nicht ernstlich eine Scheidung plane und im Grunde trotz allem ihren Mann möge. Er atmet erleichtert auf und bietet ihr – zum erstenmal in der Therapie – eine Zigarette an, die sie annimmt. Erst in der nächsten Sitzung wagt er seinerseits einzugestehen, daß auch er manchmal wünsche, daß sie die Bombe zünde und daß er dann gehen könnte.

Es zeigt sich, daß beide nach Interpretation ihrer Projektionen ihre Verantwortung für die eigenen aggressiven Tendenzen eher akzeptieren und daß sie sich ihren Trennungsphantasien stellen können. Es tut ihnen sichtlich weh und macht ihnen zunächst viel Angst, daß es nach dem ewigen Austausch projektiver Beanstandungen nun zu einem unmittelbaren Zusammenprall der bloßgelegten emotionellen Ambivalenz kommt. Aber nach kurzer Krise können beide viel kooperativer als zuvor den eigenen Anteil an dem Konflikt anschauen und bearbeiten.

In der mittleren Phase ist es bei vielen Paaren möglich, jedem Teil zu einer ausführlicheren Vertiefung in die eigene Kindheitsgeschichte zu verhelfen. Der Einzelne kann dadurch besser erkennen, woher die neurotisch beeinflußten Erwartungen stammen, die er in die Partnerbeziehung eingebracht hat. Darin steckt ja auch stets indirekt etwas von einem Zugeständnis einer erweiterten eigenen Verantwortung für den derzeitigen Beziehungskonflikt. Und der zuhörende Partner kann erstens den anderen besser verstehen, und zweitens entlastet ihn die Erkenntnis, daß manche ihm zufließenden Erwartungen, Ängste, Vorwürfe eigentlich gar nicht ihm persönlich gelten oder gar von ihm selbst verschuldet worden sind, sondern daß er lediglich stellvertretend für irgendwelche Bezugspersonen aus der Kindheit des anderen benutzt wird. Diese Einsicht kann ihm vielleicht künftig helfen, mit mehr Abstand und geschickter zu reagieren, wenn er sich von dem Partner wieder einmal mit dessen infantilen Bezugsfiguren verwechselt fühlt. Jedenfalls ist selbst in dieser Zwei-Wochen-Therapie oftmals ein Stück «Einzelanalyse» der Patienten möglich und sinnvoll. Dies ist eine inzwischen gewonnene Erfahrung, die zur Revision einer gegenteiligen Angabe aus der ersten Publikation über die Zwei-Wochen-Paartherapie von 1973[16] nötigt. Damals war noch ausgeführt worden, daß man sich tunlichst auf eine Bearbeitung der unmittelbaren Kommunikationskonflikte beschränken und zur Vermeidung einer asymmetrischen Therapiesituation möglichst nur Aspekte ansprechen sollte, die unmittelbar für beide Partner relevant seien.

Eine Klärung der aus der Kindheitsgeschichte ersichtlichen Erwartungsphantasien, die jeder Teil in die Partnerschaft einbringt, enthält neben entlastenden Momenten freilich meist auch eine bedrückende Komponente. Bislang mögen beide in ihrer Strategie die Hoffnung verfolgt haben, den Partner doch noch so zurechtrücken zu können, daß er schließlich zur Erfüllung der eigenen fixierten infantilen Wünsche taugt. Nun entdecken sie vielleicht, daß der andere von seiner eigenen Vorgeschichte und Struktur her überhaupt nicht zu der Rolle paßt, in die man ihn zur eigenen Entlastung hineindrängen möchte. Und man ist obendrein vom Therapeuten kraß enttäuscht, von dem man – ohne es sich offen einzugestehen – doch erhofft hatte, daß er den Partner so ummodeln könnte, wie man es gern sehen würde. Es stellt sich beispielsweise heraus, daß die Frau eigentlich eine schützende Vaterfigur sucht, während der Mann eine Nacherfüllung entbehrter mütterlicher Fürsorge ersehnt. Beide verstehen jetzt, daß es sinnlos ist, den Partner mit Ansprüchen zu überfordern, denen dieser gar nicht gewachsen ist. Sie erkennen, daß sie sich seit Beginn ihrer Verbindung wechselseitig falsch eingeschätzt hatten. Aus dieser Desillusionierung pflegt sich zwar, wenn sie gründlich vollzogen wird, ein Nachlassen des irrationalen Agierens zu ergeben, aber es bleibt natürlich zunächst offen, inwieweit sich beide zutrauen, ein neues, tragfähigeres Konzept für ihr Zusammenleben zu finden. Vielfach besinnen sich beide Seiten in dieser Phase darauf, daß sie gut daran täten, die Partnerschaft nicht länger mit Erwartungen zu überlasten, die sich *innerhalb* des Zweiersystems offensichtlich nicht befriedigen lassen. Sie planen z. B., die intakte Substanz ihrer Beziehung dadurch besser zu schützen, daß sie sich wechselseitig irgendwelche unabhängigen sozialen Aktivitäten gönnen, durch die jeder von beiden einen Zuwachs an Selbstentfaltung und -bestätigung finden möge, der sich indirekt zum Wohl der Partnerschaft auswirken könnte. Allerdings nutzt es nichts, wenn der Therapeut von sich aus solche Möglichkeiten vorzeichnet. Er kann nur mithelfen, irrationale Ängste und Fehlerwartungen zu bearbeiten, hinter denen sich im günstigsten Fall ein ausreichendes wechselseitiges Grundvertrauen abzeichnet, das beiden ermöglicht, eine vermehrte Verselbständigung des Partners zuzulassen oder gar aktiv zu fördern. Solange auch nur einer von beiden jeden Zuwachs an Unabhängigkeit auf seiten des Partners als feindselig, als Bedrohung für sich selbst erlebt, wird er eine solche Entwicklung nicht nur nicht unterstützen, sondern mit allen erdenklichen Manipulationen zu verhindern suchen. Erst wenn sich der Beziehungskonflikt mit Hilfe des Behandlungsprozesses hinlänglich entspannt hat und die Patienten von sich aus darauf kommen, daß dem einen oder anderen bestimmte auswärtige Aktivitäten möglicherweise helfen würden, kann, ja sollte der Therapeut solche konstruktiven Überlegungen unterstützen.

Im letzten Drittel des Prozesses muß der Therapeut stets darauf bedacht sein, seine eigene Vermittler-Autorität wieder abzubauen. Er darf sich nicht in der Phantasie der Patienten als unentbehrlicher Dritter etablieren, ohne dessen ermutigendes, klärendes und schützendes Intervenieren es beiden zu riskant erschiene, sich späterhin allein eine offenere Besprechung gemeinsamer Konflikte zuzutrauen. Wenn die Patienten nach Auflockerung ihrer bisherigen psychosozialen Abwehrstrategien auf verschiedene Weise herumexperimentieren, miteinander eine erträglichere Art von Dialog herauszufinden und einzuüben, dann sollte er nur versuchen, dieses Experimentieren mit behutsamen Ermutigungen und Stützungen zu begleiten. Jetzt gilt es, wie gesagt, die Partner in der Nutzung ihrer Selbsthilfe-Möglichkeiten zu bestärken. Natürlich geht es den Patienten gegen Ende der Therapie auch um eine Restabilisierung ihrer jeweiligen Abwehr. Es läßt sich oft erkennen, daß sich die Partner aus Gründen der Angstverleugnung vom Therapeuten in einer Weise zurückziehen, die mehr Unabhängigkeit demonstriert, als wirklich vorhanden ist. Die Kunst der Therapiebeendigung besteht darin, mit dieser Abwehr schonend umzugehen, ohne darauf zu verzichten, die Bedeutung der Trennung durchzusprechen. Ein völliger Verzicht auf Bearbeitung des Trennungsproblems würde dazu führen, in den Partnern auch den bearbeitungsfähigen Teil des Ablösungskonfliktes zu fixieren.

Einige der Therapeuten machen nach wie vor von der bereits früher[16] geschilderten Methode Gebrauch, eine oder zwei Sitzungen auf Fernsehband aufzunehmen und das Band jeweils in einer folgenden Sitzung vorzuspielen. Es erscheint besonders fruchtbar, etwa die dritte oder vierte Sitzung aufzunehmen, weil dann das initiale Vorgeplänkel beendet und die therapeutische Dynamik schon hinlänglich in Gang gekommen zu sein pflegt. Während die Patienten in der Behandlung selbst noch vorrangig damit beschäftigt sein mögen, jeweils die Reaktionen des anderen kritisch zu mustern und zu kommentieren, betrachten sie bei der Video-Vorführung fast immer überwiegend das eigene Verhalten. Sie entdecken, daß sie im Gespräch anders wirken, als sie sich von innen her fühlen. Diese kritische Hinwendung zum eigenen Verhalten ist – unabhängig von der Bedeutung der dabei gewonnenen Erkenntnisse – bereits an sich ein nützlicher Stimulus. Denn dem Therapeuten ist ja im Sinne dieser Aufmerksamkeitsrichtung daran gelegen, daß gerade besonders stark projektiv agierende Patienten bald dazu gelangen, sich auch selbst analytisch zu beobachten. Der Therapeut erhält durch das Video-Band quasi eine automatische Supervision. Fast immer erfährt man neue diagnostische Anhaltspunkte, entdeckt man Mängel der eigenen Interventionen und gewinnt man zusätzliche Sicherheit über den Verlauf des Übertragungs-Gegenübertragungsgeschehens. Unsere Erfahrungen bestätigen jedenfalls im vollen Umfang die bereits früher beschriebene Bedeutung des Fernsehens als Supervisionsinstrument.[13]

Zusammenfassende klinische Beurteilung

Unter den fünf Psychoanalytikern, die das Verfahren der analytischen Zwei-Wochen-Paartherapie am Gießener Zentrum für Psychosomatische Medizin erprobt haben, besteht Einigkeit darüber, daß man diese Methode für ein sehr wirksames Instrument hält. Nach dem Eindruck der Therapeuten läßt sich den Patienten regelmäßig mehr Einsicht in die Hintergründe ihres Beziehungskonfliktes vermitteln und oft auch die Möglichkeit, ihr Agieren in diesem Konflikt besser zu kontrollieren. Wie die nachfolgend beschriebenen psychologischen Auswertungen erweisen, werden die Therapeuten in ihrem überwiegend günstigen Allgemeinurteil über die Chancen der Therapie von den Patienten bestätigt, die vor und nach der Behandlung mit dem GBB* und dem Gießen-Test untersucht und außerdem einer späteren katamnestischen Nachbefragung unterzogen worden sind.

Einzelne Patienten haben vor der Therapie, andere gleichzeitig mit ihr, andere später eine individuelle Analyse absolviert. In der Sicht dieser Patienten wie der Therapeuten stellt sich die Zwei-Wochen-Paarbehandlung als ein Verfahren dar, das eine Einzeltherapie sinnvoll ergänzen kann. In dieser Hinsicht wird unsere gleichlautende frühere Annahme[16] also gestützt. In Fällen, in denen ein Patient in seiner Einzelanalyse durch starkes Hineinagieren des Partners bzw. durch eigene agierende Verstrickung in einen Paarkonflikt partiell blockiert wird, kann eine nebenher durchgeführte Paartherapie den Fortgang der Individualtherapie fördern und zugleich dem involvierten Partner Erleichterung verschaffen. Es ist ja relativ häufig zu beobachten, daß die Therapie nur eines Teils eines Paares in dem Maße, in dem der Patient entlastet wird, den Partner in vermehrte Schwierigkeiten bringt. Der nicht therapierte Partner spürt oft, daß er in

* Der Gießener Beschwerde-Bogen (GBB) ist ein standardisierter Fragebogen zur Ermittlung körperlicher Beschwerden. Näheres s. Brähler, E. u. J. W. Scheer: Skalierung psychosomatischer Beschwerdekomplexe mit dem Gießener Beschwerdebogen (GBB). *Z. Psychother. med. Psychol.* 1978, im Druck.

Rückstand gerät und daß er nicht automatisch den Prozeß mitvollziehen kann, der es dem anderen erlaubt, zunehmend offener und angstfreier Schwierigkeiten zu besprechen und zu meistern. Er fühlt sich abgehängt und produziert entweder eigene Symptome oder übt mittels irgendeiner psychosozialen Abwehrstrategie unbewußt verstärkten Druck auf den therapierten Partner aus. Aber selbst in den Fällen, in denen nicht so eklatante Spannungen provoziert werden, empfinden es zwei Partner unter Umständen als nachteilig, wenn sie als Resultat der Therapie nur des einen von ihnen erleben, daß die Symmetrie ihres Verhältnisses Schaden nimmt. Je wichtiger es ihnen ist, sich gemeinsam und mit gleichmäßig geteilter Verantwortung zu entwickeln, um so mehr mag es sie stören, wenn dieses Gleichgewicht der Partnerschaft gefährdet wird. So wird eine Einzeltherapie nicht so selten zum eigentlichen Auslöser für das Begehren nach einer späteren Paartherapie.

Klärungsbedürftig erscheint die Beziehung zwischen Paartherapie und *Familientherapie* besonders aus dem Grunde, weil es sich vielfach um Ehepaare mit Kindern handelt. Was bedeutet es, wenn sich ein Paar ohne Einbeziehung der Kinder behandeln läßt? Wie wirkt sich die Paartherapie auf die Kinder bzw. auf die Einstellung der Eltern zu den Kindern aus?

Nahezu in allen Fällen taucht die Beziehung zu den Kindern als Problem in der Paartherapie auf. Da die Patienten durch die Technik der Therapie für Beziehungskonflikte allgemein sensibilisiert werden, wird ihnen eigentlich stets bewußt, daß auch ihre Kinder in ihren Partnerschaftskonflikt einbezogen sind. Sie reden spontan über die Kinder. Gelegentlich benutzen sie die Darstellung von Spannungen zwischen den Kindern, um sich auf diesem Weg an parallel gelagerte Probleme zwischen ihnen selbst anzunähern. So kommt es etwa vor, daß ein Paar sich intensiv mit Auseinandersetzungen zwischen Sohn und Tochter vertieft, bis man ihnen zu ihrer Verblüffung deuten kann, daß sie an Hand der Kinder eigentlich das schildern, was zwischen ihnen selbst passiert. Wenn ein Paar gelegentlich Probleme der Kinder benutzt, um von brisanten eigenen Spannungen abzulenken, kann man den Partnern zu bedenken geben, daß sich wohl im

Behandlungszimmer eine häusliche Situation abspiegelt, nämlich daß sie unbewußt ihre Kinder dazu bringen, ihnen einen Teil des Drucks abzunehmen, der sie in der eigenen Beziehung belastet. Manchen Patienten wird dieser Zusammenhang in der Behandlung derart deutlich, daß sie irgendwelche Reaktionen, Fehlleistungen, Träume der Kinder spontan als Symptome lesen, die ihnen über sich selbst bzw. über den Stand des gemeinsamen Konfliktes Auskunft geben, in den die Kinder einbezogen sind. Wenn einer der Patienten zu Hause ein Kind als Verbündeten benutzt, um den Partner in Schach zu halten, so wird dies in der Therapie allemal daran ersichtlich, daß dieser Patient das betreffende Kind immer wieder als Kronzeugen oder als deutlich erkennbares narzißtisches Substitut zwischen sich und den Partner schiebt. Damit verrät er, daß er sich mit diesem Kind als narzißtische Einheit sieht und daß seine Beziehung zum Partner über die Vermittlung dieses Kindes läuft. Und es kann sich zeigen, daß der Partner seinerseits stillschweigend einverstanden ist oder sogar aktiv dazu beiträgt, daß das dazwischengeschaltete Kind dem anderen Gelegenheit zur Erfüllung von narzißtischen Bedürfnissen gibt, denen er sich selbst nicht aussetzen möchte. Unter diesen Umständen kann die Paartherapie indessen darauf abzielen, daß die Patienten ermutigt werden, die innerhalb ihrer Zweierbeziehung zu lösenden Probleme auf sich zu nehmen, anstatt die Kinder als Instrumente zu deren Erledigung zu mißbrauchen.

Wiederholt kommt es vor, daß ein Paar darum bittet, nach Abschluß der Paartherapie auch noch die Kinder vorzustellen. Es geht dann meist um den Wunsch, daß auch die Kinder von dem Therapeuten profitieren mögen und daß man den Kindern dazu verhelfen möchte, sich quasi über das Resultat der Arbeit zu orientieren und sich in die therapeutisch veränderte Konstellation hineinzufinden. Selbstverständlich kommen wir diesem Begehren der Patienten immer nach und arrangieren im Anschluß an die Paartherapie noch ein oder mehrere Gespräche mit den Kindern bzw. der ganzen Familie.

So kann man sagen, daß die Paartherapie in der Regel eher als eine Form von Familientherapie, nicht als eine streng abgrenzbare Alternative zu dieser anzusehen ist.

So sehr auch die Erfahrung überwiegt, daß Patienten sich mit ihren Kindern in der Weise solidarisch fühlen, daß sie diese an den therapeutischen Effekten teilhaben lassen wollen, so ist es natürlich bei eingefahrenen Rivalitätskonflikten auch denkbar, daß Patienten nicht darauf verzichten können, ihre Kinder zum Ausagieren eigener Probleme zu benutzen. Zeigt sich bei den Erstgesprächen, daß ein oder mehrere Kinder in besonders aktiver Weise den Verlauf eines Paarkonfliktes mitbestimmen, dann wird einer gemeinsamen Familientherapie gegenüber einer Paartherapie im allgemeinen der Vorzug zu geben sein. Bei einer starken Bereitschaft zu soziopathischem Agieren ist indessen auch die Möglichkeit zu bedenken, daß trotz Ausdehnung des Behandlungsfeldes auf die Gesamtfamilie immer wieder Spannung nach außen abgeführt werden kann. Das sind Familien, die sich Entlastung innerhalb der eigenen Gruppe immer nur auf Kosten von verschärften Interaktionskonflikten im außerfamiliären Bezugsfeld verschaffen.

Schwer zu beantworten ist die naheliegende Frage nach der Dauerhaftigkeit der Effekte der Zwei-Wochen-Paartherapie. Gewisse Anhaltspunkte ergeben sich aus den Resultaten einer allerdings noch laufenden katamnestischen Untersuchung, aus der anschließend einige Befunde berichtet werden sollen (s. u.). Bemerkenswert ist immerhin, daß die Mehrzahl der Paare sich spontan nicht wieder gemeldet hat, obwohl die Therapeuten bei Behandlungsende regelmäßig anbieten, im Fall erneuter Schwierigkeiten späterhin jederzeit ansprechbar zu sein. Gelegentlich ist ein Teil des Paares später als Patient aufgetaucht.

Die Ermittlung und Bewertung von Nachwirkungen der Therapie ist überaus kompliziert. Man kann schwer abschätzen, was als Spontanverlauf anzusehen ist, was durch später neu hinzutretende Krankheiten oder soziale Einflüsse bewirkt wird und was der durchgemachten Behandlung an Einfluß zukommt. Die Formulierung «Wirkung der Therapie» darf im übrigen nicht darüber hinwegtäuschen, daß diese Frage bei einer vornehmlich um Stärkung von Selbsthilfeaktivitäten bemühten Therapie etwas ganz anderes bedeutet als bei einer üblichen medizinischen Behandlung, die Patienten nur passiv erleiden. Im zuletzt genannten Falle kann man den weiteren Verlauf als weitgehend automatischen Effekt der therapeutischen Intervention ansehen. An ihm kann man ablesen, ob der Arzt bzw. seine Maßnahme etwas getaugt hat oder nicht. Was die Partner aus einer Paarkurztherapie machen, hängt indessen in hohem Grade von ihnen selbst ab. Als Nachwirkung der Therapie stellt sich jedenfalls die Art und Weise dar, wie die Partner ihre in der zweiwöchigen Arbeit gewonnenen Erkenntnisse nutzen und praktisch umsetzen. Wenn Patienten über den Eindruck berichten, daß sie von der Therapie nachhaltig profitieren konnten, so bescheinigen sie sich in erster Linie, daß sie selbst im Umgang miteinander eine Form von kooperativem Dialog durchgehalten haben, die ihnen der Therapeut im Grunde nur zu entdecken geholfen hat. Die Bedeutung einzelner «mutierender» Interpretationen ist sicherlich geringer einzuschätzen als die Nutzung der therapeutischen Selbsthilfekräfte der Partner, die durch die Therapie nur freigelegt werden. Die günstigen Eindrücke vom Einfluß der Paartherapie lassen sich nur dadurch erklären, daß in vielen Zweierbeziehungen ein nur relativ oberflächlich blockiertes Selbstheilungspotential steckt, das in der Form eines sensibleren Umganges der Partner miteinander wirksam werden kann.

Nutzen der Therapie für die Therapeuten

Obwohl es üblich ist, eine Therapie lediglich daraufhin zu überprüfen, was sie für die Patienten bringt, kann man auch legitimerweise danach fragen, was die Therapeuten von ihr gewinnen. Diese Frage ist auf Grund verschiedener neuer Untersuchungen[1,4] sinnvoll, die bestätigen, daß Psychotherapeuten in ihrem professionellen Verhalten – wie uneingestanden auch immer – in erheblichem Maße von eigenen Bedürfnissen bestimmt werden. Wenn sich ein Behandlungsverfahren durchsetzt, dann geschieht dies nicht allein deshalb, weil es den Patienten nutzt, sondern auch deshalb, weil die Therapeuten von ihm profitieren. Aus der Diskussion unserer therapeutischen Erfahrungen entnehmen wir, daß wir diese Behandlungsform durchweg als interessant, spannend, aber auch als anstrengend erleben. Da die Patienten sich meist auch außerhalb der eigentlichen Behandlungssitzungen zu einer fortgesetzten Diskussion ihrer Probleme ge drängt fühlen (in der Mehrzahl kommen die Paare von außerhalb, so daß auch die Isolation am Behandlungsort wirksam ist), entwickelt sich fast immer eine recht aufwühlende Dynamik, die natürlich auch den Therapeuten stark beansprucht. Um so mehr pflegt man als Therapeut schließlich mit Genugtuung zu registrieren, daß die meisten Paare das therapeutische Angebot in dem gemeinten Sinn als Stimulus zur Selbsthilfe verstehen und aufgreifen, so daß sie sich während der Therapie zunehmend spontan aktivieren und einen wesentlichen Beitrag zur Steuerung des Prozesses übernehmen. Die Sorge, die Patienten könnten bei diesem eingreifenden Verfahren in eine zu tiefe Regression absinken und, anstatt ihre Probleme besser in die Hand zu bekommen, den Therapeuten durch übergroße passive Ansprüche überlasten, erweist sich – bei angemessener Anwendung der Technik – als unrealistisch. Als Therapeut kann man im Gegenteil lernen, daß man – vielleicht auf Grund einer einseitigen professionellen Sozialisierung – die Selbsthilfepotentiale derartiger Paargemeinschaften gewohnheitsmäßig eher zu unterschätzen geneigt ist.

Eine gravierende äußere Schwierigkeit ist indessen zu erwähnen, weil sie vor allem einer weiteren Ausbreitung der Methode im Wege steht. Manche Therapeuten sagen, sie würden dieses Verfahren, weil es ihnen viel Spaß mache und sie daraus einiges lernen könnten, gern häufiger anbieten, aber es sei für sie technisch äußerst schwierig, solche Therapien in ihrem Terminkalender unterzubringen. Ein überwiegend auf längerfristige Therapien ausgerichtetes Tagesprogramm läßt es in der Tat nur ausnahmsweise zu, schlagartig 20 bis 24 Stunden für eine solche Blockbehandlung zu reservieren. Es ist also die Frage, ob das Interesse eines Therapeuten an dieser Methode groß genug ist, um sie sich bzw. den Patienten organisatorisch zu ermöglichen.

Nicht unerwähnt bleiben soll in diesem Zusammenhang, daß sich die Paartherapie auf einem Gebiet als ergiebige Erfahrungsquelle darstellt, zu dessen zunehmender Erforschung Psychoanalytiker ohnehin aufgerufen sind. In regelmäßiger paartherapeutischer Arbeit bekommt der Analytiker viel von typischen Problemen des Geschlechterverhältnisses in unserer Gesellschaft zu sehen. Es zeigt sich, daß in der Dynamik der Paarkonflikte stets und in einem hohen Maße Konfliktpotentiale wirksam werden, die aus der allgemeinen Krise zwischen den Geschlechtern herrühren. Manches, was der eine der beiden Verfasser inzwischen als analytische Beiträge zu diesem Problem an anderer Stelle publiziert hat, entstammt entweder unmittelbar den Beobachtungen an den allgemein verbreiteten und daher in den Therapien immer wiederkehrenden Merkmalen des Geschlechterkonfliktes oder ist durch zusätzliche Erhebungen erarbeitet worden, die durch diese Therapieerfahrungen angeregt wurden oder auch durch sie erst hinreichend interpretiert werden konnten. Während sich früher die Beschreibung der paardynamischen Konflikte ganz vorwiegend an den geschlechtsneutralen Kategorien der Psychopathologie orientierte, wird inzwischen verstärkt die Durchdringung der Probleme durch die gesellschaftlich vorstrukturierten unterschiedlichen Bedingungen der männlichen und der weiblichen Entwicklung deutlich. Ohne dieses anderweitig ausführlicher behandelte Thema[17,18,19,20] an dieser Stelle inhaltlich näher zu verfolgen, soll hier eben nur allgemein vermerkt werden, daß man die gegenwärtige krisenhafte Stellung von Frau und Mann und die Verunsicherung ihrer Beziehung zueinander nirgends eindringlicher vorgeführt bekommt, als wenn man immer wieder mit praktischer analytischer Verantwortung Paare zu begleiten Gelegenheit hat, in deren Schwierigkeiten sich das Gesamt der zeittypischen Problematik des Geschlechterverhältnisses widerzuspiegeln pflegt.

Zur Methode der empirischen Auswertung*

Für die Diagnostik des Paarkonfliktes und die empirische Kontrolle der Paartherapie werden ein kürzlich standardisierter Beschwerdebogen, der 58 Beschwerden umfassende GBB[6,7,9], der Gießen-Test[5,8], ein ebenfalls standardisierter, aus 40 Items bestehender skalierter Fragebogentest, der nach Merkmalen des psychischen Befindens, vor allem aber nach der Art der psychosozialen Beziehungen fragt, und ein katamnestischer Fragebogen

* Die statistischen Belege liegen in einem Tabellenanhang vor, der in der Originalarbeit in *Familiendynamik* 3, 1978, S. 20, zu finden ist.

mit 23 Items verwendet. Die Patienten füllen routinemäßig am Beginn und am Ende der Therapie den GBB und den Gießen-Test aus. Der Katamnesebogen wird etwa ein halbes Jahr nach der Therapie erhoben. Mit dem Gießen-Test, der sowohl Selbst- als auch Fremdeinschätzungen erlaubt, beurteilt jeder sich selbst und seinen Partner; der Therapeut schätzt beide Partner ein. An Hand der gewonnenen Daten lassen sich folgende Fragestellungen verfolgen: Der Vergleich der Selbst- und Fremdbilder mit den Standardskalen bzw. den Werten von Durchschnittspaaren vermittelt Einsichten über besondere psychosoziale Merkmale der Patienten und die Beziehung der Partner zueinander. Die Distanz zwischen den Selbstbildern (ww gegen mm) und das Verhältnis zwischen Selbstbild und Fremdeinschätzung durch Partner und Therapeut (ww gegen mw, ww gegen tw, mm gegen wm, mm gegen tm) erlaubt Rückschlüsse auf charakteristische Konfliktmuster in der Paarbeziehung. Die Wiederholung der gleichen Erhebung am Ende der Therapie ermöglicht es, den Verlauf der Beschwerden zu kontrollieren und den Einfluß der Behandlung auf die psychische Verfassung der Partner wie auf deren wechselseitige Beziehung zu verfolgen.

Bei der Interpretation dieser Befunde ist jedoch unter psychoanalytischem Aspekt die Mehrdeutigkeit der üblichen Kriterien für die Einschätzung des Therapieeffektes zu berücksichtigen. Einige Ergebnisse können je nach Gesichtspunkt unterschiedlich, ja sogar gegensätzlich interpretiert werden. Wenn ein Paar bei der katamnestischen Befragung ein besseres Einvernehmen angibt, so kann dies bedeuten, daß die Partner ihre Probleme erfolgreicher durchzuarbeiten verstehen. Es kann aber auch nur besagen, daß die Konflikte stärker verleugnet werden – etwa im Sinne einer angstneurotischen Vermeidungsstrategie.[15] Eine Reduzierung vegetativer Beschwerden kann eine Minderung von Konfliktspannung anzeigen, aber ein Mehr an Beschwerden könnte umgekehrt dann positiv zu bewerten sein, wenn ein Paar um der offeneren Austragung vorher phobisch zugedeckter Konflikte willen bewußt mehr Leiden und entsprechende vegetative Begleitsymptome in Kauf nehmen würde. Zu beachten ist ferner die geschlechtsabhängig unterschiedliche Tendenz, Beschwerden und bestimmte Merkmale zuzugeben oder zu verheimlichen. Bestimmte Eigenschaften werden als unvereinbar mit der jeweiligen Geschlechtsrolle angesehen und deshalb unterdrückt, so daß man sie schließlich nicht mehr bei sich wahrnehmen und auch in einem Test, der danach fragt, nicht mehr angeben kann.[17,20] In diesem Fall dürfen die direkten Testantworten nicht als letzte Wahrheit hingenommen werden. Sie repräsentieren gleichsam nur die eine Seite der Medaille, hinter der sich die andere Seite mit den abgewehrten, unbewußten, konflikthaften Merkmalen verbirgt. Schließlich ist die bereits genannte Möglichkeit nicht zu vergessen, daß ein Paar oder auch eine Familie u. U. die eigene Binnenbeziehung dadurch stabilisieren kann, daß interner Konfliktdruck mehr als zuvor an die Kinder oder nach außen abgeführt wird, d. h., es kommt zu einem verstärkten Agieren in das soziale Umfeld hinein, wobei andere Bezugspersonen wie Arbeitskollegen, Nachbarn und Freunde in Mitleidenschaft gezogen werden können. Solche Symptomverschiebungen erwecken dann den Eindruck, das Paar sei erfolgreich therapiert, während es doch nur seine Konflikte und Symptome mittels psychosozialer Abwehrmechanismen auf andere Personen verlagert hat. All dieser Schwierigkeiten muß man sich jedenfalls bewußt bleiben, um den begrenzten Aussagewert bestimmter einseitig objektivierender Erhebungen nicht zu überschätzen.

Therapiepaare und Durchschnittspaare im Vergleich

Im Rahmen einer Neustandardisierung des Gießen-Tests[8] fand 1975 eine repräsentative Erhebung bei 200 Ehepaaren in der BRD und Berlin statt.[6] Im Vergleich mit den dort befragten Paaren der Durchschnittsbevölkerung sehen sich die Therapiepaare im Selbstbild auf Skalenebene dominanter und depressiver. Bei den Frauen kommt noch das Gefühl negativer sozialer Resonanz hinzu. Im Fremdbild weichen die Therapiepaare noch mehr von den Durchschnittspaaren ab. Die Einzelnen sehen ihren Partner jeweils dominanter, unterkontrollierter, depressiver und retentiver als Partner in Durchschnittspaaren einander sehen. Auffallendstes Merkmal ist die ausgeprägte Depressivität der Paare, die in Selbst-, Fremd- (und Therapeutenbild) zum

Ausdruck kommt und diesbezüglich von den entsprechenden Werten bei Durchschnittspaaren hochsignifikant abweicht. Depressive Verstimmung, Streben nach Dominanz und negative soziale Resonanz sind auch Kennzeichen von unausgelesenen Neurotikern unserer Psychosomatischen Klinik.

Waren die bisherigen Aussagen im wesentlichen geschlechtsneutral, so kann nun der geschlechtsspezifische Vergleich mit den Durchschnittspaaren und der Vergleich der einzelnen Bilder der Therapiepaare untereinander (z. B. mm – wm) weitere Aufschlüsse bringen. Zunächst fällt auf, daß die Männer der Therapiegruppe sich in weniger Eigenschaften weniger stark von den Durchschnittsmännern unterscheiden als die Frauen der Therapiegruppe von den Durchschnittsfrauen. Die männlichen Patienten fühlen sich dominanter und depressiver als der Durchschnitt. Zwar weichen die Patientinnen in den gleichen Merkmalen vom Durchschnitt ab, jedoch sind bei ihnen beide Tendenzen noch sehr viel deutlicher ausgeprägt. Zusätzlich haben sie im Unterschied zu den Durchschnittsfrauen das Gefühl, negativ sozial resonant zu sein. Dem Selbstbild der Frauen stimmen die männlichen Patienten tendenziell zu. Die Dominanz ihrer Frauen halten die Männer allerdings für ausgeprägter als diese selbst, die soziale Resonanz ihrer Partnerinnen schätzen sie positiver ein. Das Selbstbild der Männer wird von den Frauen nicht bestätigt. Vielmehr beschreiben die weiblichen Patienten ihre Partner als unkontrollierter, retentiver, positiver sozial resonant und doch dominanter, als diese sich selbst sehen.

Ein wesentliches Konfliktthema der Therapiepaare scheint darin zu bestehen, daß jeder der Partner den anderen für dominanter hält als sich selbst und auch für dominanter, als der andere selbst zu sein glaubt. Im Vergleich zu Durchschnittspaaren schätzen die Frauen der Therapiepaare sich selbst, aber auch ihre Partner dominanter ein. Umgekehrt sehen die Männer sich selbst und ihre Frauen ebenfalls dominanter, als dies bei Durchschnittspaaren der Fall ist.

Die Situation der durchschnittlichen Paarbeziehung, wie sie sich aus den Gießen-Test-Bildern und ihren Vergleichen ergibt, läßt sich aus der Sicht der Frauen wie folgt charakterisieren: «Ich habe es sehr viel schwerer als andere (Frauen), sozial anerkannt zu werden. Auch mein Mann hat es da viel leichter als ich. Häufig fühle ich mich niedergeschlagen. Ich muß zwar zugeben, daß ich eine gewisse Tendenz habe zu dominieren, meine Dominanz wird jedoch von dem Eigensinn und den Herrschaftsansprüchen meines Mannes weit übertroffen. Überhaupt ist er in nahezu jeder Hinsicht besser dran als ich: Er kommt bei anderen Menschen besser an als ich; er setzt sich mir gegenüber meist durch; er befriedigt seine (Trieb-)Bedürfnisse und Interessen ohne Rücksicht auf mich. Auch scheint er von dem Zwist zwischen uns weniger betroffen zu sein, denn er leidet viel weniger unter Depressionen als ich. Außerdem verschließt er sich vor mir.»

Aus der Sicht des Mannes sieht die Situation so aus: «Ich habe zwar das Gefühl, etwas dominanter und häufiger deprimiert zu sein als andere (Männer), ansonsten empfinde ich mich aber als ganz gesund und normal. Meine Frau hingegen ist viel depressiver und dominanter als ich.»

Diese Formulierungen treffen natürlich nicht für jedes einzelne Paar zu. Sie markieren die hervorstechendsten Merkmale des psychologischen Gruppenprofils, das sich aus dem Vergleich der Therapiepaare mit Durchschnittspaaren und aus dem Vergleich der Selbst- und Fremdbilder der Therapiepaare ergibt.

Die zitierten Befunde zeigen deutlich, daß sich auch bei den Therapiepaaren die bekannten Rollenklischees der Geschlechter abbilden, ja in gewisser Hinsicht sind sie nur bis zum Extrem überzeichnet, allerdings mit zwei Besonderheiten: a) Die Patientinnen fühlen sich dominanter als durchschnittliche Frauen und werden auch von ihren Männern so gesehen. b) Auch die Männer leiden unter den Ehekonflikten und bringen dies durch ihre überdurchschnittliche Depressivität zum Ausdruck.

Entsprechend dem weiblichen Rollenstereotyp zeigen die Frauen allerdings noch deutlicher als die Männer, wie sehr sie unter den Konflikten mit ihrem Partner leiden und wie sehr sie sich in ihrem psychischen Befinden beeinträchtigt fühlen.

Anscheinend sind die Schwierigkeiten der Therapiepaare eingebettet in die umfassende Krise der Rollenbeziehungen zwischen Mann und Frau, die dadurch bestimmt ist, daß zunächst die Frauen, aber auch allmählich die Männer ihre Rollenpositionen zu verändern versuchen. Es suchen offenbar gehäuft solche Paare die Hilfe eines Paartherapeuten, die unter dem problematischen Verhältnis zwischen den beiden Geschlechtern besonders leiden. Die Partner haben nicht mehr die alte, aber auch noch keine klare neue Rollenidentität gefunden, um ihre Beziehung zueinander befriedigender zu gestalten.[17,20] So sieht man z. B. häufig Paarschwierigkeiten gerade in Ehen, in denen die Frau sich stärker emanzipiert, aus ihrer passiv-dienenden Rolle herausdrängt und damit dominanter wird, ohne daß der Mann seine eigene Rolle zu ändern vermag. Der geängstigte Mann reagiert etwa mit verstärktem Druck, während andererseits die Frau nicht mehr in die gefügige Anpassungshaltung zurückweichen kann und will, aus der sie gerade aufgebrochen ist. Diese Konfliktkonstellation, die man bei Ehen mit berufstätigen Frauen neuerdings gehäuft findet, könnte zu dem bereits angesprochenen Fehlschluß veranlassen: also sollten doch die Frauen weiterhin passiv und lenksam bleiben und sich unnötige quälende Rivalitätskonflikte mit den Männern ersparen. Statt dessen muß der Therapeut aber den sozialen Wandel akzeptieren, der bei besonders sensibilisierten Bevölkerungsgruppen eher auch Ehekonflikte der genannten Art hervorrufen kann. Für den Therapeuten stellt sich die Aufgabe, die Partner bei ihrer experimentierenden Suche nach einem neuen, befriedigenderen Rollengleichgewicht zu unterstützen.[21]

Therapieeffekte

Veränderung der Beschwerden

Bei 18 Paaren wurde der Einfluß der Zwei-Wochen-Paartherapie auf die Beschwerden untersucht. Vor Therapiebeginn geben die Frauen im Mittel signifikant mehr Beschwerden an als die Männer. Dieser Befund überrascht nicht, denn auch Durchschnittsfrauen klagen über fast alle Beschwerden im GBB sehr viel häufiger als Durchschnittsmänner. Frauen sind eher bereit, ihre Ängste, Depressionen, seelischen Konflikte und die damit verbundenen körperlichen Begleiterscheinungen zuzugeben. Sie sind klagsamer, emotional offener und leidensfähiger als Männer. Männer hingegen neigen dazu, sowohl seelische Schwierigkeiten als auch körperliche Beschwerden zu verleugnen. Sie geben sich stark, selbstsicher, rational und von emotionalen Problemen distanziert. Das macht sie allerdings anfällig für schwere psychosomatische Krankheiten wie z. B. Herzinfarkt und Magengeschwür. Demnach unterscheiden sich die Therapiepaare hinsichtlich der geschlechtsabhängigen Verteilung der Beschwerden nicht von durchschnittlichen Paaren.

Das Konfliktmuster, das darin besteht, daß der Mann sich gesund fühlt bzw. fühlen muß und sich dadurch *unsichtbare organische Krankheiten* zuzieht, während die Frau sich durch ihr *sichtbares Leiden* eher vor psychosomatischen Krankheiten bewahren kann,[19] findet sich nicht allein in besonders gestörten Paarbeziehungen, sondern auch in durchschnittlichen Ehen, da es der traditionellen Rollenbeziehung zwischen Mann und Frau entstammt.[2,3,17,18,20]

Nach Ende der Therapie zeigt sich das Beschwerdebild jedoch nahezu ausgeglichen. Bei der Hälfte der Paare geben die Männer, bei der anderen Hälfte die Frauen stärkere Beschwerden an. Im Mittel gibt es keinen signifikanten Unterschied mehr. Bei den Frauen kommt es zu einem signifikanten Rückgang der Beschwerden im GBB, während sich die Beschwerden der Männer nicht signifikant verändern. Die Angleichung der Geschlechter hinsichtlich der Beschwerden ergibt sich also in erster Linie durch die Besserungstendenz bei den Frauen. Die Zwei-Wochen-Paartherapie wirkt demnach den traditionellen Geschlechtsrollenzuschreibungen entgegen und bringt eine deutliche Entlastung für das körperliche Wohlbefinden für die Frauen mit sich. Insofern funktioniert die Paartherapie als *indirekte Einzeltherapie*, indem sie die individuellen Symptome beeinflußt, deren überwiegend «dialogische Funktion»[16] darin besteht, daß die Frauen mit ihren Beschwerden ihre Unzufriedenheit, ihr Leiden und ihre Konflikte signalisieren wollen. Das geringe, aber nicht signifikante Ansteigen der mittleren Beschwerden bei den Männern muß nicht heißen, daß die Therapie auf ihre Kosten ausgetragen wird. Denkbar ist nämlich auch, daß die Männer im Laufe der Therapie lernen zu klagen, für seelische Konflikte sensibler zu werden und sich die entsprechenden körperlichen Begleiterscheinungen zuzugestehen. Grundsätzlich wäre es ja überhaupt wünschenswert, wenn es den Männern gelänge, bewußt mehr zu leiden. Damit gewönnen sie Abstand von dem krankmachenden Männlichkeitsideal. Erst dann könnten sie darauf verzichten, ihre Frauen in eine Rolle zu drängen, in der diese die verleugnete männliche Wehleidigkeit, Zimperlichkeit, Ängstlichkeit, Schwäche und Depressivität stellvertretend ausleben sollen.

Veränderungen im Selbst-, Fremd- und Therapeutenbild
Indem jeder der Partner vor und nach der Therapie im Gießen-Test sich selbst und den Partner beschreibt, läßt sich errechnen, ob und wie sich diese Konzepte jeweils für sich und im Verhältnis zueinander verändern. Bei 24 Paaren wurden die Veränderungen in Selbst-, Fremd- und Therapeutenbildern im GT untersucht. Bei den einzelnen GT-Bildern zeigen sich nur bei wenigen Items bzw. Skalen überzufällige Veränderungen zwischen vorher und nachher. Da es sich bei der Zwei-Wochen-Paartherapie jedoch um eine Therapie der Beziehung handelt und nicht primär um eine Therapie der einzelnen Individuen, erscheinen die Daten wichtiger, die Auskunft geben über die Beziehung der Partner zueinander. Als Hinweis dient die Veränderung von Distanzmaßen (absolute Differenzen) zwischen den GT-Bildern.

Als wichtigstes Resultat stellt sich heraus, daß sich die Distanzen zwischen Selbstbildern und Fremdbildern der Patienten und den Therapeutenbildern bei allen drei möglichen Kombinationen hochsignifikant verringern. Dies erscheint als das zentrale Ergebnis der Untersuchung. Während man hinsichtlich der Annäherung zwischen den Therapeutenbildern und den Selbst- und Fremdbildern der Patienten den Informationszuwachs durch die Behandlung in Rechnung stellen muß, sind die Annäherungen von Selbst- und Fremdbildern bei den Patienten auf therapiebedingte Einstellungsveränderungen beziehbar. Indem einerseits jeder der Partner den anderen eher so zu sehen beginnt, wie dieser sich selbst versteht und indem andererseits das Selbstbild jedes Partners sich stärker an der Einschätzung durch den anderen orientiert, verringert sich das Konfliktpotential in der Paarbeziehung. Die Partner müssen weniger darum kämpfen, das jeweilige eigene Selbstbild gegen eine abweichende Interpretation des anderen zu verteidigen. Im Mittel erfährt also der einzelne Patient, daß sein Bild von sich selbst nach der Behandlung durch den Partner mehr bestätigt wird als vorher. Umgekehrt stärkt sich sein Verständnis dafür, wie sein Partner sich selbst sieht. Die hochsignifikante Annäherung zwischen Selbst- und Fremdbildern läßt sich als Beleg für eine Verbesserung der Kommunikationsvoraussetzungen in der Paarbeziehung interpretieren. Denn wenn jeder vom anderen leichter so verstanden wird, wie er sich selbst versteht, dann bringt dies eine Verringerung von Konfliktpotential in der Zweierbeziehung mit sich.

Im übrigen nähern sich auch die Selbstbilder allein einander an. Wie die klinische Erfahrung zeigt, finden in gestörten Paarbeziehungen regelmäßig unbewußte Austauschprozesse mit wechselseitigen kompensatorischen Projektionen statt, wie sie aus der Analyse neurotischer Eltern–Kind-Beziehungen bekannt sind.[11,12] Die Frau neigt beispielsweise häufig dazu, unausgelebte phallisch-narzißtische Wünsche auf ihren Mann zu projizieren, um dann durch teilweise Identifikation mit ihm an seinen Erfolgen teilzuhaben, während der Mann umgekehrt seine verdrängten Depressionen nur projektiv bei seiner Frau wahrnehmen und miterleben kann. Im Gießen-Test zeigt sich diese Beziehungskonstellation darin, daß die Selbstbilder entsprechend stark voneinander unterschieden sind. Die psychoanalytisch orientierte Therapie zielt nun gerade auf die Bewußtmachung und Durcharbeitung solcher psychosozialen Abwehrformen. In dem Maße, in dem beide Partner mehr von den bisher verleugneten Aspekten bei sich selbst entdecken und zulassen, können sie darauf verzichten, diese projektiv zu verarbeiten. Jeder der Partner wird dem anderen hinsichtlich derjenigen Merkmale ähnlicher, die er nicht mehr projiziert, sondern gleichsam in die eigene Verantwortung zurücknimmt. Als Folge davon rücken die Selbstbilder im Gießen-Test dichter aneinander.[14,22]

Zur Katamnese

Aus einer noch laufenden katamnestischen Befragung läßt sich bereits jetzt ersehen, daß die überwiegende Zahl der Patienten die Wirkung der Zwei-Wochen-Paartherapie rückblickend als nützlich für die eigene Entwicklung (75 Prozent), als anhaltend positiv auf den Partner (85 Prozent) und auf die eigene Beziehung zu ihm (80 Prozent) einschätzt. Anhaltende negative Nachwirkungen der Behandlung auf das eigene Selbst oder die Beziehung zum Partner geben auch die Patienten nicht an, die sich in der Zeit nach der Therapie von ihrem Partner getrennt haben. 25 Prozent der Patienten leben zum Zeitpunkt der katamnestischen Untersuchung nicht mehr mit dem Partner zusammen, mit dem sie die gemeinsame Paartherapie durchgemacht haben, wobei zu berücksichtigen ist, daß einige der Paare bereits vor der Therapie zur Trennung entschlossen waren und mit Hilfe des Therapeuten den Prozeß der Loslösung voneinander bearbeiten wollten.[16] 25 Prozent der Patienten befinden sich laufend oder gelegentlich in einer weiteren psychotherapeutischen Behandlung. 85 Prozent glauben, in der Zwei-Wochen-Paartherapie einiges oder sogar viel über sich selbst und den Partner hinzugelernt zu haben. Genauso viele entdecken Lernprozesse in dieser Hinsicht bei ihrem Partner. 90 Prozent der Patienten meinen, die Behandlung habe ihnen geholfen, die gemeinsamen Probleme besser zu verstehen und verständnisvoller miteinander umzugehen.

Zusätzlich scheint die Therapie nicht nur auf die beteiligten Partner zu wirken, sondern indirekt auch deren Beziehung zu weiteren Bezugspersonen zu beeinflussen. 85 Prozent der Patienten mit Kindern bewerten die Therapie als Hilfe für ein besseres Verständnis der Probleme ihrer Kinder. Ebenso viele haben den Eindruck, auch allgemein für den Umgang mit anderen Menschen von der Behandlung etwas oder viel gewonnen zu haben. Wenn die Partner lernen, einander besser zuzuhören und sich wechselseitig besser zu verstehen, dann scheint sich parallel dazu also auch die Sensibilität für Beziehungskonflikte außerhalb der Ehe zu erhöhen.

Literatur

1. Beckmann, D. (1974): Der Analytiker und sein Patient. Huber Verlag, Bern–Stuttgart–Wien
2. Beckmann, D. (1976): Paardynamik und Gesundheitsverhalten. In: Richter, H. E., H. Strotzka, J. Willi (Hg): Familie und seelische Krankheit. Rowohlt Verlag, Reinbek
3. Beckmann, D. (1977): Selbst- und Fremdbild der Frau. Familiendynamik 2, S. 35–49
4. Beckmann, D. u. H. E. Richter (1968): Selbstkontrolle einer klinischen Psychoanalytikergruppe durch ein Forschungsprogramm. Z. Psychother. med. Psychol. 18, S. 201–208
5. Beckmann, D. u. H. E. Richter (1972): Gießen-Test (GT). Ein Test für Individual- und Gruppendiagnostik. Huber Verlag, Bern–Stuttgart–Wien, 2. unver. Aufl. 1975
6. Beckmann, D., E. Brähler u. H. E. Richter (1975): Repräsentative Erhebung an 200 Ehepaaren der Bundesrepublik und Berlin. Gießen (unveröffentl. Material)
7. Beckmann, D., E. Brähler u. P. Braun (1977): Zur Scheinkorrelation zwischen neurotischen Körperbeschwerden und sozialer Schichtzugehörigkeit. Z. Psychosom. Med. u. Psychoanal. 23, S. 251–261
8. Beckmann, D., E. Brähler u. H. E. Richter (1977): Neustandardisierung des Gießen-Test. Diagnostica, im Druck
9. Brähler, E., D. Beckmann u. St. Müller (1977): Psychosomatische Beschwerden und Schichtzugehörigkeit. Med. Psychologie 3, S. 214–223

9a. Brähler, E. u. J. W. Scheer: Skalierung psychosomatischer Beschwerdekomplexe mit dem Gießener Beschwerdebogen (GBB). Z. Psychother. med. Psychol. 1978, im Druck.

10. Oberndorf, C. P. (1938): Psychoanalysis of Married Couples. Psychoanalytic Review 25, S. 453
11. Richter, H. E. (1960): Die narzißtischen Projektionen der Eltern auf das Kind. In: Jahrbuch d. Psychoanalyse 1, 62–81. Huber Verlag, Bern–Stuttgart–Wien
12. Richter, H. E. (1963): Eltern, Kind und Neurose. Klett Verlag, Stuttgart
13. Richter, H. E. (1967): Fernsehübertragung psychoanalytischer Interviews. Psyche 21, S. 324–340
14. Richter, H. E. (1968): Probleme der Familientherapie. In: Jahrbuch d. Psychoanalyse 5, 107–123. Huber Verlag, Bern–Stuttgart–Wien

15. RICHTER, H. E. (1970): Patient Familie. Rowohlt Verlag, Reinbek
16. RICHTER, H. E. (1973): Zwei-Wochen-Paartherapie. Psyche 27, S. 889–901
17. RICHTER, H. E. (1973): Konflikte und Krankheiten der Frau. Archiv für Gynäkologie 214, S. 1–16
18. RICHTER, H. E. (1974): Lernziel Solidarität. Rowohlt Verlag, Reinbek
19. RICHTER, H. E. (1974): The visible suffering of women: The invisible sickness of the male. Vortrag Institute of Contemporary Arts, London.
20. RICHTER, H. E. (1976): Vorurteile gegenüber Frauen – Ursachen und Wirkungen. In: WEBER, M. (Hg): Probleme der Frauen – Probleme der Gesellschaft. Europäische Verlagsanstalt, Köln–Frankfurt
21. RICHTER, H. E. (1977): Paarkonflikte und Paartherapie. Der Kassenarzt, im Druck.
22. RICHTER, H. E. (1978): Die Anwendung des Gießen-Tests in der analytischen Zwei-Wochen-Paartherapie. In: BECKMANN, D., H. E. RICHTER (Hg): Erfahrungen mit dem Gießen-Test. Huber Verlag, Bern–Stuttgart–Wien, in Vorbereitung.

Was ist Sozialtherapie?*

Wo soziokulturelle Tradition einen sehr engen Zusammenhalt der Familie bedingt, entwickeln sich z. T. Ehe- und Familientherapeuten, die ausschließlich die Binnenprobleme der Gebilde Ehe oder Familie sehen und behandeln. Sie beschreiben Ehe und Familie als in sich geschlossene Systeme und erklären sich nur für die Bearbeitung der innerhalb dieser Systeme auftauchenden Konflikte kompetent. In ihrer Denkweise bleiben sie der Einzeltherapie insofern verhaftet, als sie das Paar oder die Familie im Grunde nach Art eines vergrößerten Individuums auffassen und als isolierte Einheiten behandeln. Eine eigentlich sozialtherapeutische Perspektive führt indessen dazu, Einzelne, Paare, Familien innerhalb ihrer komplexen sozialen Beziehungen zu verstehen und zu unterstützen. Sozialtherapie achtet darauf, wie Menschen wohnen und arbeiten, wie sie mit Nachbarschaft und Behörden umgehen. Sozialtherapie will nicht nur Menschen helfen, sich gegen äußere Entfremdung und Überforderung besser zu schützen oder durchzusetzen, sondern obendrein präventiv auf soziale Bedingungen selbst einwirken. Humanisierung von Schule und Arbeitswelt, Community Development und Umweltplanung im weiteren Sinne gehören zu den Bereichen, in denen Sozialtherapie bereits stattfindet oder wirksam werden will.

Dieser Anspruch erklärt, daß Sozialtherapie nicht von Einzelnen oder auch nur von einer Berufsgruppe zu praktizieren ist. Sie erfordert eine interdisziplinäre und interinstitutionelle Kooperation. Sie wird dort politisch, wo sie auf eine Änderung von

* Der Beitrag erscheint unter dem Titel «Sozialtherapie» in: Meyers Enzyklopädisches Lexikon, Band 22. Bibliographisches Institut Mannheim, 1978

schädlichen Lebensbedingungen dringen muß, die politische Entscheidungen erfordern. Grundsätzlich liegt ein politischer Aspekt von Sozialtherapie bereits darin, daß sie eine solidarische Gesellschaft verlangt, die soziale Diskriminierungen als Wurzel seelischer Krisen oder Krankheiten ebenso abschafft wie die ungleiche Verteilung von Therapieangeboten. Ihr Leitsatz lautet: Nur in sozialer Demokratie ist psychosoziales Wohlbefinden aller sozialen Gruppen möglich!

Im weiteren Sinne meint Sozialtherapie eine neue Sichtweise von Therapie überhaupt. Je mehr sich die Überzeugung durchsetzt, daß psychisches Wohlbefinden soziales Wohlbefinden einschließt und zugleich voraussetzt, um so mehr muß jede Therapie auch soziale Therapie sein. Sie bezieht sich auf die Menschen in ihren komplexen sozialen Zusammenhängen. Sie kümmert sich um ihre persönlichen Beziehungen untereinander, um ihre ökonomischen und ihre Wohnverhältnisse, um ihre Arbeitssituation, ihre Probleme in und mit Institutionen wie Schule, Heim, Ämter usw. Denn alle diese sozialen Faktoren können ursächlich beteiligt sein, wenn Menschen sich nicht mehr sozial zurechtfinden oder erkranken, wenn sie von Krankheiten nicht genesen oder mit Behinderungen kein erträgliches Leben führen können.

Grundsätzlich wird jede Individualtherapie bereits zur Sozialtherapie in dem Augenblick, in dem die Krankheit oder das Leiden eines Menschen nicht mehr ausschließlich als seine persönliche Angelegenheit behandelt wird, sondern als ein Ereignis, das ihn mit Personen und Umständen seiner sozialen Umwelt verbindet, die der Therapieplan mit einbezieht. Es kann aus praktischen Gründen zweckmäßig sein, die unmittelbare Behandlungsintervention auf einen engen psychosozialen Problemkreis zu begrenzen. So ist es denkbar, daß in einer Paartherapie oder in einer Familientherapie mit Vorrang oder ausschließlich die Kommunikationsschwierigkeiten in einer Zweierbeziehung oder in einer Familie bearbeitet werden. Vom sozialtherapeutischen Standpunkt aus ist indessen stets zu bedenken, daß diese interpersonalen Konflikte in übergreifende soziale Bedingungen eingebettet sind. Beispielsweise bilden sich in einer gestörten Paarbeziehung in irgendeiner Weise stets auch das traditionelle Ungleichgewicht und neuerdings obendrein eine zunehmende Rollenunsicherheit in der Beziehung zwischen den Geschlechtern ab, also ein Problem, das den Individuen gesellschaftlich vorgegeben ist. Der Abbau der alten und das Fehlen haltgebender neuer Normen für die Steuerung des Zusammenlebens in der Zweierbeziehung, in der Familie, speziell auch hinsichtlich der Kindererziehung kennzeichnen beispielhaft den durchgängigen Zusammenhang zwischen privaten interpersonalen Problemen und makrogesellschaftlichen Bedingungen.

Die Erkenntnis dieser Zusammenhänge macht verständlich, daß die Entwicklung sozialtherapeutischen Denkens mit sozialanalytischen und sozialkritischen Reflexionen einhergehen muß. Anders als in der klassischen naturwissenschaftlichen Medizin, die mit einem rein biologischen Gesundheitsbegriff operiert, muß sich Sozialtherapie an Leitbildern des gesellschaftlichen Zusammenlebens orientieren bzw. sich mit dem Umstand auseinandersetzen, daß die vorgegebenen gesellschaftlichen Strukturen und Organisationsformen die Chancen für soziales und psychisches Wohlbefinden vieler Menschen in mannigfacher Weise einengen.

In der klassischen Individualtherapie ist für den Therapeuten nur das Wohlergehen des einzelnen Patienten maßgeblich. Dessen Bezugspersonen weist der Therapeut die Aufgabe zu, seinen Heilungsplan durch Hilfsmaßnahmen zu unterstützen. Implizit folgt die Behandlungsstrategie einem individualistischen Konzept. Der Therapeut und die soziale Umwelt ordnen sich in dieser Perspektive jeweils den Interessen des Einzelnen unter. Darin steckt die Voraussetzung, daß die Gesellschaft prinzipiell den Gesundheitsanspruch jedes einzelnen Mitgliedes respektiert und allen in gleicher Weise zubilligt, im gegebenen Fall die besonderen Vorrechte des Patientenstatus zu fordern. Dies ist aber eine Fiktion. Denn viele erkranken ja bereits unter dem Druck einer rücksichtslosen sozialen Umwelt. So ist es beispielsweise erwiesen, daß einem Absinken auf der sozialen Schichtenskala ein erhöhtes Risiko psychischer Krankheiten folgt. Die Prinzipien unserer Wettbewerbsgesellschaft bedrohen die Unterliegenden, d. h. die sozial Schwächeren mit einer vergleichsweise vermehrten Gefahr des Scheiterns und der soziogenen Erkrankung. Obendrein vermindert sich am unteren Rande der sozialen Schichtenskala die Chance der Menschen auf therapeutische Versorgung und damit auf die Teilnahme an den Vorrechten einer Patientenrolle. Denn in der unteren und in der untersten Sozialschicht reagieren Menschen auf unbewältigte Spannungen und Konflikte vielfach in Form von Verhaltensstörungen, die nur selten als Ausdruck krankhafter Verzweiflung, sondern eher als schuldhaftes Fehlverhalten eingeschätzt werden. Statt als Patienten etikettiert man diese Betroffenen eher als «Asoziale», «Psychopathen», «Störer» und setzt sie, statt sie zu behandeln, verstärktem Druck durch Disziplinierungs- und Strafmaßnahmen aus.

Der sozialtherapeutische Ansatz bestimmt sich von einem sozialbezogenen Gesundheitsbegriff her: Zu erstreben ist ein gleiches und gemeinsames Wohlergehen aller in einer Gesellschaft, die von dem Prinzip der Solidarität geleitet und strukturiert wird. Indem Sozialtherapie in der sozialen Umwelt einen maßgeblichen ursächlichen Faktor für Krankheit und Gesundheit sieht, muß sie neben der Wahrnehmung ihres unmittelbaren therapeutischen Auftrages zu jeder Zeit auch politische Forderungen artikulieren, nämlich solche, die sich auf die Abstellung derjenigen gesellschaftlichen Mißstände richten, die als wichtige soziogene Krankheitsfaktoren wirksam sind.

Die Besinnung auf die sozialen Voraussetzungen von Therapie führt auch dazu, daß man diese Voraussetzungen nicht nur bei den Betroffenen, sondern zu Recht auch auf der Seite der versorgenden Dienste und Personen kritisch überprüft. Sozialtherapie ist nur dann sinnvoll möglich, wenn diejenigen, die diese Therapie vermitteln wollen, von ihren Arbeitsbedingungen her dazu praktisch in der Lage sind. Es zeigt sich indessen, daß die für die Versorgung zuständigen Dienste so organisiert sind, daß sie sich in aller Regel nicht zu einer ganzheitlichen Betreuung der psychosozialen Lebensschwierigkeiten von Betroffenen anbieten können. Medizinische, beraterische, fürsorgerische, pädagogische Dienste arbeiten weitgehend isoliert voneinander und nur sehr partiell koordiniert aufeinander zu. Die Ausübung von Therapie ist noch immer weitgehend Ärzten und Heilhilfspersonen als Privileg vorbehalten, die in Praxen und Kliniken vornehmlich eine traditionelle medizinische Versorgung betreiben. Streng abgetrennt widmet sich die Sozialbürokratie mit ihren Einrichtungen den als rein «sozial» etikettierten Problemen. Die Folge ist, daß ein Betroffener zumeist entweder als «sozial Gefährdeter» oder als «sozial Schwieriger» ausschließlich an die Sozialadministration und an Sozialarbeiter gerät oder als «medizinischer Fall» allein ärztlich-pflegerische Hilfe in einer Praxis oder einem Krankenhaus erhält. Sein Aspekt als Patient und sein Aspekt als sozialer Problemfall werden also meist aufgespalten, und es ist eher die Ausnahme, wenn die körperlichen, psychischen und sozialen Anteile seiner in sich zusammenhängenden Schwierigkeiten auch ganzheitlich verstanden und zum Gegenstand einer konvergierenden Behandlungsstrategie gemacht werden. Eben diese ganzheitliche Betrachtungsweise zu etablieren und in den Behandlungskonzepten zum Ausdruck zu bringen, gilt als wesentliches Ziel moderner Sozialtherapie.

Die für Sozialtherapie nötige Zusammenarbeit verschiedener mit psychosozialer Betreuung befaßter Dienste herzustellen, ist nur teilweise als Aufgabe der Umorientierung bzw. des guten Willens der diversen Berufsgruppen des Versorgungssystems anzusehen. U. a. erscheinen folgende Modifikationen institutioneller Regelungen vordringlich: Viele medizinische Dienste, Kliniken und Praxen müßten wesentlich stärker als bisher mit Sozialarbeitern durchsetzt werden, damit die diagnostische und therapeutische Berücksichtigung sozialer Probleme im gleichen Arbeitsgang zusammen mit den rein medizinischen Maßnahmen erfolgen könnte. Den Sozialarbeitern müßte dabei ermöglicht werden, in enger partnerschaftlicher therapeutischer Gemeinschaft mit Ärzten, Psychotherapeuten, Schwestern und Pflegern zu arbeiten. Ähnliche Teamstrukturen sind im Beratungswesen und in heilpädagogischen Einrichtungen allenthalben unumgänglich. Dies erfordert eine Revision der zum Teil überholten hierarchischen Aufsplitterungen der zugewiesenen Tätigkeitsfelder und Verantwortlichkeiten. Wenn der soziale Aspekt innerhalb eines neuen ganzheitlichen Verständnisses von Gesundheit, Krankheit und Versorgung tatsächlich als gleichrangig wichtig neben dem rein medizinischen Aspekt eingestuft und diesem nicht mehr als minder relevant nachgeordnet werden soll, dann muß dies organisatorisch und tariflich zu einer Neubewertung therapeutisch relevanter Sozialarbeit führen. Materiell und organisatorisch fixierte Rivalitäten in den Dienststellen hindern zuallermeist das Personal an einer konvergierenden ganzheitlichen Bearbeitung der Klientenprobleme in sozialtherapeutischer Perspektive.

Dringend revisionsbedürftig ist ferner der Umstand, daß Anstalten, die psychisch und sozial besonders Gefährdeten oder Kranken den Weg zu einer befriedigenden Wiedereingliederung in die Gesellschaft bahnen sollen, diese Menschen vielfach eher zusätzlich von der sozialen Realität isolieren und statt dessen nur an den eigenen Betrieb anpassen. Viele Kinder in Heimen, Jugendliche und Erwachsene in Vollzugsanstalten, psychisch Kranke in Nervenkliniken werden von den jeweiligen Institutionen total vereinnahmt und der Außenwelt derart entfremdet, daß sie, eines Tages entlassen, ratlos dastehen. Anstatt Resozialisierungshilfen zu leisten, fördern die Institutionen eher die soziale Ausschließung der Betroffenen. Zur Durchsetzung eines sozialtherapeutischen Konzeptes ist es nötig, daß diese Anstalten – entsprechend einigen bereits vorhandenen Reformansätzen – nach außen durchlässiger werden, daß sie ihren Insassen mehr Aktivität und Mitverantwortung im Anstaltsalltag einräumen und daß der Übergang in das Leben außerhalb der Anstalt systematisch präpariert und unterstützt wird. Eine sinnvolle Koordination anstaltsinterner und ambulanter Betreuung ist aber nur dann zu erreichen, wenn die für die stationäre und die für die häusliche Betreuung zuständigen Personen eng kooperieren oder wenn die Versorgung hier wie dort sogar in den gleichen Händen verbleiben kann. Oftmals mißlingen Resozialisierungsversuche bei sozial Gefährdeten, bei chronisch psychisch Kranken oder Behinderten in erster Linie deshalb, weil diese laufend wechselnden Betreuern ausgeliefert werden, so daß gerade erst etablierte Vertrauensverhältnisse immer wieder abreißen. Unter sozialtherapeutischem Gesichtspunkt erscheint es unumgänglich, die personelle Regelung der therapeutischen Versorgung weniger – wie bisher vielfach üblich – von den Eigeninteressen der Institutionshierarchien her zu regeln, sondern statt dessen nach den Bedürfnissen der zu betreuenden Menschen. Daraus folgt, daß Sozialarbeiter, Ärzte, Erzieher, Psychologen, Bewährungshelfer usw. mehr als bisher über die Grenzen ihrer Stamminstitutionen hinaus tätig werden müßten, um eine bessere personelle Kontinuität in der Unterstützung der Klienten zu ermöglichen.

Das Konzept der Sozialtherapie läßt sich jedenfalls nur dann zugunsten der Versorgungsbedürftigen schrittweise realisieren, wenn sich zunächst die Versorgungsdienste selbst reorganisieren bzw. wenn sie durch institutionelle Reformen bessere Möglichkeiten erhalten, den Betroffenen in einer koordinierten und kontinuierlichen Strategie sozial zu helfen. Allerdings ist von den Betreuern in den verschiedenen Diensten auch zu erwarten, daß sie an der Basis selbst vermehrt initiativ werden, um im Bereich ihrer heute schon gegebenen Möglichkeiten besser aufeinander zuzuarbeiten, sich wechselseitig zu unterstützen und sich nach Möglichkeit auch an regionalen Planungen in ihrem Versorgungsbereich zu beteiligen. Ein praktisches Basis-Kooperationsmodell, nach sozialtherapeutischen Vorstellungen konzipiert, ist die «Psychosoziale Arbeitsgemeinschaft», wie sie von den Sachverständigen der deutschen Psychiatrie-Enquete empfohlen und hier und da auch bereits spontan realisiert wurde:

Hierbei handelt es sich um eine spontane Selbstorganisation, an der sämtliche Beratungs- und Behandlungsdienste einer Versorgungsregion beteiligt sind, die mit Prävention, Therapie und Rehabilitation von psychosozialen Störungen, Krankheiten und Behinderungen zu tun haben. Die Mitarbeiter der diversen Dienststellen und niedergelassene Praktiker treffen sich regelmäßig. Im Zuge des fortlaufenden Erfahrungsaustausches verstärkt sich in aller Regel automatisch das Interesse, folgende Aufgaben gemeinsam wahrzunehmen: verbesserte Koordination der Arbeit zwischen den verschiedenen Stellen, wechselseitige Unterstützung bei besonders risikobehafteten Versorgungsaufgaben (etwa im Bereich von Drogengefährdeten, Obdachlosen, Delinquenten), Entwicklung von Planungsinitiativen, Zusammenarbeit in der Organisation und Durchführung von Fortbildungs- und Supervisionsprogrammen.

Erfahrungen zeigen, daß dieses Modell einer regionalen «Psychosozialen Arbeitsgemeinschaft» zur Förderung sozialtherapeutischer Bestrebungen sehr brauchbar ist und im Verhältnis zu seinem geringen Finanzbedarf relativ viel leisten kann, sofern diese Basisinitiative von den Trägern und übergeordneten Behörden nicht nur hinreichenden Spielraum erhält, sondern bei diesen ihrerseits weitere Kooperationsinitiativen stimuliert.

Andererseits stoßen derartige sozialtherapeutische Reformimpulse, die von der Basis der Betreuungsdienste ausgehen, auf mittleren und z. T. auch höheren Ebenen der Administration leicht auf Widerstände, die nicht so sehr von den befaßten Amtsträgern als Personen, eher von gesellschaftlichen Vorbehalten gegenüber einem großzügigeren politischen Engagement für Sozialtherapie überhaupt herrühren. Diese Vorbehalte hängen erstens mit Bedenken gegen die von sozialtherapeutischer Seite gewünschten Reformen in der Personalstruktur der Versorgungsinstitutionen zusammen, zweitens aber auch mit grundsätzlichen politischen Einwänden gegen ein angeblich ausuferndes und zu kostenintensives Betreuungssystem.

Von sozialtherapeutischer Seite wird dagegen argumentiert: Sozialtherapie dient nicht zur Belohnung unangemessener Bequemlichkeits- und Anspruchshaltungen. In der Tat erstrebt Sozialtherapie im Gegenteil stets nach Möglichkeit die Förderung von Selbsthilfeinitiativen bei den Betroffenen. Sie setzt sich für das Prinzip der Selbsthilfegruppen ein und liefert z. B. in dem Modell der «Psychosozialen Arbeitsgemeinschaft» und in zahlreichen anderen Spontangruppen-Modellen Beispiele für kostensparende Eigeninitiativen. Andererseits besteht in diversen sozialen Bereichen wie in Unterschichtsiedlungen mit mangelhafter Infrastruktur, in vernachlässigten Stadtrandgebieten, in manchen ländlichen Gegenden, in Quartieren ausländischer Arbeitnehmer usw. eine eklatante Unterversorgung mit Betreuungsdiensten. Alle einschlägigen epidemiologischen Erhebungen beweisen, daß zumal in diesen Zonen mehr und zugleich modernere präventive und therapeutische Angebote gemacht werden müßten, um hier die hohen Quoten von Suchtgefährdung, Schulversagen, Dissozialität und sozial bedingten psychischen Krankheiten abzubauen.

Weil in der Unter- und Randschicht naturgemäß sozioökonomische Konfliktpotentiale die relativ bedeutendste Rolle spielen, ist es sinnvoll, daß hier neue spezielle sozialtherapeutische Projekte vorzugsweise ansetzen. Dementsprechend betont die deutsche Psychiatrie-Enquete insbesondere die Aufgabe der «sozialtherapeutischen Versorgung der Rand- und Risikogruppen unserer Gesellschaft» und führt aus: «Dabei tritt die Arbeit mit den Einzelnen mehr zugunsten einer familien- und gruppenzentrierten sozialtherapeutischen Arbeit und einer institutions- und gemeinwesenbezogenen Hilfestellung und Beratung zurück.»

Unter konkreten sozialtherapeutischen Vorhaben sind in der Tat vor allem zahlreiche bemerkenswerte pionierhafte Modelle der Gemeinschaftsarbeit mit chronisch psychisch Kranken, mit Drogengefährdeten, mit inhaftierten bzw. entlassenen Straffälligen, mit ausländischen Arbeitnehmerfamilien und – in größerer Zahl – mit Bewohnergruppen von Obdachlosen-Randsiedlungen bekannt geworden. Projekte, die sich auf eine ganze Randgruppensiedlung beziehen, haben besonders umfassende Strategien entwickelt, die auch unter Begriffen wie Gemeinwesenarbeit und community therapy dargestellt worden sind. Hier erreichen sozialtherapeutische Ansätze ihre größte Komplexität, indem sie z. B. einbeziehen: Kindergartenarbeit, neue Schulversuche im Eingangsstufenbereich, Freizeitgruppenarbeit mit Schulkindern, Jugendclub, Kooperation mit Bewohnerinitiativen (Mieterräten und Clubs), familientherapeutische Kriseninterventionen, Sexual-, Schwangeren-, Mütterberatung vor Ort. Hinzu kommt die Unterstützung von Bewohneraktivitäten zur Erkämpfung städtebaulicher Verbesserungen, Wohnungsrenovierungen und anderer Förderungsmaßnahmen. Derartige umfassende sozialtherapeutische Ansätze stützen sich auf die Erfahrung, daß eine effizientere psychosoziale Prävention für die einzelnen Bewohner derartiger Siedlungen Verbesserungen im lokalen Gesamtmilieu voraussetzt.

Solche und andere Vorhaben erweisen als notwendig, daß sozialtherapeutisch aktive Gruppen auch versuchen, direkt in Behörden Einfluß zu gewinnen, etwa um unheilvolle administrative Vorhaben abzuwenden, um Konflikte zwischen Ämtern und Betroffenen zu klären usw. Gelegentlich sind Dienststellen des Gesundheits- und Sozialwesens auch bereit, zum Abbau interner Schwierigkeiten «Institutionsberatung» von gruppendynamisch geschulten Experten oder Teams in Anspruch zu nehmen. Derartige Beratungshilfen können durchaus sozialtherapeutischen Zwecken wirksam dienen.

Auch die Möglichkeit der wissenschaftlichen Begleitung von Projekten im Rahmen der «Humanisierung der Arbeitswelt» in Betrieben ist in diesem Zusammenhang zu erwähnen. Hier handelt es sich um eine der noch selten praktizierten, aber auf längere Sicht sehr wichtig erscheinenden Möglichkeiten sozialtherapeutischer Tätigkeit.

Der bislang mit Vorrang beschriebene Ausbau sozialtherapeutischer Ansätze im Unterschicht- und Randgruppenbereich entspricht dem dort bestehenden besonderen Versorgungsdefizit. In diesem Zusammenhang sollte man indessen die Gefahr einer Tendenz bedenken, einer Einengung des Begriffes Sozialtherapie auf den Bereich «Rand- und Risikogruppentherapie» zuzustimmen. Das könnte am Ende nämlich leicht dazu führen, sich damit zu begnügen, die traditionelle Tätigkeit von Sozialarbeitern bloß in Sozialtherapie umzubenennen. Es ist ja bekanntlich eine der in diesem Feld geläufigsten Manöver, allfällige Innovationen und Reformen mit Hilfe beschwichtigender Umetikettierungen zu vermeiden. Eine Chance wäre vertan, wenn am Ende die Kette der Wortverwandlungen von Wohlfahrtspflege, Fürsorge, Sozialarbeit lediglich durch den Terminus Sozialtherapie fortgesetzt würde. Statt dessen gilt es – im Interesse der Betroffenen wie der Betreuer – die mit Sozialtherapie ursprünglich gemeinte Intention festzuhalten, nämlich den künstlichen und vielfach diskriminierenden sozialen Abgrenzungen zwischen Betroffenen und der übrigen Gesellschaft entgegenzuwirken und gleichzeitig die diversen Versorgungsdienste und ihre Repräsentanten stärker miteinander zu verklammern.

Eine wichtige Zukunftsaufgabe besteht im Ausbau von Fortbildungs- und Weiterbildungsangeboten für die Vermittlung der Theorie und der wichtigsten praktischen Methoden der Sozialtherapie. Auf Grund des Vorschlages der Psychiatrie-Enquete ist ein spezieller sozialtherapeutischer Weiterbildungsgang für Sozialarbeiter vorgesehen, aber dieser Vorschlag betont zugleich zu Recht, den Vorteil einer gemeinsamen Fort- und Weiterbildung der verschiedenen betroffenen Berufsgruppen. Als modellhaft können einzelne mehrjährige Weiterbildungskurse für Familien- und Sozialtherapie gelten, die inzwischen als gemeinsame Veranstaltungen für Vertreter diverser sozialer Berufe – Sozialarbeiter, Psychologen, Ärzte, Berater, Heil- und Sonderpädagogen – eingerichtet worden sind.

Von der Mitverantwortung der Therapeuten für die psychosozialen Krankheiten, die sie heilen sollen.*

Die Geschichte der psychosozialen Krankheiten ist zugleich die Geschichte der Erzeugung psychosozialer Konflikte durch die und in den Therapeuten selbst. Die naturwissenschaftlichen Psychiater wollten die psychisch Kranken moralisch rehabilitieren und haben sie dabei zu unmündigen Naturwesen degradiert. Die diversen therapeutischen Berufsgruppen blockieren einander oftmals durch die gleichen Rivalitätskonflikte, an denen ihre Patienten erkranken. Sie führen ihren Patienten zum Teil genau diejenigen Mechanismen von narzißtischer Selbstisolierung und phobischer Realitätsflucht vor, die zu kurieren sie als ihre Aufgabe deklarieren. Sie erwarten, daß die Patienten zur Gesundung mehr kreative Aktivität entwickeln, und erstarren in ihren eigenen Fachgruppen mehr und mehr in lähmenden Reglementierungen und überlebten Ritualen. Sie vermitteln spezialistische therapeutische Ausbildungen, welche die Fähigkeit zu spontanem und partnerschaftlichem Kommunizieren so sehr schwächen, daß die trainierten Experten oft gar nicht mehr unbefangen mit Klienten umgehen können. Und sie reproduzieren gegenüber den Betreuten vielfach unbewußt aktiv dasjenige Bevormundungsverhältnis, dem sie in passiver Weise gegenüber den übergeordneten Instanzen ihrer Fachorganisationen, Kliniken, Trägerverbände und Verwaltungen ausgeliefert sind.

Bei sich selbst die Wechselbeziehungen zwischen sozialen Zwängen und professionellem Fehlverhalten zu klären, ist eine vordringliche Selbsterziehungsaufgabe der therapeutischen

* Nach einem Vortrag, gehalten auf der Tagung für Analytische Familientherapie und Gesellschaft 1977 in Gießen

Gruppen. Ohne diese peinliche Arbeit zu bewältigen, haben sie keine Chance, wirksam zum Abbau psychosozialer Konflikte und Krankheiten in der Gesellschaft beizutragen. Aber aus der selbstkritischen Analyse ergeben sich auch Hinweise auf mögliche Verbesserungen der Organisation und Gestaltung kooperativer psychosozialer Versorgung.

In der klinischen Psychoanalyse registrieren wir Zeichen einer verbreiteten seelischen Abstumpfung und Monotonisierung. Ausdrucksarmut und Nivellierung kennzeichnen die Verarbeitungsformen psychischer Konflikte. Während zur Zeit des jüngeren FREUD[4] die farbigen und oft dramatischen Symptombilder der Hysterie das Interesse der ersten Psychoanalytiker auf sich zogen, fühlen sich gegenwärtig viele Psychoanalytiker zur Erforschung eines sich häufenden eher konträren klinischen Phänomens aufgerufen. Dabei handelt es sich um eine hochgradige psychische Verarmung mit einer Entdifferenzierung der Emotionalität, automatenhaft wirkenden Denkabläufen und einer Unfähigkeit zu kreativem Phantasieren. Entsprechend den fachtypischen Gepflogenheiten der klinischen Psychiatrie neigen einige dazu, dieses Phänomen lediglich als einen neuen psychopathologischen Typus zu katalogisieren und der Reihe der bereits in den Lehrbüchern aufgeführten Strukturtypen hinzuzufügen. Erwartungsgemäß zeigt sich, daß die Erscheinungen dieser psychischen Verarmung gehäuft in den bildungsmäßig und einkommensmäßig benachteiligten sozialen Schichten auftreten, wo der Druck ökonomisch-technischer Zwänge, insbesondere auch die Dehumanisierung der Arbeitswelt, am weitesten fortgeschritten ist und für eine Lebensentfaltung nach emotionalen Bedürfnissen den geringsten Spielraum läßt. Vieles spricht jedenfalls dafür, daß es sich bei diesem psychischen Phänomen nicht um irgendeine schicksalshafte bzw. durch biographische Zufälligkeiten bedingte Sondervariante psychischer Fehlentwicklung handelt, sondern schlechthin um diejenige Ausdrucksform von psychischer Störung, die unmittelbar aus der Automatisierung, aus der Beziehungslosigkeit und der Sinnverarmung unseres modernen Lebens folgen. Das würde heißen, daß auch die Angehörigen der sozial privilegierten Schichten auf dem Wege sind, in dieser Richtung psychisch zu verkümmern. Aber je mehr Menschen sich durch innerliche Abbildung der dehumanisierten Umwelt in nivellierte, emotional verflachte Automaten verwandeln würden, um so eher schwände zugleich das Potential für ein kritisches und konstruktives Umdenken. Wir würden am Ende nicht mehr leiden. Wir würden schließlich gar nicht mehr wissen, daß unsere durch Entfremdung von uns selbst bedingten psychosomatischen Krankheitserscheinungen etwas anderes sind als bloße technische Körperdefekte.

Aber zur Zeit ist noch erkennbar, daß viele sensibilisierte Menschen ihre besondere psychische Gefährdung durch die sich verändernden sozialen Lebensbedingungen durchaus wachsam empfinden. Diese Empfindung drückt sich in zwei Feststellungen aus. Zum einen sorgen sich die Betreffenden um die Aufrechterhaltung dessen, was ERIKSON[2] als Ich-Identität beschrieben hat. Dieser vor wenigen Jahrzehnten noch kaum bekannte Begriff ist binnen kurzem zu dem Zentralthema des allgemeinen Konfliktbewußtseins geworden. Wie kann man sich heute noch zu einem eigenständigen Wesen entwickeln, und wie kann man dieses persönliche Selbst bleiben, wie kann man seinen Bedürfnissen und Überzeugungen treu bleiben? Wie kann man ein auf Schritt und Tritt von außen vorgedachtes, vorgeplantes, vororganisiertes, verwertetes Leben noch auf eigene kritische Entscheidungen gründen? Wie kann man der unablässigen Verführung standhalten, sich psychisch zu korrumpieren und in ein unkritisches stereotypes Anpassungsverhalten hineinzugleiten, das nichts anderes als psychische Selbstaufgabe bedeuten würde? – Man sieht, der Kampf um Erhaltung bzw. Wiedergewinnung innerer Freiheit ist seit der Anfangsphase der Psychoanalyse noch ernster, noch schwieriger geworden. Er ist nicht mehr begrenzt auf das Problem der Integration der unterdrückten Sexualität bzw. der Triebwelt allgemein. Jetzt ist es die Frage, ob der Mensch überhaupt noch als persönliches Selbst überleben kann oder ob er in einer Art von Automatendasein innerhalb durchprogrammierter Organisationssysteme aufgeht.

Die Formel von der bedrohten persönlichen Identität ist die *eine* Feststellung, in der sich heute das Bewußtsein psychischer

Gefährdung artikuliert. Die *andere* Feststellung bezieht sich auf den engen Zusammenhang von sozialer Lage und innerer Verfassung. Je mehr sich die Menschen durch ihre aktuellen Umweltbedingungen psychisch bedroht fühlen, um so mehr stellen sich ihre inneren Probleme gleichzeitig als psycho*soziale* Probleme dar. Sie mögen nach wie vor einsehen, daß viele ihrer psychischen Behinderungen auf mangelhaft verarbeitete Kindheitserfahrungen zurückgehen, die sich störend auf ihre psychische Strukturentwicklung ausgewirkt haben. Aber daneben belastet sie der Druck ihrer *aktuellen* sozialen Lebensbedingungen. Und so beschreiben immer mehr Patienten beim Psychotherapeuten ihre Konflikte sowohl als ein persönliches inneres Unvermögen wie als ein Problem ihrer sozialen Situation in der Familie, im Arbeitsbetrieb oder in einem sonstigen sozialen Beziehungsfeld. Die Menschen verspüren, wie sich auch aus einer an unserem Zentrum durchgeführten repräsentativen Erhebung zeigt, eine vermehrte Abhängigkeit ihrer seelischen Verfassung von ihren gegenwärtigen äußeren Lebensumständen. Und so erwarten sie, daß ein Therapeut ihre neurotischen oder psychosomatischen Störungen nicht mehr isoliert als intraindividuell versteht, sondern daß er ihre aktuellen sozialen Schwierigkeiten in sein Behandlungskonzept mit einbezieht.

Im Zuge dieser Entwicklung taucht neben dem traditionellen Begriff von psychischer Krankheit der Begriff der *psychosozialen Krankheit* auf. Psychosoziale Krankheit meint nicht eine neue *Form*, sondern ein neues *Verständnis* von Krankheit. Sie betrifft den Menschen in seinem gesamten psychosozialen Zusammenhang, verstrickt in innere Konflikte wie in soziale Schwierigkeiten mit Partnern und Bezugsgruppen im privaten Bereich und in der Arbeitswelt.

Natürlich hat es psychische und psychosomatische Störungen als Ausfluß aktueller belastender Sozialfaktoren immer schon gegeben. Man denke nur etwa an die verbreiteten Kriegsneurosen bei Soldaten in beiden Weltkriegen oder an sonstige an soziale Extremsituationen wie Haft oder wirtschaftliches Elend geknüpfte Störungsformen. Aber bislang war es üblich gewesen, diese sozialen Krankheitsfaktoren als Ausnahmefälle einzustufen und isoliert zu betrachten. Sie wurden in der Psychiatrie zusammen mit Eisenbahnkatastrophen oder Erdbebenunglükken in die Kategorie von speziellen traumatischen Krankheitsursachen eingereiht, von denen man glaubte, daß sie etwa nach Art einer groben mechanischen Einwirkung funktionierten. Ein Bewußtsein von der durchgängigen Verknüpfung psychischer Krankheiten mit sozialen Konfliktmomenten war indessen weder im allgemeinen Lebensgefühl noch in den Konzepten der Medizin vorhanden. Daß sich dieses Bewußtsein lange Zeit nicht entwickelte, hängt einerseits damit zusammen, daß sich die bürgerlichen Schichten in ihrem ungebrochenen Fortschrittsglauben ihres sozialen Spielraums zur individualistischen Selbstentfaltung noch relativ sicher fühlten. Man muß aber noch einen ganz anderen Grund würdigen, der die Ausbreitung eines psychosozialen Krankheitsbegriffes hinderte. Und da auch dieses Moment zweifellos heute noch wirksam ist, wie wenig es auch in der allgemeinen Diskussion beachtet zu werden pflegt, seien darüber einige Worte gesagt.

Die Krankheitstheorien der Medizin sind über viele Jahrhunderte tiefgreifend durch kirchliche Moralvorstellungen geprägt worden. Krankheit allgemein und speziell psychische Krankheit war lange Zeit eng verknüpft mit Schuld. Psychische Gesundheit erschien in etwa gleichbedeutend mit frommem, sittlichem Lebenswandel. Die Kirche unterstützte nachdrücklich die These, daß der Mensch von Kindheit auf sein psychisches Wohlbefinden selbst zu verantworten habe. Die engen Verknüpfungen von Gefühlen und Triebimpulsen mit der sozialen Umwelt waren seit dem Mittelalter ein ständiger Anlaß zur Ermahnung, speziell diesen psychischen Bereich jederzeit unter strengster Kontrolle zu halten und in der Entfaltung einzuschränken. Das Eingeständnis, daß die sozialen Bedingungen einen unmittelbaren Einfluß auf die emotionalen Prozesse ausübten, hätte eine Entlastung des Menschen von Schuldfähigkeit bedeutet, die ihm nicht gestattet werden sollte. Bis tief ins 19. Jahrhundert hinein galt psychische Krankheit zuallererst als Folge sündiger Lebensführung, insbesondere als Resultat verbotener Triebhandlungen. Ein behindertes oder krankes Kind sollte von seinen Eltern als Buße für ihr eigenes sittliches Versagen verstanden werden. Psychische Krankheit von außen her erschien nur in einem einzigen

Falle denkbar, nämlich als direkte Inbesitznahme der Seele durch den Teufel selbst, also als Besessenheit.

Den meisten Zeitgenossen erscheint ein solches Krankheitsverständnis heute als grotesk, als eine längst überwundene historische Verirrung. Da wo Besessenheitsglaube und Exorzismus noch gelegentlich aufflackern, wirken sie wie kuriose Überbleibsel aus einer historischen Periode, mit der die meisten kaum noch etwas zu tun zu haben glauben. Vieles spricht indessen dafür, daß die über viele Jahrhunderte gezüchteten Schuldängste noch immer unbewußt weiterwirken. Und es ist sicher nicht abwegig, wenn man z. B. die *Geschichte der neueren Psychiatrie* u. a. als einen großangelegten Versuch versteht, diese unbewältigten Schuldängste durch eine naturwissenschaftliche Vergegenständlichung der psychischen Krankheiten zu beschwichtigen. Indem man die seelischen Krankheiten insgesamt organisch erklärte, wollte man sie der persönlichen Verantwortlichkeit bzw. der Schuldfähigkeit der Patienten entziehen. Ohne dieses Hintergrundmotiv des Kampfes mit tief eingewurzelten Schuldgefühlen läßt sich jedenfalls das geradezu fanatisch unbeirrbare und zu einem großen Teil vergeblich gebliebene Bemühen kaum verstehen, die gesamte Mannigfaltigkeit der psychischen Störungen pauschal auf Anlagefaktoren bzw. auf Schäden an den Zellen oder am Stoffwechsel zurückzuführen. Die Psychiatrie sollte vollständig in das System der Körpermedizin integriert werden, weil nur auf diese Weise eine moralische Rehabilitierung der Kranken und zugleich eine Aufwertung der Psychiater und der psychiatrischen Pflegekräfte erreichbar schien.

Aber so, wie jede unüberwundene Angst bei unbewußten Abwehrversuchen den Feind wieder reproduziert, den sie bannen will, wurde das Diskriminierungsproblem nur verschoben. Zum einen kam es zu einer Wiederauferstehung des Teufelsglaubens in Form des modernen Rassenwahns. Zum anderen verkoppelt die naturwissenschaftliche Psychiatrie die moralische Freisprechung der psychisch Kranken mit einem durchaus diskriminierenden kollektiven Unzurechnungsfähigkeitsurteil. Der psychiatrische Patient galt ja lediglich insofern als unschuldig, als er nurmehr als Naturwesen gesehen wurde und nicht mehr als ganzheitliche Person. Sein Scheitern in der psychischen

Krankheit wurde zum bloßen Produkt einer körperlichen Fehlsteuerung. Das heißt, der Patient wurde moralisch freigesprochen, aber zugleich zu einer unmündigen Kreatur degradiert. Sein Seelenleben reduzierte sich zum Resultat organischer Funktionen. So kam es schließlich zu der einigermaßen tragischen Paradoxie, daß die naturwissenschaftliche Psychiatrie einst ausgezogen war, um die Diskriminierung der seelisch Kranken abzuwenden und sich nun neuerdings vorwerfen lassen muß, daß sie nur die eine Diskriminierung durch eine andere ersetzt habe.

Allerdings ging es den Vertretern der naturwissenschaftlichen Psychiatrie ursprünglich nicht nur um eine Exkulpierung ihrer Patienten, sondern gleichzeitig darum, sich selbst eine mitverantwortliche Verstrickung in die sozialen Konflikte ihrer Kranken zu ersparen. Dazu bedienten sie sich der Vorstellung, daß die soziale Umwelt eine vorgegebene Konstante sei, an die sich der gesunde Mensch jederzeit funktionell anzupassen habe. Die Psychiater hielten sich an die Norm einer praktisch unbegrenzten psychosomatischen Anpassung des Menschen an eine beliebig belastende Umwelt, sofern es sich hierbei um allgemeine bzw. von der Obrigkeit verordnete Umweltumstände handelte. Die Frage, ob es bei einem wünschenswerten Maß an Sensibilität eine Grenze inhumaner sozialer Zumutungen gibt, jenseits derer psychische oder psychosomatische Funktionsstörungen ausbrechen müssen, wurde vermieden. Die Psychiatrie wollte sich von moralischen Wertungen und politischen Stellungnahmen freihalten – und verleugnete damit ihre Mitverantwortung zur Verteidigung bzw. Schaffung humaner Lebensverhältnisse.

Mit der Einführung des Begriffes von der *psychosozialen Krankheit* erweitert der Therapeut sein Konzept bzw. er versucht, die künstliche Ausblendung der sozialen Dimension von Gesundheit und Krankheit aufzuheben. Es geht ihm darum, seine Patienten, sich selbst und die beiderseitigen Beziehungen ganzheitlich zu verstehen. Das mag als programmatisches Vorhaben unmittelbar einleuchten. Man muß sich aber auch über mancherlei Schwierigkeiten klar sein, die mit dem Anspruch auf ein umfassendes psychosoziales Krankheitsverständnis mit dem Vorsatz, ein psychosozialer Therapeut werden zu wollen, verbunden sind.

Noch sind die sozialen Zusammenhänge psychischer und psychosomatischer Störungen erst in Anfängen erforscht. Einzelne grundlegende Arbeiten aus der transkulturellen Psychiatrie und aus der Ethnopsychoanalyse belehren uns über kulturspezifische psychische Entwicklungs- und Erkrankungsmuster. Wir wissen einiges über die Beziehungen zwischen Geschlechtsrollen, Beschwerden, Krankheiten und Gesundheitsverhalten aus dem eigenen Kulturbereich. Hier haben wir auch zumindest einen ersten Überblick über Zusammenhänge zwischen sozialer Schicht und psychischer Krankheit. Erst ansatzweise begreifen wir die psychopathologische Relevanz von Gruppenstrukturen in Betrieben und von spezifischen Arbeitsplatzmerkmalen. Die Notwendigkeit einer engen Verknüpfung von Arbeitswissenschaft und psychosomatischer Medizin wird erst neuerdings hier und da erkannt, obwohl es sich gerade hier um ein für die psychosoziale Forschung zentral wichtiges Problemfeld handelt. Erst durch die gezielte Einbeziehung sozialer Faktoren erfährt auch die Gerontopsychiatrie neue Impulse, die lange Zeit infolge des Haftens an rein biologischen Kausalhypothesen kaum vorankam. – Relativ umfangreich ist indessen bereits die wissenschaftliche Literatur über die Beziehungen zwischen Familiendynamik und Krankheit. Aber gerade an diesem Themenkreis zeigt sich die Schwierigkeit einer Forschungsrichtung, die über die traditionellen Grenzen von Einzeldisziplinen hinweg komplexe psychosoziale Sachverhalte neu zu bearbeiten versucht. Einige sehen die Probleme der Familie vornehmlich auf dem Hintergrund und als Folge makrogesellschaftlicher Bedingungen. Andere studieren die Familie nach Art eines geschlossenen Systems und bemühen sich z. B., die Wechselbeziehungen innerhalb der Familie in Analogie zu technischen Systemen kybernetisch zu erfassen. Wieder andere begreifen dieses System eher als eine isoliert für sich lebende Mikrogesellschaft und verstehen deren Schwierigkeiten vornehmlich von einem moralischen Ansatz aus als Ausdruck von Loyalitäts- und Schuldbeziehungen bzw. -konflikten. Demgegenüber versuchen manche Psychologen, Beziehungsprobleme in Ehe und Familie durch eine Erweiterung von Vorstellungen zu erhellen, die aus der Psychologie des Individuums herrühren. FREUD selbst hatte ja bereits eine psychoanalytische Gruppenpsychologie skizzenhaft vorgezeichnet. Auf dieser Linie sind andere Psychoanalytiker gefolgt und beschreiben die Überformung individueller Abwehrmechanismen durch psychosoziale Abwehrformen, die in Familien unbewußt ausgetauscht werden.

Eines wird sofort deutlich: Wenn man Gesundheit und Krankheit in einer umfassenden psychosozialen Perspektive zu sehen versucht, muß man erkennen, daß man dafür nur mangelhaft gerüstet ist. Es ist überaus schwierig, über die Komplexität der psychosozialen Zusammenhänge einen Überblick zu gewinnen und nicht alsbald wieder in irgendeine einseitige, die Probleme verkürzende Betrachtungsweise zurückzufallen. Diese Schwierigkeit resultiert zum einen daraus, daß es abgesehen von Ansätzen noch keine die verschiedenen Aspekte hinreichend verbindende klinische Psychosozialwissenschaft gibt. Diese muß und wird sich entwickeln. Allerdings wird es auch dann nicht möglich sein, daß einzelne Experten alle Bereiche dieses ungeheuer komplexen Wissenschaftsbereiches kompetent beherrschen werden. Dies überschreitet nicht nur die Lernkapazität eines Individuums. Es ist auch zu berücksichtigen, daß das Ausbildungssystem in unserer arbeitsteiligen Gesellschaft nach wie vor auf einzelne Berufsbilder zugeschnitten bleibt, so daß in den speziellen Weiterbildungsgängen jeweils bestimmte Schwerpunkte gesetzt werden müssen. *Es wird also nicht zur Entwicklung psychosozialer Universalexperten kommen. Aber es wird das Ziel sein müssen, daß alle, die für die Teilnahme an der präventiven, therapeutischen und rehabilitativen Versorgung von psychosozialen Störungen geschult werden, rechtzeitig lernen, sich auch in die Problemstellungen ihrer Nachbardisziplinen hineinzudenken und sich auf ein interdisziplinäres Gespräch vorzubereiten. Es wird nicht den psychosozialen Therapeuten als ein einheitliches Berufsbild geben, sondern psychosoziale Therapie wird zu einem übergreifenden Begriff für eine enge und sorgfältig koordinierte Kooperation zahlreicher sozialer Berufe werden, die insgesamt an der psychosozialen Versorgung teilnehmen.* Nervenärzte, psychiatrische Schwestern und Pfleger, Psychotherapeuten und klinische Psychologen, Sozialarbeiter und Heimerzieher, Arbeitspsychologen und Jugendrichter, Erziehungsberater und Bewährungshelfer, Pfarrer, Gemeindeschwestern und Laienhelfer, Lehrer und Kindergärtnerinnen werden lernen müssen, in ihren jeweiligen Regionen mehr miteinander zu reden, mehr aufeinander zuzuarbeiten, einander mehr zu unterstützen, um die psychosozialen Hilfen für Gefährdete, Kranke und Behinderte besser aufeinander abzustimmen und von einer ganzheitlichen Perspektive aus koordiniert anzugehen. Und sie werden sich obendrein darüber Gedanken zu machen haben, wie sie die mannigfachen wichtigen Selbsthilfe-Initiativen am besten fördern können, die sich neuerdings rasch entwickeln.

Nun ist es *eine* Sache, ein solches Zukunftsprogramm in plausibler Weise zu formulieren, und *eine andere* Sache, die Konflikte zu bedenken, die zur Realisierung eines derartigen Programms überwunden werden müssen. Es pflegt sich nirgends Widerspruch zu erheben, wenn man mehr Kooperation, Koordination, Solidarität auf dem Gebiet der psychosozialen Versorgung fordert. Aber jeder Versuch auch nur *eines* praktischen Schrittes auf diesem Wege legt sofort Spannungen bloß, die bislang die Verwirklichung des genannten Konzeptes hemmen. Ein instruktives Beispiel hierfür hat kürzlich die Arbeit der Sachverständigen an der Psychiatrie-Enquete geliefert. Hier war eine Gruppe von Experten dafür eingesetzt worden, Vorschläge für eine bessere Versorgung der psychisch Kranken in der Bundesrepublik zu entwerfen. Von Anfang an schälten sich typische Kontroversen heraus, die in symptomatischer Weise enthüllten, welche üblicherweise verschleierten Gegenkräfte eine sinnvolle Zusammenarbeit in der Prävention, Therapie und Rehabilitation psychisch Gefährdeter, Kranker und Behinderter blockieren.

Von der Leitung der Enquete-Kommission ging die Idee aus, man müsse die Versorgung straffer administrativ lenken. Man benötige vor allem eine zentrale Datenerfassung und von oben her eine durchgreifende Planung und von den Aufsichtsinstanzen her mehr Weisungsbefugnis gegenüber den Diensten an der Basis. Eine umfangreiche, mächtige zentrale Psychiatrie-Bürokratie, die von dieser Seite aus gefordert wurde, erschien anderen aber gerade als das sicherste Mittel, Fortschritte in der Versorgung zu verhindern. Diese plädierten umgekehrt dafür, daß man den Gruppen an der Basis mehr Spielraum geben müsse, ihr spontanes Bedürfnis nach mehr Zusammenarbeit zu verwirklichen, und daß dazu eher ein Abbau an administrativer Bevormundung nötig sei. In der Tat sind alle wichtigen Innovationen in der psychosozialen Therapie in letzter Zeit *von unten aus* gewachsen. Die Entfaltung von Selbsthilfegruppen, die Entwicklung von Initiativprojekten in den Bereichen von psychisch Kranken und Behinderten, von Obdachlosen, Ausländern und Delinquenten, die Bildung neuartiger therapeutischer Gemeinschaften in psychiatrischen Kliniken sind nur die bekanntesten Beispiele dafür, daß man von der Basis aus auf eine große Bereitschaft zu neuen effektiven Kooperationsstrategien zählen kann. Aber überall, wo sich *unten* solche Initiativen regen, begegnen sie bald den Widerständen aus den *höheren* Rängen der Administration. Dort erträgt man im Konfliktfall oft eher noch eine Aufrechterhaltung von Versorgungsmißständen als eine Gefährdung der institutionellen Machtstrukturen. Diesem Spezialthema habe ich in dem Band «Flüchten oder Standhalten» eingehendere Betrachtungen gewidmet.

Auch das Macht- und Besitzgefälle zwischen den verschiedenen therapeutisch bzw. fürsorgerisch oder beraterisch tätigen Berufsgruppen erwies sich in der Psychiatrie-Enquete als bedeutendes Konfliktpotential. Anfangs versuchten die Psychiater, die Psychotherapeuten aus der Enquete-Arbeit überhaupt herauszuhalten bzw. nur solche zuzulassen, die in psychiatrischen Institutionen unter psychiatrischer Leitung arbeiteten. Nach einem halben Jahr Enquete-Arbeit gestand der Vorsitzende ein, man habe die Psychotherapie einfach vergessen. Von den Psychotherapeuten, die sich dann nachträglich mit Hilfe des Ministeriums in die Enquete einschalteten und ihren speziellen Versorgungsbereich darstellen konnten, wurde großer Wert darauf gelegt, zusätzlich die im sozialen Feld tätigen beraterischen und fürsorgerischen Dienste zu erfassen. Dagegen erhob die Mehrzahl der Psychiater zunächst wiederum Widerspruch, obwohl bekanntlich eine sehr große Zahl psychosozial Gefährdeter und Kranker von Beratern und Sozialarbeitern außerhalb der Psychiatrie betreut wird. Die hierarchische Gliederung der an der psychosozialen Versorgung beteiligten Institutionen und Berufsgruppen verführt immer wieder zu einem Rivalisieren um eine Verteidigung bzw. um eine Eroberung von Privilegien. Da polarisieren sich die niedergelassenen Nervenärzte gegen die Fachkollegen in den Kliniken, die Psychiater insgesamt gegen die Psychotherapeuten, die Psychologen gegen die Ärzte usf. Die Rivalitäten brechen jeweils dann in voller Schärfe aus, wenn es darum geht, für irgendeine Gruppe eine Verbesserung zu fordern, welche die traditionellen Vorrechte benachbarter Gruppen tangiert. Beispiele sind der Anspruch von Klinikern zur Teilnahme an der ambulanten Therapie, von Psychologen zur Ausübung selbständiger Therapie bei psychisch Kranken, von Sozialarbeitern zur Zulassung zu familien- und sozialtherapeutischer Weiterbildung, von ärztlichen Psychotherapeuten zur Schaffung eines eigenen Facharzttitels usw.

Vielfach wird nun bereits die Nennung und erst recht die Beschreibung solcher Gruppenkonflikte als große Peinlichkeit von denen empfunden, die davon betroffen sind. Wenn man in Berufen tätig ist, denen die therapeutische Bearbeitung psychosozialer Konflikte obliegt, scheut man sich oft einzugestehen, daß man nicht nur persönliche Schwierigkeiten hat, sondern daß man in und zwischen den Versorgungsinstitutionen in mannigfache Gruppenkonflikte verstrickt ist. Man zweifelt, ob man vor sich selbst und vor der Umwelt noch hinreichend glaubwürdig erscheinen kann. Dieser Zweifel ist verständlich, aber es bedeutet, das Problem zu verschlimmern, wenn man es aus Scham zu verleugnen versucht. Und gerade dies geschieht weithin. So findet man in den einzelnen Berufsgruppen die Neigung, die Ursache für die peinlichen standespolitischen Rivalitätskonflikte ausschließlich bei den jeweiligen Konkurrenzgruppen zu suchen. Die Psychiater glauben, es wäre sehr rasch Eintracht herzustellen, wenn die Psychoanalytiker ihren engstirnigen Gruppenegoismus abbauen würden, die ihrerseits eben diesen Fehler nur bei den Psychiatern bemerken. Ein ähnlicher Austausch von Projektionen findet zwischen Psychologen und Medizinern, zwischen Sozialarbeitern und Psychologen usw. statt. Im Grunde ist nicht die Tatsache der berufspolitischen Rivalitätskonflikte als solche blamabel, vielmehr diese Tendenz zu einer projektiven Verleugnung der eigenen mitverantwortlichen Betroffenheit. Solange man sich die eigene aktive Teilhabe an diesen Konflikten nicht eingestehen kann, solange wird man auch keinen Weg finden, diese Schwierigkeiten konstruktiv zu lösen. Dies aber ist es, was wirklich nottut und unsere Glaubwürdigkeit bezeugen könnte. Diejenigen, die wir psychosozial betreuen, müssen sicher sein können, daß wir innerhalb unserer Institutionen und zwischen unseren diversen Diensten bewußt auf mehr Gemeinsamkeit und Partnerschaftlichkeit hinarbeiten.

Unsere typischen berufsbezogenen Rivalitätskonflikte sind im übrigen nicht nur als Aufgabe zur Eigentherapie zu sehen, sondern zugleich als eine wesentliche Erkenntnisquelle für das Studium der Zusammenhänge zwischen sozialen Bedingungen und psychischen Schwierigkeiten. Wir können hier in der Selbsterfahrung studieren, wie Ängste, Mißtrauen, Resignation, Haß- und Ressentimentgefühle aus objektiven Macht- und Abhängigkeitsverhältnissen und aus unbefriedigenden Besitzverteilungen entstehen. Dabei läßt sich auch verfolgen, wie diese aus äußeren Zwängen gespeisten Gefühle sich zunächst von den sie hervorbringenden Gründen ablösen und sich unbewußt gegen andere Personen oder gegen uns selbst richten. In den Konkurrenzkonflikten zwischen benachbarten Berufsgruppen finden beide Seiten regelmäßig persönliche Feinde auf der Gegenpartei, die als die bösen Drahtzieher aufgebaut werden, um als Zielscheibe für den angestauten Aggressionsdruck herzuhalten. Abstrakte Gesetze, Tarifordnungen, Tätigkeitsvorschriften und formale Organisationsstrukturen machen den Haß, aber dieser muß sich anschauliche und greifbare Gegner suchen, um sich entladen zu können. Derartige projektive Verschiebungen durchschauen zu lernen, ist eine der wesentlichen Aufgaben psychosozialer Konfliktforschung, zu der die psychoanalytische Sozialpsychologie einen hilfreichen Beitrag leisten kann. Denn sie kann hier zeigen, wie soziale Auslöser emotionale Einstellungen wecken, aber durch unbewußte Abwehrvorgänge aus dem Blickfeld verschwinden können, sofern man diese Prozesse nicht interpretativ rekonstruiert.

An dieser Stelle läßt sich fragen, welche Rolle denn der Psychoanalyse und dem Psychoanalytiker im Rahmen von psychosozialer Therapie zufallen kann. Soeben erwähnt wurde die Möglichkeit der psychoanalytischen Sozialpsychologie, unbewußt vermittelte Beziehungen zwischen sozialen Faktoren und emotionalen Reaktionen verständlich zu machen, wobei solche Beziehungen natürlich nicht nur auf der Seite der Betreuer, sondern auch in mannigfacher Art auf seiten der Betreuten aufzuweisen sind. Wichtig ist nun die Frage, in welcher Position Psychoanalytiker ihre Fähigkeiten in psychosoziale Teams einbringen können. Abgesehen von bereits hinlänglich bekannten Funktionen in Fortbildung, Supervision, Institutionsberatung oder in unmittelbarer Therapie erscheint die volle Integration von Psychoanalytikern in psychosoziale Arbeitsgemeinschaften sinnvoll. Volle Integration bedeutet, daß Psychoanalytiker sich mit gleicher Mitverantwortung wie alle übrigen in eine Arbeitsgruppe eingliedern und dieser nicht aus der Distanz eines Therapeuten, Beraters oder Supervisors gegenübertreten. Natürlich üben Analytiker in dieser Rolle nicht mehr eine psychoanalytische Spezialtätigkeit im klassischen Sinne aus. Aber es ist ihnen durchaus möglich, von ihren psychoanalytischen Kenntnissen her hilfreich in die jeweilige Gruppe hineinzuwirken, wenn sie darauf achten, sich selbst in etwaige Interpretationen stets mit einzubeziehen und sich Auseinandersetzungen offen zu stellen, anstatt etwa mit defensiven Deutungen Bedrängnissen zu entgehen zu versuchen. Eine voll integrierte Mitarbeit kommt z. B. innerhalb von community development-Projekten und innerhalb sonstiger sozialtherapeutischer Selbsthilfe-Initiativen in Frage, aber auch im Rahmen regionaler Psychosozialer Arbeitsgemeinschaften, wie sie die Enquete als Modell der Selbstorganisation der psychosozialen Versorgungsdienste in einem Standardversorgungsgebiet empfiehlt.

Bezeichnenderweise hat sich unter Psychoanalytikern eine Grundsatzdiskussion darüber entzündet, ob und was an der integrierten Mitarbeit in solchen Gemeinschaftsprojekten noch psychoanalytisch genannt werden könne oder dürfe. Einige psychoanalytische Autoren vertreten den konservativen Standpunkt, psychoanalytisch könne immer nur eine solche Praxis genannt werden, bei welcher der Analytiker eine unmittelbare Beziehung zu Personen oder Gruppen im Sinne von Klienten oder Patienten pflege und wobei er eine persönliche Veränderung der unmittelbar beteiligten Klienten oder Patienten anstrebe. FÜRSTENAU[5], einer der Hauptvertreter dieses konservativen Standpunktes, gibt gegen die kollegiale Mitarbeit von Psychoanalytikern in politisch relevanten Planungs- und Reorganisationsprojekten zu bedenken, daß sie hier «die mehr oder minder naiv unbefangene Einstellung der übrigen Gremiumsmitglieder zu der Aufgabe politischer Normierung, Reorganisation und Planung» teilen müßten. In dieser naiven Einstellung der übrigen Gruppenmitglieder seien oft unbewußte Gegenkräfte wirksam, die dazu führten, daß die Wirkungen politischen und sozialen Engagements eher auf das Gegenteil dessen hinausliefen, was ursprünglich beabsichtigt gewesen sei. – Natürlich gibt es allenthalben diese unbewußten Gegenkräfte. Indessen verlangt die integrierte Gruppenmitgliedschaft von einem Psychoanalytiker ja keineswegs, daß er Gegenmotive übernimmt, die in der Gruppe das Verfolgen des bewußt formulierten sozialen Ziels hemmen. Vielmehr kann und soll er sich natürlich daran beteiligen, diese Gegenkräfte sichtbar zu machen und dadurch unter Kontrolle zu bringen. Daß dies auch bei voll eingegliederter Mitwirkung in Teams erfolgreich möglich ist, die komplexe Planungs-, Reorganisations- oder sonstige sozialtherapeutische Vorhaben durchführen, ist nicht zu bestreiten. Im übrigen, und dieses Argument bleibt bei FÜRSTENAU völlig außer Betracht – haben ja auch die Psychoanalytiker allen Grund, ihre eigenen unbewußten Motive sorgfältig zu beachten, die sie möglicherweise an einer unmittelbar mitverantwortlichen kollegialen Mitwirkung in psychosozialen Gruppenprojekten hindern. Aus der modernen Gegenübertragungsforschung ergeben sich hinreichende Anhaltspunkte dafür, daß diese Fragestellung nicht außer acht gelassen werden darf. Zu untersuchen ist z. B., inwieweit Psychoanalytiker durch unkontrollierte Machtansprüche, die durch die herausgehobene Hintercouch-Situation kontinuierlich gefördert werden können, Schwierigkeiten haben, eine andere als eine dominierende Position in Gruppen einzunehmen. Ebenso wichtig ist die Frage, ob nicht unbewußte phobische Momente oft eine Rolle spielen, wenn Psychoanalytiker sich auf praktische Aufgaben einzulassen scheuen, bei denen es um eine Veränderung sozialer Realität geht. In der Tat spricht vieles dafür, daß Psychoanalytiker ein berufstypisches phobisch defensives Verhältnis zur sozialen Wirklichkeit haben, das einmal mit einer für ihre Berufswahl charakteristischen introvertierten Struktur und zum anderen mit ihrer traditionellen rein introspektiven Arbeit an innerpsychischen Vorgängen zusammenhängt. Daß dieses phobisch defensive Motiv bei Psychoanalytikern verbreitet wirksam ist, habe ich kürzlich an anderer Stelle in einer Analyse des irrationalen Umganges psychoanalytischer Gesellschaften mit berufspolitischen Fragen zu belegen versucht.

Schließlich ist nicht einzusehen, warum die Psychoanalytiker nicht auch als Gruppe von den bereits genannten rivalitätsbedingten Spannungen betroffen sein sollten, die das Verhältnis zwischen den verschiedenen sozialbetreuenden Berufsgruppen beeinflussen. Man erinnere sich an die sozialpsychologische Regel, daß zumal solche professionellen Gruppen auf besondere Abschirmung bedacht sind, die gegenüber fachlich benachbarten Professionen bevorzugt sind hinsichtlich Unabhängigkeit, Geld und Prestige. Aus dieser Abschirmungstendenz ergibt sich zunächst regelmäßig eine Bemühung um eine besonders enge Kohäsion im eigenen Kreis. Man gerät in Versuchung, die Integrationskraft gemeinsamer Konzepte durch Dogmatismus erhöhen zu wollen und einer gruppeninternen Divergenz von Meinungen durch disziplinierende Vorschriften Einhalt zu gebieten. Gegen Tendenzen einer zu engen Annäherung von Gruppenmitgliedern an Nachbarprofessionen entwickelt sich vielfach eine überbetonte Reinheitsideologie mit entsprechenden Berührungstabus. In den Führungsgremien pflegt sich ein priesterlicher Moralismus auszubreiten, der ein gruppenkonformes Wohlverhalten der Mitglieder überwacht bzw. Abweichungen mit Ächtung bzw. konkreten Sanktionen ahndet. Diese Prozesse können dahin führen, daß eine mit sozialer Betreuung beschäftigte Berufsgruppe sich schließlich weniger um die Bedürfnisse ihrer Klienten, sondern eher darum sorgt, im eigenen Kreis hinreichende Geschlossenheit und Disziplin zu bewahren und sich das Bewußtsein einer sozialen Sonderstellung zu erhalten. Dies entspricht der bekannten Entwicklung von ursprünglich stark sozial engagierten und zugleich selbstkritischen Gruppen zu einer elitären Selbstisolierung von sektiererischem Charakter. Seitdem die Gruppe der Psychoanalytiker sich nach langer Unterdrükkung und Diskriminierung allmählich durchgesetzt und sich sogar eine sozial herausgehobene Position erstritten hat, versteht es sich von selbst, daß sie sich mit Tendenzen der eben genannten Art auseinandersetzen muß, die sich automatisch aus ihrer berufspolitischen Lage ergeben. Aber als Vertreter einer Wissenschaft, die sich auf das Durchschauen und Bearbeiten unbewußter Prozesse spezialisiert hat, sollten die Psychoanalytiker die Gefahr rechtzeitig durchschauen können, sich selbst paradoxerweise eine Beschränkung derjenigen psychosozialen Freiheit aufzuerlegen, deren Verteidigung und Erweiterung ihr therapeutisches Anliegen ist.

Indessen vertrete ich den Standpunkt, daß die Psychoanalytiker ebensowenig wie andere sozialbetreuende Berufsgruppen allein und ohne kritische Diskussion ihrer Probleme mit Nachbardisziplinen fähig sind, sich auf eine geeignete Beteiligung in modernen psychosozialen Kooperationsformen einzustellen. Bislang sind alle – Psychoanalytiker wie Lehrer, Sozialarbeiter wie Psychologen, Heimerzieher wie Psychiater zu einseitig darin geschult, in ihrem Arbeitsfeld von einer fachspezifischen Theorie aus mit fachspezifischen Methoden zu wirken und alles auszublenden, was außerhalb des eigenen fachlichen Kompetenzbereiches liegt. Am ehesten pflegen noch die Sozialarbeiter die Enge ihrer beruflichen Sozialisation späterhin zu überwinden, weil sie gar nicht vermeiden können, sich in ihrer Berufspraxis um sehr heterogene Problembereiche zu kümmern. Aber dies bedeutet für sie bekanntlich eher eine Überlastung, weil sie häufig allein versuchen müssen, psychische, finanzielle, berufliche und juristische Schwierigkeiten ihrer Klientenfamilien zusammenhängend zu bewältigen, ohne daß sie von den jeweiligen Fachexperten, die nur eindimensional arbeiten, hinreichend unterstützt werden. Nunmehr sehen wir die Aufgabe vor uns, daß alle Spezialisten der jeweiligen Disziplinen im Gespräch untereinander klären müssen, wie sie sich jeweils anders zu verhalten haben, um die Bemühungen der jeweiligen Nachbarberufe besser zu ergänzen. Dabei läßt sich nicht davon ausgehen, daß es dazu nur eines kurzen Diskussionsprozesses bedürfe, um allen Beteiligten evident zu machen, wie ihr Beitrag zu einer modernen psychosozialen Kooperation auszusehen habe. Es zeigt sich vielmehr, daß in den diversen Berufen teilweise eine weitgehende Selbstisolierung stattgefunden hat. Man hat seine eigenen Denkmuster, eine eigene Fachsprache und oft – was besondere Komplikationen bewirkt – ein rigides berufliches Rollenverhalten entwickelt. Man muß erst dahin kommen, sich einander verständlich zu machen und einen fachspezifischen Kommunikationsstil zu überwinden, der die Teampartner aus Nachbarberufen eher abstößt. Lehrer müssen z. B. lernen, eine schulmeisterliche Attitüde abzulegen. Psychotherapeuten müssen sich hüten, überall mit Deutungen um sich zu werfen, von denen sich andere in eine Art von Patientenstatus versetzt sehen. Sozialarbeiter haben sich wiederum davor zu bewahren, alle Probleme vorschnell auf umgehende pragmatische Lösungen zuzubereiten zu wollen. Überhaupt ist es für alle beteiligten Spezialisten wichtig, zunächst zu verstehen, daß der eigenen Fachperspektive bei der Lösung komplexer psychosozialer Probleme nicht automatisch ein Vorrang gebührt.

Dies versteht sich nicht von selbst. Es zeigt sich nämlich, daß trotz der berufsspezifischen Einengung der Gesichtsfelder Denkgewohnheiten entstehen, bei denen die Schmalspurigkeit des eigenen sozialen Horizontes verleugnet wird. Das Bedürfnis nach einer ganzheitlichen Orientierung führt dazu, den eigenen fachspezifischen Problemausschnitt, den man übersieht, als den maßgeblichen anzusehen, von dem alles andere abhänge. So glauben Lehrer oft, daß die Persönlichkeitsentwicklung nahezu allein in der Schule entschieden werde. Stadtplaner und Wohnungsbauer meinen, daß Menschen psychisch so werden wie die Siedlungen und die Häuser, die sie ihnen bauen. Juristen neigen vielfach dazu, menschliches Verhalten nur noch von den Kriterien gesetzlicher und bürokratischer Normierungen abzuleiten. Einzeltherapeutisch arbeitende Psychoanalytiker phantasieren mitunter, alle sozialen Konflikte seien durch Analyse der individuellen Neurosen zu kurieren, so wie Familientherapeuten der Illusion verfallen können, die Wurzel allen Übels sei die gestörte Homöostase in den Familien.

Es ist bezeichnend und nach dem eben Gesagten nicht überraschend, daß in psychosozialen Teams oft solche Mitglieder eine besondere Integrationsfähigkeit beweisen und zwischen den verschiedenen Spezialisten am leichtesten vermitteln können, die noch keine oder zumindest keine hochspezialisierte Weiterbildung genossen haben. Eheberater, Studenten, Angehörige von Pflegeberufen oder auch psychiatrische Laienhelfer zeichnen sich vielfach dadurch aus, daß sie eher als andere praktische Probleme in einen ganzheitlichen Zusammenhang bringen und die aus diversen Fachrichtungen gelieferten Beiträge miteinander zu verknüpfen vermögen. In der Tat haben ja die diversen sozialpolitisch und therapeutisch aktiven Spontangruppen und Selbsthilfeinitiativen im Bereich von Obdachlosen, Ausländerfamilien, psychisch Kranken, Drogengefährdeten, Delinquenten in den letzten Jahren bewiesen, wieviel gerade dort von engagierten Laienhelfern bzw. von Nicht-Spezialisten in Zusammenarbeit mit Fachkräften geleistet werden kann, wo es darum geht, unkonventionelle sozialtherapeutische Modelle zusammen mit Betroffenen zu konzeptionalisieren und durchzuführen. Wer das Glück hat, in solchen Projekten Erfahrungen zu sammeln, lernt einzusehen, daß einige unserer hochspezialisierten Weiterbildungen nicht nur von den besonderen Kenntnissen und Fertigkeiten her zu beurteilen sind, die sie vermitteln, sondern auch von *den* Fähigkeiten her, die sie mitunter bis zur totalen Verkümmerung schwächen.

Ich bin mir dessen bewußt, daß ich mich bei denen sicherlich nicht besonders beliebt mache, die immer nur hören wollen, daß sie in ihrer Berufsgruppe alles fabelhaft machten, daß ihre immer schon bewährte Arbeit nur von außen zu wenig gewürdigt werde und daß für ihren Tätigkeitsbereich endlich mehr Geld ausgegeben werden müsse. Ich meine zwar in der Tat, daß insgesamt für die Prävention und Therapie psychisch Gefährdeter und Kranker viel zuwenig Geld aufgewendet wird und daß dies selbst nach den Kriterien der Wirtschaftlichkeit töricht ist, wenn man längerfristig die volkswirtschaftliche Belastung als Folge der anschwellenden Kosten durch Invalidität bzw. Dauerbehandlung infolge unnötig chronifizierter psychischer Krankheiten bedenkt. Im übrigen meine ich allerdings, daß wir als Angehörige psychosozialer Berufe vieles bei uns selbst ändern müssen, daß wir neue Kooperations- und Koordinationsmodelle zu entwickeln haben, um die Qualität der Versorgung verbessern zu helfen.

Man könnte mich dahin mißverstehen, als meinte ich, es sei für die einzelnen Berufsgruppen künftig nicht mehr so wichtig, sich in den jeweiligen Disziplinen gründlich fachlich zu schulen, und als genügte eine globale Allgemeinausbildung. Vielmehr plädiere ich für ein Sowohl-Als-auch. Gerade weil es nicht das Ziel sein kann, so etwas wie einen Allzweck-Psychosozialtherapeuten heranzubilden, sondern weil psychosoziale Therapie als multidisziplinäre Kooperation geschaffen werden muß, ist es nötig, daß ein breitgefächertes Spektrum an soliden Einzelfachkompetenzen erhalten bleibt. Wir benötigen den gründlich trainierten Psychiater, klinischen Psychologen, Sozialarbeiter, Psychotherapeuten usf., der sein Aufgabenfeld in der Klientenversorgung exzellent beherrscht. Aber jeder sollte zugleich sein professionelles Selbstverständnis dahin erweitern, daß er obendrein ein guter Partner für soziale Nachbarberufe wird und daß er die Kooperation mit diesen aktiv fördert.

Dabei geht es nicht nur um eine bessere Zusammenarbeit in der unmittelbaren therapeutischen oder beraterischen Versorgung. Intensivere Kooperation ist auch nötig z. B. mit Städte- und Wohnungsbauern, mit Arbeitswissenschaftlern, die sich um eine «Humanisierung der Arbeitswelt» kümmern, mit gesundheits-, familien- und bildungspolitischen Experten in den Administrationen und Parteien. Wir haben eingesehen, wie sehr äußere Einflüsse unmittelbar psychisch wirksam sind und wie wenig vielfach diejenigen, die unsere Wohnwelt, unsere Arbeitsplätze, unsere Schulen, Krankenhäuser, Heime usw. gestalten bzw. unser Zusammenleben in den diversen sozialen Bereichen durch Gesetze oder Vorschriften normieren, die seelischen Auswirkungen ihrer Entscheidungen übersehen. An diese Menschen und Gruppen müssen wir aktiver und geschickter unsere Erkenntnisse herantragen, um zu erwirken, daß die psychischen Bedürfnisse der Menschen wieder stärker auf die Gestaltung der sozialen Lebensbedingungen Einfluß gewinnen. Das heißt natürlich nicht, daß alle Psychologen, Therapeuten, Berater usw. sich in derartigen anspruchsvollen Außenaktivitäten engagieren sollten. Unerläßlich ist indessen, die grundsätzliche Wichtigkeit dieser Perspektive zu erkennen und innerhalb der jeweiligen Fachgruppen solche Kollegen aktiv zu unterstützen, die sich dafür interessieren und geeignet erscheinen, zusätzlich zur unmittelbaren Versorgungstätigkeit z. B. an Planungen teilzunehmen, die für die psychosoziale Prävention relevant sind. Diese Unterstützung seitens der Berufsgruppen ist unbedingt nötig, weil die Betreffenden ohne eine solche Rückenstärkung kaum Aussicht haben, im Umgang mit Politprofis, Administrationsexperten und technischen Machern zu bestehen.

Lassen Sie mich abschließend noch einmal auf das bereits erwähnte konkrete Modell Regionaler Psychosozialer Arbeitsgemeinschaften zurückkommen, das in der Psychiatrie-Enquete der Fraktion der Zentralisten quasi als Zugeständnis abgehandelt und das nunmehr als offizielle Empfehlung dem Bund und den Ländern zur Förderung nahegelegt wurde. Dort, wo sich solche Arbeitsgemeinschaften bereits gebildet haben, erweist sich, daß sie eine sehr nützliche Basis abgeben können nicht nur für einen intensiveren Erfahrungsaustausch unter Betreuern der psychosozialen Dienste einer Region, sondern zugleich für die Anknüpfung von Diskussionskontakten nach oben zu Vertretern von Trägerverbänden, Behörden und Politik. In unserem hiesigen Lahn-Dill-Gebiet ist jetzt eine solche Arbeitsgemeinschaft seit über viereinhalb Jahren recht intensiv tätig. Sie führt in monatlichen Abständen Plenarsitzungen und gelegentlich Wochenendtagungen durch. Zusätzlich sind in ihrem Rahmen Untergruppen auf den Gebieten Behindertenarbeit, Beratungswesen, Heime, Psychiatrie und Randgruppenarbeit tätig. Die Erfahrung lehrt, daß die Gemeinsamkeit der Versorgungsaufgabe in einer begrenzten geographischen Region sehr förderlich ist, um die diversen Rivalitätspotentiale zwischen Berufsgruppen, theoretischen Schulmeinungen, aber auch zwischen Praxis und Administration besser durchschaubar und kontrollierbarer zu machen, so daß eine konstruktivere Kooperation zustande kommen kann. Allerdings zeigt sich erwartungsgemäß, daß den einzelnen Berufsgruppen ein sehr unterschiedlicher Spielraum für ihre Entfaltung in der Arbeitsgemeinschaft zur Verfügung steht. Und wie überall benötigen diejenigen die größte Unterstützung, die im Randgruppenbereich wirken und dort mit besonders schweren psychosozialen Schäden unter besonders einengender administrativer Kontrolle und mit völlig ungenügender personeller Kapazität arbeiten müssen. Im Felde der kommunalen Familienfürsorge, der Gemeinwesenarbeit in sozialen Brennpunkten, der Bewährungshilfe und der Arbeit mit chronisch psychisch Kranken z. B. spiegelt sich in dem großen Druck, der auf den Betreuern lastet, zugleich die immer noch wirksame gesellschaftliche Diskriminierungstendenz gegenüber den von diesen Betreuern versorgten Klientengruppen wider. Hier werden Menschen mit Aufgaben der beraterischen und therapeutischen Hilfe beauftragt und zugleich durch unverantwortliche Überforderung sowie durch restriktive Tätigkeitsvorschriften darin *gehindert*, eben diese Aufgaben wirklich hinreichend effizient zu erfüllen. Für die in vergleichsweise privilegierten Institutionen und Versorgungsbereichen beschäftigten Mitglieder Regionaler Psychosozialer Arbeitsgemeinschaften folgt daraus die Notwendigkeit, sich besonders der Förderung der Interessen dieser Mitglieder und der von ihnen betreuten Gruppen anzunehmen.

Außerdem zeigt sich an dieser Stelle aber auch sehr deutlich die Grenze der Möglichkeiten aller noch so wünschenswerten modernen psychosozialen Kooperationsinitiativen. Sie können Verbesserungen nur im Rahmen des Spielraumes schaffen, der durch die vorläufig noch beschränkte Bereitschaft der Gesellschaft vorbestimmt ist, der psychosozialen Gesundheit aller Bevölkerungsgruppen die gleiche Priorität zuzubilligen. Aus dieser Einsicht resultiert, daß psychosoziale Therapie, recht verstanden, eine analytisch kritische Therapie ist und bleiben muß.

Literatur

1. Bericht über die Lage der Psychiatrie in der Bundesrepublik Deutschland – Zur psychiatrischen und psychotherapeutisch/psychosomatischen Versorgung der Bevölkerung. Bundesdrucksache 1975, 7/4200, 4201
2. Erikson, E. H.: Wachstum und Krisen der gesunden Persönlichkeit. Klett Verlag, Stuttgart 1953

3. ERIKSON, E. H.: The Problem of Ego Identity. In: E. H. ERIKSON (Hg.): Identity and the Life Cycle. Psychological Issues 1959, 1. International Universities Press, New York 1959
4. FREUD, S.: Massenpsychologie und Ich-Analyse (1921). Ges. Werke Bd. 13. Imago Publishing Co. Ltd., 1940
5. FÜRSTENAU, P.: Über die politische Relevanz psychoanalytischer Praxis. Gruppendynamik 1977, 8 S. 49–65
6. RICHTER, H. E.: Flüchten oder Standhalten. Rowohlt Verlag, Reinbek 1976
7. RICHTER, H. E.: Die Psychosoziale Arbeitsgemeinschaft Gießen/Wetzlar. Sozialpsychiatrische Informationen 1976, 35/36 S. 100–113
8. RICHTER, H. E.: Die Beziehung der Psychoanalyse zur Innenwelt und zur sozialen Realität. In: Strotzka-Festschrift: Psychotherapie als Denken und Handeln. Kindler Verlag, München 1977
9. RICHTER, H. E.: Die Psychoanalyse und das Problem der sozialen Abhängigkeit. Psyche 1977, 31 S. 865–878
10. RICHTER, H. E.: Sozialtherapie. In: Meyers Enzyklopädisches Lexikon, Sonderbeitrag. Bibliographisches Institut, Mannheim 1978

III. Teil Psychologie im politischen Feld

Die Psychosoziale Arbeitsgemeinschaft Lahn-Dill
Erfahrungen mit einem selbstorganisierten Kooperationsmodell

Das nachstehend geschilderte Modell veranschaulicht eine Art Selbsthilfeversuch von psychosozialen Betreuern und Therapeuten in einer umschriebenen Region. Der Erfahrungsbericht verdeutlicht, wie schwer es ist, die im vorigen charakterisierten Mißstände in der psychosozialen Versorgung von der Basis aus zu revidieren. Nur zaghaft vermögen sich die Betreuer auf eine offene und nahe Kooperation untereinander einzulassen, obwohl sie diese als notwendig empfinden. Und noch viel mehr Angst und Widerstand produzieren die Vorgesetzten, wenn die von ihnen beaufsichtigten und verwalteten Praktiker sich regional zusammentun, nur um ihre Betreuungstätigkeit besser aufeinander abzustimmen und sich wechselseitig intensiver partnerschaftlich zu unterstützen. Selbständiges Experimentieren an der Basis ohne Geheiß und Kontrolle von oben weckt sogleich Assoziationen an Subversion, an «systemfeindliche Umtriebe». Wenn die Betreuer unkoordiniert und ineffizient nebeneinander herarbeiten, findet man sie anscheinend in Ordnung, solange sie nur Disziplin wahren und brav gehorchen. Was Wunder, wenn sie sich unablässig mit der unbewußten Versuchung auseinandersetzen müssen, dieses fatale Prinzip denen nach unten weiterzuvermitteln, die sie eigentlich selbständiger und stärker machen wollen.

Aber der modellhafte Versuch zeigt zugleich, daß die Betreuer, wenn sie zusammenhalten, sich gegen die Gefahr der inneren Korrumpierung wehren können. Das Experiment ist eine stetige Gratwanderung: Die Gruppe kann sich nicht leisten, bei den vorgesetzten Instanzen mehr disziplinierenden Druck zu provozieren, als sie in ihrer relativen politischen Ohnmacht verkraften kann. Aber sie darf sich andererseits auch nicht durch überängstliche Selbstzensur in ein zu glattes Wohlverhalten drängen lassen, das ihren notwendigen kritischen Elan erstickt. Zwischen diesen beiden Gefahren reflektiert hindurchzusteuern, erfordert einen kontinuierlichen gemeinsamen Lernprozeß und die Geduld, sich zwar langsam, aber beharrlich nach vorn zu bewegen.

Wer alles in der Bundesrepublik Einrichtungen unterhält, die sich mit der Beratung oder Behandlung von seelisch kranken Menschen beschäftigen, das dürften nur ganz wenige wissen. Kommunen, Universitäten, Caritas, Diakonisches Werk, Arbeiterwohlfahrt, Landschaftsverbände und eine große Zahl von privaten Vereinen beteiligen sich an einer Aufgabe, die man modernerweise mit dem Begriff psychosoziale Versorgung bezeichnet. Sie benehmen sich so, als gehörten ihnen die Kliniken, Polikliniken, Beratungsstellen und Heime, die sie organisiert haben. Aber die allermeisten dieser Institutionen sind nur lebensfähig, weil sie vom Staat mehr oder minder hohe Zuschüsse erhalten. Daß sich so viele unterschiedliche Behörden, Verbände und Vereine daran beteiligen, für psychisch gestörte, kranke oder behinderte Menschen zu sorgen, erscheint an sich begrüßenswert. Denn bei dem immer noch bestehenden Unterangebot an psychosozialer Beratung und Therapie kann jeder Verein nur willkommen sein, der dazu mithilft, die Versorgungsangebote zu erweitern. Aber die Kehrseite der Zersplitterung liegt eben darin, daß viele Träger «ihre» Institutionen und die darin tätigen Mitarbeiter gleichsam als Eigentum ansehen und behandeln. Sie schirmen ihre Arbeit nach außen hin ab und üben nicht selten – neuerdings in wachsendem Maße – ideologischen Druck aus, um bestimmte Beratungs- und Therapiekonzepte durchzusetzen. Das erleben z. B. neuerdings zahlreiche Eheberater in konfessionell geleiteten Eheberatungsstellen. Auch der Einfluß der katholischen Kirche auf Beratungsstellen und Kliniken, die mit Anträgen auf Schwangerschaftsunterbrechung zu tun haben, ist ein Beispiel für derartige Eingriffe.

Versagt haben die Träger jedenfalls in der Aufgabe, ihre Einrichtungen im Lande sinnvoll zu verteilen. Anstatt koordiniert so zu planen, daß die Bürger in allen Landesteilen eine gut erreichbare Beratungs- und Behandlungsmöglichkeit vorfänden, hat man in weiten ländlichen Gebieten gar nichts, statt dessen in manchen Städten ein konkurrierendes Gewimmel von Angeboten geschaffen. Wir haben hier in unserer Mittelstadt Lahn-Gießen z. B. neben einer Reihe von frei praktizierenden Psychotherapeuten und zwei Universitätsambulanzen ein ganzes Bündel von psychosozialen Beratungsstellen, dagegen in zahlreichen umliegenden Kleinstädten und im ganzen Vogelsbergkreis keine einzige fachlich geleitete Institution, die psychisch gestörten oder kranken Menschen Hilfe bieten könnte. Die Umständlichkeiten der Anreise machen es den meisten Betroffenen in den abgelegenen Gebieten unmöglich, in unserer Stadt eine kontinuierliche Beratung oder Therapie in Anspruch zu nehmen.

Noch schlimmer wird der organisatorische Wirrwarr dadurch, daß die Träger im Beratungswesen vorwiegend schmalspurige Einrichtungen für künstlich abgegrenzte Spezialprobleme geschaffen haben. Da gibt es nebeneinander Eheberatung, Schwangerenberatung, Jugendlichenberatung, Erziehungsberatung, Altenberatung. Es kommt vor, daß eine Familie gleichzeitig von drei verschiedenen Institutionen beraten wird, obwohl es viel sinnvoller wäre, die meisten der künstlich gesonderten Beratungsprobleme in einem gemeinsamen familientherapeutisch orientierten Zentrum zu bearbeiten. Seit längerem wissen wir, daß die meisten psychischen Konflikte, Störungen und Krankheiten als Beziehungsprobleme aufzufassen sind. Das heißt, sie sind Ausdruck von Kommunikationsschwierigkeiten im menschlichen Zusammenleben. Wenn in einer Familie ein Eheproblem oder ein Erziehungsproblem auftaucht, dann sind stets alle Familienmitglieder ursächlich und in den Konsequenzen mitverwickelt. Daher bezieht man am besten stets die gesamte Familie in die Beratung oder Therapie mit ein. Aber eben das wird geradezu planmäßig dadurch verhindert, daß die traditionelle Spezialisierung der Institutionen eine ganzheitliche Arbeitsweise verbietet.

Aber auch innerhalb der einzelnen Beratungs- und Behandlungsdienste wird die Kooperation dadurch künstlich erschwert, daß hier Angehörige bestimmter Berufe zusammenarbeiten, deren Kompetenzbereiche vor Jahrzehnten festgelegt worden sind, als man die Erfordernisse einer modernen psychosozialen Teamarbeit noch nicht voraussah. Da gibt es Erziehungsberatungsstellen mit einem Arzt, der zuständig ist für den medizinischen Bereich, einen Psychologen, der psychologische Diagnostik macht, einen Kinderpsychotherapeuten, der Therapie macht, und einen Sozialarbeiter, der sich um Wohnung, Geld und praktisch organisatorische Maßnahmen kümmert. Jeder tut das, wozu er schwerpunktmäßig ausgebildet ist und was seine Bezahlung in der jeweiligen Tarifgruppe rechtfertigt. Aber die beratungsbedürftigen Menschen zerfallen nicht in berufsgruppenspezifische Einzelaspekte. Sie möchten nicht wie in einem Krankenhaus von einem Labor ins andere geschickt werden, sondern sie suchen Partner, die sich ihrer Probleme in ganzheitlicher Weise annehmen. Auch die Berater fühlen sich wohler und arbeiten besser, wenn jeder den Klienten als ganze Person in seinem psychosozialen Zusammenhang sehen und unterstützen kann. Abgegrenzte spezialistische Fragen nehmen in der Beratungsarbeit beileibe nicht den Raum ein, daß eine strenge Fragmentierung der Arbeitsbereiche dadurch gerechtfertigt wäre. Und so setzen sich viele Beratungsteams inzwischen spontan vernünftigerweise über ihre einengenden parzellierten Tätigkeitsvorschriften hinweg und lassen jeden in ganzheitlicher Weise mitarbeiten. Ähnliches geschieht ja auch zum Teil in psychiatrischen Kliniken, wo Ärzte, Schwestern, Pfleger und Sozialarbeiter als therapeutische Gemeinschaften mit den Patienten kooperieren und an allen Entscheidungen verantwortlich partizipieren. Es zeigt sich jedenfalls, daß Sozialarbeiter, Schwestern und Pfleger ohne weiteres in therapeutische Kompetenzen hineinwachsen können, wenn sie sich durch Fortbildung schulen und sich einer kontinuierlichen Supervision im Team stellen.

Eine besonders schwer zu überwindende vorgeschriebene Zerstückelung der Betreuungstätigkeit kommt dadurch zustande, daß kaum überwindbare Barrieren zwischen ambulanter und stationärer Betreuung errichtet worden sind. Die Therapeuten, die in einem psychiatrischen Krankenhaus behandeln, dürfen sich nicht weiter um die Patienten kümmern, die entlassen worden sind. Und die Therapeuten, die draußen behandeln, müssen ihre Patienten in der Regel im Stich lassen, wenn diese stationär eingewiesen werden. Nun gibt es aber periodisch auftretende psychische Krankheiten, die mehrmals einen Krankenhausaufenthalt erfordern. Und gerade die davon betroffenen Patienten haben unter der Fehlorganisation der Therapie besonders zu leiden, die bewirkt, daß sie immer wieder zwischen verschiedenen Therapeuten hin und her geschoben werden. Sehr viel besser wäre es, wenn die Betreuung in den gleichen Händen verbleiben könnte, weil die Kontinuität der persönlichen Behandlungsbeziehung eine wesentliche Erfolgsvoraussetzung ist. Auch hier findet man neuerdings Bemühungen von seiten der Betreuer, ihre einschränkenden Arbeitsbedingungen zugunsten der Patienten zu verändern. Schon gibt es Kliniken, die auch ambulante Therapeuten in der klinischen Behandlung mitwirken lassen. Und hier und da gehen klinische Teams auch in die Wohnungen ihrer aus stationärer Behandlung entlassenen Kranken, um die Rehabilitation draußen zu unterstützen. Aber wegen der damit verbundenen juristischen und administrativen Schwierigkeiten ist es nur ausnahmsweise möglich, derartige sinnvollen Experimente durchzuhalten oder gar für ihre weitere Ausbreitung zu sorgen.

Jedenfalls sieht man eines: wo in letzter Zeit psychosoziale Therapie und Beratung verbessert worden ist, sei es durch die Schaffung integrierter Teamarbeit, sei es durch die Ablösung fragmentierter Einzelbetreuung durch Familientherapie, sei es durch institutionsübergreifende Kooperationsmodelle, sind die ausschlaggebenden Initiativen von der Basis her gekommen. Fast nie war es die Behörde oder ein Trägerverband, der derartige Reformen in Gang gesetzt hat. Umgekehrt läßt sich sogar feststellen, daß die übergeordneten Instanzen solche sinnvollen Veränderungen der Arbeitskonzepte in der Regel eher behindern und oft sogar unmöglich gemacht haben. Das liegt nicht etwa primär an der persönlichen Uneinsichtigkeit der Leute in den Trägerverwaltungen. Deren Gesichtsfeld und Handlungsspielraum wird vielmehr nahezu ausschließlich durch ein System von bürokratischen Verordnungen und Ritualen bestimmt, die für eine kreative Anpassung der Organisationsstrukturen an neue wissenschaftliche Entwicklungen kaum Platz lassen. So bleiben die Chancen moderner therapeutischer Gemeinschaften und die enormen Möglichkeiten moderner Familien- und Sozialtherapie ungenügend genutzt, weil die Verwaltungsapparate nicht mitziehen. Und die Kooperation der psychosozialen Dienste in einer Region wird vielfach deshalb nicht ausgebaut, weil die Träger miteinander rivalisieren und jeder isoliert vor sich hin plant.

Die Betreuer an der Basis müssen darauf achten, sich von diesem Rivalisieren nicht anstecken zu lassen. Und sie tun gut daran, selbst initiativ zu werden und auch einigen Druck von oben auszuhalten, wenn es darum geht, zugunsten der Klienten den Rahmen anachronistischer Tätigkeitsvorschriften zu sprengen. Und sie sollten sich auch selbst Gedanken darüber machen, die Koordination der Versorgung in ihrer Region zu verbessern und an diesbezüglichen Plänen mitarbeiten. Alle diese Ansprüche werden sie indessen nur dann erfüllen können, wenn sie zusammen mit Therapeuten, Psychologen, Sozialarbeitern und Pflegepersonal aus den anderen Institutionen der psychosozialen Versorgung in ihrer Region ein Kontakt- und Diskussionsforum schaffen, das ihren Informationshorizont erweitert und ihnen einen gewissen politischen Rückhalt gibt.

Aus diesen Überlegungen heraus erwuchs bei uns in Gießen die Idee, eine Art von regionaler Selbsthilfegruppe zu organisieren, in der möglichst viele Betreuer aus allen Institutionen der psychosozialen Versorgung des Umfeldes mitarbeiten sollten. Es war daran gedacht, in dieser Selbstorganisation gemeinsam die Erfahrungen aus den verschiedenen Betreuungssektoren zu verarbeiten, neue Konzepte zu diskutieren, Möglichkeiten für eine bessere Zusammenarbeit zu entwickeln, wechselseitige Supervision zu fördern und politische Hilfestellung zu liefern, um gegebenenfalls die Verbesserung von Arbeitsbedingungen durchzusetzen oder restriktive Eingriffe von oben abzuwehren.

Kurze Zeit nach Gründung unserer regionalen Psychosozialen Arbeitsgemeinschaft standen die Sachverständigen der Psychiatrie-Enquete vor der Frage, welche Verbesserungsvorschläge sie für die Kooperation und Koordination der psychosozialen Dienste in der Bundesrepublik machen wollten. Hier kam es zu einer Kontroverse. Die einen sagten, solche Verbesserungen könne man nur zentral von oben durchsetzen. Sie ersannen ein hierarchisch gestaffeltes System von Ausschüssen und Beiräten mit einem großen Bundeszentralinstitut an der Spitze, in dem alle relevanten Daten und Informationen aus dem Bundesgebiet zusammenlaufen sollten. Sie argumentierten: die Leute, die an der Basis beraten, pflegen und behandeln, seien weder fähig noch motiviert, über ihre jeweiligen Eigeninteressen bzw. über die Grenzen ihrer Institutionen hinauszudenken und übergreifende koordinative Initiativen zu entfalten. Wenn man die psychosoziale Versorgung verbessern wolle, könne man dies eben nur durch Stärkung übergeordneter zentraler Institutionen erreichen. Die Gegenpartei meinte umgekehrt: an der Basis sei sehr wohl ein starkes Bedürfnis vorhanden, neue Konzepte einer intensiveren und institutionsübergreifenden Zusammenarbeit zu erproben. Denn viele Ärzte, Krankenschwestern, Erziehungsberater und Sozialarbeiter litten unter den vielen veralteten Vorschriften, die sie hinderten, zum Nutzen ihrer Klienten und Patienten effizienter zu kooperieren. Politiker und Verwaltungsleute sollten endlich lernen, den therapeutischen Praktikern an der Basis erstens mehr zuzuhören und ihnen zweitens mehr Verantwortung zu geben. Denn hier stecke ein weithin ungenutztes Potential an Erfahrungen und kreativen Einfällen zur Verbesserung der Versorgung.

Wie man sieht, reproduzierte sich in der Kontroverse das uralte Konfliktmuster aller Reformdiskussionen: soll man mehr zentralistisch steuern oder mehr an der Basis liberalisieren? Braucht man mehr kontrollierende, disziplinierende Obrigkeit? Oder sollte man umgekehrt die Betreuer und Therapeuten mehr von Bevormundungen entlasten? Wer mehr Regierung von oben will, zweifelt stets an der Verantwortungsfähigkeit und Verantwortungsbereitschaft der «da unten». In der umgekehrten Perspektive verweist man ebenso beharrlich auf die vielfältigen Belege dafür, daß «von oben» laufend mehr bürokratistische Einengung an Stelle von kreativer Stimulierung kommt. Anstatt sich auf nähere Kommunikation mit den Betreuten einlassen zu können, was diese wünschen und benötigen, fühlen sich die Betreuer immer enger und vollständiger von der Verwaltung vereinnahmt, die von ihnen fortwährend mehr Daten, Berichte und

Anträge will und ihrerseits nichts anderes im Sinne zu haben scheint, als die letzten Spielräume für kreatives Handeln durch engmaschige Vorschriften zu beseitigen. Traurigerweise haben beide Seiten irgendwie recht: dank chronischer Bevormundung drohen an der Basis tatsächlich zunehmende Angst, Passivität, Initiativehemmung, Horizontverengung. Parallel dazu richten sich die Administrationen immer weniger nach den psychosozialen Problemen der Menschen, die sie zu lösen helfen sollten, vielmehr paradoxerweise danach, die Dokumentierung, Verrechnung und Archivierung dieser Probleme bürokratistisch zu vervollkommnen. Wichtig wäre, daß man überhaupt erst einmal wieder die Beziehungen zwischen den verschiedenen Ebenen belebt und damit hilft, die partiellen Blindheiten, die in den jeweiligen Arbeitsfeldern chronisch geworden sind, zu reduzieren. Aber dazu ist ein partnerschaftlicher Austausch nötig, der nur zustande kommen kann, wenn man von oben den Praktikern an der Basis zunächst einmal erlaubt, sich überhaupt zu artikulieren.

In der Sachverständigenkommission ließen sich die «Zentralisten» schließlich dadurch besänftigen, daß man ihre eigene Argumentation gegen sie selbst kehrte: wenn die Leute an der Basis so hoffnungslos abgestumpft und unbeweglich seien, wie die «Zentralisten» glaubten, dann wäre es doch gewiß unschädlich, wenn man in das Sachverständigengutachten u. a. die Empfehlung hineinschriebe, daß sich alle psychosozialen Helfer aus den diversen Institutionen einer Region zu freiwilligen Arbeitsgemeinschaften zusammentun sollten. Erstens könnten solche Basis-Arbeitsgemeinschaften ja ohnehin keine großartige politische Macht entfalten, da ihnen ja nach wie vor die Behörden und Trägerverbände übergeordnet blieben. Und wenn die prognostische Einschätzung der «Zentralisten» richtig sei, daß die Praktiker sich ohnehin kaum rühren würden, um die befürwortete regionale Kooperation zu fördern, dann bliebe das Sachverständigen-Votum in diesem Punkte ein gutgemeintes Stück Papier.

Nach monatelangem Palaver war es endlich soweit: die lokale freiwillige Psychosoziale Arbeitsgemeinschaft «in Form einer Selbstorganisation, an der sämtliche psychiatrischen, psychotherapeutischen, psychosomatischen und psychologischen Beratungs- und Behandlungsdienste eines Standardversorgungsgebietes beteiligt sind» und in die alle «am Rande und im Vorfeld psychischer Erkrankungen zuständigen sozialen Dienste» einbezogen werden sollten, wurde zum offiziellen Bestandteil der Enquete-Empfehlung.

Vier Jahre funktioniert jetzt als Basis-Selbstorganisation eine – den Enquete-Richtlinien entsprechende – Psychosoziale Arbeitsgemeinschaft Lahn-Dill (ursprünglich PSAG Gießen-Wetzlar genannt). Von der Funktionsgruppe Familien- und Sozialtherapie unserer Gießener Psychosomatischen Klinik war die Einladung zum ersten Treffen ergangen. Alle der psychosozialen Versorgung in Gießen und Umgebung dienenden Institutionen hatten wir angeschrieben. Der Vorschlag lautete: Es wäre gemeinsam herauszufinden, ob wir weiterhin zusammenkommen wollten, um miteinander über unsere Arbeit und über die Möglichkeit, uns gegenseitig zu helfen, zu sprechen. Das erste Meeting lehrte uns, wie unvollständig in unserer eigenen Klinik die Kenntnis von den Einrichtungen war, die in unserer engsten Nachbarschaft mit psychisch Gefährdeten, Kranken und Behinderten arbeiten. Denn andere machten uns darauf aufmerksam, daß wir eine Reihe von relevanten Institutionen einzuladen vergessen hatten.

Vertreter eng benachbarter Beratungsstellen stellten fest, daß sie sich bei dieser Gelegenheit zum erstenmal persönlich kennenlernten, nachdem sie schon viele Jahre miteinander schriftlich verkehrt hatten. Niemand zweifelte daran, daß es nützlich wäre, weitere regelmäßige Treffen zu vereinbaren, um über die vielen gemeinsamen Probleme Erfahrungen austauschen zu können. Aber gleich in den ersten Wochen der Zusammenarbeit mischte sich in die hoffnungsvollen Erwartungen auch Mißtrauen. Man fragte: wer will hier eigentlich etwas? Steckt hinter dieser scheinbar spontanen Initiative nicht doch irgendeine verdeckte Absicht? Will die einladende Klinik vielleicht die anderen Einrichtungen erforschen? Oder ist es gar eine Aufsichtsbehörde, die auf dem Umweg über eine solche Arbeitsgemeinschaft die einzelnen Einrichtungen besser ausspionieren will? Unsere psychoanalytische Gruppe verdächtigte man, wir wollten die institutionalisierte Zusammenarbeit möglicherweise als Instrument benutzen, um die anderen Stellen und Kliniken auf den Weg der Psychoanalyse zu bringen. Überhaupt regte sich die Sorge, offener Gesprächsaustausch könnte Rivalitätskonflikte verschärfen. Man würde sich mit den Schwierigkeiten und Mängeln, die man aus der eigenen Arbeit berichten würde, in ein negatives Gerede bringen. Überdies fürchtete man, daß in einer solchen Arbeitsgemeinschaft doch wieder nur die Berufe bestimmen würden, die ohnehin sozial privilegiert seien. Psychiater und Psychotherapeuten würden das große Wort führen und Sozialarbeiter, Heimerzieher und Laienhelfer allmählich mundtot machen und verscheuchen. Es zeigte sich die ganze Fülle der Befürchtungen, der Mißverständnisse und Ahnungslosigkeiten, die sich aufzutürmen pflegt, wenn fachlich engverwandte Institutionen und Gruppen viele Jahre in Selbstisolierung nebeneinanderher arbeiten. Man kann diese vielfältigen Konfliktpotentiale nicht mit einem Schlag wegorganisieren. Man kann nur dadurch Fortschritte machen, daß man es miteinander versucht, daß man über die Schwierigkeiten offen redet und ausprobiert, ob man konstruktiv damit umgehen kann.

Ich selbst war nie Leiter der Gruppe, obwohl ich immer wieder von außen als dieser gesehen und natürlich auch innerhalb der Arbeitsgemeinschaft vielfach als Projektionsfigur für Autoritätskonflikte der verschiedenen Art herhalten mußte. Gewiß fiel mir zumal in der Anfangszeit ein besonderes Gewicht bei der Strukturierung der Gruppe zu, zumal da ich von der Enquete her über die Chancen und potentiellen Schwierigkeiten des Modells lange nachzudenken Gelegenheit gehabt hatte. Außerdem kamen mir wie einigen anderen entscheidend die Vorerfahrungen in einer vergleichbaren Spontaninitiative zugute, nämlich in der Obdachlosenarbeit. Nichtsdestoweniger blieb es für mich eine echte Schwierigkeit, meine Rolle in der Gruppe immer wieder so zu modifizieren bzw. von den anderen modifizieren zu lassen, daß ich einerseits mein Bedürfnis nach engagierter Mitarbeit ausleben konnte, andererseits es den anderen möglich machte, die in der Gruppe stets schwelenden Hierarchie-

und Autoritätsprobleme anzusprechen und zu bearbeiten. Natürlich wäre es ein utopisches Ideal, eine hierarchiefreie Gruppenstruktur in einer Arbeitsgemeinschaft zu verwirklichen, deren Mitglieder aus ihren Institutionen eine Fülle von festgeschriebenen Macht- und Prestigedifferenzen mitbringen. Fruchtbare Solidarität in einer solchen Organisation kann immer nur heißen, daß man die Statusunterschiede zwischen den Berufsgruppen und das Machtgefälle zwischen den Versorgungsinstitutionen als Konfliktpunkte beharrlich im Auge behält und einkalkuliert, um sich davon nicht unbewußt und hinterrücks bei dem Vorhaben stören zu lassen, mit den Betreuungsbedürftigen ganzheitlicher und besser koordiniert zusammenzuarbeiten.

Unsere Arbeitsgemeinschaft fußt auf der Erkenntnis, daß die Versorgung der meisten psychisch Kranken außerhalb der Krankenhäuser nicht von Psychiatern oder von psychiatrischen Diensten erfolgt. Weil die deutsche Psychiatrie im Gegensatz zur angelsächsischen eine ausgesprochen antipsychotherapeutische Haltung bis über den letzten Krieg hinaus verteidigt hat, hat sie ursprünglich die Betreuung der neurotisch und psychosomatisch Kranken und vor allem der seelisch gestörten Kinder und Jugendlichen weitgehend aus ihrem Fach ausgegrenzt. Wenn es jetzt darum geht, diese Spaltung im Versorgungssystem um der Kranken willen zu überwinden, und wenn man wünscht, daß die Menschen in den verschiedenen beraterischen, sozialtherapeutischen, psychotherapeutischen und psychiatrischen Diensten aus eigenem Antrieb mitmachen, dann muß man strikt darauf achten, daß insbesondere die bisher hinsichtlich Weiterbildung, Bezahlung und zugeteilter Kompetenz benachteiligten Berufe besser zur Geltung gebracht werden. Der Begriff Psychosoziale Arbeitsgemeinschaft an Stelle etwa von Gemeindepsychiatrischer Arbeitsgemeinschaft wurde deshalb gewählt, damit sich Laienhelfer, Sozialarbeiter, Heimerzieher und Familienberater damit unmittelbar benannt und nicht etwa als zweitklassige Erfüllungsgehilfen für die Psychiater eingestuft fühlen.

Im Verlauf der vierjährigen Tätigkeit haben immer mehr Dienststellen zu der Arbeitsgemeinschaft Kontakt aufgenommen. Aus psychiatrischen, jugendpsychiatrischen, pädiatrischen und psychosomatischen Kliniken, aus Familien-, Ehe-, Erziehungs- und Jugendberatungsstellen, aus Behindertenzentren und Kinderheimen, aus Jugendämtern, schulpsychologischen Dienststellen, aus der Bewährungshilfe und Frauenzentren, aus Elternschulen, Kinderschutzbund, Pro Familia, aus Initiativgruppen, die mit psychisch Kranken, Behinderten, jugendlichen Delinquenten und Obdachlosen tätig sind, arbeiten inzwischen Vertreter in der PSAG mit. Auch einige niedergelassene Nervenärzte, Psychotherapeuten und Psychologen haben sich angeschlossen.

Seit 4 Jahren tagt die Arbeitsgemeinschaft reihum in verschiedenen Institutionen, um jeweils an Ort und Stelle genauer zu erfahren, wie die einzelnen Stellen arbeiten und welche Probleme sie haben. Die gesamte PSAG tagt alle vier Wochen und diskutiert innerhalb von zwei Stunden in einem Wechsel von Kleingruppen und Plenum die Probleme, die gerade in die Gruppe gebracht werden. Angesichts der Größe der Gesamtgruppe und der Vielfalt der anstehenden Probleme haben sich inzwischen darüber hinaus Untergruppen gebildet, die sich in der Regel noch einmal im Monat zusätzlich treffen. Im Moment existieren fünf solcher Untergruppen:

1. Eine Gruppe Psychiatrie – hier treffen sich Mitarbeiter aus den drei psychiatrischen Kliniken des Versorgungsgebietes, aus einem Übergangswohnheim für psychisch Kranke, einer Laienhelferinitiative und ein niedergelassener Nervenarzt und Psychoanalytiker.
2. Eine Gruppe Beratungsdienste – in dieser haben sich vor allem Mitglieder der Erziehungs-, Ehe-, Familien- und Jugendberatungsstellen zusammengefunden, desgleichen die Mitglieder der Familienambulanz und der Funktionsgruppe Sozialtherapie des Zentrums für Psychosomatische Medizin, die Schulpsychologen, die Vertreter der Elternschule, einzelne frei praktizierende Kollegen sowie die Psychologin der Kinderklinik.
3. Eine Gruppe Randgruppenarbeit – in dieser Gruppe kooperieren Mitglieder der Initiativgruppen aus den städtischen Randsiedlungen bzw. Obdachlosensiedlungen, Vertreter des benachbarten Jugendgefängnisses und der Bewährungshilfe,

Mitarbeiter des kommunalen Sozialdienstes, einer Initiativgruppe für ein Frauenhaus sowie einzelne Mitglieder aus dem Bereich Jugend- und Rauschmittelprobleme.

4. Eine Gruppe Behindertenarbeit – darin haben sich Mitarbeiter aus verschiedenen Werkstätten, Schulen, Kindergärten, Heimen und Rehabilitationszentren für körperlich und geistig Behinderte zusammengefunden.
5. Eine Gruppe Heime – hier arbeiten bisher Kollegen aus verschiedenen Heimen für Kinder und Jugendliche mit.

Die Untergruppen betrachten es einerseits als einen wichtigen Vorteil, daß sie jeweils ein Forum zur Diskussion der Spezialprobleme ihres jeweiligen Versorgungssektors entwickelt haben. Sie wollen hin und wieder unter sich sein, um über ihre eigenen Sorgen und Wünsche ausführlicher reden zu können. Aber sie wollen andererseits keinesfalls auf die regelmäßigen Gelegenheiten verzichten, sich auf den monatlichen gemeinsamen Veranstaltungen mit allen anderen auszutauschen. Denn es ist allen bewußt geworden, daß man bestimmte Fortschritte, z. B. hinsichtlich wechselseitiger Supervision, gemeinsamer Fortbildung, vor allem aber hinsichtlich besserer Koordination der Versorgungsarbeit nur einträchtig planen und politisch verwirklichen kann.

Neben den bisher genannten Plenarsitzungen und den Veranstaltungen der Untergruppen stehen in mehrmonatigem Abstand Wochenendklausurtagungen auf dem Programm der Arbeitsgemeinschaft. An diesen Wochenendtagungen nehmen bis zu 100 Mitglieder teil. Gelegentlich laden wir dazu auch Vertreter aus Politik, Fachverwaltung und Trägerverbänden ein, um neben der horizontalen Kooperation unter den an der Basis Tätigen auch die vertikale Kooperation mit kompetenten politischen Experten, Administratoren und Planern zu verstärken und zu verbessern.

An dem Beispiel einer solchen Wochenendtagung sei versucht, etwas detaillierter und anschaulicher darzustellen, wie sich unsere Arbeit inhaltlich gestaltet, welche Problemkonstellationen uns immer wieder begegnen und wie wir damit umzugehen versuchen.

Wir hatten im Plenum beschlossen, eine Wochenendveranstaltung dem Thema «Vertikale und horizontale Kooperation, Koordination und Planung in der psychosozialen Versorgung» zu widmen. Das Thema sollte am Beispiel des Standardversorgungsgebietes Lahn-Dill diskutiert werden. Wir versandten eine Einladung an diverse Vertreter aus Politik, Gesundheitsverwaltung und Trägerverbänden. Erläuternd fügten wir folgenden Text bei:

Erlauben Sie uns, Ihnen die beigefügte Einladung etwas näher zu erläutern. Wir, das ist der Beirat der Psychosozialen Arbeitsgemeinschaft Lahn-Dill. Diese Arbeitsgemeinschaft wiederum repräsentiert ein Modell, das für eine bundesweite Verbreitung vorgesehen ist. Sie ist eine Selbstorganisation von Vertretern der Institutionen, Gebiet Lahn-Dill an der Versorgung von psychosozial Gefährdeten, psychisch Kranken und Behinderten beteiligt sind.

Die Psychiatrie-Enquete hat aufgezeigt, daß ein großer Mißstand im Bereich der psychosozialen Beratungs-, Behandlungs- und Betreuungsdienste darin besteht, daß einerseits die einzelnen Einrichtungen und Berufsgruppen zu sehr voneinander abgekapselt sind und zu wenig miteinander kooperieren, daß aber auch der Kontakt zwischen der Basis der unmittelbar Behandelnden und Betreuenden einerseits und den übergeordneten Administrationen und den einschlägigen politischen Entscheidungsgremien andererseits sehr zu wünschen übrigläßt. Die «da oben» wissen zu wenig, wie sich die Arbeit «da unten» laufend verändert und wie diese besser unterstützt werden könnte. Und die «da unten» können ihrerseits aus Mangel an Kontakten «nach oben» den Fachadministrationen und den Politikern zu wenig dabei helfen, ihre übergreifenden Planungs- und Organisationsaufgaben auf dem Gebiet der psychosozialen Versorgung zu bewältigen.

Die Arbeit an der Enquete hat eine relativ kleine Gruppe von hochspezialisierten Experten aus den Bereichen Psychiatrie, Psychotherapie und Psychosomatik mit einigen herausragenden Vertretern der Gesundheitsadministration in Kontakt gebracht. Diese Kooperation erwies sich als sehr fruchtbar, aber wiederholt wurde auch der Wunsch laut, daß derartige Kontakte unbedingt noch weiter ausgedehnt werden müßten und die verschiedenen Ebenen der Administration bis hin zur Basis der unmittelbar Betreuenden in den verschiedenen Diensten erfassen sollten.

Die geplante Tagung soll nun als ein Versuch dienen, ein solches Kontaktgespräch modellhaft zu verwirklichen. Eingeladen sind Damen und Herren aus Politik, Gesundheitsverwaltung und Trägerverbänden, um mit Therapeuten, Beratern, Sozialarbeitern usw., die in einem begrenzten geographischen Bereich (Standardversorgungsgebiet) seit drei Jahren auf dem Felde der psychosozialen Versorgung als Arbeitsgemeinschaft zusammenarbeiten, Gedanken und Erfahrungen auszutauschen.

Wir möchten Ihnen vorschlagen, die Tagung in Form von eher lockeren Gesprächen im Gesamtkreis und in kleinen gemischten Gruppen ablaufen zu lassen. Wir sind in unserer Arbeitsgemeinschaft bereits gewöhnt, in dieser Form miteinander und mit Gästen zu reden. Dabei stellt sich meist schneller ein Klima des Vertrauens und der Offenheit ein als bei dem üblichen ritualisierten Vortrags- und Diskussionsstil.

Wenn Ihnen spezielle Themen einfallen, die Sie gern besprechen möchten, so wären wir Ihnen sehr für Vorschläge dankbar. Allgemeines Rahmenthema sollte jedenfalls die Zusammenarbeit zwischen «oben» und «unten» in der Prävention, Therapie und Rehabilitation von psychosozialen Störungen sein. Unsere Idee wäre, daß wir zu Beginn der Tagung die Vorschläge für spezielle Unterthemen gemeinsam besprechen und je nach Interesse eine Diskussion dieser Spezialthemen in Gruppen oder bzw. und im Gesamtkreis vorsehen.

Bitte stoßen Sie sich nicht daran, daß Sie diesmal von «unten» eingeladen werden, und bedenken Sie bitte ferner, daß unser Kreis (vermutlich etwa 60–70 Leute) sich ganz außerordentlich freuen würde, wenn Sie mitmachen würden. Der von uns vorgeschlagene Stil der Gruppenarbeit mit dem Effekt der Vermittlung einer lockeren Gesprächsatmosphäre läßt sich (leider) nur verwirklichen, wenn wir uns etwas länger, nämlich von Freitag abend bis Sonntag vormittag, Zeit nehmen. Dieser etwas größere Aufwand an Zeit wird nach allen Erfahrungen dadurch aufgewogen, daß alles viel persönlicher und letztlich auch erholsamer ablaufen kann.

Die jetzt schon vorliegende Teilnahmezusage von etlichen verantwortlich in Politik, Verwaltung und Verbänden tätigen Personen hat uns zu dieser ungewöhnlichen Einladung ermutigt. Sobald ein erster Überblick über die zu erwartenden Teilnehmer vorliegt, werden wir Sie darüber informieren.

In der Hoffnung, daß Sie sich bereit finden können, unserer Einladung zu folgen, übermitteln wir Ihnen freundliche Grüße.

gez.: Unterschriften

18 auswärtige Gäste sagten zu: ein Landrat, Vertreter des Bundesministeriums für Jugend, Familie und Gesundheit, des Hessi-

schen Sozial- und des Justizministeriums, der Jugendbehörden, der Caritas und des Diakonischen Werkes, des Landeswohlfahrtsverbandes und eines regionalen Fürsorgevereins sowie Mitglieder einer Planungsfirma. Am schwierigsten war es, Vertreter aus der lokalen Kommunalverwaltung und den örtlichen Dienststellen der caritativen Verbände zu gewinnen. Je näher der Termin der Tagung rückte, um so deutlicher wurde sogar ein gewisser Widerstand der zuletzt genannten lokalen Verwaltungsdienststellen. Uns wurden Äußerungen hinterbracht, daß man einen zu starken Machtzuwachs unserer Arbeitsgemeinschaft befürchte, daß derartige Veranstaltungen allenfalls von oben her organisiert werden sollten, daß man unserer Gruppe ein zu starkes Abdriften nach links zutraue, daß die Angestellten gewisser Wohlfahrtsverbände ideologisch zu sehr ihren jeweiligen Trägern entfremdet werden könnten. Von bestimmter kirchlicher Seite aus wurde, gewissermaßen als Konkurrenzorganisation gegen unsere PSAG, eine konfessionelle Arbeitsgemeinschaft konzipiert, um die eigenen Mitarbeiter von unserer PSAG abzuspalten.

So enthüllte unsere Einladung einen längst vorhandenen latenten Konflikt. Wir mußten uns hüten, den Konflikt zu sehr zu personalisieren und uns zum Kampf gegen die lokalen Gegner unserer Initiative zu rüsten. Wir sahen ein, daß die in der örtlichen Hierarchie unmittelbar betroffenen Vertreter der Behörden und der Trägerverbände nur repräsentativ einen Widerstand zum Ausdruck brachten, der grundsätzlich mit den außerordentlich weitreichenden Abhängigkeitsverhältnissen zu tun hat, die in die sozialen Dienste hineinorganisiert worden sind. Natürlich erleben sich Beamte in Bundes- und Länderverwaltungen oder höhere Funktionäre freier Wohlfahrtsverbände viel weniger von solchen Basisinitiativen bedroht als die unmittelbaren örtlichen Dienstvorgesetzten der Betreuer. Diese direkten Vorgesetzten befürchten eine Einschränkung ihrer Kompetenz, wenn die ihnen unterstellten Sozialarbeiter, Erzieher, Therapeuten plötzlich im Bereich von Fortbildung, Koordination und Planung neue und ansprüchliche Initiativen ergreifen. Von daher verstanden wir die von uns ausgelöste Beunruhigung und die von einer Seite laut geäußerte Hoffnung, das Vorhaben unserer Tagung möge an einem Mangel an kompetenten Gästen scheitern. Wir ließen uns nicht beirren und bauten gerade auf die erfreuliche Zusage von 18 Gästen vornehmlich aus den höheren Etagen der Behörden und der Trägerverbände. Wir sagten uns, daß eine gedeihliche Zusammenarbeit mit diesen Leuten sicherlich dazu beitragen würde, in den betreffenden Organisationen auch allmählich nach unten hin mehr Vertrauen zu schaffen.

Die Tagung verlief überaus spannend. Wir waren rund 95 Teilnehmer. Folgende Protokollauszüge des Verf. mögen Einblick in den Verlauf einiger Gruppen-Gespräche geben:

1. Kleingruppe zum Thema: Vertikale Kooperation.
Ministerialbeamter: Man möge die Behörden nicht als monolithische Blöcke verstehen. Hier gebe es vielfältige Barrieren, etwa zwischen Fachverwaltung und Kämmerer. Die Fachverwaltung könne manche für notwendig bekannten Verbesserungen nicht durchsetzen, weil der Kämmerer das Geld verweigere.

Psychiater: Woher komme es eigentlich, daß wir Betreuer an der Basis doch immer wieder die Behörden als eine große Einheit verständen? Liege das nur an uns oder habe das nicht auch wesentlich mit dem Verhalten der Behörden zu tun?

Ministerialbeamter: Da spiele sicher eine Rolle, daß z. B. die Ministerien streng hierarchisch gegliedert seien. Man denke nur an die Briefköpfe des Ministeriums. Nirgends sei die Rede von Kultusministerium oder Sozialministerium. Sondern der Kopf auf allen Briefen laute «der Kultusminister» oder «der Sozialminister». Das sei bereits symptomatisch für eine Tendenz, die Ein-Mann-Führerschaft zu zementieren. Kollegialgruppen hätten immer nur eine beratende Funktion. Er selber habe in den letzten Jahren versucht, mehr zu delegieren. Aber das habe nicht geklappt. Letztlich werde er als der «Mann an der Spitze» in seinem Ressort immer in die Verantwortung genommen. Dabei habe er ein sehr großes Verantwortungsfeld, das er gar nicht genau übersehen könne. Jetzt werde z. B. eine Gebietsreform verwirklicht, und dabei komme es zu einer beträchtlichen Verminderung von Personalstellen. Er habe nicht einmal hinreichende Informationen darüber, wo und wie diese Stellenverminderungen genau stattfänden.

Sozialarbeiter: Das müsse sich doch aber einrichten lassen, daß er als Vertreter der Aufsichtsbehörde diese Vorgänge erfahre.

Amtsleiter (zuckt die Achseln): Wir sollten nicht übersehen, daß die Besetzung leitender Ämter vielfach mit fachfremden Leuten erfolge. Da könne es sein, daß der Leiter des Friedhofsamtes umgesetzt werde auf die Stelle des Leiters des Jugendamtes, nur weil er sich von seinem Rang her momentan dafür anbiete.

Psychologe: Und das führe dann dazu, daß solche fachlich ahnungslosen Leute ihre Untergebenen besonders mit bürokratischen Formalien traktierten und einengten, um die eigene Kompetenz wenigstens im Bereich der administrativen Rituale nachzuweisen und um die Fachleute einzuschüchtern.

Berater: Schließlich sei es ja aber auf Regierungsebene nicht viel anders. Da wolle man die Staatssekretärin im Kanzleramt erst zur Familienministerin machen und gebe ihr schließlich das Entwicklungsministerium, obwohl sie davon keine Ahnung habe. Und dabei sei doch die Nord-Süd-Politik eines der wichtigsten und zugleich kompliziertesten Aufgabenfelder unserer Politik.

Psychotherapeut: Wir sollten noch einmal zurückkommen auf den Konflikt zwischen den fachlichen Interessen und der Politik des Kämmerers. Was geschehe denn, wenn die Fachverwaltung Geld für bestimmte Verbesserungen der Arbeit brauche, deren volkswirtschaftlicher Nutzen auf längere Sicht die derzeitige Geldausgabe mehr als aufwiege? Ein Beispiel: viele Tarifgruppen seien zu einer Zeit festgelegt worden, als die betreffenden Berufe noch einfachere und engere Tätigkeitsfelder hatten. So hätten Krankenschwestern früher nur untergeordnete Hilfs- und Handlangerdienste leisten müssen, aber heute müßten sie in der Psychiatrie innerhalb von therapeutischen Gemeinschaften regelrechte therapeutische Funktionen mitübernehmen. Auch Sozialarbeiter müßten mehr und mehr in sozialtherapeutische Kompetenzen hineinwachsen, weil ihnen praktisch die psychosoziale Versorgung im Unterschichtbereich zufalle. Auch fehle es in den Versorgungseinrichtungen an einer ausreichenden Zahl höher dotierter Verwaltungsstellen, so daß Sekretärinnen in niederen Schreibkraft-Tarifgruppen eine weit differenziertere administrative Arbeit zu leisten hätten, für die sie gar nicht bezahlt werden.

Ministerialbeamter: Wir sollten aber auch die Vorteile eines klar gegliederten Tarifsystems sehen. Dies sei die Basis für eine finanzpolitische Ordnung. Das sei ein sehr kompliziertes System, das sofort ins Wanken gerate, wenn man an der einen oder anderen Stelle rüttele. Wir sollten diese Schwierigkeiten nicht leichtfertig unterschätzen.

Psychiater: Es gehe ja gar nicht darum, die Volkswirtschaft durch mehr Geldforderung zu belasten. Wenn man den Kliniken und Beratungsstellen ermöglichen würde, daß die dort arbeitenden Personen eine modernere und effizientere Tätigkeit ausübten, dann brächte das letztlich doch auch finanziellen Nutzen, indem z. B. die vielfältigen seelisch bedingten Formen von Arbeitsunfähigkeit und Frühinvalidität zurückgingen. Außerdem würden durch solche qualitativen Verbesserungen der Arbeit die Dauer von Therapie- und Rehabilitationsleistungen verkürzt werden. Die Kosten für stationäre Behandlungen würden sich verringern.

Ministerialbeamter: Für den Kämmerer sei aber der Etat des laufenden und des nächsten Jahres entscheidend. Und die Regierung werde nur wiedergewählt, wenn sie in ihrer kurzen Legislaturperiode mit den Steuergeldern haushälterisch umgehe.

Laienhelfer: Also stehe eigentlich gar nicht die Logik des Geldes gegen die Logik der Therapie. Sondern es stehe die Logik eines augenblicksbezogenen Denkens gegen die Logik verantwortungsbewußter Langzeitplanung. Die Interessen der Betroffenen seien aber Langzeitinteressen, bestimmt durch die menschliche Lebensdauer. Dagegen stehe das Eigeninteresse der Politiker und der Parteien, die nur durch Kurzzeiterfolge ihre Wahlchancen erhalten zu können glaubten.

Kommentar:

Interessant ist an dem Verlauf der Diskussion, daß der Ministerialbeamte sich zunächst dadurch in die Gruppe integrieren wollte, daß er sich von der Idee der monolithischen Behörde distanzierte und die Unterdrückung seiner Fachverwaltung seitens der Finanzverwaltung hervorhob. Innerhalb der Diskussion hat er aber sich doch wieder dadurch von den anderen isoliert, daß er sich am Ende defensiv vor das Tarifsystem gestellt hat. Man sieht, wie die Fachverwaltung in ihrer Brückenfunktion zwischen Finanzminister und Praktikern an der Basis letztlich doch stärker an der Finanzverwaltung hängt. Die Macht liegt beim Geld. Mit dem Kämmerer muß sich auch ein höherer Beamter der Fachverwaltung gutstellen, damit er überhaupt etwas bewirken kann. Dies ist die Logik der Administration und eine entscheidende Ursache für die breite Kluft gegenüber der Basis der sozialen Praxis. Die Aggression, die der Verwaltungsbeamte am Ende der Diskussion gegen sich schürt, ist nur ein personalisierter Ausdruck dieses institutionalisierten Konfliktes.

2. Kleingruppe zum gleichen Thema:
Vertreter eines Wohlfahrtsverbandes: Die Leute in der Praxis machten leicht den Fehler, daß man die Vertreter der Trägerverbände und der Behörden zu sehr als Eltern oder sogar als Über-Eltern ansehe und von ihnen zu viel erwarte. Man müsse selber mehr machen.

Psychologe: Die Leute an der Basis würden aber auch oft wie Kinder eingeschüchtert. Hier auf der Tagung seien ja z. B. ein paar Angestellte einer Behörde, die sich nicht einmal getrauten, den Namen ihrer Institution zu sagen, weil sie dort Schwierigkeiten wegen ihrer PSAG-Mitarbeit befürchteten.

Sozialarbeiterin: Ihre Vorgesetzten hätten keinerlei Verständnis dafür, daß sie hier in der Psychosozialen Arbeitsgemeinschaft mitmache. Sie würde niemals die Genehmigung erhalten, in ihrer Dienstzeit etwas für die PSAG zu tun.

Psychotherapeut: Uns werde vorgeworfen, daß wir von oben zu viel erwarteten. In einer Hinsicht täten die «da oben» aber viel mehr, als was man erwarte. Man bekomme immer mehr und genauere Vorschriften, und der Spielraum für eigenes Tun werde dadurch zunehmend eingeengt.

Beamter aus der Sozialverwaltung: Er wolle dafür gerne ein Beispiel hören.

Psychiater: Es wäre für viele Patienten besser, wenn sie der Arzt, der sie in einer Psychiatrischen Klinik behandelt habe, auch noch ambulant nachbetreuen dürfte. Der kontinuierliche Kontakt mit dem gleichen Betreuer würde sicher oft zur Stabilisierung der Patienten beitragen. Aber nach den Verordnungen dürfe sich der Klinikarzt nicht mehr um Patienten kümmern, die aus der Institution entlassen worden seien.

Psychotherapeut: Beamte müßten immer erst ihre vorgesetzte Dienststelle fragen, ehe sie öffentlich über Vorgänge aus ihrem Dienstbereich sprechen dürften. Dadurch wisse die Öffentlichkeit viel zu wenig von den Mißständen in der psychosozialen Versorgung. Mit der Androhung disziplinarischer Sanktionen schütze die Administration in vielen Fällen nur das eigene Ansehen auf Kosten der Betroffenen. Die Reform der traditionellen verwahrenden, antitherapeutischen Anstaltspsychiatrie sei jedenfalls lange dadurch verzögert worden, daß die eingeschüchterten angestellten Psychiater nicht gewagt hätten, ihre widersinnigen Tätigkeitsbedingungen zu veröffentlichen.

Beamter der Sozialbehörde: Es werde ja auch nicht alles so heiß gegessen, wie es gekocht werde. Es würden ja schließlich nicht tagtäglich disziplinarische Sanktionen verhängt.

Berater: Die Vorschriften wirkten aber schon dadurch einschüchternd, daß sie überhaupt existierten. Am Ende gebe es dann eine Selbstzensur, so daß konkrete disziplinarische Maßnahmen gar nicht mehr nötig würden. Dies sei ähnlich wie beim Radikalenerlaß.

Amtsleiter: Wir seien uns doch aber wohl einig, daß ein gewisses Maß an Loyalität nötig sei. Auf der anderen Seite gebe es natürlich auch einen engstirnigen und überzogenen Bürokratismus.

Psychotherapeut: Es sei vielleicht bezeichnend, daß wir im Augenblick hier Loyalität nur in der einen Richtung verständen, nämlich als Loyalität von unten nach oben, Loyalität des Angestellten oder Beamten gegenüber seinem Dienstherrn. Es gebe aber sehr verschiedene Loyalitäten. Der Therapeut habe es zu tun mit Loyalität gegenüber dem Patienten und dessen Familie, Loyalität gegenüber der Anstalt, Loyalität gegenüber der Standesgruppe, Loyalität gegenüber der Gemeinde, dem Träger, dem Gesetz usw. Genaue Einhaltung von Vorschriften sei ja nicht dasselbe wie loyales oder gar moralisches Verhalten schlechthin.

Aus Gewissensgründen müsse der Therapeut mitunter eine andere Loyalität als der Verwaltungsbeamte bevorzugen. Loyalität gegenüber dem Patienten verlange mitunter eine Vernachlässigung der Loyalität gegenüber einer Verordnung. Der Therapeut müsse also mitunter andere Prioritäten innerhalb der Hierarchie der Loyalitäten setzen, als dies die Verwaltung wünsche. Aber wir hätten in derartigen Loyalitätskonflikten nur sehr beschränkte Möglichkeiten, unsere Vorstellungen durchzusetzen. Wir erlebten doch immer wieder, daß uns die Vertreter der Administration drohend mit Verordnungsblättern winkten. Und wir hätten das Gefühl, daß immer neue Verordnungen gemacht würden, weil die Administration dadurch ihre Macht gegenüber ihren Untergebenen zu festigen versuche. Im Zweifelsfall seien die Praktiker an der Basis ohnmächtig, die Loyalität gegenüber dem Patienten gegen die Verordnungsloyalität durchzusetzen. Und damit würden die Praktiker eben in der Rolle von unmündigen Kindern fixiert. Es stehe also nicht nur oder sogar am wenigsten in ihrem Belieben, die Träger und Behörden anders als in einer bevormundenden Elternrolle zu erleben.

Beamter einer Sozialbehörde: Es gebe ja doch aber nicht nur Vorschriften mit Verboten. Viele Vorschriften dienten nur dazu, die Erledigung bestimmter Wünsche von der Basis her zu regeln und zu verbessern. Beispielsweise wolle die PSAG jetzt eine Anschlußfinanzierung erreichen, wenn gewisse Mittel aus dem Modellförderungsprogramm des Bundes nicht mehr flössen. Da müßte die PSAG sich z. B. darum kümmern, wo eine weitere Finanzierung zu bekommen sei und auf welchem Wege, mit welchen Fristen und in welcher Form der Antragsstellung. Und da stelle man nun auf der Verwaltung fest, daß manche Leute und Gruppen nur deshalb immer wieder scheiterten, weil die sich nicht um die Vorschriften kümmerten, die die Kompetenzen und die Erledigungsformalien regeln. Wir müßten uns auch genauer um die Verwaltungsstruktur und um die haushaltsrechtlichen Tatsachen kümmern.

Berater: Es sei sicher richtig, daß wir Praktiker uns manchmal um diese Dinge zu wenig kümmerten. Wir neigten dazu, den ganzen «administrativen Kram» pauschal als bloße Belastung und als etwas der Therapie gegenüber Nebensächliches anzusehen. Deshalb passiere es immer wieder, daß wir bei der Verwaltung mit unseren Wünschen scheiterten, weil wir die dortigen Abläufe überhaupt nicht verständen.

Psychologe: In einer anderen Arbeitsgruppe auf der Tagung habe man gesagt, die Verwaltungsmenschen seien seelenlose Bürokraten, und die Betreuer an der Basis seien Verwahrloste. (Allgemeines Gelächter) Ihm scheine es nun so, daß im Umgang des Therapeuten mit seinen Patienten tatsächlich Qualitäten gefordert seien, die ein Verwaltungsmensch eher als «Verwahrlosung» empfinden möge. Der Therapeut versuche, den Patienten in einem kreativen Entwicklungsprozeß zu begleiten, in ihm Ängste und Unfreiheiten jeder Art abzubauen. Jegliche Form der Bevormundung und Disziplinierung würde das offene partnerschaftliche Verhältnis in einer Therapie stören. In der Verwaltung hingegen werde am höchsten ein glattes, genau vorschriftsmäßiges Funktionieren in einem festgelegten Dienstwegsystem gefordert. Hier gehe es um ein kompliziertes bürokratisiertes System, in das sich der einzelne glatt technisch einpassen solle, damit keine Reibungsverluste entständen. Und da verliefen wir ahnungslosen Praktiker uns leicht wie ein Bauer aus dem Hinterland in der Großstadt. Aber vielleicht könnten wir jetzt gleich an dem zitierten konkreten Beispiel einen gemeinsamen Lernprozeß probieren. Uns gehe es in der Tat darum, für die Fortsetzung der Arbeit in der PSAG einen finanziellen Zuschuß zu gewinnen. Wie sollten wir das am besten machen?

Beamter der Sozialbehörde: Die Leute der PSAG sollten sich eben erst einmal genauer über die Verwaltungsstruktur und die Rechtsvorschriften für eine mögliche Förderung informieren, damit man bei der Verwaltung die geeigneten Schritte unternehmen könne.

Sozialarbeiter: Aber dazu hätten wir doch hier jetzt die Tagung, daß uns die Verwaltungsexperten auch mal einen Tip geben sollten. Denn es sei ja nun gerade herausgekommen, daß wir in unseren Berufen aus Mangel an Talent und vielleicht auch an Erfahrung zu ahnungslos in betriebswirtschaftlichen, haushaltsrechtlichen und verwaltungsorganisatorischen Belangen seien. Man sollte uns doch nun nicht sagen: nun lernt mal erst alle schön unsere Behörde genauer zu verstehen, damit ihr reibungslos in unserer Bürokratie so mitspielen könnt, wie wir es erwarten.

Vertreter eines Wohlfahrtsverbandes: Er sehe dies ein, und er werde sich überlegen, wie man uns in dieser Angelegenheit einen fairen Rat geben könne. Wir müßten uns allerdings entscheiden, welchen Träger wir für unsere Arbeitsgemeinschaft auf Dauer haben wollten. Je nachdem sollten wir uns dann etwa an eine caritative Organisation, an den Landeswohlfahrtsverband oder an das Sozialministerium wenden. Allerdings müßten wir berücksichtigen, daß ein Träger auch eine gewisse Verantwortung für die Arbeitsrichtung trage. Wenn z. B. solch eine freie Selbstorganisation wie unsere PSAG eine bestimmte linke Richtung einschlage, dann sei sofort die BILD-Zeitung auf dem Plan, und der Träger werde für diese politische Tendenz verantwortlich gemacht.

Mitarbeiter einer Planungsfirma: Aber der Träger könne doch nicht in das Konzept einer solchen Gruppe eingreifen. Man könne hier doch keine ideologischen Auflagen machen!

Beamter der Sozialbehörde: Das Land mache seine Förderung jedenfalls nicht abhängig von irgendwelchen Auflagen hinsichtlich der ideologischen oder sonstigen inhaltlichen Ausrichtung der Arbeit.

Psychotherapeut: Wir seien aber nicht sicher, ob das Land nicht lieber Geld an Gremien gebe, in denen die eigene Verwaltung federführend mitbestimme. Da spielten dann keine ideologischen Besorgnisse, aber administrative Macht- und Kontrollbedürfnisse hinein.

Laienhelfer: Wir sollten lieber auf Geld verzichten, ehe wir uns in der PSAG abhängig von einem Träger machten, der uns ins Konzept hineinrede.

Sozialarbeiterin: Sie arbeite in der PSAG seit je außerdienstlich freiwillig mit. Ihre Vorgesetzten hätten ihr mehrmals gesagt, sie legten darauf keinen Wert. Das könne sie höchstens privat machen. Weil sie von der PSAG viel habe, wolle sie lieber einen kleinen Beitrag zahlen, um Veranstaltungen wie diese hier mitzufinanzieren. Aber sie wolle nicht, daß die PSAG durch finanzielle Abhängigkeit in irgendeine bestimmte Richtung gedrängt werde.

Eine andere Sozialarbeiterin: Sie stimme dem zu. Sie verdiene zwar wahrhaftig nicht viel. Aber das wäre ihr die Sache wert, aus eigener Tasche etwas zu geben, damit die PSAG weiter existieren könne.

Psychotherapeut: In der Psychiatrie-Enquete sei wörtlich die Empfehlung enthalten, daß für «Fortbildungsaufgaben im Rahmen der Arbeitsgemeinschaft sowie für deren Geschäftsbedürfnisse» öffentliche Mittel bereitgestellt werden sollten. Unsere Fortbildung und Zusammenarbeit in der PSAG sei die billigste Form einer wirksamen regionalen Koordinierung der psychosozialen Versorgung. Wir sollten schon aus politischen Gründen darauf bestehen, für unsere Arbeit die geringfügige finanzielle Unterstützung zu erhalten, die wir benötigen. Schließlich diene unsere Arbeit unmittelbar dem öffentlichen Interesse. Wir seien ja schließlich kein Verein zur Befriedigung überschüssiger privater Fürsorgebedürfnisse. Wir übernähmen das Maß an sozialer und politischer Mitverantwortung an der Basis, wie es sich für eine funktionierende Demokratie moderner Art gehöre. Die Behörden und die caritativen Großverbände sollten lernen, ihre Verantwortung mehr mit solchen Basisinitiativen zu teilen, was heiße, daß sie auch entsprechende Mittel aus ihren Etats abzweigen sollten. Und dabei sollten sie nicht etwa den Hintergedanken haben, die spontanen Basisinitiativen allmählich wieder zu lähmen, um späterhin derartige Arbeitsgemeinschaften zu schlucken.

Vertreter eines Wohlfahrtsverbandes: Die Leute aus der PSAG sollten aber auch nicht zu mißtrauisch sein. Schließlich funktioniere doch inzwischen die Förderung vieler spontaner Initiativgruppen speziell durch kirchliche Wohlfahrtsverbände ausgezeichnet. Das sehe man doch z. B. in der Obdachlosenarbeit. Aber hier hätten sich eben die einzelnen Gruppen jeweils einen bestimmten Träger ausgesucht, der ihnen die finanzielle Hilfe besorge.

Psychiater: Ihm sei jetzt klargeworden, warum unsere Psychosoziale Arbeitsgemeinschaft von ihrer Struktur her nicht in eine Einzelförderung hineinpasse. Eine auf ein spezielles Projekt bezogene Initiativgruppe wie ein Obdachlosen-Arbeitskreis könne von einem einzelnen Träger gefördert werden. Aber wir deckten ein großes pluralistisches Versorgungssystem ab. Die Mitglieder der PSAG hingen finanziell teils vom Staat, teils vom Land, teils von der Caritas, teils vom Diakonischen Werk, teils vom Landeswohlfahrtsverband, teils von anderen Fürsorgevereinen ab. Logisch wäre jetzt, daß sich die für eine Finanzierungshilfe in Frage kommenden Behörden und freien Träger zusammensetzen würden, um auf ihrer Ebene etwas Ähnliches zustande zu bringen wie die Kooperation und Koordination an der Basis durch die PSAG. Mit anderen Worten: Logisch wäre eine gemischte Trägerschaft, eine gemischte Finanzierung.

Beamter der Sozialbehörde: Wir sollten jedenfalls noch im kommenden Sommer Anträge stellen, um zwei Jahre später in eine Förderung hineinzukommen.

Vertreter eines Wohlfahrtsverbandes: Die PSAG sollte eine bestimmte Rechtsform annehmen, denn die Förderung werde sehr schwierig sein, wenn wir lediglich ein loser Haufen blieben, wie wir es bisher seien. Dann könnte unser Antrag einfach an formalen Mängeln in juristischer Hinsicht scheitern.

Psychotherapeut: Bisher seien die Lebendigkeit unserer Arbeit und das Engagement vieler gerade dadurch gefördert worden, daß wir die bürokratischen Umständlichkeiten vermieden hätten, die sich automatisch aus einer Vereinsgründung ergäben. Wir hätten mehrmals ausgiebig in unserer PSAG darüber beraten. Ein Verein brauche einen Vorstand, brauche Generalversammlungen und benötige eine Satzung. Das führe sofort zu einer fixierten hierarchischen Struktur und zu langwierigen Diskussionen über Satzungstexte. Jeder wisse doch, wieviel Angst es mache, wenn man für eine solche Gruppe Zwecke festschreibe, Kriterien für die Mitgliederzuwahl fixiere und die diversen Rechte und Pflichten definiere. Das mache immer viel Angst und führe zur Ausbildung von Ritualen, die sehr schnell die Spontaneität einer Gruppe ersticken könnten. Jetzt hätten wir unser kleines Büro, das die Texte fabriziere, wir entschieden fast alles im Plenum und hätten für dringliche Entscheidungen unseren befristet gewählten Beirat. Und bei keinem Problem, das in die PSAG hineingetragen werde, müßten wir uns erst fragen, ob dieses Problem zu unserer Satzung passe oder nicht. Im übrigen könnte jetzt aus einer Klinik oder einer Beratungsstelle mal dieser, mal jener zu unseren Veranstaltungen kommen. Bei einer formalisierten Vereinsmitgliedschaft würden am Ende nur noch die anerkannten Vereinsmitglieder in der PSAG mitmachen. Und in den Institutionen würde leicht eine Spaltung zwischen den Mitgliedern und den Nichtmitgliedern entstehen, die der Kooperation in der Versorgung abträglich wäre. Aus allen diesen Gründen hätten wir uns gemeinsam gegen die Rechtsform eines eingetragenen Vereins entschieden. Und die Tatsache, daß so viele Leute drei Jahre lang regelmäßig und so intensiv zusammenarbeiteten, zeige doch, daß es auch so oder so sogar besser gehe.

Sicherlich sei es ein typisches deutsches Vorurteil, das Papier einer Vereinssatzung als Garantie dafür anzusehen, daß eine Gruppe zuverlässig, geordnet und kontinuierlich ihre Ziele verfolge. Es sei bei uns zwar immer sehr locker, aber nie chaotisch zugegangen.

Beamter einer Sozialbehörde: Das glaube er alles gern. Aber wenn man sich in der PSAG nicht in solche juristischen Formalien verstricken wolle, werde es eben mit der Außenfinanzierung schwierig werden. Man wisse ja dann von der Behörde aus gar nicht, wem man das Geld eigentlich gebe.

Sozialarbeiterin: Mit wem sie es zu tun hätten, könnten die Herren der Behörde doch auf dieser Tagung sehr genau feststellen. Hier sehe man doch, daß es sich um eine gut funktionierende Gruppe handele, die sogar solche komplizierten Veranstaltungen aufziehen könne. Oder bestehe etwa der Eindruck, daß es hier durcheinandergehe oder daß wir nicht gemeinsam Ziele verfolgten?

Beamter der Sozialbehörde: Er persönlich sei davon überzeugt und sehr beeindruckt, daß wir eine wertvolle Arbeit leisteten. Es nütze uns aber nichts, wenn er nur persönlich diese Überzeugung gewonnen habe. Auf der Behörde würden Anträge nicht vorwiegend von dem Gesichtspunkt her bewilligt, ob sie sympathisch oder glaubwürdig seien. Entscheidend sei, daß sie ganz genau in den Rahmen der Vorschriften hineinpaßten. Und er meine es nur gut mit uns, wenn er uns rechtzeitig vor Komplikationen in dieser Dimension warne.

Vertreter eines Wohlfahrtsverbandes: Wir sollten bei einer

Antragstellung auch möglichst die Wirtschaftlichkeit unseres Modells dartun. Das mache bei allen Bewilligungsinstanzen immer Eindruck, wenn man nachweisen könne, daß die Arbeit wirtschaftliche Vorteile bringe, also etwa durch die Einsparung anderweitiger Personal- oder Sachmittel.

Laienhelfer: Dieser Ratschlag sei sicher durch hinreichende Erfahrung begründet. Aber er zeige uns doch wieder, wie sehr wir von der «Logik des Geldes» abhängig seien. Wir sollten eine Kosten-Nutzen-Rechnung aufmachen. Sicher würden durch unsere gemeinsamen Anstrengungen manche Jugendliche vor dem Ausflippen bewahrt, manche chronisch Kranke so stabilisiert, daß ihnen weitere Anstaltsinternierungen erspart blieben. Wir würden auch durch unsere intensivierten Krisenhilfen auf dem Lande manche Katastrophe, manchen Familienzusammenbruch, manchen Selbstmordversuch, manche Gewalthandlung verhüten. Aber wie sollte man diesen Nutzen erfassen und finanziell beziffern? Es sei immer wieder dasselbe, daß man Sozialpolitik und Sozialtherapie in den Denkformen der kapitalistischen Marktwirtschaft zu bewerten versuche: welche der auf dem Markt angebotenen Sozialleistungen ist maximal kostensparend?

In einer Pause kommt es zu einem Gespräch zwischen dem Beamten einer Behörde und einem Mitglied der PSAG. Der Beamte macht deutlich, daß man in einer an sich sachlich zuständigen Abteilung der Behörde der PSAG-Arbeit sicher nicht besonders gewogen sei, weil man aus politischen Vorurteilen heraus solche Basisinitiativen nicht schätze. Aussichtsreicher würde es sein, wenn wir es mit einer benachbarten Abteilung versuchen würden. Dann müßten wir den Charakter unserer Arbeit bei einer Antragsstellung ein wenig in dieser Richtung akzentuieren. Aber er glaube, daß man uns von dieser Seite her gerne helfen würde. Wichtig sei hier aber auch, daß wir gleich ein persönliches Gespräch auf einer bestimmten höheren Ebene anstreben würden. Denn hier gebe es einen leitenden Mann, dem es wichtig sei, daß man ihm eine persönliche Aufwartung mache und ihm das Gefühl gebe, seine unmittelbare Wertschätzung zu suchen. Er reagiere eher großzügig, wenn Leute, die er respektiere, sich die Mühe machen würden, ihn direkt zu bitten.

Kommentar: Die Gruppendiskussion veranschaulicht modellhaft das Eltern–Kind-Verhältnis zwischen Administratoren und Praktikern. Sie erläutert zugleich, warum dieses Bevormundungssystem sich laufend reproduziert, obwohl beide Seiten sich in ihren Rollen unwohl fühlen. Die Verwaltungsleute sehen sich nicht gern als unsympathische Aufpasser und Ordnungshüter, aber insgeheim hängen sie zäh an der Macht. Und deshalb ist es ihnen eben nicht so ernst mit ihrer Aufforderung, die Praktiker sollten sich selbständiger verhalten. Sie haben ihre Bürokratie nicht zuletzt deshalb so kompliziert gemacht, damit sie sich nur selbst darin zurechtfinden können. Ihre Klage über die Ahnungslosigkeit und Unbeholfenheit der Praktiker in Verwaltungsdingen ist genauso scheinheilig wie die Beteuerung vieler autoritärer Eltern, sie müßten ihre heranwachsenden Kinder nur deshalb so sehr gängeln, weil diese eben noch so unvernünftig seien. Im Grunde benötigt man die «Verwahrlosung» der Kinder zur Legitimierung des eigenen Dominanzanspruches.

Aber richtig ist es, daß die Praktiker ihre Abhängigkeit selbst zu fixieren tendieren, wenn sie den lästigen «Verwaltungskram» vernachlässigen und sich ungenügend um die Sicherung ihrer materiellen Arbeitsbedingungen kümmern. Sie dürfen die Abkapselung der Administration nicht mit eigener Selbstisolierung beantworten. Sie müssen sich intensiver mit den bürokratischen Ritualen vertraut machen, um nicht fortwährend an den falschen Stellen in falscher Form zur Unzeit hoffnungslose Anträge zu stellen.

Aber die Bürokratie ist kein Apparat, auf den man sich verlassen kann, wenn man ihn richtig bedient. Aus dem Widerspruch zwischen dem vertraulichen Pausengespräch und der öffentlichen Gruppendiskussion erkennt man, daß auch in einem großen Behördenapparat hinter der Oberfläche ausgeklügelter formalistischer Regelungen und Kontrollen persönlichen emotionalen Motiven ein schwer kalkulierbarer Spielraum verbleibt. Auch das nahezu lückenlose System pedantischer Vorschriften schützt nicht gegen die Willkür mächtiger Leute, die letztlich danach entscheiden, ob Antragsteller oder Untergebene ihr labiles Selbstbild bestätigen oder gefährden. Die Pedanterie der bürokratischen Ordnung sorgt nicht für die Eliminierung, nur für die komplette Verleugnung triebhaften Agierens. Deshalb läßt sich dieser Aspekt auch nur im diskreten Zweiergespräch erörtern. Denn nichts ist gefährlicher, als der Verwaltung ihre «Leichen im Keller», die heimliche Korruption hinter der Fassade ihrer geheiligten Ordnungsideologie nachzuweisen. Aber eben diese Tabuisierung läßt im Dunkeln jenes irrationale Willkürverhalten wuchern. –

Man lebt in dem Wahn, das System der bürokratistischen Regelungen mache es entbehrlich, die Integrität der damit umgehenden Personen zu kontrollieren. Die in das System selbst eingebauten technischen Sicherungen seien eine hinreichende Garantie gegen menschliche Unzuverlässigkeit. Irgendwo sind jedoch immer Lücken. Und wer hoch genug sitzt, kann auf der Maschine der Bürokratie so spielen, daß er mit Vorschriften, zwischen Vorschriften oder mit einer Vorschrift gegen eine andere das durchsetzt, was er will. Es ist wie bei der zwangsneurotischen Persönlichkeit, die durch noch so viele der Triebabwehr dienenden Zwangsmechanismen ihren Triebdruck nicht in Schach halten kann.

Überaus aufschlußreich ist der Einfall aus dem Kreis der Administratoren: wenn eure PSAG von uns Geld haben will, dann müßt ihr aufpassen, nicht zu sehr nach links abzurutschen! Wieder kommt diese Sorge, und was bedeutet in diesem Zusammenhang «links»? Von der höheren Ebene der Behörden und der Trägerverbände aus stellt sich offenbar bereits die regionale Selbstorganisation der Praktiker automatisch als politisch suspekt dar. Wenn angestellte Betreuer nicht nur in ihren Diensträumen Betreuung machen, sondern auch aus ihren Institutionen herausgehen, um mit Kollegen aus benachbarten Institutionen regelmäßig zu reden, wechselseitige Hilfe zu organisieren, etwas für gemeinsame Fortbildung zu tun und Vorstellungen für eine bessere Koordination zu diskutieren, dann riecht dies schon nach Unbotmäßigkeit, nach Gefährdung der etablierten institutionellen Machtverhältnisse. Die «da unten» rütteln an dem Prinzip einer streng parzellierten Aufteilung und Isolierung der einzelnen Institutionen, die z. T. die gleiche oder eine sehr ähnliche psychosoziale Versorgung innerhalb eines gemeinsamen geographischen Feldes betreiben. Wenn man sich mehr Kommunikation und soziales Gemeinschaftsbewußtsein innerhalb einer Gemeinde oder eines Gemeindeverbundes wünscht, dann müssen auch die Personen, die in diesem Bezirk psychosoziale Therapie, Beratung, Rehabilitation betreiben, mehr aufeinander zuarbeiten, auch wenn die einen von der Kommune oder vom Staat, die anderen von der evangelischen oder der katholischen Kirche bezahlt werden. Aber man sieht: Bereits eine so lockere Selbstorganisation der psychosozialen Praktiker weckt Befürchtungen, es könnten daraus Ansprüche auf Mitplanung und Mitbestimmung in der Gesundheits- und Sozialpolitik erwachsen. Dies würde die Kompetenz und die Machtpositionen derer beschneiden, die diese Angelegenheiten bisher ohne Einmischung der Basis geregelt haben. Eben diese Angst vor Machtverlust wird dann schnell rationalisiert als Sorge vor «linker Systemveränderung». Und der Finanzierungswunsch der PSAG ist natürlich der geeignete Anlaß für die potentiellen Geldgeber, die Frage des ideologischen Wohlverhaltens aufzubringen.

Aber eine ganz wichtige Erfahrung für alle hat sich aus dieser Tagung ergeben: Man muß differenzieren zwischen den an den unterschiedlichen sozialen Rollen hängenden Sicht- und Verhaltensweisen einerseits und den Personen andererseits. Die in den Kleingruppen, aber auch in den Plenarveranstaltungen aufbrechenden Spannungen zwischen Praktikern und Administratoren sind hilfreich zum besseren Verständnis der Kluft zwischen den verschiedenen Ebenen. In beiden Sektoren denkt man unterschiedlich, spricht man unterschiedlich und verfolgt man differente und z. T. auch gegensätzliche Ziele. Die Administration will die Betreuer immer enger an sich selbst binden, während diese umgekehrt eine engere partnerschaftliche Annäherung an die Betreuungsbedürftigen und eher eine Lockerung ihrer administrativen Beaufsichtigung und Gängelung suchen.

In der Gruppenarbeit taucht dieses strukturelle Problem in der Form persönlicher wechselseitiger Antipathiegefühle auf. Man haßt einander als autoritäre, seelenlose Ordnungsfanatiker bzw. als ansprüchliche, aufbegehrende Verwahrloste. Aber man kann miteinander lernen, sich gegenseitig nicht persönlich mit den jeweiligen Rollenstereotypen zu verwechseln. Und so kommt es zumal bei den informellen Begegnungen am Rande des offiziellen Programms zu vielfältigen Annäherungen. Man interessiert sich füreinander. Mehrere der aus dem Verwaltungsbereich eingeladenen Gäste erklären sich zur tatkräftigen Unterstützung eines Modellvorhabens der Untergruppe Psychiatrie bereit. Der Vertreter eines Bundesministeriums erklärt, daß er sich als Mitglied der PSAG fühle, für die er sich auch zuvor bereits intensiv eingesetzt hatte. Die Mehrzahl der Administrationsvertreter integriert sich während der Tagung zunehmend in den Gruppenprozeß. Freilich: Unserer Einladung waren vorwiegend solche Gäste gefolgt, die sich ohnehin für unsere Arbeit interessieren und den Kontakt zur Basis der Praxis zu verstärken wünschen. Manchen von ihnen merkten wir einen Konflikt an: Sie hätten sich gern noch mehr mit uns solidarisiert bzw. von ihrer persönlichen Unzufriedenheit mit der Bürokratie durchblicken lassen. Aber das konnten sie nicht wagen. Der Abhängigkeitsdruck in ihren Institutionen nötigte die Verwaltungsleute dazu, sich im Vergleich zu den Praktikern generell bei weitem vorsichtiger, jedes Wort sorgsam wägend, zu artikulieren. Es kostete sie viel Mühe und Angstüberwindung, von ihrem durch intrainstitutionelle Loyalitätszwänge eingeschnürten Rollenverhalten ein wenig loszukommen und spontan zu reden.

Aber auch die Praktiker konnten auf der Tagung lernen, einige Vorurteile über die Verwaltungsleute abzubauen. Und wichtig war für sie vor allem, sich in die Mechanismen der Administration genauer hineinzudenken. Manche, die sich zu Tagungsbeginn gegenüber den ihnen z. T. persönlich vorgesetzten Gästen eher schülerhaft gehemmt verhalten hatten, tauten auf und stellten es später als besonderen Gewinn dar, daß sie gelernt bätten, gegenüber diesen Leuten einen unbefangenen Umgangston zu finden. – Die Praktiker der PSAG registrierten jedenfalls mit Genugtuung, daß sie mit ihrem ganz auf Gruppenarbeit abgestellten Tagungsstil genau die richtige Form gefunden hatten, um mit den Verwaltungsleuten in näheren Kontakt zu kommen. Und von allen Resultaten der Veranstaltung war dies vermutlich das praktisch Wichtigste, nämlich die wechselseitige Annäherung, das Vertrautwerden miteinander. Die angeknüpften Beziehungen sollten es erleichtern, sich künftig über viele zu erwartende Probleme persönlicher und offener auszusprechen.

Solchen allerseits als gelungen empfundenen Veranstaltungen stehen viele Konflikte gegenüber, mit deren Bewältigung die PSAG erhebliche Mühe hat. Ähnlich wie die therapeutischen Gemeinschaften in den Kliniken müssen wir mit der Schwierigkeit umgehen, daß die vorgegebene hierarchische Organisationsstruktur in den Institutionen und die je nach Ausbildungsgängen weiteren oder engeren Tätigkeitsvorschriften für die einzelnen Berufsgruppen nicht einfach durch die Kraft einer auf Solidarität abgestellten Gruppenideologie geändert werden können. Es kommt vielmehr darauf an, die dadurch bedingten Rivalitäten in ihren Abspiegelungen innerhalb der Arbeitsgemeinschaft genau zu registrieren und sie keineswegs zu verleugnen. Wir haben z. B. heftige Zusammenstöße zwischen Psychologen und Sozialarbeitern erlebt, an denen wir uns schließlich bewußt zu machen versuchten, wie etwa die Unterschiede in den materiellen Arbeitsbedingungen personalisierte Autoritätskonflikte zwischen eng benachbarten Berufsgruppen provozieren können. Wichtig war für uns festzustellen, daß wir uns nicht wechselseitig persönlich für vorhandene und z. T. unbefriedigende berufspolitische Regelungen verantwortlich machen dürfen. Und nicht minder wichtig ist, daß man miteinander eine Übereinstimmung finden kann, daß zumal die Arbeits- und Weiterbildungsbedingungen der Sozialarbeiter verbessert werden müssen, die im Randgruppen- und Unterschichtbereich weitgehend eigenverantwortlich mit einer oft psychisch besonders schwer geschädigten Klientel zu arbeiten haben. Man denke z. B. daran, daß sich der Drogenkonsum und der Alkoholmißbrauch in der Jugend immer mehr von der Mittel- in die Unter- und Randschicht verlagert hat, wodurch er sich zunehmend dem Zugriff der vorwiegend von der Mittelschicht angelaufenen Arztpraxen, Polikliniken und Erziehungsberatungsstellen entzieht.

Für die an unserer Psychosomatischen Klinik tätigen Mitglieder der Funktionsgruppe Familien- und Sozialtherapie hat die Mitarbeit in der AG in dieser Hinsicht einen spezifischen Lerneffekt erbracht. Als wir einen 2jährigen Weiterbildungskurs für Familien- und Sozialtherapie begannen, den wir ursprünglich für fachlich Interessierte beliebiger Herkunftsorte vorgesehen hatten, änderten wir unser Konzept und beschlossen, nur Bewerber aus unserem Standardversorgungsgebiet aufzunehmen. Wir möchten durch diese regionale Bewerberauslese erreichen, daß die Weiter- und Fortbildung zugleich unmittelbar der Kooperation zwischen den Einrichtungen innerhalb unserer Arbeitsgemeinschaft zugute kommt. Außerdem betrachten wir unser Angebot als eine Hilfe für die Sozialarbeiter in unserem Umkreis, die entsprechend den in der Enquete auf S. 350, 351 niedergelegten Richtlinien eine Schulung zum Sozialtherapeuten anstreben.

Als eine weitere indirekte Wirkung der PSAG ist eine wichtige Umorganisation unserer Psychosomatischen Universitätsambulanz anzusehen. Zwölf Jahre lang hatten wir unsere Ambulanz so betrieben, daß sie vor allem Forschungs- und Weiterbildungsaufgaben diente. Die Kollegen, die eine psychoanalytische Ausbildung absolvierten, waren speziell an differenzierteren Patienten interessiert, die für eine psychoanalytische Behandlung oder zumindest für ein klassisches psychoanalytisches Interview geeignet waren. Und die Anwärter für eine Hochschullehrer-Laufbahn suchten sich vornehmlich Patienten, die in ihre speziellen Forschungsprojekte hineinpaßten. Sich mit den vielen Kranken zu beschäftigen, die keiner der beiden Kategorien zugehörten, galt als unattraktive Routinetätigkeit, die einzuschränken verbreitetes Bestreben war. So blieben die «Routinefälle» vor allem an den jüngeren Kollegen hängen, deren Stellung in der Gruppe sie noch daran hinderte, sich aus diesem lästigen «Pflichtprogramm» partiell herauszulösen.

Diese wenig fürsorgliche Grundeinstellung war zu einem wesentlichen Teil die Folge des zwiespältigen Auftrages, der Universitätskliniken zugewiesen wird. Als Einrichtung zur Lehre und Forschung wird eine Universitätsklinik leicht dazu verführt, der Pflege der Wissenschaft und der fachlichen Weiterbildung den absoluten Vorrang gegenüber der Betreuung der Bevölkerung einzuräumen, so daß sich in ihr schließlich ein eher unsoziales Klima entwickeln muß. Am Ende sieht es so aus, als seien die Kranken dazu da, den jungen Universitätsärzten als Lernmaterial und den fortgeschrittenen als Lieferanten wissenschaftlicher Daten zu dienen und jedenfalls den einen wie den anderen beim persönlichen Fortkommen sowie zur Förderung des Unterrichts- und Forschungsbetriebes behilflich zu sein.

Zumindest ansatzweise hatte sich diese egozentrische Grundhaltung in unserer Institution eingeschlichen, wobei noch eine für den Laien schwer verständliche Pervertierung therapeutischer Moralbegriffe eine Rolle gespielt hatte. Manche Psychoanalytiker schätzen paradoxerweise ihre Tätigkeit nur dann als wertvoll ein, wenn sie ganz «sauber» im Stil des klassischen zurückhaltenden und interpretativen Dialogstils erfolgt. Sich nach Möglichkeit nur mit Patienten zu beschäftigen, die nach Bildung und Erwartungshaltung dieser Technik gewachsen sind, empfinden sie nicht als unsoziale Arroganz, sondern als exquisit moralisches Verhalten. Der eine oder andere unseres Kreises hatte sich von dieser fatalen – sich übrigens zu Unrecht auf FREUD berufenden – Grundhaltung infizieren lassen.

Die Mitarbeit in der PSAG verschaffte den sozialtherapeutisch engagierten Mitgliedern in unserer Klinik den nötigen Rückhalt, um unser Ambulanzkonzept gründlich und definitiv umzustellen. Der Anblick des Versorgungsdrucks und der Überbeanspruchung vieler umliegender Einrichtungen machte uns klar, daß wir mit den dort wirkenden Kollegen nur dann eine glaubwürdige solidarische Kooperation entwikkeln könnten, wenn wir uns genau wie sie vorrangig um die Betreuung der Bevölkerung kümmern würden und Forschung wie Ausbildung jener Aufgabe unterordnen bzw. auf jene ausrichten würden. Seitdem haben wir aus Mitgliedern der verschiedenen Abteilungen unseres Psychosomatischen Zentrums unter Einschluß von fortgeschrittenen Studenten drei gemischte Ambulanzteams eingerichtet, die jeweils die ambulante Versorgung an einem Tag übernehmen. Morgens verteilt die Gruppe, die an der Reihe ist, unter sich die Patienten, die erschienen sind, wobei jeder, ob Professor oder Anfänger, etwa das gleiche Arbeitspensum zugewiesen bekommt. Am späten Vormittag setzt sich die Gruppe für zwei Stunden zusammen, um über die Resultate der Untersuchungen zu sprechen und um vor allem etwa notwendige Behandlungen, Überweisungen oder dgl. zu klären und zu organisieren.

Im Zuge dieser Umorganisation hat sich in der gesamten Klinik ein neues Klima entwickelt. Plötzlich gibt es keine «unattraktiven Routinepatienten» mehr. Man entdeckt, daß alle Patienten interessant sind und daß die Arbeit mit ihnen sinnvoll und befriedigend ist. Zur Veränderung der Motivation hat freilich auch beigetragen, daß durch den intensiveren Einsatz der Kollegen sämtlicher Dienstgrade und Altersklassen rasch die Patientenwartezeiten abgebaut worden sind. Länger als eine Woche braucht z. Zt. keiner mehr zu warten, der in unserer Klinik untersucht werden will (sofern er sich ohne spezielle Arztwünsche als gewöhnlicher Poliklinikpatient einzuordnen bereit ist). Also entfällt für die Therapeuten der unangenehme Druck, hinter jedem gerade interviewten Patienten die Schlange der frustrierten Wartenden phantasieren zu müssen. Man fühlt sich unwohl, wenn man, soviel man auch immer schafft, stets das Mißverhältnis zwischen der eigenen Leistung und dem Bedarf spürt. Jetzt können wir uns allen Ambulanzpatienten in Ruhe widmen, weil das Gedränge aufgehört hat. – Die älteren Kliniktherapeuten registrieren es übrigens als einen Gewinn, daß sie sich durch die volle Integration in die poliklinische Ambulanz wieder unmittelbar den Problemen stellen, die gewissermaßen direkt von der Straße hereinkommen. Sie erkennen es als heilsam für sich selbst, sich an den unausgelesenen psychosozialen Alltagskonflikten zu bewähren, denen sie vorher schon weitgehend entzogen waren. Damit sind sie in der Lage, ihre fachliche bzw. universitäre Selbstisolierung abzubauen. Und durch ihr Engagement entlasten sie die Jüngeren von dem früher verbreiteten Eindruck, sich zugunsten der Älteren eine in der Beliebtheitsskala ganz unten rangierende Pflichtaufgabe aufhalsen zu müssen.

Zahlenmäßig hat diese Umstellung unseres Ambulanzkonzeptes eine Steigerung der poliklinischen Untersuchungen und Beratungen um 80 Prozent herbeigeführt, obwohl unsere personelle Kapazität durch die Streichung von Assistentenstellen reduziert worden war. Also läßt sich auch der Administration gegenüber mit denjenigen quantitativen Effizienzbeweisen aufwarten, die dort allein zählen. Unsere Forschungstätigkeit ist übrigens keineswegs zurückgegangen, aber sie widmet sich jetzt mehr als früher Problemen psychosozialer Kooperation und interdisziplinärer Feldforschung.

Wie gesagt ist diese Veränderung bei uns entscheidend durch die PSAG beeinflußt worden. Denn das uns in dieser Arbeitsgemeinschaft verbindende Konzept, die regionale Versorgung der Menschen zu verbessern, produzierte den für unsere interne Reformmaßnahme ausschlaggebenden Stimulus. Freilich ist der kausale Zusammenhang eigentlich noch komplexer zu sehen: Wir selbst haben ja ursprünglich die PSAG angeregt und uns dadurch gewissermaßen indirekt selbst therapiert. Aber jedenfalls mußten wir erst den Kontakt zu den vielen Kollegen gewinnen, die uns in umliegenden Institutionen eine rein versorgungsbezogene Einstellung beispielhaft demonstrieren.

Ein Konfliktpotential ergibt sich für unsere AG daraus, daß aus manchen Institutionen *nur ein Teil der Mitarbeiter* in dem Kooperationsmodell engagiert mitwirkt, während andere sich fernhalten. So sind es z. B. nur einzelne Psychiater aus den 3 psychiatrischen Kliniken in unserem Umfeld, die in der AG mit viel Elan tätig sind. Diese psychiatrischen Kollegen haben übrigens ein sehr interessantes Konzept für eine Reform der regionalen psychiatrischen Versorgung entworfen. Aber es ist uns in der

Arbeitsgemeinschaft zugleich klargeworden, daß dieses Modell, das sich übrigens von dem in Hannover praktizierten Sektorisierungskonzept unterscheidet, nur Aussicht auf schrittweise Verwirklichung hat, wenn die Psychiater im Umfeld nicht nur abwartende Sympathie, sondern Bereitschaft zu aktivem Einsatz für die Sache bekunden. Grundsätzlich hängen die Chancen unserer Arbeitsgemeinschaft davon ab, daß sie tatsächlich alle an der Versorgung maßgeblich beteiligten Berufsgruppen und Einrichtungen erfaßt. Dabei ist es politisch nicht unwichtig, in den Institutionen speziell auch die Inhaber leitender Funktionen für eine Mitarbeit zu werben. Ohne die Billigung oder gar gegen den offenen Widerstand der leitenden Instanzen ist auch von noch so engagierten Kollegen an der Basis dieser Institutionen nicht das zu bewirken, was sie selbst wünschen und die Arbeitsgemeinschaft von ihnen erhofft.

Viele Kollegen suchen in der PSAG vor allem Anregungen und z. T. auch Schützenhilfe, um ihre Arbeit in ihren jeweiligen Kliniken oder Beratungsstellen angenehmer und effizienter gestalten zu können. Andere wünschen sich ausdrücklich, ihren Wirkungshorizont mit Hilfe der PSAG über die eigene Einrichtung hinaus erweitern zu können. Sie fühlen sich zu sehr eingesperrt in ihren Institutionen, und sie ersehen aus der Landkarte, daß es im Lahn-Dill-Kreis weite Gebiete ohne jede fachliche psychosoziale Versorgung gibt. Gebiete, für die sie auch irgend etwas in Gang setzen möchten. Zumal Kollegen aus den Kliniken streben danach, mehr im Umfeld tätig werden zu können, um psychosozial gefährdeten, kranken bzw. rehabilitationsbedürftigen Menschen in ihrem häuslichen Lebensbereich und womöglich auch am Arbeitsplatz Unterstützung anzubieten. Denn überall verbreitet sich die Erkenntnis: Man könnte vielen Betroffenen längerfristige Krankenhausaufenthalte ersparen, wenn man die Versorgung rechtzeitig dort beginnen lassen würde, wo die Menschen leben. Nicht nur einzelne überlastete Sozialarbeiter, sondern zahlreiche Psychiater, Psychologen, Berater, Psychotherapeuten müßten sich bereit finden und die Gelegenheit erhalten, zu Menschen hinzugehen, die in psychische Schwierigkeiten oder Krankheiten hineingeraten. Und sie müßten ihre Arbeit weit mehr als bisher familientherapeutisch und sozialtherapeutisch organisieren. Das heißt, sie müßten Angehörige, Nachbarn, gegebenenfalls Kollegen im Arbeitsbereich – im Einvernehmen mit den Betroffenen – einbeziehen. Denn zahlreiche Krisen und psychische Störungen lassen sich einfach dadurch beheben, daß man Menschen, die zusammen wohnen oder zusammen arbeiten, in ihrer Bereitschaft zu wechselseitiger Unterstützung stärkt bzw. sie daran hindert, irgendwelche Gruppenspannungen an einzelnen abzureagieren, die davon krank werden oder sozial scheitern.

Mit Hilfe befristeter «Modellversuchs»-Mittel des Bundes verfügt die PSAG jetzt über einige Mitarbeiter, die sich vorzugsweise um die Möglichkeiten kümmern, in bislang fachlich unversorgten Gebieten des Lahn-Dill-Kreises die Hilfsangebote für psychisch Kranke und Behinderte zu fördern. Andere Kollegen nehmen an dieser Aufgabe interessiert Anteil. Dabei geht es uns darum, zunächst einmal in einer Reihe von Gemeinden zu erfahren, wie man sich dort bislang behilft, um mit den Problemen von Menschen in psychischen Krisen und Störungen fertig zu werden. Wo es keine Fachärzte oder Psychotherapeuten gibt, springen vielfach zunächst Pfarrer, Lehrer, Gemeindehelfer, Hausärzte ein und bieten irgendeine Unterstützung an. Wir wollen diese kommunalen Selbsthilfepotentiale, die außerhalb einer fachlichen Versorgung von sog. Halbprofessionellen oder von Laien zur Verfügung gestellt werden, fördern und lernen, wie diese wirksam werden. Mitglieder der PSAG versuchen, solche in einer Kommune tätigen Helfer zur Bildung von Gruppen anzuregen und ihnen, falls gewünscht, fachliche Supervision anzubieten, um sie in ihrer Kompetenz zu stärken. Wir sind gerade dabei, in einer bislang fachlich unbetreuten Teilregion ganz systematisch ein Kontaktsystem aufzubauen, das dazu dient, die Eigenhilfe-Aktivitäten in dieser Region zu studieren, zugleich indessen durch Beratungen und Einspringen in Krisenfällen zu entlasten bzw. zu ergänzen. Die Grundidee besteht darin, vor allem die psychosoziale Prävention dadurch zu verbessern, daß im kommunalen Nachbarschaftsbereich die Fürsorgemöglichkeiten unterstützt werden, die potentiell in jeder Gemeinde vorhanden sind. Diese Perspektive ist einigen von uns besonders von der Arbeit in Obdachlosensiedlungen her wichtig geworden, wo wir gesehen haben, daß eine zurückhaltende «Hilfe zur Selbsthilfe» in mancher Hinsicht mehr zu leisten vermag als spezialistischer Versorgungseifer. Natürlich müssen wir als PSAG dort, wo es weit und breit keinen einzigen Psychiater, Psychologen oder Familienberater gibt, uns auch für die Schaffung neuer fachlicher Versorgungsmöglichkeiten einsetzen. Aber Vorrang hat für uns die Unterstützung lokaler Selbsthilfe in den Gemeinden.

Nachtrag: Soeben läuft hier der Entwurf für einen Zwischenbericht ein, in dem eine beauftragte Planungsfirma ihren Eindruck von unserer Psychosozialen Arbeitsgemeinschaft formuliert. Dieser Bericht ist in ganz typischer Weise von der Beunruhigung darüber bestimmt, daß wir in einer so relativ großen Gruppe mit einem Minimum an organisatorischen Formalien und festgeschriebenen Verfahrensregeln operieren. Das muß natürlich insbesondere für Leute erschreckend sein, die mit dem Planen für andere ihr Brot verdienen und sich durch die Art ihrer Tätigkeit laufend in dem Glauben bestätigen, daß immer nur das planend Vorgedachte, das exakt Errechnete und das durch eine Ordnung Abgesicherte lebensfähig sei. Diese Einschätzung ist dem Leitbild eines optimalen Funktionierens technisierter Arbeitssysteme angemessen. Die Planer können uns mit Hilfe eindrucksvoller Graphiken mit Kästchen und hin- und herlaufenden Pfeilen aufzeichnen, wie die zahlreichen regionalen Dienste miteinander zu einer perfekten psychosozialen Versorgungsmaschine zu verdrahten wären. Dabei können sie dann an die Kästchen und Pfeile die Worte Betreuer und Betreute, Versorger und Versorgte schreiben, was sich dann genauso liest wie Verkäufer und Käufer oder Absender und Empfänger oder Gebende und Nehmende. Eben durch diese fälschliche Nivellierung wird aus der Vereinfachung die Entmenschlichung. Betreuung, Beratung, Therapie stellen sich wie eine Sache dar, die von einer Seite zu einer anderen Seite vermittelt wird. Aber es geht gerade nicht um eine Sache, sondern um den Umgang von Menschen mit anderen Menschen. Auch Kooperation und Koordination bedeuten hier vor allem anderen eine Förderung mitmenschlichen Kommunizierens. Wie können es sich die Menschen der verschiedenen

Berufe und Institutionen erleichtern, aufeinander zuzugehen und miteinander zu reden und sich gemeinsam hilfreicher mit denen in Verbindung zu setzen, die als Klienten oder Patienten Beistand brauchen? Was wir in unserer Psychosozialen Arbeitsgemeinschaft zu fördern versuchen, und – nach Meinung der Mehrheit – auch schon einigermaßen gefördert haben, sind so unwägbare und zu Unrecht vernachlässigte emotionale Grundqualitäten wie Vertrauen, Solidaritätsgefühl, Zuwendungsbereitschaft, soziales Verantwortungsempfinden. Wir meinen, daß unsere PSAG ihren Mitgliedern dann am ehesten hilft, ihre psychisch gefährdeten oder kranken Klienten zu stärken und zu ermutigen, wenn wir uns zunächst im eigenen Kreis als Selbsthilfegruppe verstehen und lernen, wie wir uns selbst bzw. gegenseitig ermutigen und stärken können. Da wir im Gegensatz zu den Trägern keine Macht haben, die finanzielle und administrative Grundlage unserer Tätigkeiten zu ändern, müssen wir als Selbstorganisation an der Basis mit dem Potential der Freiwilligkeit, der spontanen Eigenmotivation der Betreuer arbeiten. Und da müssen wir uns eben gegen die – zwar verständliche, aber falsche – Perspektive der Planer und Administratoren wenden, die uns einreden möchten, auch die Kooperation an der Basis lasse sich gewissermaßen technisch herbeiorganisieren, während wir die Erfahrung machen, daß uns sinnvolle Lösungen zur Überwindung organisatorischer Kooperationsschwierigkeiten immer dann einfallen, wenn es uns jeweils gelungen ist, daß wir uns miteinander wohl fühlen und ein gutes, offenes Klima entwickelt haben.

Wenn technokratische Planer staunen, daß selbst größere Arbeitsgruppen über Jahre hinweg trotz Ermangelung einer festen organisatorischen Ordnung zusammenbleiben und allerhand leisten, dann fällt ihnen in der Regel dafür nur eine vorurteilshafte Interpretation ein: das gehe nur, solange irgendeine Person mit ihrer Autorität das Ganze zusammenhalte und lenke. Zumal die Repräsentanten der Verwaltung sind durch die Überorganisation, Parzellierung und Isolierung der eigenen Arbeit meist unfähig sich vorzustellen, daß selbst eine recht umfängliche Arbeitsgemeinschaft «funktionieren» kann, indem mehr oder weniger alle Mitglieder sich gemeinsam mit der Klärung und Bewältigung von Problemen beteiligen, die jeweils die individuellen Erfahrungs- und Kompetenzbereiche überschreiten. Wenn nicht eine perfekte technische Reglementierung Pannenfreiheit garantiere, dann müsse – so scheint es – eine Person durch überragende Übersicht das System reglementierender Vorschriften ersetzen. In Wirklichkeit würden heutzutage solche spontanen Selbstorganisationen immer wieder bald zusammenbrechen, würden sie übergroße Macht an Einzelpersonen delegieren. Zumindest würden sie jeweils rasch ihren kreativen Schwung und ihre Fähigkeit zum kritischen Experimentieren verlieren.

Unsere PSAG stellt sich jedenfalls im Moment wieder einmal die Frage, ob diejenigen Administrationen und Firmen, die uns von außen studieren, rechnerisch auswerten und nach formalen Organisationsmerkmalen bzw. nach Leistungsziffern begutachten, es auf die Dauer aushalten, daß unsere Arbeit ertragreich verläuft, obwohl wir unsere Kooperation gerade nicht so organisieren, wie man es von uns erwartet. Seit Jahren prognostizieren uns so viele Leute aus übergeordneten Instanzen, daß wir bei unserem unkonventionellen Arbeitsstil bald in einem Chaos untergehen müßten, daß wir schon Mühe haben, uns nicht einschüchtern zu lassen und die schlimmen Voraussagen jeweils als Problem dieser düsteren Propheten zu interpretieren. Wir bemerken natürlich auch sehr genau den Leistungsdruck und die Tendenz, uns durch die Maßstäbe oberflächlicher quantitativer Effizienz zu korrumpieren, um uns von dem Vorrang unseres eigenen Prinzips abzubringen: nämlich daß wir vor allem danach streben, uns erst einmal miteinander und mit unseren Patienten und Klienten in der Zusammenarbeit wohl und sinnvoll fühlen zu wollen.

Dialog statt Überreden
Politische Öffentlichkeitsarbeit in Gruppen

Mehrjährige Erfahrungen in der Moderation von Gruppengesprächen zwischen Politikern und Bürgern vermitteln den Eindruck, daß die Bürger einen solchen Stil von politischer Öffentlichkeitsarbeit dringend wünschen und auch dazu in der Lage sind. Schwerer tun sich viele politische Funktionäre damit, weil sie sich oft nur sicher fühlen, wenn sie vom Podium herunter belehren und überreden können. Im ängstlichen Bestreben, sich durchgängig als perfekte Alleswisser und Besserkönner zu präsentieren, vermögen sie den Bürgern vielfach kaum noch zuzuhören, geschweige denn von ihnen kritische Anregungen zu akzeptieren.

Aber gerade das kritische, partnerschaftliche Gespräch sollten die Politiker wieder lernen, denn die Art und Weise des Umgangs mit dem Bürger an der Basis ist nicht nur eine Frage, wie Politik vermittelt und «verkauft» wird, sondern bereits ein wichtiges Element von demokratischer Politik selbst.

Die Gefahr ist ersichtlich, daß sich die Politik laufend weiter vom Bürger entfernt. Fraglos wird es immer schwieriger, den Menschen viele politische Materien noch hinreichend durchschaubar zu machen. Wichtige wirtschaftspolitische, finanzpolitische, technologische Probleme sind ohne spezialistische Vorkenntnisse und laufende Übersicht über die einschlägigen Daten nicht mehr differenziert zu verfolgen. Abgesehen von leichter zugänglichen kommunalen Fragen versteht der Bürger selbst von wichtigen politischen Bereichen, die seine persönliche Lage unmittelbar betreffen, immer weniger. Es wird ungenügend bedacht, daß mit der wachsenden Komplizierung der politischen

Probleme eine kontinuierliche Erweiterung und Differenzierung von Information Hand in Hand gehen muß. Das Prinzip der Demokratie erfordert ein Maximum an Anstrengung, dem Bürger wenigstens die Kernfragen des politischen Geschehens zu jeder Zeit in den wichtigsten Aspekten soweit als möglich zu erklären. Statt dessen wird den Menschen zu wenig gesagt, und das Wenige wird je nach Interessenlage von den Sprechern der Administration oder der Parteien oft unmittelbar mit bestimmten Wertungen verknüpft, die dem Bürger nicht ein kritisches Abwägen, vielmehr eine vorschnelle parteiische Stellungnahme nahelegen. Diese Tendenz hin zur einseitig verkürzten, mit appellativen und suggestiven Elementen verquickten Information setzt sich in den Medien fort. Und es kann keinem Zweifel unterliegen, daß sehr viele Menschen ahnungslos das ihnen in oberflächlichen Kurzformeln vermittelte und von ihnen mit vorurteilshaften Sympathien und Antipathien begleitete (Fernseh-) Bild des politischen Geschehens für die Sache selbst halten und weder ihr Informationsdefizit noch ihre Manipuliertheit bemerken. Manche Meinungsforscher gehen bereits davon aus, daß das Wählerverhalten – im Bereich des Fernsehpublikums – unmittelbar das Zahlenverhältnis der Sendezeiten für die unterschiedlich politisch ausgerichteten Magazinsendungen widerspiegele.

Andererseits gibt es auch Anzeichen für ein wachsendes Unbehagen sensibilisierter Bürger über den von ihnen durchschauten Widerspruch zwischen ihren faktischen Informationsmängeln und ihrer daraus folgenden politischen Ohnmacht einerseits und der ihnen offiziell zugeschriebenen Rolle einer politischen Partizipation andererseits. Die Bürgerinitiativen sind u. a. ein wichtiges Symptom dieser Sensibilisierung und dieses Unbehagens. Sie entlarven etwa an dem Schlüsselproblem der Kernkraftwerke, wie hier Entscheidungen von sehr bedeutender Tragweite mit dem Anschein der Unabwendbarkeit vorweggenommen wurden, obwohl vorläufig durchaus alternative Möglichkeiten der Energieversorgung vorhanden sind und obwohl einer eiligen Zuflucht zur Atomenergie schwerwiegende Unsicherheiten und Risiken entgegenstehen, die weder der Öffentlichkeit hinreichend verdeutlicht wurden noch vielfach den Politikern selbst klar waren. Eindeutig waren es erst die Proteste der Bürger, die von der Basis aus Parteien und Administration zu neuem kritischen Nachdenken gezwungen haben. So wird an diesem Beispiel ersichtlich, wie sehr die verantwortlichen politischen Gremien den Dialog mit dem wachsamen Bürger überhaupt benötigen und wie unerläßlich hierfür eine genaue Information aller Beteiligten ist. Diejenigen, die vorschnell die «Irrationalität» von Bürgerinitiativen anprangern, sollten vielmehr lernen, daß es sich im allgemeinen eher um sehr plausible Reaktionen auf eine irrationale bzw. versagende Informationspolitik handelt.

Eine aufwendigere, sorgfältigere, ehrlichere Information des Bürgers an der Basis ist die *eine* vordringliche Aufgabe. Die *andere* nicht minder wichtige und eher noch mehr vernachlässigte Aufgabe besteht darin, dem Bürger wieder mehr *zuzuhören.* Vielfach werden die wohlklingenden Vorsätze, Politik «bürgernäher» zu gestalten und «mehr mit den Bürgern zu reden», einseitig wie eine Forderung nach besserer Verkaufswerbung verstanden. Die Parteien wollen ihre Politik «besser verkaufen», indem sie sich vornehmen, intensiver und taktisch geschickter *auf die Bürger einzureden.* Dementsprechend breiten sich in der politischen Öffentlichkeitsarbeit an der Basis zunehmend Verhaltens- und Denkmuster der Wirtschaftswerbung aus. So als komme es laufend weniger darauf an, von den Bürgern zu erfahren, wie diese von sich aus ihre Bedürfnisse definieren, sondern nur noch darauf, Bedürfnisse zu erzeugen bzw. zu lenken, je nachdem wie man sie zum Konsum eigener Angebote benötigt. Viel schlimmer noch als der bloße Tatbestand der genannten Informationsvernachlässigung bzw. Informationsverkürzung ist diese motivierende Grundhaltung, die eine Erkundigung nach den spontanen Wünschen des Bürgers für überflüssig hält, ja dem Bürger anscheinend gar nicht mehr zutraut, daß er eigenständige Forderungen entwickelt und zu artikulieren vermag, auf die die Politik hören sollte. Hier wirkt offenbar bereits vielfach – wenn auch uneingestanden – die These von MURRAY EDELMAN*, daß man die Bedürfnisse der Bürger entsprechend

* M. EDELMAN: Politik als Ritual. Die symbolische Funktion staatlicher Institutionen und politischen Handelns. Campus Verlag, Frankfurt-New York 1976

zu verändern, nicht daß man Bedürfnisse der Bürger zu erfüllen habe, wenn man mit Politik bei den Menschen gut ankommen wolle.

Natürlich sieht das Konzept der Demokratie den Bürger umgekehrt als mündiges Subjekt, dessen Bedürfnissen die Politik zu dienen hat. Wenn dieses Konzept nicht ausgehöhlt werden soll, ist mehr an politischer Öffentlichkeitsarbeit an der Basis vonnöten, die so organisiert ist, daß der Bürger nicht nur passiv oder mehr oder weniger symbolisch, sondern real aktiv partizipiert. Eine Partei, die sich als progressive Volkspartei versteht, benötigt auf jeden Fall eine im Sinne ihres Selbstverständnisses fortschrittliche Basisarbeit, d. h. eine solche, die dem Bürger ein echt partnerschaftliches Mitreden nicht nur erlaubt, sondern abfordert.

Diese Überlegung führt zu der Frage, ob der konventionelle Stil öffentlicher politischer Veranstaltungen dazu taugt, den genannten Zweck noch zu erfüllen. Abgesehen von Wahlzeiten beklagen die örtlichen Parteiorganisationen bekanntlich ohnehin die Schwierigkeit, für öffentliche Abende noch nennenswertes Interesse in der Bevölkerung über den unmittelbaren Mitgliederkreis hinaus zu wecken. Und selbst in Wahlzeiten können sie nur mit Hilfe prominenter Redner größere Säle füllen. Den Bedarf an Zuhören und Zuschauen befriedigen die attraktiven Politiker zunehmend durch Fernsehauftritte. Lediglich in der Wahlkampfhektik pflegen sich zusätzliche Wünsche zu regen, in Versammlungen die persönliche Präsenz von Spitzenpolitikern zu erleben und an der spezifischen stimulierenden Dynamik von Wahlreden im Kreise eines emotionalisierten Massenpublikums teilzunehmen.

Die örtlichen Parteiorganisationen können nur dann hoffen, eine effizientere Öffentlichkeitsarbeit zu leisten, wenn sie Veranstaltungen anbieten, die zu den politischen Fernsehsendungen eine echte Alternative darstellen, d. h. mehr als Zuschauen und Zuhören erlauben. Die übliche Diskussion nach einer der traditionellen Schulungs- oder Werbereden stellt natürlich keine solche Alternative dar. Denn jeder weiß, daß hier immer nur einige wenige, meist jedesmal die gleichen Typen, zu Worte kommen. Sehr viel mehr Interesse pflegen dagegen Veranstaltungen zu wecken, bei denen durch die Organisation von *Gruppenarbeit* alle Teilnehmer aktiv mitwirken können. Und obendrein erfüllen solche Abende unmittelbar den Zweck eines echten Dialogs zwischen Bürgern und Vertretern der Politik. Es geschieht also in der Form der Veranstaltung das, was man sich wünscht: Der Bürger erlebt, daß man ihm von der Seite der Politik aus zuhört, daß man seine Gedanken, seine Wünsche, seine Kritik ernst nimmt und in gemeinsame Lernprozesse einbeziehen will.

Wie das konkret aussehen kann, sei an einem Veranstaltungsmodell dargestellt, das ich vor der Bundestagswahl 1976 und vor Kommunalwahlen in verschiedenen Bundesländern gründlich zu erproben Gelegenheit hatte. Organisiert wurden diese Veranstaltungen in der Regel von einer der SPD nahestehenden Wählerinitiative.

Ich komme zu Versammlungen, die beispielsweise unter dem Thema angekündigt wurden: «Wie können wir in der Gesellschaft mehr Freiheit verwirklichen?» Anstatt eine Rede zu halten, leite ich die Gruppenarbeit zu diesem Thema etwa mit folgenden Bemerkungen ein: Jeder von uns wisse, daß Freiheit bzw. Unfreiheit unmittelbar mit seiner persönlichen Lebenssituation zu tun habe. Und jeder von uns verspüre vor allem in mannigfacher Hinsicht Unfreiheit, die er abbauen möchte. Das fange bei inneren Hemmungen an und setze sich fort in konkreten äußeren Behinderungen etwa durch Unsicherheit des Arbeitsplatzes, durch den Druck von Vorgesetzten, Behörden und einengenden Vorschriften. Man fühle Unfreiheit durch spezielle Belastungen z. B. als Alleinstehender, als Ungelernter, als Behinderter, als geschiedene Mutter usf. Jede dieser Unfreiheiten sei ein persönliches Problem des einzelnen Betroffenen, gleichzeitig habe dieses Problem aber auch immer mit den sozialen und politischen Bedingungen unseres Zusammenlebens zu tun. Deshalb würde ich vorschlagen, wir sollten erst einmal in kleinen Gruppen miteinander reden, in denen sich jeder im Gespräch mit den anderen darauf besinnen möge, wo und in welcher Weise er sich speziell unfrei fühle und womit diese Situation zusammenhänge und was daran zu ändern sei. Und wir sollten insbesondere versuchen, die Einbettung persönlicher Unfreiheitsgefühle in allgemeinere rechtliche, organisatorische, ökonomische Bedingungen zu besprechen. Zur Einstimmung skizziere ich in wenigen Worten, wie ich mich selbst von dem Problem betroffen fühle.

Anschließend rege ich an, daß Ehepaare und Freundescliquen sich möglichst auf verschiedene Gruppen aufteilen mögen, um an diesem Abend die Chance zu nutzen, mit fremden Leuten zu reden. Da vorher jedesmal ein Saal ausgesucht worden ist, in dem man die Stühle zusammenrücken oder Gruppenarbeit an kleinen Tischen machen kann, schlage ich vor, daß man sich zu sechs, höchstens zu acht Personen zusammensetzen möge. Nachdem wir uns hinreichend in den Kleingruppen besprochen haben würden, sollten wir anschließend versuchen, alle miteinander über das Thema des Abends zu reden.

Ich pflege zu ergänzen: Viele würden durch meinen Vorschlag zur Gruppenarbeit sicherlich erst einmal irritiert sein. Sie seien gekommen, weil sie von mir eine Rede erwartet hätten. Und nun seien sie mit der Aufforderung konfrontiert, den Abend ganz anders zu gestalten. Das erscheine ihnen sicherlich als eine manipulative Zumutung. Und ich sei ihnen dafür gewiß eine Rechtfertigung schuldig. Ich sei der Meinung, daß ihnen die traditionelle Manipulation gar nicht mehr bewußt sei, die sie gewohnheitsmäßig erwarten lasse, an solchen Abenden nur wie die Schulkinder in Reihen hintereinanderzusitzen, einem belehrenden Redner zuzuhören und allenfalls anschließend einige Diskussionsfragen zu stellen. Dieses weitgehend auf Passivität und Autoritätsbezogenheit abgestellte Arrangement sei uns allen seit der Schule anerzogen und erscheine uns selbstverständlich. Demgegenüber müßten wir doch davon ausgehen, daß alle Besucher dieser Veranstaltung zu dem heutigen Thema hinreichende Erfahrungen, persönliche Meinungen und vor allem drängende eigene Bedürfnisse hätten. Also sei es doch sinnvoll, allen Gelegenheit zu geben, sich aktiv an dem Gespräch zu beteiligen. Das Problem Freiheit stelle sich je nach der sozialen Situation der Bürger außerordentlich unterschiedlich dar. Und ein einzelner Redner könne nie vermeiden, entweder nur die Lage spezieller Gruppen anzusprechen oder so allgemein und abstrakt über die Köpfe hinweg zu reden, daß viele sich zuwenig persönlich betroffen fühlen würden. Außerdem fände ich es wichtig, daß bei einer solchen Veranstaltung die Bürger z. B. beim Thema Freiheit selbst die Freiheit wahrnehmen würden, den Abend mit ihren Beiträgen zu gestalten, anstatt die passive Zuhörerrolle einzunehmen. Wir Bürger müßten uns überhaupt mehr rühren, um unsere Vorstellungen in der politischen Diskussion zur Geltung zu bringen. Wir sollten von uns aus mehr mit den Politikern sprechen, anstatt immer nur abzuwarten, was diese mit uns machen. Das Arrangement dieses Abends sei dazu gedacht, mit den anwesenden Vertretern der Politik einen solchen aktiv partnerschaftlichen Umgang zu erproben. Das Gespräch in den Kleingruppen solle zur Ermutigung und zur Vorklärung von Ideen und Vorschlägen dienen, die sich dafür eignen könnten, im anschließenden Plenum uns allen weiterzuhelfen.

Nebenbei sei erwähnt, daß ich im Planungsstadium vor solchen Abenden bei den veranstaltenden Funktionären meist noch mehr Bedenken und Ängste zu überwinden habe als später beim Publikum in der aktuellen Versammlung. Die Organisatoren wenden fast stets ein: So etwas werde nicht funktionieren, weil die meisten Besucher überhaupt nicht reden oder zumindest nichts Relevantes sagen würden. Die Leute seien ja auf so etwas gar nicht vorbereitet. So etwas könne zwar irgendwo in einem großstädtischen, akademisch gebildeten Kreis funktionieren, aber doch nicht z. B. hier in dieser ländlichen Provinzstadt mit einem in dieser Hinsicht völlig ungeübten Publikum. Oder man sagt: So etwas lasse sich höchstens mit 30 oder 50 Menschen machen. Aber man erwarte mehrere hundert. Und da könne doch nur eine vorstrukturierende Rede davor schützen, daß ein chaotisches Gequassel über alles und jedes zustande komme. Eine Diskussion müsse doch eine klare Linie haben, und die werde es nur geben können, wenn man die Leute zuvor mit einer Ansprache auf bestimmte Probleme hinlenke.

Die Selbstisolierung der Politiker und Funktionäre führt eben dazu, daß sie das starke Verlangen und die Fähigkeit der Bürger unterschätzen, sich aus der Sicht ihrer persönlichen Situation um politische Fragen zu kümmern, ihre Ideen darüber offen auszutauschen und mit Politikern einen differenzierten kritischen Dialog zu führen. Das Vorurteil der Funktionäre, den Bürgern das Interesse und die Fertigkeit zu einem mündigen Partizipieren gar nicht mehr zuzutrauen, ist natürlich eine Erklärung dafür, warum sie vielerorts in der Aufgabe versagen, eine lebendige Demokratie an der Basis zu fördern. Sie benehmen sich ähnlich wie jene Eltern, die mit der Illusion permanenter Unselbständigkeit und Fürsorgebedürftigkeit ihrer Kinder die eigene unangemessene Bevormundungshaltung begründen.

Tatsächlich sind die Besucher bis auf wenige Ausnahmen stets bereit, die vorgeschlagene Gruppenarbeit mitzumachen. Für die jüngeren Teilnehmer stellt dieses Arrangement in der Regel gar kein Problem dar. Manche ältere Leute verhalten sich ein wenig zögernd, weil sie sich vielfach auch sonst nicht mehr sicher fühlen, ob man sie noch braucht und mit ihnen reden will. Deshalb sage ich den sich bildenden Gruppen in der Regel, sie möchten doch auch solche etwa in ihrer Nähe allein sitzende Teilnehmer aufspüren und einladen, die vielleicht Schwierigkeiten damit hätten, sich aktiv für eine Gruppe anzubieten. – Die Organisatoren und die anwesenden Vertreter der Politik gehen wie ich selbst mit in die Kleingruppen. Im allgemeinen brauchen die Kleingruppen etwa eine knappe Stunde, um von ihrem Gespräch eine hinreichende Befriedigung zu gewinnen. In jeder Gruppe finden sich Teilnehmer, die erst nach und nach mitreden. Und man pflegt sich in den Gruppen erst dann wohl zu fühlen, wenn sich alle eingebracht und an dem Austausch beteiligt haben.

Bei der Öffnung der Kleingruppen ins Plenum hinein entsteht meist zunächst eine längere Stille. Die Leute haben es schwer, sich auf die neue Situation umzustellen. Man vermißt plötzlich die vertrauensvolle, intime Atmosphäre der Kleingruppensituation. Der Anblick der Menschenmassen in dem Plenum macht Angst und erzeugt zunächst Ratlosigkeit. Man weiß nicht, wie die Leute mit einem umgehen werden, wenn man etwas sagt. Aber erneut sind es meist die Organisatoren, die am meisten Angst bekommen und am liebsten in die Stille hinein reden möchten, um irgendein Thema vorzuschlagen, irgendwelche Normen für Redezeiten festzulegen oder selbst gleich einen Diskussionsbeitrag zu liefern. Sie glauben, daß sie auf diese Weise helfen müßten, das Vakuum zu füllen. Wiederum werden sie ein Opfer des Mißtrauens, die Leute im Saal könnten nichts sagen oder hätten nichts zu sagen, wenn man sie nicht durch irgendwelche Anleitungen oder Vorgaben auf den Weg brächte. Es erweist sich als nützlich, den Veranstaltern und Politikern vorher einzuhämmern, unbedingt das anfängliche Schweigen im Plenum zu ertragen und abzuwarten. Dieses Schweigen ist nämlich sinnvoll und notwendig. Die Teilnehmer brauchen diese Zeit, um sich an die neue Situation im Saal zu gewöhnen. Sie wollen umhersehen und ein wenig an den Gesichtern ablesen, wie sich die anderen fühlen und welche Stimmung herrscht.

In aller Regel wird die Diskussion, zu der nur in ganz allgemeiner Form angeregt worden ist, unter Hinweis auf die vorhandenen Mikrophone, von dem einen oder anderen «Routinier» eingeleitet. Es sind Leute, denen man anmerkt, daß sie bei solchen Veranstaltungen gern reden und daß sie die Selbsteinschätzung haben, die anderen mit irgendwelchen besonders klugen Voten belehren zu können. Damit pflegen sie eine Gegenreaktion zu provozieren. Denn andere im Saal stehen nach der Kleingruppendiskussion unter dem Druck, daß sie an irgendwelchen sie persönlich berührenden Problemen weiterarbeiten wollen. Sie suchen zunächst mehr Verständnis und eine solidarische Anteilnahme im Saal und wollen sich nicht durch belehrende Klugschwätzer unterdrücken lassen. Deren Auftreten ist für sie aber ein wichtiger Stimulus, sich selbst zu Wort zu melden. Sie reden meist im Gegensatz zu den «Routiniers» unbeholfener, ungeordneter, dafür echter und mit durchspürbarer emotionaler Beteiligung. Damit wirken sie wiederum ermutigend auf viele, die ebenfalls verhindern möchten, daß die Diskussion zu einem der üblichen intellektuellen Schaukämpfe unter Experten oder Pseudoexperten entartet. Meist hat sich durch die Kleingruppenarbeit im Saal eine hinreichende Entschlossenheit ausgebreitet, sich an diesem Abend nicht von oben her durch bloße Gescheitheit oder brillante Rhetorik einfangen zu lassen. Man will die Integration aller, die durch die Kleingruppenarbeit zustande gekommen ist, nicht wieder aufgeben. Deshalb geht man besonders sensibel mit den Äußerungen solcher Sprecher um, denen man anmerkt, daß sie sich aus echtem Engagement heraus einmischen und phrasenhafte Leerformeln vermeiden. Dagegen bremst man üblicherweise sehr rasch Agitatoren, bei denen man spürt, daß sie nur irgendwelche wohlpräparierten taktischen Thesen loslassen wollen, um für die eine oder andere Seite zu werben. Die Mehrzahl will, daß man offen miteinander redet und gerade auch diejenigen ernst nimmt, die in der Form unbeholfen, aber dafür im Gehalt um so treffender und echter reden.

So kommt es dann dazu, daß auch wenig sprachgewandte Arbeiter, Lehrlinge, Hausfrauen die Diskussion entscheidend mittragen. Meist bekundet der eine oder andere, daß er heute überhaupt zum erstenmal wage, vor so vielen Leuten etwas zu sagen.

Die anwesenden Funktionäre und Politiker pflegen in kritische, aber kaum je in destruktive Streitgespräche verwickelt zu werden. Sie müssen nicht die lähmende Lethargie und Passivität fürchten, die häufig nach Nullachtfünfzehn-Wahlreden zurückbleibt. Und sie begegnen auch kaum je der undifferenzierten Polemik, mit der sich gelegentlich ein sich unterdrückt und eingeschüchtert fühlendes Publikum Luft machen muß. Ohne den Druck langwierigen ermüdenden und quälenden Zuhörens ist auch ein großes Plenum, durch Gruppenarbeit stimuliert und entlastet, ohne weiteres dazu bereit, selbst kontroverse Probleme differenziert und sachbezogen zu reflektieren. Die Regression in irrationales primitives Agieren hinein wird vermieden.

Diese sinnvoll erscheinenden gruppendynamischen Prozesse sind allerdings kein Selbstzweck. Die Verknüpfung der inhaltlichen Erkenntnisse mit der Form der persönlichen Mitwirkung dient zu einer Stärkung des Bewußtseins, daß jeder in der Familie, am Ausbildungsplatz, im Betrieb die Verknüpfung seiner persönlichen Situation mit politischen Problemen durchschauen und daß er sich mitverantwortlich für politische Verbesserungen fühlen sollte. Der nächste Schritt ist dann die Entdeckung, daß man sich von der Basis aus mit anderen verbünden muß, um in der Gemeinschaft mehr zu verstehen und politische Interessen wirksam vertreten zu können. So mancher erlebt an einem solchen Abend schon eine wesentliche Ermutigung durch die Stimmung der Solidarität, die ihn mit vielen in der Einschätzung irgendeiner ihm persönlich nahegehenden politischen Forderung verbindet. Das kann, wie sich gelegentlich herausstellt, den einen oder anderen motivieren, künftig in organisierten Bürgerinitiativen-, Gewerkschafts- oder Parteiarbeit für politische Fortschritte zu kämpfen, deren Zusammenhang mit den eigenen Bedürfnissen nach Selbstverwirklichung ihm klargeworden ist.

Seltsamerweise begegnet man immer wieder dem Vorurteil, solche Veranstaltungen könnten nur von gruppendynamischen Experten mit besonderen Tricks bewältigt werden. In Wirklichkeit muß man kein sozialpsychologischer Profi sein, um solche Prozesse zu steuern. Der für viele erstaunliche Effekt kommt tatsächlich nur dadurch zustande, daß man in der aktuellen Situation ausnahmsweise die hemmenden und einschüchternden Rituale ändert, die den einzelnen bei vergleichbaren Gelegenheiten üblicherweise zu einem künstlich passiven Verhalten nötigen. Wichtig ist nur, daß die Moderatoren sich selbst spontan und nicht profihaft therapeutisch darstellen. Wer sich als Verantwortlicher davor fürchtet, die eingeladenen Teilnehmer würden nicht mitspielen, verschiebt damit gewöhnlich nur die Angst, daß er selbst zu einer solchen Form des Mitspielens nicht fähig ist.

Die Angst der Funktionäre hängt mit der Idee zusammen, der übliche Stil der Frontalveranstaltung biete mehr Schutz vor Entlarvung eigener Unsicherheiten und Unzulänglichkeiten. Diese Idee mag richtig sein. Aber falsch ist das Konzept, man *müsse* sich unbedingt vor den Bürgern perfekt sicher und unfehlbar darstellen. Man müsse auf jeder Versammlung die Rolle des überlegenen Vorgesetzten spielen, der stets zusammen mit seiner Partei das Richtige weiß und will. Gerade dies ist doch eine Anmaßung, die jeder einigermaßen sensible Bürger als verlogen und hochstaplerisch durchschaut. Im übrigen ist es den Bürgern auf die Dauer höchst lästig, wenn sie immer nur vorfabrizierte Antworten für Fragen und Bedürfnisse vorgesetzt bekommen, die sie noch gar nicht äußern konnten. Eben weil die Politiker zu wenig zuhören, orientieren sie sich vielfach nach Bedürfnissen von gestern, da ihnen der Kontakt fehlt, um mit der kontinuierlichen Weiterentwicklung und Veränderung von Interessen und Forderungen der Bevölkerung Schritt zu halten. Wenn man als Prinzip einer demokratischen Ordnung daran festhält, daß man eine emanzipierte partnerschaftliche Kooperation mit den Menschen braucht, dann muß man nach diesem Grundsatz auch an der Basis in den Gemeinden verfahren. Je mehr man den angesprochenen Bürger aktiv mitreden läßt, um so weniger neigt er bei Versammlungen zu perfektionistischer Überforderung oder zur feindseligen Demütigung von Funktionären, wohingegen das übliche künstlich infantilisierte Passiv-Publikum zwischen Hörigkeit und Auflehnungsimpulsen hin und her schwankt. Aber natürlich liegt ein Problem darin, daß in der Hierarchie politischer Organisationen häufig Anpassungszwänge von oben nach unten herrschen, welche die Funktionäre genau auf das Gegenteil ihrer politischen Zielvorstellungen hin persönlich konditionieren. Die Frage einer freiheitlicheren Gestaltung politischer Öffentlichkeitsarbeit an der Basis hängt eben auch und in hohem Maße davon ab, wie frei sich Funktionäre persönlich fühlen und demzufolge auch mit denen umzugehen getrauen, die sie für eine freiheitlichere Politik gewinnen wollen.

Ein Beispiel: Eine große Gemeinde steht vor der Wahl ihres Bürgermeisters. Verabredet ist eine Wahlveranstaltung im Stil von Gruppenarbeit. Ausdrücklich ist ausgemacht worden, daß der Saal nur lose Stühle enthalten sollte, damit Kleingruppen gebildet werden können. Aber als die Veranstaltung beginnt, stellt sich (wie es häufig passiert) heraus, daß niemand sich den Saal vorher angesehen und die Bestuhlung überprüft hatte. Wir landen in einem Theatersaal mit fest montierten Sesselreihen. Es ist völlig ausgeschlossen, hier Gruppenarbeit zu machen. Bei rascher Besichtigung des Gebäudes finden wir aber noch einen anderen hallenartigen Raum, der groß genug für Gruppenarbeit wäre. Ein paar Leute erfassen die Situation und helfen mit, Stühle heranzutragen und für Gruppenarbeit aufzustellen. Aber es sind zu wenige Stühle da. Irgendwo finden sich Sitzkissen, die so auf dem Boden verteilt werden, daß späterhin alle irgendwo Platz finden können. Manche der Verantwortlichen, die den Abend organisatorisch vorbereiten sollten, stehen ratlos verlegen umher. Inzwischen hat sich der Theatersaal längst gefüllt. Die Leute werden schon etwas unruhig, weil der Anfangstermin längst überschritten ist.

Wir beschließen, eine kleine Einleitung in dem Theatersaal zu machen. Es kommt zu dem üblichen Eröffnungsritual. Das Thema, zu dem eingeladen worden ist, lautet:

«Die Stadt als soziale Gemeinschaft»

Ich mache ein paar einleitende Bemerkungen etwa in dem Sinne: Neben dem Bedürfnis eines jeden, sich auch irgendwohin geschützt zurückziehen zu können, würden wir doch auch alle wünschen, uns in einer Gemeinde, in der wir miteinander leben, zusammengehörig zu fühlen und aneinander Anteil zu nehmen. Es wachse die Klage, daß man isoliert nebeneinander herlebe durch falsche Planung von Wohnungen, durch ungenügende oder unzweckmäßige Anlage von Spielplätzen und Stätten für gemeinsame Freizeitbeschäftigung. Man vermisse vielfach nachbarschaftliche Kontakte, aber auch eine engere Verbindung und Kooperation mit denen, die als Politiker oder Administratoren das Zusammenleben in der Stadt organisieren. Das Bild der Städte verändere sich immer schneller, aber viele für das Leben der Bürger entscheidende stadtplanerische Aktivitäten liefen im Verborgenen oder doch zumindest ohne hinreichende Mitwirkung der Bürger ab. Stadtverwaltungen verwandelten sich immer mehr in festungsartig wirkende Großbürokratien, in denen sich die Außenstehenden immer schwerer zurechtfänden und vor allem die Möglichkeit zu einer persönlichen Besprechung ihrer Probleme vermißten. Der heutige Abend solle nun jedem der Anwesenden Gelegenheit geben, sich darüber auszusprechen, wie er sich jeweils als Betroffener in seinem Stadtteil bzw. als Mitglied der Großgemeinde fühle, welche politischen Verbesserungen er sich wünsche, um seiner Familie, sich selbst und anderen Bewohnergruppen mehr Wohlbefinden und mehr soziale Entfaltung zu ermöglichen. Aber jeder möge auch darüber nachdenken, was er vielleicht selbst anders machen könnte, um zu einem besseren Zusammenleben in der Gemeinde beizutragen. Die soziale Gemeinschaft in der Stadt könne man ja nicht nur durch Verordnungen und Planungen herbeiorganisieren. Jeder müsse sie aktiv mitgestalten. Natürlich setze das aber voraus, daß alle sozialen Gruppen unter Einschluß von Ausländern, ärmeren Familien mit sozialen Schwierigkeiten, psychisch Kranken und Behinderten sicher sein könnten, daß die Mehrheit der Alteingesessenen, der perfekt Angepaßten und Gesunden ihnen in der gemeinsamen Stadt die gleichen Chancen geben wolle.

Wie üblich erläutere ich nun den wiederum zunächst überraschenden Vorschlag zur Gruppenarbeit. Ich rege dazu an, an dem heutigen Abend einmal auszuprobieren, wieviel Gemeinsamkeit es zwischen so vielen Bürgern unterschiedlicher Stadtteile in der Beurteilung dessen gäbe, was in dieser Gemeinde wo und in welcher Form besser gemacht werden könne. Vielleicht könnten die Gruppengespräche ein Gefühl dafür vermitteln, wie nützlich es sei, sich mehr an der Basis auszutauschen und wechselseitig die Probleme und Bedürfnisse besser kennenzulernen. Zugleich könne man heute einmal ausprobieren, ob und wie man mit Politikern und Verwaltungsleuten reden könne, um von diesen mehr zu erfahren, aber ihnen auch gleichzeitig Rückmeldung zu geben und Wünsche aufzutragen.

Nach diesem kurzen Vorspann gehen wir in den anderen Raum zur Kleingruppenarbeit. Während die meisten Gruppen schon arbeiten, sitzt der Kandidat für das Bürgermeisteramt immer noch auf einer Theke und thront gewissermaßen über dem Volk zu seinen Füßen. Schließlich setzt er sich in eine Gruppe hinein und redet dort eine Weile mit. Dann steht er auf und geht in eine andere Gruppe. In unserer eigenen Kleingruppe entwickelt sich allmählich spontan das Hauptthema: Wie können wir mehr Kontakt zueinander bekommen? Später wird sich herausstellen, daß auch die übrigen Gruppen vor allem fragen: Wie können wir mehr voneinander erfahren, mehr miteinander gemeinsam machen, uns auch mehr gegenseitig helfen? In unserer Gruppe findet ein interessanter Versuch des Kulturdezernats Beifall, in verschiedenen Stadtteilen Kontaktstellen einzurichten, in denen interessierten Bürgern ein weiter Spielraum angeboten wird, selbst gemeinsame Formen von Freizeitaktivitäten zu organisieren. Man wird sich in der Gruppe auch einig darüber, daß man überall dort viel leichter miteinander in Kontakt kommen, etwas spielen oder miteinander besprechen könne, wo die Umgebung locker und natürlich sei. In der Gemeinde habe man einen Platz extra und planvoll als Begegnungszentrum präpariert. Aber man empfinde die Umgebung so technisch konstruiert und künstlich, daß sich dort keine unbefangene Geselligkeit entwickle. Auf einem Weg am Flußufer indessen, wo man die ursprüngliche Landschaft kaum verändert habe, spiele sich ohne Planung das ab, was man an der anderen Stelle inmitten der Steinwüste vorgesehen, aber nicht erreicht habe.

Im Plenum wird dieser Punkt aufgegriffen: Die Kommunalpolitiker sollten die Spontaneität der Menschen nicht durch zuviel Planung unterdrücken. Der Versuch, das Zusammenleben zu sehr zu ordnen und vorzuorganisieren, wirke sich eher lähmend aus. Statt dessen sollte die Behörde mehr Eigenwilligkeit und Kreativität zulassen. Beispiel: Die Bürger sollten ihre Hauswände nach eigener Phantasie anstreichen dürfen. Gerade die Nivellierung und Uniformierung bewirke doch, daß wir uns nicht mehr füreinander interessierten. Wenn wir den Menschen mehr Möglichkeiten geben würden, sich und ihre Umgebung persönlicher und origineller zu gestalten, würden wir uns miteinander ungezwungener fühlen und sicher auch mehr Interesse füreinander empfinden. Es wird gesagt, daß Kinder ja auch an solchen Spielplätzen am meisten Spaß hätten, die nicht mit fertigen Geräten vollgestopft seien, sondern den Kindern mehr Raum für das Erfinden eigener Spielarrangements ließen.

Es kommen allerhand interessante weitere Einfälle, die allesamt darauf hinauslaufen, daß man durch Perfektionierung technischer Zweckmäßigkeit Straßen, Häuser und Plätze vielfach gerade an den menschlichen Bedürfnissen vorbeiorganisiere. Man macht sich gemeinsam darüber Gedanken, woran es wohl liege, daß man unter den Verkehrsmitteln der Gemeinde die U-Bahn am meisten, die Omnibusse einigermaßen und die Stadtbahn am wenigsten kontaktfreundlich empfinde. Auch hier bemerkt man, wie schon kleine Änderungen in der Umweltgestaltung atmosphärisch sehr wichtig sein können, um Menschen zu helfen oder darin zu stören, sich aneinander anzunähern und sich miteinander wohl zu fühlen.

Der Kandidat für das Bürgermeisteramt meldet sich erstmals zu Wort. Als einziger der bisherigen Diskussionsredner hat er einen Zettel bei der Hand. Da hat er offensichtlich korrekt alle bisherigen Voten notiert. Und er geht in einer langen Rede auf alles, was gesagt worden ist, minutiös ein. Überraschenderweise tut er das in einer Weise, als hätten alle an ihn eine Frage gestellt, die er nunmehr perfekt beantworten müsse. Dabei hatten die meisten bisher irgendwelche kritischen Feststellungen, Erfahrungen oder auch Verbesserungswünsche vorgetragen. Aber es ist bezeichnend, daß der Kandidat, der eine leitende administrative Position innehat, das Gespräch in das Frage-Antwort-Muster umzufunktionieren versucht. Dabei bemerkt jeder, daß dieser Mann redlich, gründlich und wohlwollend zu allem bisher Gesagten Stellung nimmt. Aber eben im typischen Stil der Amtsperson, die Auskunft erteilt bzw. sich rechtfertigt. Wenig Sympathie erntet er freilich für die Bemerkung, daß er die erste Kleingruppe deshalb verlassen habe, weil dort einer einen Hund mitgebracht habe, für den der Betreffende offensichtlich keine Steuern zahle. Und das könne er nicht billigen (man hätte ihm nicht eine kritische Auseinandersetzung mit dem Hundehalter in der Kleingruppe übelgenommen, aber man ist irritiert, daß er den kritisierten Bürger durch Verlassen der Gruppe quasi geächtet hat und ihn jetzt öffentlich anprangert).

Je länger die Diskussion läuft, um so mehr wird auch darüber geredet, was man als Einwohner in der Gemeinde im eigenen Verhalten ändern könnte, um Solidarität zu fördern. Eine junge Frau erzählt: Vor ein paar Tagen hätten Kinder ein Stück Fußgängerstraße mit Zeitungen gepflastert. Und zwischen diesen Zeitungen hätten sie Hoppse gespielt. Da sei ein Bundeswehrsoldat gekommen und habe mit dem Stiefel die Zeitungen ganz brutal weggefegt. Die Kinder seien ratlos und verschüchtert gewesen. Sie sei nur ein paar Meter entfernt vorübergegangen. Sie sei sehr betroffen gewesen, habe aber nicht gewagt einzugreifen. Das werfe sie sich jetzt noch vor. Das sei eben so ein Beispiel, daß man um sich herum irgend etwas Falsches sehe, aber dann doch dem Konflikt aus dem Wege gehe. Man denke vielleicht, man müsse sich jetzt nicht einmischen, weil man nicht direkt angesprochen sei. Es seien ja auch viele andere in der Nähe, und so fühle sich niemand verpflichtet.

Alle spüren in diesem Augenblick, daß die junge Frau etwas Wichtiges gesagt hat. Es geht um weit mehr als um die kleine konkrete Szene. Es geht darum, daß jeder in einer Gemeinde, ob er nun von Amts wegen oder nur als Privatmensch mit Mitbürgern umgeht, sich mehr auf seine gefühlsmäßige Betroffenheit verlassen sollte. Wenn ihm ein Unrecht, ein Mißstand, die Not anderer nahegehe, dann solle er sich engagieren, ob er nun von Rechts wegen, von seiner beruflichen Rolle her oder nach irgendwelchen sonstigen formalen Normen dazu verpflichtet sei oder nicht.

Ein junger Mann meldet sich zu Wort und beginnt etwas stockend. Er sagt: «Ich weiß nicht, warum ich jetzt etwas nervös bin.» Auch diese kleine entschuldigende Nebenbemerkung erscheint wichtig. Wir reden dann darüber, daß wir oft deshalb nicht spontan aufeinander zugingen, weil wir von Kindheit auf dazu erzogen worden seien, immer aufzupassen, ob wir etwas recht machten, ob wir anderen nicht zu nahe träten, ob unser Beitrag wirklich wertvoll sei oder nicht. Man stehe laufend unter einem innerlichen Anpassungsdruck. Dabei wollten wir heute abend doch gerade überlegen, wie wir es anstellen könnten, das Zusammenleben in der Gemeinde von unnötig einschüchternden Verboten und Leistungszwängen zu entlasten. Wir sehen, daß beides zusammengehört: das innere Mißtrauen gegen sich selbst und die Schaffung äußerer Zwänge und Verbote. Es sieht so aus, als ob wir uns von außen deshalb so viele gängelnde Vorschriften geben müßten, weil wir anderenfalls ständig zu fürchten hätten, bei ungebremster Spontaneität antisozial zu agieren. Umgekehrt sind es dann wieder überstrenge Erziehungsprinzipien, überzogene moralische und auch rechtliche Normen, die unsere innere Unsicherheit von einer Generation zur anderen übermitteln, so daß sich das System in einem stetigen circulus vitiosus reproduziert. Auf jeden Fall bleibt ernsthaft darüber nachzusinnen, ob die Verwaltungen sich hätten derart aufblähen und wichtig machen können, wenn sie nicht von uns allen insgeheim oder auch ausdrücklich eine zu mächtige Vormundrolle zugespielt bekommen hätten.

In der Tat enthüllt die weitere Diskussion viel von der üblichen Zwiespältigkeit gegenüber den politischen und administrativen Machern. Ein Teil des Plenums wendet sich eher infantil lamentierend mit immer neuen Wünschen und Forderungen an den Kandidaten für das hohe Amt. Da soll er alles wissen und können, um die armen kleinen Bürger zu befriedigen. Ein anderer Teil des Plenums – der größere – will ihn eher in die Gruppe integrieren. Hier bedeutet man ihm, daß es in der Bürgerschaft viele sinnvolle kreative Ideen und Bereitschaft zur Mitverantwortung gibt. Die überforderte Verwaltung könnte sich entlastet fühlen, wenn sie dieses Angebot der Bürger besser verstehen und nutzen würde.

Aber bezeichnend ist, daß das potentielle Stadtoberhaupt nur das erste der beiden gegensätzlichen Rollenangebote annimmt. Er erteilt Auskunft, verspricht, rechtfertigt sich, weist auch zurück. So als hätte er lauter kindliche Antragsteller, Ratsuchende oder ungenügend informierte Beschwerdeführer vor sich, redet er – zweifellos ohne es zu merken – fortgesetzt von oben nach unten. Er fühlt sich gezwungen, an diesem Abend stets perfekt zu sein, sich an alle Vorschriften zu erinnern und sämtliche Probleme der Gemeinde lückenlos zu übersehen. Auch glaubt er beweisen zu müssen, daß er und seine Leute im Gegensatz zu den anderen Parteien für die Zukunft schon alle passenden Pläne fertig in der Schublade hätten. Es ist nicht etwa persönliche Macht, die potestas patris, die er ausstrahlt. Nicht als Person nimmt er die Rolle der überlegenen dominanten Figur ein. Er wirkt im Gegenteil eher schüchtern, defensiv, mitunter ein wenig schülerhaft. Aber eben dadurch, daß er sich gar nicht durch ein originelles persönliches Profil von der gewaltigen Administration zu unterscheiden, sondern umgekehrt mit dieser völlig verschmolzen scheint, sitzt gewissermaßen deren Macht hier auf dem Stuhl. So kommt es zu der Paradoxie, daß dieser eher zarte und persönlich überaus sympathische Mann das Angebot der Plenumsmehrheit nicht annehmen kann, sich mehr gelassen, mehr zuhörend und selbstkritisch zu verhalten. Er überfordert sich permanent. Dies bemerkt eine sensible Zuhörerin, die ihm sagt, er habe es doch gar nicht nötig, sich immerfort zu rechtfertigen. Niemand verlange von ihm, daß er fehlerlos sei. Denn er solle ja gar nicht alles allein machen. Die anderen hätten ja auch etwas Sinnvolles beizusteuern, wie sich heute abend zeige.

Den Beschluß des Abends bilden die längeren Schilderungen und Anklagen eines Mannes, der in dieser Gemeinde als psychisch Kranker viele Enttäuschungen erlebt hat. Er schildert seinen Leidensweg als Klinikpatient, als Beratungsklient, als gehandicapter Arbeitssuchender, als isolierter Außenseiter, der gerade die Solidarität vermißt, die er in besonderer Weise als Lebenshilfe benötigt. Aber er steuert auch Kenntnisse darüber bei, wie an anderen Orten ein sehr viel besseres Zusammenleben mit psychisch Kranken hergestellt worden sei. So verweist er auf das Experiment von Basaglia in Italien. Er appelliert an die Leute im Saal, sich mehr und in anderer Weise um diejenigen zu kümmern, die in psychische Schwierigkeiten geraten. Und er verweist dabei auch auf die Notwendigkeit, daß die verschiedenen Leute und Dienststellen anders miteinander zusammenarbeiten sollten, zwischen denen man als psychiatrischer Patient in sozialen Schwierigkeiten hin und her geschoben werde.

Viele Male hatte dieser Mann schon heute abend zum Sprechen angesetzt. Aber immer wieder hatte er anderen den Vortritt gelassen. Erst jetzt ist er offenbar sicher, daß die anderen aufnahmebereit für die von ihm angeschnittenen wichtigen Probleme sind. Tatsächlich erntet er einen lang anhaltenden Beifall. Damit will man ihm wohl vor allem ausdrücken, wie genau er mit seinen Bemerkungen das Grundsatzproblem des Abends getroffen hat. Denn zuallererst muß sich die soziale Gemeinschaft in einer Kommune darin bewähren, daß sie psychisch Kranken, Behinderten, Zugewanderten, alten Leuten eine deprimierende Isolierung erspart. Der Mann bekommt auch ein paar hilfreiche Hinweise. Auch der Kandidat meldet sich noch einmal zu Wort und nennt geplante organisatorische Verbesserungen. Aber vielen ist wohl deutlich, daß es dem betroffenen Mann und den meisten anderen im Augenblick gar nicht nur oder auch nur in erster Linie um Rezepte oder technische Pläne geht. Dieser Mann hat sich heute abend mit dem von ihm exemplarisch artikulierten Problem in die Gemeinschaft integriert, und die Gemeinschaft bekundet ihm, daß sie ihn aufnimmt, ja daß sie ihn und seine Forderungen für die gemeinsame Zielorientierung sehr nötig hat.

Die von manchen Versammlungsteilnehmern am Abschluß geäußerte Befriedigung resultiert aus dem Eindruck, heute abend nicht in der üblichen Weise mit Hilfe oberflächlicher Slogans über die Probleme hinweggeredet zu haben. Es gab keine Personality-Show. Man ist nicht von Schönrednern und

Besserwissern eingelullt worden. Sondern es ist wirklich wenigstens im Ansatz gelungen, daß man im Kreise von ein paar hundert Menschen miteinander einfach und offen sprechen konnte. Und man ist froh darüber, daß gerade auch solche sich geäußert haben, die sonst von dominanten Oberlehrer-Typen oder geltungsbedürftigen Rhetorikern erdrückt werden. Man kann sich sagen: Wir haben heute abend selbst auf aktive Weise ein Stückchen Solidarität zustande gebracht. Aber mit dieser Befriedigung verbindet sich auch sogleich der Zweifel, was davon wohl anhalten möge.

Eine junge Teilnehmerin formuliert genau diesen Zweifel: Sie finde, das sei alles heute abend sehr schön gewesen. Man habe das Gefühl, man habe etwas Wichtiges gemacht und erreicht. Aber das sei doch eine Illusion. Es werde sich in der Wirklichkeit doch nichts ändern.

Eine andere Teilnehmerin stößt nach und fragt den Kandidaten, ob er denn daran denke, nach erfolgreicher Wahl auch weiterhin in dieser Art mit den Menschen in der Stadt zu reden? Sie erhält zunächst keine Antwort, aber sie bleibt beharrlich. Endlich bekommt sie auf ihr Bohren in etwa den positiven Bescheid, den sie gewünscht hatte. Freilich klingt die Zusage des Kandidaten ein wenig gewunden und beklommen.

Auch ich selbst sehe, nachdem ich mit solchen Veranstaltungen ein paar Jahre hindurch in verschiedenen Landesteilen experimentiert habe, daß man daran keine überhöhten Erwartungen knüpfen darf. Die Erfahrungen sind hinsichtlich der Reaktion des Publikums und der Reaktion der Funktionäre bzw. Politiker zu differenzieren. Die Bürger selbst, das ist der übereinstimmende Eindruck der meisten Beobachter, sind überall in diesem Rahmen fähig, untereinander und mit den Politikern offen, besinnlich und in bemerkenswerter Sensibilität über die Probleme des Gemeinwesens zu sprechen. Sie benehmen sich in großer Mehrheit wirklich wie reife Partner. Die Politiker könnten sich freuen und entlastet fühlen, so viel Bereitschaft zu mündigem und sozial verantwortlichem Mitdenken vorzufinden. Aber paradoxerweise enthüllt sich bei dieser Gruppenarbeit, daß die einbezogenen Funktionäre vielfach nicht mithalten können. Nicht die Bürger, sondern sie selbst haben die größten Schwierigkeiten, sich partnerschaftlich einzubringen und mit den Menschen auf gleicher Augenhöhe offen und ehrlich zu reden. Ihre bei der Planung der jeweiligen Abende regelmäßig geäußerte Befürchtung, die Bürger würden es nicht schaffen, ohne den stützenden Rahmen einer Frontalveranstaltung eine ertragreiche Diskussion zu führen, erweist sich im nachhinein meist als ihr eigenes Problem: Sie fühlen sich selbst nur sicher, wenn sie auf einem Podium thronen und den Prozeß von oben steuern können. Sie möchten bestimmen, über was und wie geredet wird. Und vor allem möchten sie in der Hauptsache selbst reden. In der Annahme, die Veranstaltungsbesucher kämen in erster Linie zum passiven Zuhören, steckt zugleich die verleugnete Angst, selbst zu sehr in die Position des Zuhörers versetzt zu werden. Lange zuhören zu müssen, erscheint ihnen gleichbedeutend mit: in die Enge getrieben, schwach gemacht zu werden. Und da unter ihnen Macht- bzw. Ohnmachtskomplexe durchgängig verbreitet sind, ist es das Allerschlimmste für sie, eine Diskussion nicht jederzeit «im Griff» zu haben. Man müsse, so glauben sie, in jedem Augenblick durch Sicherheit und Stärke imponieren. So ist es ein durchaus repräsentatives Phänomen, daß sich an dem hier geschilderten Abend der politische Spitzenmann schwerer als alle damit tut, von seinem erhöhten Sitz herunterzusteigen und sich in die Gruppen zu setzen.

Auch im sprachlichen Verhalten demonstrieren die Funktionäre oft, daß sie es viel schwerer als die Bürger haben, die Probleme direkt und unverhüllt anzusprechen. Immer wieder findet man Abgeordnete, Ortsvereinsvorsitzende oder Behördenchefs, die sich durchgängig eines Jargons bedienen, der die Probleme eher vernebelt als deutlich macht. Verwaltungsspezialisten verschanzen sich häufig hinter ihrem gespreizten Bürokratenchinesisch und verwandeln die politische Szene in ein bloßes System von statistischen Zusammenhängen und Verordnungskomplexen. Auf der anderen Seite findet man die routinierten Taktiker, die nichts als vereinfachende, vergröbernde oder gar gänzlich nichtssagende Agitationsformeln wie Kaninchen aus dem Zylinder zaubern. Mit jedem der beiden Sprachstile vermögen sich die Politprofis die Bürger vom Leibe zu halten bzw. den offenen und echten Dialog zu vermeiden, der eigentlich die demokratische Kooperation bestimmen sollte. – Es ist eher die Ausnahme, wenn man bei solchen Arrangements von politischer Öffentlichkeitsarbeit Politprofis antrifft, die sich im eigentlichen Sinne bürgernah verhalten können. Das sind dann Leute, die sich darüber freuen, wenn sich schließlich ein Plenum von mehreren hundert Leuten lebhaft und unverblümt mit ihnen auseinandersetzt. Sie demonstrieren dann ein Format, das bei dem klassischen Typ der Informations- oder Werbeveranstaltung gar nicht zur Geltung kommen würde. Erst wenn das Plenum sie nach dem Ermutigungsprozeß durch die Gruppenarbeit dazu zwingt, ganz Farbe zu bekennen und deutlich zu machen, ob sie auch als Mensch hinter ihren politischen Prinzipien stehen, können sie die eindeutige Identität und Glaubwürdigkeit bekunden, die kritische Beobachter mehr überzeugt als alle noch so brillanten Sprüche. Solche Funktionäre hören auch gern und genau zu, und sie können sich angreifen lassen, ohne ihre Kritiker automatisch demütigen zu müssen. Sie fühlen sich nicht selbst geschwächt und verunsichert, wenn sie durch den Stil der Gruppenarbeit genötigt werden, u. a. auch Fehler und Ratlosigkeit im eigenen politischen Lager zuzugeben. Der Abbau der Autoritätsergebenheit im Verlaufe eines solchen Abends ist ja gerade in Miniatur und modellhaft die Erarbeitung einer demokratischen Umgangsweise. Wenn die partnerschaftlich angesprochenen Veranstaltungsbesucher nach Hause gehen in dem Gefühl, daß sie eben nicht in kindlicher Weise an überschätzte politische Führer zuviel Macht delegieren dürfen, sondern sich selbst im Bewußtsein der eigenen Mündigkeit politisch mehr aktivieren sollten, dann wäre dies schon viel wert. Aber leider trifft man eben, wie gesagt, derartige Funktionäre nur relativ selten an, die in dieser Weise mitspielen wollen und können.

In der Tat hat politische Öffentlichkeitsarbeit in der hier vorgetragenen Form nur dann einen Sinn, wenn das eingehalten würde, was mit ihr versprochen wird. Die Frage ist berechtigt, ob singuläre Gruppenveranstaltungen in der Art des beschriebenen Modells nicht im Endeffekt mehr Schaden als Nutzen stiften. Die Leute werden verführt zu glauben, die Politiker seien auf neue Art fähig und bereit, die Sorgen, Interessen und Vorschläge der Bürger kennenzulernen und zu berücksichtigen.

Man hat endlich die Hoffnung, wieder als mitdenkender Partner ernst genommen zu werden, anstatt Politik immer nur in fernsehgerecht zubereiteter Außendarstellung passiv konsumieren zu müssen. Viele würden sich tatsächlich gern mehr politisch aktivieren, wenn ihnen die Parteien wenigstens an der Basis der Kommunalpolitik den Spielraum für ein aktiveres Partizipieren einräumen würden, wie er in der Inszenierung dieses Veranstaltungsmodells arrangiert wird. Aber die Bürger müssen sich genarrt fühlen, wenn nach der Wahl niemand mehr nach ihnen fragt. Sie haben recht, wenn sie nachträglich den eventuellen Ermutigungseffekt der Gruppenveranstaltung mit der unverbindlichen emotionalen Befriedigung gleichsetzen, die auch gewisse Theaterabende vermitteln können. Die Stimulierung von punktuellen Solidaritätsgefühlen kann man auch erreichen, wenn man an Selbsterfahrungsgruppen oder Sensitivity-Training ohne politischen Inhalt teilnimmt. Dies ist ja heute eine geläufige und überaus begehrte Form der privaten Beschwichtigung zur Kompensation der Frustrierungen in der entfremdeten politischen Realität.

Man mag die abstrakten Vorteile einer bestimmten Technik von politischer Öffentlichkeitsarbeit bejahen und diese Vorteile auch an modellhaften Erfahrungen bestätigen – entscheidend ist, ob in den Parteiorganisationen genügend Mut und Einsicht vorhanden sind, sich anders als in bevormundender Weise auf das Gespräch mit dem Bürger einzulassen. Mir selbst schwebte vor, als ich mit solchen Veranstaltungen anfing, nicht nur den Vertretern der Partei, der ich mich am nächsten fühle, bei der Vermittlung ihrer politischen Vorstellungen zu helfen, sondern auch die Bürger darin zu unterstützen, diesen Vertretern ihre eigenen Sorgen und Gedanken näherzubringen. Dabei erscheint mir die Art und Weise des Umgangs miteinander nicht nur als eine formale Bedingung des Austauschs von Informationen, sondern bereits in sich selbst als ein eminent politisches Geschehen. Dies allerdings unter der Voraussetzung, daß dieser Umgang auch wirklich auf breiter Basis und als Gewohnheit erstrebt wird.

Indessen verstärkt sich nach vielfachen Erfahrungen der Eindruck, der hier am konkreten Experiment veranschaulicht wurde: In den Funktionärshierarchien bestehen große Widerstände, das offene Gespräch mit dem Bürger zu wagen. Dabei geht es zum Teil eben um dieses Wagen, also um eine Frage des Mutes, sich ohne die organisatorischen Absicherungen eines hierarchischen Rollenverhältnisses der Auseinandersetzung zu stellen. Wirksam ist auch das eingefahrene, je nachdem als zynisch oder resignativ einzuschätzende Vorurteil, die heutige komplizierte Gesellschaft biete ohnehin in der repräsentativen Demokratie keine Chance für eine partnerschaftliche Kooperation mit dem Bürger mehr. Es komme nur noch darauf an, daß diejenigen, die politische Macht haben oder haben wollen, den Konsum «ihrer» Politik mit viel Überredung und einiger Aufklärung durchsetzen. Schließlich trifft man bei der Mehrzahl der Profis auf einen rein technokratischen Begriff von Politik. Politik erschöpft sich demnach in der Regulierung von Finanzströmen und in der Produktion von Texten, die unser soziales Zusammenleben normieren. Die Art und Weise, wie in der repräsentativen Demokratie diejenigen, die Politik machen, mit denen verkehren, für die diese Politik gemacht werden soll, erscheint von sekundärer Bedeutung und nicht mehr als Bestandteil von Politik selbst. Aber dies ist unter allen Fehleinschätzungen gewiß die fatalste. Politik kann nur dann zu einer Vermenschlichung der Gesellschaft führen, wenn die Träger politischer Macht zu den Bürgern persönlich dasjenige menschliche Grundverhältnis haben, das Ziel ihrer Politik sein sollte. Umgekehrt werden sie notwendigerweise nur zu einer weiteren Dehumanisierung der Gesellschaft beitragen, wenn sie die Menschen nur noch als Objekte bzw. Instrumente sehen können, mit denen sie als Planer bzw. Ingenieure den gesellschaftlichen Betrieb wie ein gigantisches technisches System steuern wollen.

Wir müssen mit dem dialektischen Problem fertig werden, daß gerade wegen der laufenden Komplizierung und der globalen Verflechtung politischer Lenkungsaufgaben die andere Seite von Politik nicht vernachlässigt werden darf, sondern umgekehrt mit Vorrang gepflegt werden muß: *Das ist Politik als das Kommunizieren von Menschen miteinander.* Das ist die Gestaltung von Solidarität, deren Voraussetzungen nur dann technisch machbar sind, wenn zuvor bzw. gleichzeitig der Sinn für die Notwendigkeit dieses Machens lebendig ist. Aber der Sinn von Solidarität kann immer nur im unmittelbaren mitmenschlichen Umgang erfahren und wachgehalten werden. Im Gespräch, im Prozeß des wechselseitigen Verstehens und hilfreich aufeinander Eingehens. Für den Politiker, der sich diese Dimension der menschlichen Beziehung nicht mehr oder nur noch ganz randständig – etwa zum privaten Erholungszweck – leistet, bringt dieser Verzicht so viel Selbstentfremdung und Einbuße an sozialer Sensibilität mit sich, daß ihm leicht das Maß an menschlicher Betroffenheit verlorengeht, das an seinem politischen Handeln maßgeblich beteiligt sein sollte.

Aber gerade diese schlimme Entwicklung sieht man immer häufiger. Und so bildet sich dann jenes Milieu von Politprofis, das in manchen Kreisen von Bonn wuchert, in denen man eine gespenstische Scheinkommunikation von Leuten antrifft, die als eindimensional denkende Experten oder als superflexible Taktierer gar nicht mehr erkennen lassen, welche Grundmotive sie wirklich leiten und welches ihre verläßliche Zielperspektive ist. Das Fazit scheint zu sein, daß die Bürger trotz oder gerade wegen ihres gewohnheitsmäßigen passiven Fernseher-Verhältnisses zur Politik fähig und motiviert sind, mit Politikern einen offenen und ertragreichen Dialog zu führen. Aber diese sind offensichtlich nur noch in einer Minderzahl imstande und willens, ein solches Gespräch auf sich zu nehmen. Und sie verspüren nicht einmal die Einbuße an demokratischem Gehalt des Zusammenlebens, wenn sie sich in einer expertenhaften Selbstisolation etablieren und die Bürger in einer infantilisierten Laienrolle zurücklassen.

Solidarität als Lebensform*

Evangelische Kommentare: Herr Prof. Richter, Sie haben den Begriff «Solidarität» in den Titel Ihrer jüngsten Publikation genommen. Für viele ist Solidarität in der Gruppe ein Stichwort. Was verstehen Sie darunter?

Verf.: Wenn ein ursprünglich nur in einem engen politischen Zusammenhang verwendeter Begriff plötzlich so häufig und in einem so allgemeinen Sinn verwendet wird wie «Solidarität», dann frage ich mich als Psychoanalytiker, ob darin nicht ein neuartiges, weitverbreitetes Bedürfnis zum Ausdruck kommt. Mir scheint, daß Solidarität neuerdings als allgemeines Gegenprinzip sowohl zu Rivalität wie zu individueller Isolation verstanden wird. Da Rivalitätszwang und Individualismus gleichermaßen zu einer imperialistisch-expansionistischen Kulturtradition gehören, ist Solidarität in der Tat ein logisches Gegenprinzip gegen beide. Immer mehr Menschen spüren, daß wir uns im kleinen wie in der großen Politik im Konkurrieren um Größe, Macht und Besitz nur selbst kaputtzumachen drohen. Der Sinn für Zusammengehörigkeit wächst angesichts der Notwendigkeit, wichtige Probleme gemeinsam zu lösen.

EK: Sehen Sie noch andere verursachende Faktoren?

Verf.: Dazu kommt die Angst des Menschen, als Einzelner von der Macht der Institutionen und des Apparates total erdrückt zu werden. Es deutet sich eine Veränderung des Lebensgefühls an, das sich von der Hoffnung entfernt, als Gott-ähnli-

* Interview in den *Evangelischen Kommentaren*, 1974, Heft 11. Das Gespräch mit dem Verf. führten Jens Fischer und Hans Norbert Janowski.

ches Individuum Verwirklichung finden zu können, und mehr zu der Idee hingeht, daß man als Einzelner eigentlich nur noch im Zusammenhang mit anderen und durch andere eine Chance hat, sich zu entfalten.

EK: Bedeutet diese Umorientierung nicht die Abwendung vom Ideal einer ganzen Epoche?

Verf.: Wir befinden uns in einer Phase, in der man eine jahrhundertelange Erziehungstradition in Frage stellt, die – nach dem mittelalterlichen Kindschaftsverhältnis zu Gott – darauf abzielte, nun selber gottähnlich anzutreten und als Herrscher über die Natur sich mit Hilfe der Naturwissenschaft und der Technik zu entfalten. Da wir nun in eine gesellschaftliche Situation geraten sind, in der deutlich wird, daß dieses Ideal nicht mehr trägt, daß es sogar gefährlich wird, weil damit die anstehenden schweren Probleme nicht lösbar sind, setzt etwas ein, was man als Suche nach der Solidarität bezeichnen könnte.

EK: Dieser Abschied vom Individuum wird für Disziplinen, die sich traditionell auf das Individuum ausgerichtet haben, tiefgreifende Folgen haben. Welche Konsequenzen sehen Sie für die Psychoanalyse?

Verf.: Die Psychoanalyse hat sich ursprünglich nahezu ausschließlich für die innere Welt des einzelnen Menschen interessiert. FREUD sagte ausdrücklich, die psychische Realität des Individuums sei für den Analytiker die eigentliche Realität, um die er sich vorzugsweise zu bemühen habe. Die äußere Welt, die Partner, die Gruppe und ähnliches, erschienen dabei immer nur wichtig in ihrem Stellenwert innerhalb des individuellen Erlebniszusammenhangs. So wurde ursprünglich fast immer nur gefragt: Was bedeutet die Familie für die Entwicklung des Kindes? Nicht: Was bedeutet das Kind für die Familie?

EK: Was hat sich demgegenüber verändert?

Verf.: Heute denkt die Psychoanalyse «die anderen» von vornherein wesentlich mehr mit. Sie überlegt sich zum Beispiel, ob die psychischen Symptome eines Menschen nicht vielleicht Ausdruck einer Störung der Gruppensituation am Arbeitsplatz, in der Schule oder in der Familie sind. Der Psychoanalytiker hat gelernt, daß Einflüsse aus dem sozialen Umfeld viel stärker in das Unbewußte des Menschen hineinwirken, als man dies früher annahm. Und er stellt sich auch darauf ein, daß immer mehr Patienten eine Krankheit nicht mehr nur als eine Angelegenheit ihrer inneren Verfassung verstanden und therapiert sehen wollen, sondern zugleich als ein Problem ihrer Beziehungen zu den anderen. Daher auch die wachsende Bedeutung von Familien- und Gruppentherapie. Aber die Umorientierung verläuft innerhalb der Gruppe der Psychoanalytiker keineswegs ohne Spannungen.

EK: Wenn sich in psychischen Konflikten gesellschaftliche Widersprüche reflektieren, führt dann ein Weg zur Veränderung der gesellschaftlichen Verhältnisse über die Veränderung des Einzelnen?

Verf.: Ich bin überzeugt, daß eine erzieherische Stärkung der einzelnen Menschen in ihrer Fähigkeit zu Kommunikation und Solidarität einen Beitrag zu leisten hat, um eine fortschreitende Humanisierung unseres gesellschaftlichen Zusammenlebens zu bewirken. Deshalb müssen zum Beispiel unsere Bildungsprogramme mehr Nutzen aus unseren modernen Erkenntnissen über die Bedingungen der Entstehung und der Bewältigung psychosozialer Konflikte ziehen. Über eine Psychotherapie Einzelner läßt sich die Gesellschaft sicher nicht direkt verändern. Immerhin kann Psychotherapie Menschen helfen, gesellschaftliche Zusammenhänge klarer zu sehen und daraus Konsequenzen ziehen.

EK: Kommen wir zurück auf die Selbstentfaltung in der Gruppe: Inwieweit ist diese Existenzform mit Selbstaufgabe und Zwang verbunden?

Verf.: Verstärkte Abhängigkeit und Manipulation droht dem Einzelnen heute in erster Linie dadurch, daß die Steuerung unserer ökonomisch höchst gefährdeten Massengesellschaft immer komplizierter, zugleich aber immer notwendiger wird. Der Einzelne kann die Bedingungen der zu dieser Steuerung notwendigen Entscheidungen immer weniger durchschauen und beeinflussen. Hier unterliegt das Individuum immer mehr Einengungen und Zwängen, die es kaum bemerkt. Die Gruppe bietet an der Basis zunächst einmal eine Chance, daß Menschen in gemeinsamer Diskussion mehr erkennen, sich stärker fühlen und auch etwas mehr bewirken können als einer allein. Ich möchte übrigens die in Ihrer Frage versteckte Hypothese umkehren und behaupten: Nur in der Gruppe und durch Vermittlung der Gruppe kann das Individuum überleben und hoffen, sich überhaupt noch einigermaßen wirksam in gesellschaftliche Prozesse einschalten zu können.

EK: Was verstehen Sie dabei unter «Gruppe»?

Verf.: Die Gruppe, in der das Ich durch das Wir überformt, aber nicht gleichgeschaltet wird, ist dabei als eine nach innen und außen durchlässige Struktur gemeint, als ein Bindeglied zwischen Individuum und Gesellschaft. Ohne die Selbstverwirklichung in der Gruppe zu lernen, wird der Einzelne – dies ist meine These – um so wehrloser und rascher von den je nach Gesellschaftsform steuernden Machtzentralen vereinnahmt und nivelliert werden. Die Existenzform des bürgerlichen Individualismus, die scheinheilige Agitatoren immer noch als politisches Leitbild hochhalten, hat jedenfalls keine Chance mehr. Die Gruppe bietet sich noch als eine Möglichkeit an, wo man im Dialog überprüfen kann: Was ist mit mir, was ist mit den anderen, was können wir zusammen tun?

EK: Steckt in der Gruppe nicht die Gefahr, daß sie sich doch wieder isoliert?

Verf.: In hohem Maße sogar. Der uns anerzogene Rivalitätszwang kann jede Gruppe dazu verführen, Konkurrenzprobleme innerhalb der Gruppe durch eine irrationale Außenfeindprojektion in Schach zu halten. Eine solche Tendenz bleibt oft lange unbemerkt und wird zum Beispiel erst peinlich sichtbar, wenn eine Gruppe bei Außenkonflikten stereotyp und unreflektiert eine solidarische Abwehrhaltung einnimmt und keine selbstkritische Analyse mehr wagt. Gegen den in privilegierten Schichten üblichen Solidaritätszwang in einer Frontstellung nach unten, der zur Verteidigung der eigenen Vorrechte dient, wenden sich nun neuerdings Hunderte von spontanen Gruppen, die ausdrücklich die Schichtenbarrieren nach unten überwinden wollen und eine Verbindung mit sozial Schwachen, mit benachteiligten Minderheiten suchen.

EK: Viele der Inititativgruppen, deren Intention Sie schildern, scheitern in einer bestimmten Phase ihrer Entwicklung. Wo sehen Sie die Gründe für solche Fehlschläge?

Verf.: Manche solcher Gruppen, die sich etwa mit Obdachlosen oder Gastarbeitern beschäftigen, unterschätzen die unterschiedlichen gesellschaftlichen Verhaltensmuster, Normen und Wertvorstellungen. Man meint, man müsse nur einfach seine Hilfe anbieten und merkt nach kurzer Zeit, daß die Hilfe nicht angenommen wird. Was man vielleicht zunächst nicht versteht, ist, daß die Hilfe nicht angenommen werden kann, weil das Angebot nicht zu den besonderen Bedürfnissen und Vorstellungen dieses speziellen Milieus paßt.

EK: Könnten Sie das an einem Beispiel verdeutlichen?

Verf.: Einige Gruppen, die in Obdachlosensiedlungen gegangen sind, hatten den Wunsch, dort nach kurzer Zeit Diskussionsabende einzuführen, bei denen die Bewohner gemeinsam über ihre Probleme sprechen und dadurch ein solidarisches Bewußtsein ihrer politischen Situation entwickeln sollten. Diese Veranstaltungen aber wurden schlecht besucht. Die Initiativgruppen hatten sich zwar gut vorbereitet, sie hatten aber nicht verstanden, daß Menschen, deren täglicher Energieaufwand sich im wesentlichen in der Bewältigung elementarster ökonomischer Probleme erschöpft, abends keine Lust haben, sich zu theoretischen Debatten über ihre Probleme zusammenzufinden.

EK: Der Fehlschlag war also eher ein Problem der Gruppe und nicht der Intention oder des Arbeitsfeldes?

Verf.: Gewiß auch ein Fehler in der Intention, insofern als man den Obdachlosen nicht ein Kooperationsmodell vorgeben darf, das unserer Mittelschicht entspricht. Man muß vielmehr erst herausfinden, welche Ansatzpunkte diese Menschen selbst als geeignet ansehen, sich zusammenzufinden und etwas gemeinsam zu machen. Das Ziel einer Kooperation in echter Partnerschaft muß also so ernst genommen werden, daß man den Bewohnern nicht voreilig in bevormundender Weise eine eigene Strategie aufdrängt.

EK: Geraten Initiativgruppen, die sich etwa mit Problemen der Entwicklungsländer beschäftigen, nicht auf Grund der Entfernung zwischen Arbeitsfeld und Gruppe besonders leicht in die Gefahr des Aufgebens?

Verf.: In einem verarmten Entwicklungsland wie in heimischen Obdachlosengettos entsteht für Initiativgruppen leicht die

Versuchung zu einer unreflektierten Überidentifizierung mit den Gruppen, die sie betreuen. Der Anblick der Armut, der Ausbeutung und Unterdrückung führt um so eher zu einer inneren Krise der Initiativgruppen, je mehr diese sich infolge ihrer sozialen Herkunft mitverantwortlich für das Elend fühlen, dem sie begegnen. So unerläßlich es ist, sich in derartigen sozialen Feldern über die politischen Ursachen der Mißstände Gedanken zu machen, und so sinnvoll es ist, sich infolge solcher Überlegungen auch politisch zu engagieren, so schädlich ist meist irgendein ungeduldiger punktueller Aktionismus für die Initiativgruppen und erst recht für die Betroffenen, die Hilfe erwarten.

EK: Wie kann man aber dieser konfliktbedingten Überidentifizierung entgehen?

Verf.: In der Gruppe, in der ich mitarbeite, sind wir zu der Überzeugung gelangt, daß wir zunächst akzeptieren müssen, daß wir Angehörige der Mittelschicht sind. Wir dürfen Solidarisierung nicht so verstehen, als könnten oder sollten wir uns wie Randsiedlungsbewohner aufführen.

Die Frage ist, wie können wir das Interaktionsfeld zwischen den Obdachlosen und der sie bevormundenden und verwaltenden Behörde so beeinflussen, daß von beiden Seiten hier Prozesse in Gang kommen, die am Ende für die Obdachlosen eine Abschaffung ihres Gettostatus erbringen können? Um diesen Weg beharrlich zu verfolgen, muß unsere Gruppe eine unangenehme Isolation durchstehen. Nämlich die Isolation, daß wir uns weder ganz auf die eine noch ganz auf die andere Seite abstützen können. Wir müssen in diesem Spannungsfeld immer wieder in Kauf nehmen, daß die Behörden uns mißtrauen, weil wir sie fortgesetzt mit Kritik und unangenehmen Forderungen plagen. Und wir müssen auch ertragen, daß die Gettobewohner uns nie ganz von dem Mißtrauen entlasten werden, das sie der gesamten organisierten Mittelschicht-Gesellschaft gegenüber hegen, der sie ihre Ausschließung und Diskriminierung verdanken.

EK: Bleiben wir bei dem Beispiel der Arbeit in Obdachlosensiedlungen: Was kann die Gruppenarbeit in diesem Bereich überhaupt bewirken?

Verf.: Die erste Frage, die in diesem Sektor immer wieder

gestellt wird, lautet: Was ist euer Beitrag zur Beseitigung der Obdachlosengettos? Sicher ist dies das Endziel, aber zugleich enthält diese Frage ein Stück Naivität. Wir Psychoanalytiker und Psychosomatiker begegnen täglich Menschen, die Opfer verfehlter gesellschaftlicher Zwänge und schlecht funktionierender Institutionen sind. Wie eng zum Beispiel die Organisation und die Normen unserer Arbeitswelt mit dem Anstieg der Herzinfarktrate verknüpft sind, habe ich in meinem letzten Buch erörtert. Eine wachsende Zahl von Kindern verdankt ihre neurotischen Störungen der Überforderung durch ein reformbedürftiges Schulsystem. Dennoch erwartet niemand von psychotherapeutischen Kliniken oder Instituten, daß sie ihre Erfolge durch entscheidende humanisierende Einwirkungen auf die Gestaltung der Arbeitswelt beziehungsweise zu einer Verbesserung des Unterrichtssystems dokumentieren, obwohl es durchaus wichtig ist, daß sich auch Psychoanalytiker um diese Fragen ernsthaft kümmern. Die ökonomischen und sozialpsychologischen Faktoren, die letztlich zur Obdachlosmachung derjenigen führen, die in unserem kapitalistischen Leistungswettbewerb nicht Schritt halten können, sind so komplex und tief verankert, daß sie natürlich nicht von einzelnen Initiativgruppen beseitigt werden können.

EK: Welche positiven Ziele kann dann aber eine Arbeit von Initiativgruppen in einem Milieu wie dem der Obdachlosen haben?

Verf.: Lassen Sie mich diese Ziele durch die Fortschritte verdeutlichen, die wir in unserer fünfjährigen Arbeit in Gießen erreicht haben. Da die sozioökonomischen Faktoren in einer solchen Siedlung von großer Bedeutung sind, haben wir für Verbesserungen der städtebaulichen Infrastruktur und der Wohngestaltung gekämpft. Die Straßen sind asphaltiert worden, in die Wohnungen wurden Duschen eingebaut, die Müllbeseitigung wurde verbessert. Dazu kommt eine Verbesserung der Bildungsmöglichkeiten. Über fünfzig Prozent der Kinder in den Obdachlosensiedlungen der Bundesrepublik besuchen Sonderschulen für Lernschwache, ohne daß dieses Schulversagen allein durch Intelligenzmängel erklärbar ist. Durch Kindergärten und ein Eingangsstufen-Schulprojekt für die Fünf- bis Sechsjährigen werden in unserer Siedlung jetzt Bildungshilfen geliefert in einem Alter, in dem die Entscheidung darüber fällt, ob ein Kind in seinem Gruppenverhalten, seinem Sprachinventar und in seiner Konzentrationsfähigkeit den Ansprüchen der normalen Grundschule gewachsen sein wird.

EK: Und was sind die Ziele und Ergebnisse bei der Arbeit mit den Erwachsenen?

Verf.: Obwohl Obdachlosensiedlungen, von außen betrachtet, die Bedingungen zu liefern scheinen, daß die Bewohner sich eng zusammenschließen und verbunden fühlen, findet sich in solchen Gettos selten Solidarität. Innerhalb der Population sind Spannungen, Hader und offene Aggression an der Tagesordnung. Unsere Arbeit zielte von Anfang an auch darauf hin, in der Siedlung mehr Gemeinschaftssinn zu wecken. Es nützt nichts, etwa bei einzelnen Kindern etwas zu bewirken – was das einzelne Kind vielleicht stärkt –, wenn es wieder in ein Klima eintauchen muß, das diese Fortschritte zunichte macht. Auf unseren Anstoß hin wurde in unserer Siedlung ein Gemeinschaftszentrum gebaut, das zunächst vom Namen her etwas vorwegnahm, was sozialpsychologisch noch nicht erreicht war.

EK: Welche Wirkung ist dadurch ausgelöst worden?

Verf.: Es gibt nun zum Beispiel einen Sportklub, der einen großen Teil der männlichen Bewohner der Siedlung einschließlich der Jugendlichen zusammenführt, was wir durch unsere Bewohnerversammlungen nie in ähnlichem Maße geschafft hatten. Um den Sport herum finden Diskussionen und Überlegungen zur Verbesserung der Lage in der Siedlung statt, so daß der Sport mehr ein Vehikel ist, um andere Lebensbereiche in der Siedlung in den gemeinschaftsbildenden Prozeß einzubeziehen. Der Sportklub organisiert Freundschaftstreffen mit Bewohnern ähnlicher Siedlungen in anderen Städten. Man fährt hinaus und lädt einander ein. Neulich haben uns zum Beispiel an einem Wochenende hundert Bewohner aus einer Hanauer Randsiedlung besucht. Dies ist eine spontane Initiative der Bewohner, sich zusammenzutun und ihre Isolation aufzubrechen. Neben dem Sportclub ist von den Frauen der Siedlung ein Hausfrauenclub gegründet worden, der regelmäßig Treffen und Ausflüge veranstaltet.

EK: Im Sinne Ihrer Konzeption der Gruppenarbeit werden diese Aktivitäten auch Folgen für die Initiativgruppen gehabt haben. Wo liegen nach Ihrer Ansicht diese Konsequenzen?

Verf.: Die Studenten, angehende Lehrer, Psychologen, Mediziner, lernen die Lebensverhältnisse und die Verhaltensmuster in einer sozialen Schicht kennen, von der sie an der Universität kaum je etwas erfahren. Sie sind deshalb viel besser als andere gerüstet, später Schüler, Klienten oder Patienten aus der Unterschicht und der Randschicht zu verstehen und mit ihnen umzugehen. In unserer Gruppe haben wir ferner viel darüber gelernt, wie Obdachlosigkeit entsteht, warum unsere Sozialbürokratie, unser Gesundheitsdienst und unsere Bildungsinstitutionen in diesem Felde weitgehend versagen.

EK.: Welche Folgen hat die Arbeit in der Gruppe ganz persönlich für Sie gehabt?

Verf.: Durch diese Arbeit ist mir klargeworden, warum unsere etablierten Therapieeinrichtungen bis hin zu den Universitätskliniken so wenig Zugang haben zu den Teilen der Bevölkerung, die im Grunde unsere Hilfe am meisten benötigen. Wir wissen ja, daß in der sozialen Unterschicht psychische Krankheiten und soziopathisches Fehlverhalten sehr viel stärker verbreitet sind als in der Mittelschicht. Gleichzeitig ist diese Schicht in unserer Patientenschaft meistens unterrepräsentiert. Ich weiß jetzt, daß wir nicht in unseren Kliniken einfach sitzen bleiben und darauf warten können, bis die anderen zu uns kommen, sondern daß wir selber hinausgehen müssen und daß wir künftig die präventiven Dienste für die Unterschichtpopulation anders organisieren müssen.

EK: Solche Erfahrungen haben ja auch eine politische Dimension. Wie wären sie nach Ihrer Meinung umsetzbar in Politik?

Verf.: Zunächst einmal: Die einzelnen in Randgruppensiedlungen arbeitenden Kreise müssen sich überregional zusammenschließen, um politische Ziele mit einiger Stoßkraft verfolgen zu können. In Hessen existiert zum Beispiel eine solche Arbeitsgemeinschaft, und unsere gemeinsame Aktivität, verbunden mit einer intensiven Öffentlichkeitsarbeit, war nicht ohne Einfluß auf die Abschaffung einer diskriminierenden Verordung über den Bau von Obdachlosenwohungen und auf einen fortschrittli-

Zur Psychologie des deutschen Rechtsradikalismus
Eine repräsentative Testanalyse von NPD-Wählern*

Das hier dargestellte Porträt der NPD-Anhänger stammt von diesen selbst. Denn der von D. BECKMANN *und mir entworfene Gießen-Test, mit dem dieses Porträt ermittelt wurde, erkundet in der hier angewandten Form die Selbsteinschätzung der Befragten. Zu 40 Merkmalen ist durch Ankreuzung auf einer Skala anzugeben, wie man sich selbst sieht und empfindet und wie man seine Beziehung zu anderen Menschen beurteilt. Die Möglichkeit, das psychologische Selbstbild der NPD-Anhänger zu errechnen, ergab sich für* D. BECKMANN *und mich auf Grund einer gemeinsam mit einem Meinungsforschungsinstitut durchgeführten repräsentativen Untersuchung der 18- bis 60 jährigen Westdeutschen. Nach Ausfüllung des Gießen-Tests hatten die Untersuchten abschließend die Frage zu beantworten, welche Partei sie wählen würden, wenn am nächsten Sonntag Bundestagswahlen wären. – Der besseren Lesbarkeit halber verzichtet der nachstehende Bericht auf die Tabellen der statistischen Auswertung und begnügt sich mit einer Analyse der signifikanten Befunde.*

Die Ergebnisse dieser Untersuchung, die nun schon zehn Jahre zurückliegt, erscheinen in einer Hinsicht nach wie vor aktuell. Sie vermitteln einen ziemlich differenzierten Einblick in die psychischen Hintergründe neonazistischen Denkens. Daß dieses Denken trotz der Schwächung der NPD in unserem Lande weiterlebt, wird niemand ernstlich bestreiten. Unsere Untersuchung erinnert an den oft übersehenen Zusammenhang zwischen politi-

* Die Analyse ist erstmalig im *Spiegel* 22, 23. 12. 1968, abgedruckt worden. Der Artikel ist gemeinsam mit D. BECKMANN verfaßt worden.

scher Grundhaltung und Persönlichkeitsstruktur, wie ihn T. W. Adorno, E. Frenkel-brunswik, D. J. Levinson *und* R. N. Sanford *bereits 1950 in ihrem Standardwerk «The Authoritarian Personality» deutlich gemacht hatten. Menschen denken politisch so, wie sie sind, d. h. ihr politisches Weltbild spiegelt ihre innere Struktur wider. Je krampfhafter sie ihr psychisches Gleichgewicht durch Überkompensation und Verleugnungen aufrechterhalten, um so sicherer verfallen sie in ihrer politischen Haltung einer nationalistischen Selbstverherrlichung und einer unkritischen Außenfeindsuche.*

Das heißt: Neonazistische Denkmuster lassen sich nicht allein durch bessere Belehrung, sondern nur im Rahmen eines Erziehungsklimas überwinden, das eine hinreichende Ausreifung integrierter Persönlichkeiten gewährleistet. Nur ein Erziehungsklima der Toleranz ermöglicht heranwachsenden Kindern, die eigene wie die fremde Unvollkommenheit und Schwäche anzuerkennen und jene auf Bescheidenheit, Wahrhaftigkeit und Milde basierende politische Grundhaltung zu entwickeln, die am besten gegen rassistische, nationalistische oder sonstige diskriminierende Vorurteile schützt. Umgekehrt begünstigt eine ausgeprägt perfektionistische Erziehung, der neuerdings auf konservativer Seite schon wieder gefährlich das Wort geredet wird, die Ausbildung ähnlicher Persönlichkeitszüge, wie sie sich im NPD-Wähler-Profil abbilden: Die unausbleibliche Enttäuschung des Kindes, das nicht so perfekt werden kann, wie es sein soll, läßt sich oft nur durch das Verdrängen der Schwächen ertragen, die als schändliche Minderwertigkeit diffamiert worden sind. So wachsen dann Menschen heran, die sich krampfhaft an die Illusion eigener Großartigkeit und Untadeligkeit klammern, aber zur Aufrechterhaltung ihres trügerischen Selbstbildes ständig äußere Repräsentanten des verdrängten Negativen brauchen, das sie von innen bedroht. Sie sind prädestiniert zur Sammlung in politischen Gruppierungen, die in kollektivem Maßstab die jeweiligen individuellen Verleugnungen reproduzieren und fortwährend äußere Konflikte als Ablenkung von den unbewältigten inneren schüren müssen.

Der NPD-Anhänger sagt von sich, daß er Geselligkeit eher meide. Auch trachte er nicht nach einem sehr engen Anschluß an einen einzelnen Partner. Von seinen Liebesbedürfnissen zeige er nur wenig.

In allen diesen Punkten zeigt er sich dem FDP-Wähler verwandt. Aber in krassem Unterschied zu diesem und den Anhängern von CDU/CSU und SPD gesteht er zu, daß er sich nur selten sehr um andere Menschen sorge. Er erlebt also offenbar überhaupt wenig Gefühle von sozialer Verbundenheit. Weder zum freundschaftlichen Austausch noch um sich anzulehnen oder um Empfindungen von aktiver Fürsorglichkeit zu entfalten, ist ihm die Nähe anderer Menschen wichtig.

Aber er stellt sich nun nicht etwa als gelassener Egozentriker dar, der in friedlicher Zurückgezogenheit lebt. Denn er sagt von sich, er gerate sehr häufig in Auseinandersetzungen mit anderen Menschen. Mit dieser Angabe weicht er übrigens besonders weit von der Selbsteinschätzung der Wähler der übrigen Parteien ab.

Der NPD-Anhänger entwickelt also durchaus engere soziale Kontakte, aber eben anscheinend weniger in Form liebevoller oder freundschaftlicher Gefühlsbeziehungen als in der Art kämpferischer Verstrickungen. Als Psychoanalytiker würde man dazu sagen, daß seine Partnerbeziehungen mehr aggressiv als libidinös gefärbt seien.

Der NPD-Anhänger weiß, daß man ihn kritisiert. So sagt er – wiederum im deutlichen Unterschied zu den Anhängern der übrigen Parteien –, daß er damit rechne, eher für minderwertig als für wertvoll gehalten zu werden. Aber entsprechend seinem zugestandenen allgemeinen Bestreben, sich von anderen weitgehend unabhängig zu fühlen, läßt er solche Kritik offenbar nicht in sich eindringen. Denn er sagt nicht wie der FDP-Wähler, daß er sich besonders häufig über eigene innere Probleme Gedanken mache, und weit mehr als dieser neigt er nach eigenem Urteil dazu, Verärgerungen nach außen abzureagieren.

Besonders betont er seinen Eigensinn. Und schließlich gesteht er den äußeren Lebensbedingungen ganz besonders wenig Einfluß auf seine seelische Verfassung zu, womit er sich scharf gegen die Anhänger der Koalitionsparteien absetzt. Im Zusammenhang lassen sich diese Angaben so verstehen, daß der NPD-

Wähler sich gegen Kritik und sonstige äußere Belastungen in besonderem Maße gefeit glaubt. Obwohl er seine Fähigkeit zu einer effektiven Abschirmungstaktik so stark betont, erscheint nun seine Auskunft immer noch erstaunlich, daß er kaum für Stimmungsrückschläge anfällig sei. In keiner anderen Frage unterscheidet sich seine Selbsteinstufung ähnlich weit vom Durchschnitt. Die Anhänger der übrigen Parteien bekennen insgesamt, daß sie vergleichsweise häufiger in bedrückte Stimmung geraten.

Es stellt sich die Frage, woher bezieht jemand, der sich besonders oft in Streit mit anderen verwickelt sieht und sich von seiner Umgebung eher als minderwertig eingeschätzt glaubt, dieses behauptete hohe Maß von Stimmungsstabilität? Hier muß man nun neben der bereits registrierten Fähigkeit zur defensiven Abschirmung gegen äußere Belastungen die Wirksamkeit einer großartigen Selbsteinschätzung vermuten.

In der Tat liefert der NPD-Anhänger für das Vorhandensein von Größenideen hinreichende Anzeichen. Er glaubt, als besonders stark und tüchtig in der Arbeit bewertet zu werden. Er hält sich für sehr wenig ängstlich. Leichter als andere, so meint er, könne er bei einer Sache bleiben – und übertrifft darin bei weitem die Selbsteinstufung der Koalitionswähler. Wenn er ferner glaubt, in seinem Benehmen älter als seine Altersgenossen zu wirken, so weist das ebenfalls in die Richtung von Überlegenheitsideen: Er hält sich offensichtlich für reifer.

Weit besser als der Durchschnitt dünkt er sich dazu imstande, unbefangen mit dem anderen Geschlecht umzugehen. Und der Höhepunkt: So intensiv wie niemand sonst unter den Anhängern der übrigen Parteien schätzt er seine Erlebnisfähigkeit in der Liebe ein. Hier wird seine unkritische Größenidee besonders deutlich. Denn zugleich sagt er ja von sich, wie schon erwähnt, daß er eine enge Partnerbindung sowie eine offene Kundgabe von Liebesbedürfnissen meide. Auch schätzt er in besonderem Gegensatz zu SPD- und CDU/CSU-Wählern seine Fähigkeit eher skeptisch ein, einem Partner viel Liebe zu schenken.

Wie kann nun einer, der nur wenig Liebe schenken kann, zugleich die anderen an Intensität des Liebeserlebens übertreffen? Es bleibt nur die Erklärung, daß der allenthalben seine Ichbezogenheit betonende NPD-Anhänger hier Liebe mit sexueller Kapazität gleichsetzt. Er glaubt also offenbar, besonders potent oder orgasmusfähig zu sein.

Stark, unbeirrbar, durchhaltefähig, tüchtig, mutig, unbefangen, stimmungsstabil, reif, potent – dies sind die wesentlichsten Attribute der Größenideen, die in dem Fragebogen-Profil des NPD-Anhängers überall durchschimmern.

Dementsprechend gesteht er auch nirgends Abweichungen zu, die zumindest nach den aus den programmatischen Verlautbarungen seiner Partei herauslesbaren Wertmaßstäben als Schwächen oder Defekte deklariert werden könnten. Dem offensichtlich viel selbstkritischeren FDP-Anhänger fällt es vergleichsweise nicht schwer, auch solche im allgemeinen minder geachteten Eigenschaften zuzugeben wie zum Beispiel Schwierigkeiten im Umgang mit Geld oder einen ausgeprägten Hang zur Bequemlichkeit.

Aber eben derartiger oder vergleichbarer Schwächen glaubt der NPD-Anhänger ledig zu sein. Allenfalls könnte man hier sein Eingeständnis nennen, daß er über wenig Phantasie verfüge, womit er sich erheblich vom Durchschnitt, in extremem Maße von den FDP-Wählern unterscheidet, die sich als besonders phantasiereich beschreiben. Aber es gibt keinen Beleg dafür, daß dem NPD-Anhänger seine Phantasiearmut als Mangel erscheinen könnte. Eher scheint er seine sachliche Nüchternheit sogar nach preußischer Art als besondere Tugend zu schätzen. Weit weniger als die Anhänger der anderen Parteien legt er zum Beispiel nach eigenem Urteil Wert darauf, schön auszusehen. Den Gegenpol bilden hier die CDU/CSU- und FDP-Wähler.

Diese Selbstdarstellung des typischen NPD-Anhängers im Fragebogen frappiert durch wesentliche Übereinstimmungen mit dem Tenor des offiziellen Programms der NPD, das 1967 verkündet wurde.

In der Tat liest sich dieses Programm in wichtigen Zügen wie eine kollektive Vergrößerung des Selbstporträts des einzelnen NPD-Wählers: Kein selbstkritischer Gedanke regt dazu an, eigenes Verschulden und eigene Fehlhandlungen anzuerkennen und daraus zu lernen. Nur äußeres Ungemach trübt das kollektive Selbstbild: «Raub uralten deutschen Volksbodens», «Fremdherrschaft» und «Entmachtung». Ein Teil Deutschlands und

Europas werde «kommunistisch verformt», der andere «amerikanisiert». Hier wie dort entstehe unheilvolle «Verfremdung».

Das Parteiprogramm entwirft also ein ähnlich düsteres Umweltverhältnis für das Kollektiv wie der typische NPD-Wähler für seine Person: Mißtrauen und Vorwürfe herrschen vor. Nicht Hoffnungen auf kooperative Verbundenheit, sondern Tendenzen nach eigensinniger Abschirmung prägen das außenpolitische Konzept. «Widerstand gegen den Ungeist der Anpassung, des Verzichts und der Unterwerfung» wird kategorisch gefordert.

Dem eigenen Unbehagen wird eine vorwurfsvolle Abreaktion nach außen gebahnt. Dazu weiß man sich als unschuldiges Opfer der «Siegermächte» legitimiert. Man will die Partei sein, welche den gebeugten, entmachteten Deutschen ihre zu Unrecht beeinträchtigte Selbstachtung zurückgibt.

Bei der Schwarz-weiß-Aufteilung der Welt in die bösen Unterdrückermächte einerseits und die guten Unterdrückten andererseits wird allerdings wiederholt ganz Europa zusammen mit Deutschland auf der Seite der armen Opfer genannt. Mit den Deutschen finden sich die übrigen Europäer aufgerufen, ihren «ursprünglichen Chrakter» wiederzufinden und zugleich der Entmachtung durch «Teilungsmächte» ein Ende zu setzen. Auch in diesen Europavorstellungen der NPD bildet sich die Wirksamkeit illusionärer Größenideen deutlich ab.

Noch krampfhafter allerdings als im Fragebogen-Profil des typischen NPD-Wählers wirken im Parteiprogramm die Bemühungen, die unkritische Vorstellung von einem überragenden Eigenwert aufrechtzuerhalten, welche die Zurückweisung der negativen Außeneinflüsse erleichtern soll. Die realen politischen Proportionen erschweren offenbar die Verleugnungen, mit denen der typische NPD-Anhänger seine optimistische Selbstüberschätzung absichert. Während dieser sonst angstfreie Unbekümmertheit betont, spricht aus dem Parteiprogramm die Angst, die Größenillusion könnte zusammenbrechen.

Die mannigfach ausdrücklich beschworenen Schreckgespenster der seelischen Kapitualtion, der Selbstaufgabe und des Charakterverlustes offenbaren diese verständliche Besorgnis. Verständlich deshalb, weil die dieses Parteikonzept tragende Größenidee sich mit Zugeständnissen und Anpassungen nicht vereinbaren läßt. Die Unfähigkeit zum Ertragen von Selbstkritik und kränkenden Einbußen mündet notwendig in den Glauben, man könnte überall nur total siegen oder zugrunde gehen.

Den einzigen verläßlichen Angstschutz böte also eine Politik siegreicher Unnachgiebigkeit, vorerst jedenfalls eine stetig ansteigende Kurve innenpolitischer Wahlerfolge. Wäre diese Interpretation richtig, dürfte diese Partei eine längere Stagnation ihrer Wählerzahlen schwerlich verdauen können.

Nachwort: Als diese NPD-Wähler-Analyse im SPIEGEL *veröffentlicht wurde, war sich die Bundesregierung noch unschlüssig, ob sie beim Verfassungsgericht einen Antrag auf Verbot dieser Partei stellen sollte. Kurz zuvor hatte sich der damalige Bundesinnenminister noch* für *einen solchen Verbotsantrag ausgesprochen. Und der* SPIEGEL *glaubte zu wissen, daß die Führung der Großen Koalition dem Bundesinnenminister zugestimmt hätte. Aber dann – unser Artikel war gerade erschienen – schwenkte man auf einen anderen Kurs ein: Das Kabinett einigte sich darauf, auf einen Verbotsantrag zu verzichten.*

Möglich wäre es, daß unsere Analyse seinerzeit im Prozeß der Meinungsbildung eine Rolle spielte. Aber gewiß ist, daß unsere Prophezeiung eingetreten ist, nämlich daß die Partei eine längere Stagnation ihrer Wählerzahlen schwerlich verdauen würde. Die Diagnose, daß sich die NPD-Wähler aus Gründen der Angstunterdrückung beständig auf der Siegesstraße sehen müßten, war offensichtlich korrekt. Viele konnten es erwartungsgemäß nicht aushalten, mit dieser Partei nicht siegen zu können. In welches politische Lager dieser NPD-Anhang inzwischen übergelaufen sein dürfte, um die individuellen wie die nationalistischen Größenideen weiterhin zu bestätigen und «Verfremdung» und «Verformung» von außen abzuwehren, ist nicht schwer zu erraten.

Willy Brandt und die SPD
Sozialpsychologische Aspekte einer politischen Krise*

Mit dem Wechsel von Brandt zu Schmidt wollte die SPD den Realisten gegen den Idealisten, den Rechner gegen den Phantasietyp, den Kühlen gegen den Sensiblen einwechseln. Und sie reagierte damit gut angepaßt an die Alarmmeldungen der Meinungsforscher.

Heute funktioniert, heute klappt vieles besser. Aber seitdem sich Brandt trotz seines Vorsitzendenamtes im Hintergrund hält, weiß die Partei immer weniger, wer und wofür sie ist und wohin sie zielt. Die Formeln, mit denen sie sich ihrer Identität vergewissern will, erscheinen papieren und blaß. Die Angst, sich durch kühne Leitbilder und Reformideen wieder vermeintlichen Brandtschen Utopismus und Romantizismus vorwerfen lassen zu müssen, lähmt die Partei. Zunehmend delegiert sie ihre offensiven Ideale, die ihr unheimlich geworden sind, an Jusos und Außenseiter und erkennt sie dann bei diesen nicht mehr wieder. Was diese «Randgruppen» aus dem Ressentiment ihrer Isolierung heraus in provokativer Schärfe überspitzen, kann die Mehrheit schließlich immer nur noch defensiv kaputtmachen. Übrig bleibt eine totale Ideologiephobie. Aber alles, was die Partei jetzt ist – oder nicht mehr ist – hat sie vorausgesehen und gewollt, als sie Brandt durch Schmidt ersetzte.

Was sie an Brandt hatte und in bzw. mit ihm preisgegeben hat, kann sie jetzt an dem inhaltlichen Vakuum ablesen, mit dem sie sich auseinandersetzen muß. Sie hatte bei der Verdrängung von Brandt vornehmlich an die Angriffsflächen gedacht, die sie den Rechten nicht mehr bieten wollte. Aber es kann einem, wenn

* Der Essay ist im SPIEGEL 28, 20. 5. 1974, erschienen.

man allzu wendig alle gegnerischen Schläge auspendeln und abducken will, auch passieren, daß man am Ende nirgendwo mehr eindeutig dasteht. Sorgen um das Gesicht und die Linie dieser Partei waren es, mit denen der nachfolgende Essay ausklang, der im Schock des Kanzlersturzes geschrieben wurde.

Unsere Gesellschaft hat einen Punkt irgendwo zwischen NIXON und BRANDT erreicht. Was NIXON und BRANDT z. Z. widerfährt, läßt sich auch so lesen, daß die Gesellschaft zwar im Begriff steht, NIXON zu überwinden, aber daß sie für BRANDT noch nicht reif genug ist, wobei hier mit den beiden Namen sowohl politische Grundhaltungen als psychische Strukturen gemeint sind. – Mag NIXON auch mit seiner geschmeidigen Außenpolitik beweisen, daß er geistesgegenwärtig die aktuelle Chance wahrnimmt, in der Endphase der imperialistischen Epoche transideologische Geschäfte zu machen – im Watergate-Fall und nun vor allem auch in den Tonbandprotokollen macht er sich als Zentralfigur einer neuen globalen Friedenspolitik unglaubwürdig. Gerade darin liegt die diagnostische Selbstenthüllung dieses Mannes, daß er nicht fassen kann, warum man seine persönlich-moralische Aufführung nicht getrennt von seinen Resultaten im weltpolitischen Geschäft verbucht. Das Umgekehrte könnte, ja muß man wohl BRANDT vorwerfen: daß er seine persönlichen «Fahrlässigkeiten» politisch übergewichtet und daß er schließlich im kritischen Augenblick die Sorge um seine Integrität derjenigen um die Kontinuität einer neuen politischen Mentalität voranstellt, für deren Repräsentanz ein Nachfolger zunächst nicht zu sehen ist.

Manche politischen Publizisten schicken sich neuerdings an, die Entdeckung nachzuvollziehen, daß man die Politik und die Menschen, die sie machen, in einem engen Zusammenhang sehen muß. Es wächst in der Gesellschaft die Sensibilität dafür, daß die neuen Leitbilder einer vermenschlichten Politik Staatsmänner bzw. Führungsgruppen verlangen, die von diesen Werten auch selbst durchdrungen sind. Was die tragenden politischen Figuren und Gruppen nicht selbst an menschlich-moralischer Substanz einbringen und ausstrahlen, das können sie den hellhöriger und kritischer gewordenen Massen immer weniger durch die Suggestionskünste ihrer Wahlkampf-Werbefirmen vortäuschen. Aber ein Problem, geradezu ein Dilemma liegt darin, daß wir in der augenblicklichen Phase von unseren Staatsmännern ein Maß an zum Teil einander widersprechenden Qualitäten erwarten, die schlechterdings kaum in einer Person vereinigt sein können. Wir leben in einer Welt abgeschwächter, aber noch keineswegs erloschener Impulse des Imperialismus, welche an den internationalen und den inneren Barrieren zwischen Mächtigen und Ohnmächtigen, Herrschenden und Abhängigen noch immer brisante Aggressionspotentiale schüren. Zugleich aber leben wir in einer Gesellschaft, die immer deutlicher als einzige Chance für ein längerfristiges Überleben die Überwindung eben dieses imperialistischen Prinzips erkennt. Denn der Fülle und Kompliziertheit der weltumspannenden wirtschaftlichen und politischen Probleme ließe sich nur in einem radikalen neuen Geist einer globalen Kooperativität und Solidarität wirksam begegnen. Wenn man sich eine Einheit von Person und Politik vorstellt, dann bräuchten wir eigentlich Staatsmänner, die sowohl als Superexperten die immer noch virulenten Kräfte des Imperialismus zu durchschauen und demzufolge in Schach zu halten verstehen und die auf der anderen Seite mit großem Elan die Ideale einer neuen Solidaritätspolitik ausbreiten und durchsetzen könnten.

Aber welcher Staatsmann könnte diese heterogenen Erwartungen erfüllen? HENRY KISSINGER? Er versteht es in der Tat, die taktischen Probleme machtpolitischer Rivalitäten einerseits virtuos zu handhaben, andererseits dadurch, wie er diese Probleme in Patt-Situationen einfriert, die Absurdität der imperialistischen Zielvorstellungen sichtbar zu machen, aus denen heraus die Konflikte unlösbar zu sein schienen. Dennoch, KISSINGER bleibt, wie virtuos und modern auch immer, in erster Linie der erfolgreiche Konkursverwalter der alten Welt. Man muß sich zu ihm längerfristig einen Ergänzungstyp vorstellen, einen charismatischen Wegbereiter der neuen politischen Leitbilder – WILLY BRANDT etwa.

Die polare Einseitigkeit von WILLY BRANDT ist offensichtlich, zu seinem und unserer aller Schaden, von vielen nie richtig in ihrer Gefahr erkannt, von anderen wohl allmählich verdrängt worden. Denn sonst kann man sich nicht erklären, warum dieser Mann am Ende in eine Isolation geraten ist, an der er mit Notwendigkeit scheitern mußte. Es gehört automatisch zu den Voraussetzungen seiner Fähigkeit, eine nachgerade zu sture Politik der Menschlichkeit, der Versöhnung, des friedlichen Abbaus sozialer Gegensätze und Ungerechtigkeiten mit einer einzigartigen Ausstrahlung zu steuern, daß er innerlich genauso ist, wie er die Gesellschaft gestalten will. Nichts ist also törichter, als gewisse Elemente dieses psychischen Bildes wie zufällige Mängel zu bedauern, die sich scheinbar beliebig zu den Tugenden dieses Mannes hinzuaddieren: Schade, sagt man, daß er neben seiner großherzigen Redlichkeit zuwenig Sinn für Mißtrauen entwikkelt hat. Schade, sagt man, daß er sich bei seiner moralischen Integrität trotz aller kämpferischen Tugenden ein so übersensibles Gewissen bewahrt hat und deshalb so anfällig für Angriffe auf sein Selbstwertgefühl geblieben ist. Falsch! Diese Merkmale sind notwendige integrierende Faktoren der Struktur, ohne die Brandt doch nie als weltweit wirkender Pionier einer neuen Dimension von Politik hätte agieren können. Nur *weil* er aus welchen Gründen auch immer eine erhöhte Wahrnehmungsschwelle und eine Minderbegabung für aller Art Ränkespiele und taktisches Finassieren hat, vermochte er im Umgang mit dem Osten allmählich zumindest eine partielle Klimaänderung zu erwirken. Seine Haltung der Vertrauensvorgabe hat ihn, zur Schadenfreude seiner kurzsichtigen Kritiker, nicht vor zeitweiliger Stagnation in der Ostpolitik bewahrt. Aber was es uns und der Welt hätte auf die Dauer nutzen können, daß dieser Mann das chronische Mißtrauen der Sowjets und besonders, wie man weiß, dasjenige Breschnews mehr als jeder andere westliche Staatsmann geschmolzen hatte, das läßt sich jetzt nur noch phantasieren. Die Russen, seit je Meister der Menschenkenntnis, haben ihm endlich geglaubt, weil man einem so gradlinigen Mann glauben muß, der mit seinen verbal vertretenen Prinzipien unmittelbar eins ist. – Und Brandts moralische Sensibilität? Seine Anfälligkeit für Stimmungsschwankungen unter dem Eindruck von Schuldgefühlen? Auch dies ist – in anderer Sicht – ein unerläßlicher positiver Bestandteil seiner politischen Haltung. Diese seismographische moralische Empfindsamkeit und Erschütterungsfähigkeit gehört sicherlich zu den tragenden persönlichen Voraussetzungen seiner frühen und entschiedenen Reaktion auf die Inhumanitäten des Faschismus, seiner Scharfsichtigkeit für soziales Unrecht und seines Engagements auf seiten der sozial Benachteiligten. Freilich sind die erniedrigte Schwelle für Unlust, die Gefährdung durch Verstimmungen ein schwerwiegender Preis für diese Art von Skrupulösität, die bei wachsender Verantwortung und nachlassenden Erfolgen eine permanente maximale psychische Stressreaktion heraufbeschwört, sofern nicht aus der Umgebung stabilisierende Hilfe angeboten wird.

Schon der Aufstieg eines solchen Mannes zum Bundeskanzler, erst recht aber sein Leben in dieser Rolle ist nur denkbar, wenn er fortwährend von Menschen bzw. Gruppen umgeben bleibt, die ihn mit ergänzenden Talenten dort stützen und abschirmen, wo er seine «blinden Flecke» hat. Und aus der Formel seiner Struktur ergibt sich zugleich: Da er nie, nicht einmal temporär, zu einer einsamen autoritären Führerrolle taugt, kann er seine, im Grunde bessere und modernere Art von «Führungskraft» immer nur als zentrale Figur einer solidarischen Führungsgruppe entfalten, die ihn mitträgt, während er sie von seinem politischen Konzept wie von seiner persönlichen Substanz aus strukturiert. Es ist sicher eine für Deutschland erstmalige Konstellation, daß ein so wenig listiger und zugleich mit so viel Weichheit und Sensibilität behafteter Mann überhaupt die Rolle als charismatische politische Zentralfigur erringen und lange Zeit imponierend spielen konnte. Voraussetzung war eben eine genau auf ihn zugeschnittene optimale Gruppenkooperation. Es ist bislang sicher noch viel zuwenig bekannt, welche kompensatorischen Einflüsse von SCHUMACHER, WEHNER, BAHR, später EHMKE, zeitweilig auch SCHILLER, aber lange vornean WEHNER, BRANDT abgedeckt haben, wenn mit Haken und Ösen geboxt, taktisch fintiert und getrickst werden mußte, vor allem aber, wenn es galt, die deprimierende Wirkung moralischer Erschütterungen abzufangen. Für das Fundament der Macht, von dem aus er seine in die Zukunft ausgreifenden politischen Ideen zum Tragen bringen konnte, benötigte er stets verläßliche Hilfspotentiale. Freunde, die mit selbstkritischem Augenmaß ihre Vorzüge im Spiel um Macht in den Dienst dessen stellten, dessen Wirkung dort einsetzt, wo ihre Fähigkeiten aufhören. Aber auch diese Freunde waren, mehr als sie zuletzt noch wahrhaben wollten, davon abhängig, daß dieser BRANDT seine besondere Induktionskraft als Symbolfigur eines das imperialistische Prinzip transzendierenden neuen politischen Leitbildes entfaltete.

Nun geschah es wohl, daß diese Freunde seit 1972 allmählich zu vergessen anfingen, was ihre spezifische Gruppenkonstellation um und mit BRANDT für ihre gemeinsamen politischen Erfolge und ihre weiteren Chancen wert war. Vermutlich war bereits der Bruch mit SCHILLER ein signifikantes Symptom für den Zerfall der bisherigen Gruppenstruktur. Er hätte von der SPD-Spitze als Alarmsignal dafür gewertet werden müssen, daß die Gruppenidentität gefährdet war und daß das gemeinsame Wollen nicht mehr die gruppeninternen Egozentrizitäten und Rivalitäten zu beherrschen vermochte. Der Schock der Gruppenschwächung – durch das Ausscheiden SCHILLERS – und der Druck der Wahlkampfsituation reichten dann offenbar noch einmal als Motivationshilfe aus, um vorübergehend die bereits innerlich ausgehöhlte Geschlossenheit wiederherzustellen. Aber dann kam die Verwöhnung mit Macht durch den grandiosen Wahlsieg, die als erneuter Verführungsreiz auf diejenigen Gruppenmitglieder wirkte, die in letzter Zeit schon offensichtlich Mühe gehabt hatten, ihre ambitiösen Größenideen und Rivalitätsimpulse den gemeinsamen Interessen der Mannschaft unterzuordnen. Und so sah der Außenstehende nach dem Wahlsieg irritiert einen isolierten WILLY BRANDT, der sich mehr schlecht als recht der Kompetenz- und Postenbegehrlichkeiten seiner Umgebung zu erwehren hatte. Damals bereits hatte die SPD-Führung ihre bindende Kraft verloren, und sie hat seitdem nie mehr zu der Konstellation zurückgefunden, der sie ihren Aufstieg verdankte. Der Sozialpsychologe tendiert dazu, diesen inneren Gruppenzerfall primär für mancherlei Einzelfolgen verantwortlich zu machen, die man späterhin eher isoliert für sich wertete:

BRANDT mußte sofort außer Form geraten und den Anschein von Führungsschwäche in einer Phase hervorrufen, in der seine «blinden Flecke» nicht mehr durch die automatische Kompensationshilfe seiner Partner innerhalb des Gruppensystems abgeschirmt wurden. Ohne die stabilisierende Basis der alten Gruppenkonstellation drohte ihm sofort ein solcher Energieverschleiß im politischen Alltagsgeschäft, daß er nicht mehr die bisherige Kraft für neue tragende Ideen und Konzepte aufbringen konnte, die nach den Ost-Erfolgen sich nun der Innenpolitik hätten zuwenden müssen. Im Gegenteil, das Rivalitätsklima bewirkte, ein typischer sozialpsychologischer Vorgang, daß jetzt die Eingeweihten im eigenen Kreis ihrerseits auf die blinden Flecke der Führungsfigur zielten, um ihre egozentrischen Wünsche bei ihm und gegen ihn durchzusetzen. BRANDTS nunmehr unabgeschirmte Großherzigkeit machte ihn zum relativ wehrlosen Objekt konkurrierender Forderungen aus der eigenen Partei, die weder von ihm noch von der Führungsgruppe im ganzen weiterhin auf eine gemeinsame Linie hin strukturiert werden konnten. Vollends offenbar wurde die desolate Verfassung des Führungsteams, als man die Kontroverse um die ostpolitische Extratour WEHNERS nur noch mit Hilfe peinlicher Verleugnung statt durch ehrliche Austragung zu erledigen versuchte. Augenscheinlich geschah dies aus Angst, einen echten Konflikt – und dies obendrein mit WEHNER – nicht mehr durchstehen zu können, ohne auch noch den Rest von Gruppenkohäsien kaputtzumachen. Dabei muß sich ein Mann von der eminenten sozialen Intelligenz WEHNERS trotz seiner gegenteiligen retrospektiven Bekundungen gefallen lassen, daß man ihm heute nicht so recht die Ahnungslosigkeit abnimmt, mit der er zur weiteren Schwächung der Gruppenidentität und damit zum Niedergang BRANDTS beitrug. So hat sich die SPD, nach dem Wahlsieg zu einer kühnen offensiven Innovationspolitik bestimmt, aus eigenem Verschulden an die Wand manövriert, an die sie die CDU/CSU aus eigener Kraft nie hätte hinzwingen können.

Es ist der ebenso absurde wie folgerichtige Schlußpunkt, daß BRANDT nun vor einem Problem kapituliert, das seinen am leichtesten angreifbaren blinden Fleck getroffen hat und in seiner Sicht – wie sollte das auch STRAUSS begreifen? – tatsächlich die Dimension einer moralischen Katastrophe angenommen hat. In alter Zeit hätten WEHNER, EHMKE und mit ihnen die ganze Spitzenmannschaft zusammengestanden, um erstens den Stoß gemeinsam abzufangen und zweitens dafür zu sorgen, die panische Überschätzung des Schadens zu vermeiden, bei BRANDT ebenso wie bei der Öffentlichkeit. Schließlich ist es doch nicht nur eine abwegige Phantasie, daß der Osten durch GUILLAUME neben unseren Interessen abträglichen Informationen doch gewiß auch sehr gewichtige Belege erhalten haben dürfte, die den Rest von Mißtrauen gegenüber BRANDTs Friedenskurs zerstreut haben mögen. Wenn es richtig ist, daß wir uns tatsächlich vom Kalten Krieg entfernen, dann muß es doch auch ein Resultat der wechselseitigen Spionage sein, daß Ost und West ihre Angst voreinander durch zusätzliche Beweise für den Rückgang von Aggressionsbereitschaft abbauen – was um so wichtiger scheint, als das System der kreisförmigen Eskalation gerade solcher Ängste eben die Spannungen bedrohlich zu verschärfen vermag, auf die sich die Befürchtungen richten.

In den Augen der Öffentlichkeit, welche die Fibag-, *Spiegel*-, Steiner- und frühere spektakuläre Spionageaffären erlebt hat, entspricht BRANDTs Rücktritt jedenfalls sicher nicht der Bedeutung der Angelegenheit und noch weniger dem Maß seiner anteiligen persönlichen Schuld. Wenn man nun unterstellt, daß diejenigen in seiner Nähe ihn haben fallenlassen, die früher mit ihm einigermaßen vergleichbare Krisen solidarisch durchzustehen wußten, dann drängt sich natürlich die Frage auf, ob die SPD mit der Person nicht doch auch mehr von dem Konzept und dem Geist ihrer politischen Linie abschreibt, als sie es uns und vielleicht sogar sich selbst eingestehen möchte. Die geschärfte Einsicht für den engen Zusammenhang zwischen der Politik und der Struktur ihrer Träger führt zu der Frage, was es bewirken mag, daß BRANDTs Nachfolger in wichtigen Merkmalen eher so etwas wie seinen Gegentyp darstellt. Natürlich werden SCHMIDTs kontrastierende Einseitigkeiten irgendwie durchschlagen. Aber aus dem Sturz seines Vorgängers könnte er rechtzeitig lernen, wie wichtig es für ihn ist, um sich herum eine Gruppe zu stabilisieren, die seine, HELMUT SCHMIDTs, spezifischen Mängel mit entsprechenden Begabungen wirksam und dauerhaft ausgleicht. Vor allem sollten sich die SPD und der Pragmatiker HELMUT SCHMIDT dessen bewußt sein, daß die Partei ihren inneren Gehalt nur im Geist und in Verbindung mit demjenigen zu klären und weiterzuentwickeln vermag, mit dem sie als Bundeskanzler nicht mehr zurechtkommen zu können glaubte.

Freiheit oder Sozialismus?*

Slogans, mit denen man sich selbst attraktiv machen und gleichzeitig vor dem politischen Gegner abschrecken will, werden nach sorgfältig bedachten Prinzipien konstruiert. Ebenso beliebt wie problematisch sind Alternativfragen, in denen ein allgemein anerkannter positiver Wert in einen direkten Gegensatz zu dem politischen Kontrahenten gebracht wird. «Wollt Ihr die Freiheit des Menschen, oder wollt Ihr den Sozialismus?» – Die Erfinder eines solchen Slogans unterstellen, daß die positive Suggestionskraft von «Freiheit» entsprechende emotionelle Reaktionen weckt, die ein kritisches Nachdenken ersticken.

«Freiheit» ist, wie man nicht erst aus repräsentativen Umfragen weiß, der am höchsten geachtete Leitbegriff in unserer Gesellschaft. Wer sich glaubhaft als ihr Fürsprecher erklärt, kann eine unmittelbare Identifizierungsreaktion bei seinem Publikum auslösen. Es ist ein Wort, das unbedingte Bejahung verlangt – und deshalb natürlich in den Zielvorstellungen aller demokratischen Parteien obenan steht. Der Freiheitsbegriff ist ein tragendes Element unserer Verfassung, der über alle politischen Meinungsunterschiede hinweg die demokratischen Kräfte in unserem Lande verbinden muß. Was würde aus unserem Gemeinwesen, wenn dieser Begriff als integrierender Faktor allerersten Ranges entfiele? – Was soll es also, das Bewußtsein der Zusammengehörigkeit an diesem Zentralpunkt unserer gemeinsamen Identität planmäßig zu schwächen? Man bedenke doch einmal

* Der Beitrag ist die geringfügig geänderte Fassung eines Aufsatzes mit dem gleichen Titel in dem rororo-aktuell-Band «Worte machen keine Politik» Hg. F. Duve, 1976

den Effekt, wenn man mit der indirekt vermittelten Suggestion allgemein durchdränge, die Sozialdemokraten und ihre Anhänger wollten die Unfreiheit? Worauf sollte sich dann noch jene notwendige Solidarität gründen, deren unsere Demokratie so dringend – wie uns die historischen Erfahrungen beweisen – zur Verhütung der Gefahr der Selbstzerstörung bedarf?

Da die Erfinder solcher Slogans selten selbst an den Wahrheitsgehalt dessen glauben, was sie den Massen aus taktischen Gründen zu «verkaufen» versuchen, mißachten sie den Schaden, den sie anrichten. Mit der Liquidierung der Sprüche nach dem Wahltag endet aber nicht die Wirkung der irreführenden Suggestionen, für die weniger widerstandsfähige und einfältigere Gemüter durchaus anfällig sind. Man kann ja auch nicht unmittelbar nach dem Wahltag vor dem Wählervolk bekennen: «April, April! – Unsere diffamierenden Aussagen von gestern über unsere Gegner waren nur wahltaktisch gemeint.» – Das Potential der kritischen Reflexion, von dem die Qualität der Selbstkontrolle in einer demokratischen Gesellschaft abhängt, droht sich jedenfalls in dem Maße zu verringern, in dem die politische Diskussion in Wahlkampfzeiten vollends von den Werbespezialisten durch pures opportunistisches Taktieren dominiert wird.

Wer einen zynisch demagogischen Slogan wie: «Freiheit oder Sozialismus?» einführt, spekuliert natürlich darauf, daß der indirekt verteufelte Gegner gezwungen wird, auf die Herausforderung einzusteigen. Die Ankläger haben – jedenfalls in Grenzen – die Macht, die verdächtigten Sozialdemokraten zum Tauziehen um den Freiheitsbegriff in eine Kampfarena hinabzuziehen, die diesem Begriff nicht gemäß ist. Und ihr taktischer Kalkül geht natürlich dahin, daß der derart angeprangerte Konkurrent in einen defensiven Rechtfertigungszwang geraten möge, während ihnen selbst der Vorteil der Offensivposition verbleibe. In der Tat haben sie bisher eine beachtliche Standfestigkeit in der Anklägerrolle bewiesen, so daß sie sowohl den gegen sie gerichteten Vorwurf des Sicherheitsrisikos in eine moralische Gegenanklage verwandelt haben, wie sie umgekehrt den schlimmeren Vorwurf des Freiheitsrisikos gegen die Sozialdemokraten ihrerseits ohne jede Spur von moralischem Selbstzweifel gebrauchen.

Für ein kritischeres Publikum haben die Agitatoren allerdings einige Erläuterungen parat, wenn sie differenzierter darüber Auskunft geben sollen, wo und wie sie die Freiheit besser schützen zu können meinen als Sozialdemokraten. Da verbreiten sie seit einiger Zeit von H. SCHELSKY entlehnte Leitvorstellungen. Sie knüpfen an an SCHELSKYS[5,6] Plädoyer für den «selbständigen Menschen» und gegen den «betreuten Menschen». Daran schließt sich die andere Alternative für den «freiheitlichen Sozialstaat» gegen den «sozialistischen Versorgungsstaat» an. – Hier wird nun eine Spur gelegt, die in der Tat auf eine substantielle Kontroverse gegenüber der Sozialdemokratie hinführt. Aber diese Kontroverse wird erst dann ganz klar, wenn man das Konzept «selbständig» versus «betreut» eingehender studiert.

Der «selbständige Mensch» soll jedenfalls nach der SCHELSKY-Version «zum Ziel der Ordnungspolitik auf allen Gebieten» gemacht werden. SCHELSKY versichert, daß er mit seinem Begriff der «Selbständigen» nicht etwa die Angehörigen des alten Mittelstandes meine. Er denke dabei nicht an eine funktionale Produktionsgruppe, vielmehr an eine durch bestimmte soziale Verhaltensmuster definierte Gruppe. Die Politik habe zwischen denen zu wählen, die sich als selbständig, und denen, die sich als betreuungsbedürftig verhalten. Demnach sind es angeblich nicht primär sozioökonomische Abhängigkeiten, die unselbständig machen. Falsche Erziehung und manipulative Überredung spielen nach SCHELSKY bei der Erzeugung von Hilfe- und Betreuungsverlangen eine entscheidende Rolle. Ihm scheint es, daß die «Herrschaftsgier der Betreuer» danach trachte, «der größten Mehrzahl unserer Bevölkerung die Hilfs- und Betreuungsbedürftigkeit einzureden». Der freiheitliche Sozialstaat werde also von dem Machtbedürfnis derer bedroht, die unselbständiges Verhalten zu vermehren versuchten, um selbst in ausgedehntem Maße vormundschaftlich tätig werden zu können. Gegen die Unselbständigen hebt SCHELSKY die von dem Soziologen MESSELKEN beschriebene «dispositive Gruppe» ab. Diese Gruppe «sieht sich im Beruf vor selbständigen Entscheidungen, versteht ihre Arbeit als individuelle Leistung, erhält dafür ein relativ hohes Einkommen und bildet individuelle Rücklagen für die Wechselfälle des Lebens. Diese Art der Lebensführung ist für sie der Ausdruck von Verantwortungsbewußtsein und Freiheit, und sie fordert als soziale Leistung des Staates, daß er diese Form der Lebensführung und Berufstätigkeit durch seine Politik öffentlich fördert.»

SCHELSKY argumentiert von seinem Standpunkt aus ganz konsequent, wenn er soziale Gerechtigkeit und freie Selbstbestimmung der Person als Alternativen hinstellt, zwischen denen die Politik eine Prioritätsentscheidung fällen müsse. Da es für ihn weniger eine Frage der konkreten sozioökonomischen Bedingungen als eine Frage der allgemeinen Lebenseinstellung ist, ob Menschen sich selbständig, risikofreudig und verantwortungsbewußt benehmen, sieht es so aus, als seien die Selbständigen freier, weil sie freier sein wollten, und die Unselbständigen abhängiger, weil sie das Betreutwerden der Freiheit vorzögen. Endlich kann die Wohlstandselite ihren Vorsprung an Freiheit zugleich als moralisches Verdienst feiern. Sie ist nicht den Verlockungen sozialistischer Betreuungsgier erlegen, denen die in beengten sozioökonomischen Verhältnissen lebenden Menschen auf Kosten ihrer Unabhängigkeit scheinbar auf den Leim gegangen sind.

Wenn SCHELSKY recht hätte, müßte sich bei empirischen Untersuchungen z. B. zeigen, daß der objektive Freiheitsraum in der Arbeitswelt wenig Einfluß auf das Wohlbefinden hat. Wer in der Arbeit wenig Freiheit hätte, müßte durch die damit verknüpfte Entlastung von Risiko und durch die Befriedigung von Passivitätsbedürfnissen hinreichend Entschädigung finden. Tatsächlich wird SCHELSKY durch einschlägige Erhebungen eindeutig widerlegt. U. a. war es E. NOELLE-NEUMANN[4], die 1975 als Ergebnis einer Untersuchung des Allensbacher Instituts bekanntgab, daß der objektive Freiraum in der Arbeit nicht nur die Arbeitsfreude, sondern auch die Zufriedenheit allgemein maßgeblich bestimmt. E. NOELLE-NEUMANN fand einen «unglaublichen Unterschied im Lebensgefühl, Lebensglück und in der Arbeitszufriedenheit» zwischen Arbeitern und Selbständigen – wobei diesmal «Selbständige» als berufsstatistische Gruppe gemeint sind. Nahezu in allen Altersgruppen haben Selbständige annähernd doppelt so häufig «große Freude» an der Arbeit als Arbeiter. Das Allensbacher Institut fand ferner, daß auch unter den verschiedenen Gruppen der Arbeiter das Glücksgefühl abnimmt im Verhältnis des Freiraums bei der täglichen Arbeit. Eindeutig ergibt sich, daß objektive Einschränkung der Freiheit generell psychisch bedrückend wirkt. SCHELSKYS Versuch, das Kausalverhältnis von sozioökonomischer Abhängigkeit und Freiheitsbedürfnis umzukehren und zu behaupten, daß materielle Abhängigkeit eher die Folge eines anerzogenen passiven Bedürfnisses nach Unselbständigkeit und Versorgtwerden sei, findet nirgendwo eine Bestätigung. Vielmehr korreliert Selbständigkeit als Verhaltensmuster so hoch mit Selbständigkeit als sozioökonomischem Status, daß die Grundlage für ein politisches Konzept entfällt, welches die Vermehrung von individueller Freiheit verspricht, ohne primär die materiellen Bedingungen von Unfreiheit abbauen zu wollen. Gerade die moderne analytische Sozialpsychologie bestätigt im Sinne der Allensbacher Befunde, daß das Bedürfnis nach Freiheit allgemein verbreitet ist und dort, wo es nicht ausgelebt wird, keineswegs durch Überredung oder übertriebene Betreuungsangebote eingeschläfert, sondern schlechthin durch ökonomischen Zwang, durch fehlende objektive Selbst- und Mitbestimmungschancen unterdrückt wird. Der Beweis für diesen Tatbestand der Unterdrückung ist die mit wachsender sozioökonomischer Einengung ansteigende Unzufriedenheit und Depressivität, die auch bei einer repräsentativen Erhebung festgestellt wurde, die unser Psychosomatisches Zentrum an der Universität Gießen 1968 zusammen mit dem DIVO-Institut durchgeführt hat.[1]

Es ist also unsinnig, wenn SCHELSKY fragt: «Welches Gewicht muß man bei Wahlen verstärken, das der gerechten Verteilung des Sozialprodukts oder das der selbständigen Bestimmung des eigenen Lebens ...?» Nur durch einen systematischen Abbau der materiellen Einschränkungen der Unterprivilegierten, d. h. durch die Politik eines demokratischen Sozialismus, kann die Gruppe derer entscheidend vermehrt werden, die ihr Leben relativ selbständig bestimmen können. Umgekehrt steckt ein erhebliches Maß an verkapptem Zynismus in dem Appell, diejenigen sollten sich gefälligst selbständiger benehmen, die ohnehin unter dem Status ihrer sozioökonomischen Einschnürung nachweislich leiden. Was meint also die Aufforderung SCHELSKYS – die sich in der Argumentation mancher prominenter Unionswahlkämpfer wiederfindet –, der selbständige Mensch solle «zum Ziel der Ordnungspolitik auf allen Gebieten» gemacht werden, im Klartext? Doch nichts anderes als eine Politik zugunsten derer, die sich selbständiges Verhalten wegen ihrer privilegierten sozialen Lage leisten können. Es ist eine Politik für die Wohlstands-Elite, auch wenn sie sich nicht als solche erklärt. Es läßt sich nicht an den Beweisen dafür herumdeuteln, daß SCHELSKYS Zielgruppe der Selbständigen weitgehend mit denen zusammenfällt, die über den größten ökonomischen Freiraum verfügen.

Das Konzept für die Selbständigen und gegen die Unselbständigen wendet sich indirekt gegen die unselbständigen Arbeiter und Angestellten, obwohl vorzugsweise den «Selbständigen» nicht ausdrücklich die Abhängigen in der Arbeitswelt, sondern die Empfänger irgendwelcher sozialen Betreuungsleistungen gegenübergestellt werden. Jeder wird SCHELSKY in dem Vorwurf recht geben, daß unsere Sozialpolitik überbürokratisiert ist und daß die sozialen Dienste vielfach eine selbstherrliche Vormundschaftsposition gegenüber denen beziehen, denen sie ihre Unterstützung anbieten bzw. anbieten sollten. Plausibel wäre also eine Kritik, daß die sozial Schwachen oft nicht in einem positiven Sinne betreut, sondern eher gegängelt, kontrolliert und einschüchternden bürokratischen Ritualen unterworfen werden. Aber SCHELSKY zielt auf die Versorgung schlechthin und meint offenbar, die sozialen Hilfen als solche könnten wesentlich reduziert werden, wenn man sich nicht länger von links einen angeblich weit übersetzten Hilfsbedarf für die sozial Schwächeren einreden lassen würde. Betreut werden angeblich weithin nicht solche, die es objektiv nötig haben, sondern solche, für die man künstlich ein Unterstützungsangebot geschaffen hat. Nicht einmal am untersten Ende der sozialen Schichtenskala läßt SCHELSKY ein nennenswertes echtes Elend als Betreuungsgrund gelten. Er ereifert sich geradezu gegen die vermeintlichen Erfinder sozialer Notstände, denen er Herrschaftsgelüste über sozial Schwächere unterstellt: «Oder sollte die . . . fast einer Gehirnwäsche gleichende Medienbetonung der sogenannten (sogenannten? der Verf.) Randgruppen, also von Menschen, die immer betreut werden müssen, sollte also diese Dramaturgie der sozialen Ungerechtigkeit bei uns etwa nur dazu dienen, der weitaus größten Mehrzahl unserer Bevölkerung die Hilfs- und Betreuungsbedürftigkeit einzureden, um die wachsende Herrschaft der Betreuer, der Vormundschaftsgruppen zu begründen und zu verharmlosen?»[5]

Also nicht die, die mit der Macht des Kapitals Menschen beherrschen, sondern die Sozialarbeiter, die Heimerzieher, die Sozialpsychiater, die Heilpädagogen, die Bewährungshelfer, die Altenbetreuer sollen die geheimen Mächtigen sein, welche die individuelle Freiheit gefährden und immer mehr Selbständige in Betreuungsbedürftige verwandeln wollen. Nichts soll also wahr sein von den Berichten der Sozial-Enquete, der Psychiatrie-Enquete, der Kinder-Enquete, in denen verheerende Mängel in der fürsorgerischen, beraterischen, pädagogischen, therapeutischen und rehabilitativen Versorgung der sozial Schwachen, der psychisch Kranken und Behinderten, der Kinder und der alten Menschen nachgewiesen worden sind. –

Schelskys Trick besteht darin, daß er ganz bewußt unterschiedliche Tatbestände miteinander vermischt, die man strikt auseinanderzuhalten hätte. Es gibt in der Tat Bereiche der Versorgung und Betreuung, deren Kosten in wahrhaft beängstigendem Maße angestiegen sind, so daß man darüber nachsinnen muß, wie man hier zu Einsparungen gelangen kann. Ein augenfälliges Beispiel ist die *Medizin.* Die Medizin wird zu teuer. Wer aber macht die Medizin zu teuer? Sicherlich zunächst eine unrationelle Organisation unseres Gesundheitssystems. Die Arzneimittelindustrie leistet sich überhöhte Profite, u. a. weil hier zahlreiche Firmen ihre Monopolstellung dazu mißbrauchen, billig hergestellte Präparate zu weit übersetzten Preisen anzubieten. Die Ärzte sind zu Spitzenverdienern geworden. Die technische Perfektionierung der Labormedizin folgt automatisch den neuesten Angeboten der Produzenten auf dem Gebiet der Medizinaltechnik. Aber weder die Pharmafirmen noch die Ärzte noch die Medizingeräte-Industrie wird irgend jemand zu den linken «Dramaturgen der sozialen Ungerechtigkeit» zählen wollen, die mit den sozial Schwachen paktieren. Ein weiterer Faktor ist zweifellos eine vermehrte anspruchshafte Konsumentenideologie auf seiten der Empfänger von medizinischen Leistungen.

Aber wer ist es nun eigentlich, der sich hier die größten Versorgungsvorteile verschafft? Etwa die sozial Schwächeren, die ökonomisch Unselbständigen? Keineswegs. Die sozialmedizinischen Statistiken lehren, daß der Ausbau der medizinischen Versorgung wiederum in erster Linie den besser gestellten Bevölkerungsgruppen zugute kommt. Z. B. hat sich die gesundheitliche Versorgung der ländlichen Bevölkerung eher verschlechtert. In weiten ländlichen Gebieten findet man kaum noch Fachärzte. 30 Prozent aller Kreise und kreisfreien Städte haben z. B. nicht einen einzigen niedergelassenen Nervenfacharzt[2]. Während mit absinkendem Sozialstatus die seelischen Krankheiten nachweislich zunehmen, verhält es sich mit dem Angebot an präventiver und therapeutischer Hilfe genau umgekehrt. Angehörige der Unterschicht werden von dem System der Lebens-, Familien-, Erziehungsberatungsstellen und von den psychotherapeutischen Diensten in sehr viel geringerem Maße erfaßt, als ihrem Anteil an der Gesamtbevölkerung entspricht. Aber auch in organmedizinischer Hinsicht sind die Bevölkerungsgruppen am unteren Rande der sozialen Schichtenskala benachteiligt. Hier ist der allgemeine Gesundheitszustand nach wie vor am schlechtesten. Eine in der Mittel- und Oberschicht zur Rarität gewordene Krankheit wie die Tuberkulose hält sich noch immer in den Armensiedlungen an den Rändern der Industriestädte. Aus neueren Untersuchungen ist schließlich bekannt, daß Ärzte dazu neigen, relativ mehr Zeit für Patienten aus ihrer eigenen Sozialschicht als für Arbeiter aufzuwenden. Da die Unterschichtsbevölkerung sehr viel schlechter als die Gruppen der Mittel- und Oberschicht auf gesundheitlichem Gebiet aufgeklärt ist, stellt sie auch weniger hohe und differenzierte Ansprüche an Versorgungsleistungen. Sie ist mit einfachen und wenig aufwendigen Hilfsangeboten zufrieden, während Patienten mit höherem Bildungsstand sehr viel eher nach den modernsten technischen Untersuchungsverfahren und nach den neuesten Medikamenten verlangen. Der Druck nach Verschreibung möglichst vieler und möglichst exklusiver und kostspieliger Medikamente, dem sich die Ärzte zunehmend ausgesetzt sehen, geht jedenfalls am wenigsten von Arbeitern, viel eher von der Wohlstandsklientel aus.

Aus den 1977 vom Bundesgesundheitsministerium veröffentlichten Daten des Gesundheitswesens[3] von 1972/73 läßt sich z. B. klar erkennen, daß aus Familien von leitenden Angestellten und Beamten häufiger Ärzte aufgesucht werden als aus Arbeiterfamilien. Am wenigsten Arztbesuche findet man bei den Familien ungelernter Arbeiter. Arbeiter beanspruchen deutlich seltener als Selbständige, leitende Angestellte und Beamte *fachärztliche* Behandlung. Auch zum Zahnarzt gehen sie weniger oft als die sozial besser gestellten Gruppen. Und beim Apothekenbesuch begnügen sich die Angehörigen von Arbeiterfamilien, wie die Statistik erweist, häufiger mit einfachen rezeptfreien Präparaten.

Diese Beweiskette ließe sich noch leicht vermehren. Sie zeigt, daß von unserem kostspieligsten Betreuungssystem, nämlich der Medizin, relativ am wenigsten die sozialen Schichten profitieren, die als angebliche Nutznießer des «Versorgungsstaates» gelten. Die ökonomisch Unabhängigsten und Selbständigsten verschaffen sich zugleich die aufwendigste Betreuung. Und hier sorgt jede Gruppe dafür, daß sie sich ihre Privilegien erhält. Arzneiindustrie, Ärzte und Apotheker wollen nicht weniger verdienen, die anspruchsvollen Wohlstandspatienten wollen nicht einfacher und sparsamer behandelt werden. In diesem Bereich bewirkt mithin ein konjunktureller Abschwung kaum einen Einbruch. Dafür trifft jede Wirtschaftsflaute sofort und an erster Stelle jene sozialen Versorgungsgebiete, wo angeblich die «Herrschaftsgier der Betreuer» zur nationalen Gefahr wird. Viele soziale Projekte im Unterschicht- und Randgruppensektor mußten in letzter Zeit eingestellt oder wegen Mittelkürzung stark eingeschränkt werden. Die Jugendämter haben nicht mehr genügend Geld, geschädigte Kinder zur Förderung in heilpädagogische Heime zu schicken. Beratungsstellen werden geschlossen, die Mittel für Arbeitskreise in sozialen Brennpunkten gekürzt, Sanierungsprogramme in Obdachlosensiedlungen aufgeschoben. Es heißt also, die Tatsachen auf den Kopf zu stellen, wenn SCHELSKY vor der Gefahr einer Machtübernahme derer warnen zu müssen glaubt, die für die geschädigten Randgruppen, die SCHELSKY als «sogenannte» bezeichnet, mehr soziale Unterstützung zu erkämpfen versuchen. Wenn vor einer Überversorgung und Überbetreuung zu warnen ist, dann vor jener am Beispiel der Medizin deutlich gewordenen kostspieligen Eigenversorgung und Eigenbetreuung der ökonomisch Privilegierten. *Die Selbständigen sind nicht die einen und die Betreuten die anderen. Sondern es ist ein und dieselbe soziale Gruppe, die einerseits sozioökonomisch am meisten Selbständigkeit genießt und sich zugleich am besten selbst betreut und versorgt.*

Das Verhältnis von Betreuungs-Angebot und Betreuungs-Bedarf entwickelt sich keineswegs gegenläufig zu den Gesetzen unserer kapitalistischen Wirtschaft schlechthin. Dort, wo die größte Kaufkraft ist, wird auch am meisten «Betreuung» konsumiert. Die Wachstumswirtschaft hängt an dem Prinzip der eskalierenden Wechselwirkung von Konsum und Produktion. Das Leitbild des hohen Lebensstandards im Sinne eines hohen Konsums ist darauf zugeschnitten. Warum sollten sich die Wohlhabenden gegenüber den Angeboten an sozialer Betreuung anders verhalten als sonst? Es ist nur zu natürlich, daß sie ihren Kindern am ehesten kostspielige Nachhilfelehrer, Therapeuten, Elite-Internate u. dgl. verschaffen, daß sie sich die aufwendigsten Spezialbehandlungen für ihre gesundheitlichen Gebrechen leisten und sich im Alter besser und aufwendiger pflegen lassen können als die Ärmeren. Dieses Verhalten wird im übrigen mit Vorteilen in der Prestige-Konkurrenz prämiiert: Wer die teuersten Sanatorien und die teuersten Ärzte wählt, gilt am meisten. Auf der anderen Seite erfahren Mediziner, daß man ihre Qualität vielfach unmittelbar nach der Höhe ihrer Honorare einstuft. Die anerzogene fatale Gleichsetzung von «gut» und «teuer» bewirkt, daß manche Therapeuten paradoxerweise ihre Attraktivität dadurch erfolgreich steigern, daß sie einfach mehr Geld verlangen.

Korrekt wäre es also, eine Umverteilung von Betreuung und Versorgung in dem Sinne zu fordern, daß die ökonomisch Privilegierten mehr maßhalten sollten, um mehr Betreuung für diejenigen zu sichern, die sie nötig haben. Denn alle einschlägigen Sachverständigen-Enqueten, die dem Deutschen Bundestag vorgelegt wurden, bezeugen einhellig eine immer noch vorhandene Unterbetreuung der sozial Schwachen in den Sektoren Bildungs-, Gesundheits- und Fürsorgehilfen. Und die prompte Einschränkung vieler Sozialprogramme in der Konjunkturflaute zeigt jedem, wie wichtig es in unserem Lande ist, soziale Ungerechtigkeit als echtes Problem und nicht – im Sinne SCHELSKYS – als Erfindung von linken Gehirnwäschern und Dramaturgen einzuschätzen. Sobald bei wirtschaftlichem Abschwung das Prinzip der ökonomischen Opportunität und das Prinzip der sozialen Gerechtigkeit miteinander in harte Konkurrenz geraten, erweist sich jenes immer noch als das bei weitem stärkere, und dieses zeigt seine Ohnmacht. Deshalb kann die Alternative nicht lauten: Mehr Freiheit für den Menschen oder mehr Versorgung? Und falsch ist auch SCHELSKYS Frage: «Hält man heute in der Bundesrepublik die soziale Gerechtigkeit für gefährdeter oder die freie Selbstbestimmung der Person?» Nur durch mehr soziale Gerechtigkeit, durch intensive Förderung der sozial Benachteiligten haben wir Aussichten, mehr Freiheit für mehr Menschen zu schaffen und die Ausbreitung eines selbständigen Sozialverhaltens zu unterstützen. –

Die Kritik an einem Ausufern von Versorgungs- und Betreuungsansprüchen bleibt gerechtfertigt, nur muß sie sich eben an erster Stelle an diejenigen sozialen Gruppen wenden, die auch auf diesem Gebiet die Spitzenkonsumenten sind, und das sind eben die ökonomisch privilegierten Kreise, denen die Wahlkämpfer auf der rechten Seite gern dabei helfen, das eigene Fehlverhalten auf die anderen zu projizieren, nämlich auf die sozial Schwachen und deren Fürsprecher. Es ist richtig, den Staat an zuviel Bevormundung der Bürger durch aufgeblähte administrative Apparate hindern zu wollen. Aber es ist Heuchelei, wenn ausgerechnet die ökonomisch Mächtigen, die faktisch die hauptsächliche Bevormundung in unserer Gesellschaft ausüben, weil Abhängigkeit hierzulande doch in erster Linie ökonomische Abhängigkeit ist, «Haltet den Dieb!» rufen und sich als Wächter über die Mündigkeit der Bürger aufspielen. Nachdem sich gerade erst wieder in der Konjunkturflaute gezeigt hat, wie eindeutig unsere Sozialpolitik von den Ansprüchen der Wirtschaft her gegängelt bzw. eingeschränkt wird und wie klar die Interessen der letzteren über die Interessen der ersteren dominieren, sollte sich doch niemand über die wahren Machtverhältnisse täuschen. Der Staat ist bei uns klar in der Defensive, wenn er die Interessen der sozial Schwächeren gegen die dominierende

Macht des Kapitals zu schützen versucht. Die Realität der Verhältnisse in unserem Lande wird ins Gegenteil verkehrt, wenn die politischen Fürsprecher der wirtschaftlichen Machtzentralen, anstatt die eigene soziale Vormundschaftsrolle einzugestehen, vor dem Gespenst einer «Sozialdemokratisierung» warnen, bei welcher der Staat mit den vermeintlichen Hilfstruppen der Betreuer, also der Lehrer, der Heimerzieher, der Sozialarbeiter usw. auf eine angebliche «Betreuungsherrschaft» zusteuere.

Abgesehen von der Verzeichnung der tatsächlichen Herrschaftsverhältnisse berührt die Diffamierung von Begriffen wie «Betreuung» und «Versorgung» aus einer Richtung besonders peinlich, die sich traditionellerweise auf den christlichen Geist beruft. Es ist im günstigen Falle immer nur eine sehr begrenzte Zeitstrecke, in der sich der Mensch als leidlich selbständig zu erfahren und zu verhalten vermag. Er ist zunächst ein betreutes Kind und schließlich wieder ein pflegebedürftiger, gebrechlicher Alter – dazwischen oft genug als Kranker Empfänger von therapeutischen und sozialen Hilfen. Deshalb geschieht menschliches Zusammenleben weithin in dem Grundverhältnis von Betreuen und Betreutwerden zwischen Starken und Schwachen, zwischen Gesunden und Kranken, Lehrern und Lernenden. Schelskys Aufforderung zu einer Bevorzugung des selbständigen an Stelle des betreuten Menschen als «Ziel der Ordnungspolitik auf allen Gebieten» enthält einen fatalen Beiklang von Rücksichtslosigkeit, von Ermutigung der Starken zu mehr Egoismus. Diese Komponente des Plädoyers für die Freiheit des selbständigen Menschen und gegen die Betreuung und Versorgung als zentralen Wert einer sozialdemokratischen Konzeption sollte man heraushören und deutlich beim Namen nennen. Die Unionspolitiker müssen klarmachen, was ihre – zuletzt nur noch leise vernehmbaren – Thesen zur «Neuen sozialen Frage» noch wert sind, wenn sie auf der anderen Seite ein betont individualistisches Menschenbild propagieren und wenn sie im eigenen Kreis und im Kreis ihrer politischen Freunde Begriffe wie «soziale Betreuung» mit «linke Betreuungs*herrschaft*» und «Versorgung» mit «*bevormundendem* Versorgungsstaat» assoziieren und damit planmäßig diffamieren lassen.

Einen falschen Zungenschlag enthält in diesem Zusammenhang auch der scheinheilige Anspruch von rechts, das Leistungsprinzip gegen linke Kritiker in Schutz nehmen zu wollen. Hier verfährt man in ähnlicher Weise wie bei dem Freiheitsbegriff, daß man nämlich einen monopolistischen Besitzanspruch auf einen Wertbegriff anmeldet und gleichzeitig die Bedrohung dieses Wertes durch den politischen Gegner vortäuscht. Leistung kann einerseits erlebt werden als eigenes, mit einem Gefühl von Freiheit und Selbstverwirklichung verbundenes Tun, oder als die rein aufgezwungene, entfremdende Erfüllung äußerer Forderungen, u. U. obendrein verbunden mit permanenter Kontroll- und Prüfungsangst gegenüber Autoritäten. Sozialpsychologische Befunde besagen, daß das spontane Leistungsinteresse in dem Maße anzuwachsen pflegt, in dem Menschen durch Momente der Selbst- und Mitbestimmung ihre Arbeit als ihre eigene Sache und zugleich als sinnvollen Beitrag in übergeordneten sozialen Zusammenhängen erleben können. Umgekehrt ist bekannt, daß Leistungsunlust und Gleichgültigkeit unter dem Einfluß einengender sozialer Bedingungen zunehmen. Also besteht unsere vordringliche politische Aufgabe darin, die sozialen Voraussetzungen für die Entwicklung spontaner Leistungsmotivation zu fördern, ganz im Gegensatz zu jener Argumentationslinie von rechts, die im Sinne des alten Obrigkeitsdenkens den Leistungswillen lediglich durch disziplinierende Appelle von oben nach unten eindressiert sehen will. Auch die Leistungsbereitschaft kann mithin letztlich nur als Beitrag mündiger Bürger unter den Bedingungen eines materiell gesicherten Freiheitsraums gefördert werden, indem man die Arbeitswelt durch entsprechende soziale Reformen verändert. Wer mehr Leistungsbejahung ohne solche Reformen verlangt, trägt selbst zur Unterdrückung der psychischen Einstellung bei, um deren Stärkung es ihm angeblich zu tun ist.

Literatur

1. Beckmann, D. u. H. E. Richter: Gießen-Test. Handbuch. Huber Verlag, Bern–Stuttgart–Wien 1972

2. Bericht über die Lage der Psychiatrie in der Bundesrepublik Deutschland – Zur psychiatrischen und psychotherapeutisch/psychosomatischen Versorgung der Bevölkerung. Bundesdrucksache 7/4200, 4201, 1975
3. Der Bundesminister für Jugend, Familie und Gesundheit: Daten des Gesundheitswesens – Ausgabe 1977, Bonn-Bad Godesberg
4. Noelle-Neumann, E.: zit. nach FAZ-Artikel: Freiheit macht glücklicher als Gleichheit. 2. 7. 1975
5. Schelsky, H.: Die Selbständigen und die Betreuten. Rede vor dem Parteitag der CSU 1973. Frankfurter Rundschau vom 3. 10. 1973
6. Schelsky, H.: Die Arbeit tun die anderen. Westdeutscher Verlag, Opladen 1975

Sieben Jahre danach*

Sieben Jahre ist es her, daß ich «Die Gruppe» geschrieben habe. Seitdem ist etwas Paradoxes geschehen. Die Gruppe ist einerseits zu einem weitverbreiteten Lebensmodell geworden. Wohngemeinschaften und Selbsthilfegruppen der verschiedensten Art gehören zu den Selbstverständlichkeiten unserer Tage. Didaktische und therapeutische Gruppentechniken spielen in der Pädagogik und vor allem in der Psychotherapie eine immer noch zunehmende Rolle. In Gruppenform und unter Ausnutzung gruppenpsychologischer Methoden wird trainiert, fortgebildet, supervisioniert, Arbeit umorganisiert. Als Freizeit- und Therapiemodell, als Spiel-, Lern- und Erholungshilfe hat man die Gruppe weidlich gefördert und kommerzialisiert. Aber zugleich ist der ursprünglich in der Gruppenbewegung steckende emanzipatorische Elan merklich geschwächt worden. Überall dort, wo die Lebensform Gruppe sich reformträchtig innerhalb irgendeines typisch hierarchisch durchorganisierten Bereiches durchzusetzen versuchte, ist sie auf wachsenden Widerstand gestoßen. Man hat bald begriffen, wie das in vielen progressiven Gruppen aufgeflammte Bedürfnis nach Solidarität und partnerschaftlicher Mitbestimung die allenthalben in den Institutionen vorherrschenden Abhängigkeitsverhältnisse bedrohte.

Also ging es zur Erhaltung der bisherigen Machtstrukturen darum, daß die Inhaber von Führungspositionen die kritischen Energien von Gruppenprozessen zu entschärfen lernten. Und es wurden immer mehr gruppendynamische Experten von Indu-

* Nachwort zu der im November 1978 erscheinenden Taschenbuchausgabe von «Die Gruppe».

strie und Verwaltungen angeworben, um Führungsteams in Tricks gruppendynamischer Manipulationsmöglichkeiten zu unterweisen. Denn es ist mit der Gruppendynamik ähnlich wie mit der Psychoanalyse: Der Geschulte kann mit ihren Methoden andere Menschen sowohl in der Erweiterung von kritischem Bewußtsein und Selbständigkeit wie umgekehrt in der Entwicklung von unkritischer Anpassung fördern. Man kann gruppendynamische Prozesse jederzeit so lenken, daß zum Beispiel von oben nach unten erzeugte Spannungen nur als vermeintliche Rivalitätsprobleme innerhalb der unteren Ebene verkannt werden. Man kann das Bewußtsein einer emotional entlastenden Scheinsolidarität durch Sündenbocktechniken und Außenfeindprojektionen erzeugen, usw. Dies habe ich inzwischen in «Lernziel Solidarität» ausführlicher dargestellt.

In der inzwischen als «Fach» etablierten Gruppendynamik wiederholt sich eine Entwicklung, die man aus der Geschichte der organisierten Psychoanalyse kennt: Obwohl man in Gruppenprozessen wie in jeder Psychoanalyse die Beeinflussung des Psychischen durch gesellschaftliche Machtstrukturen antrifft, bemüht sich ein Teil der einschlägigen Experten um eine Anpassung an einen apolitisch konservativen Wissenschaftsbegriff. Während sich unter vielen Psychoanalytikern immer noch die Tendenz hält, die Auseinandersetzung mit der aktuellen politischen Wirklichkeit dadurch zu vermeiden, daß man die soziogenen psychischen Schäden ausschließlich in die früheste Kindheit datiert, häufen sich in der Gruppendynamik die Theorien, welche Gruppen als in sich geschlossene Systeme beschreiben und alle gruppeninternen Konflikte und Störungen systemintern erklären. Im Widerspruch zu dem emanzipatorischen Potential der Gruppe gleicht sich die organisierte Gruppendynamik wie ahnungslos an die hierarchischen Strukturen des verschulten Wissenschaftsbetriebes an. Man widerlegt den eigenen Grundgedanken der partnerschaftlichen gemeinsamen Entwicklung in Gruppen durch die traditionelle Aufspaltung in Gruppenlehrer bzw. -trainer und Gruppenschüler. Längst schon gibt es formalisierte Ausbildungsgänge in Gruppendynamik mit den üblichen Standards von Zulassungsbedingungen, abzuleistenden Veranstaltungen und mehr oder minder deutlichen Prüfungssituationen. Man übernimmt, wie modifiziert auch immer, die Formalien des traditionellen Fort- und Weiterbildungstrainings, dessen Verinnerlichung am Ende «Gruppenspezialisten» entstehen läßt, die ohne beunruhigende politische Wert- und Zielkonflikte beliebige Funktionsstörungen in beliebigen Gruppensystemen ingenieurshaft zu reparieren verstehen.

Freilich verschafft die Verleugnung des Zusammenhanges zwischen Gruppe und Gesellschaft vielen Gruppendynamikern eine langersehnte Entschärfung der Spannungen, die unweigerlich zu tragen wären, wenn man die Überlastung vieler Kleingruppen mit gesellschaftlich bedingten Konfliktmomenten entlarvt. Der Wunsch, sich nach rechts hin politisch unverdächtig zu erweisen, läßt sich obendrein gut mit der Möglichkeit verbinden, die verschiedenartigsten Gruppenexperimente und -spiele als eine Art von hygienischem Trimm-Dich anzubieten, das entfremdende gesellschaftliche Mißstände nicht zu verändern ermutigt, sondern zu vergessen und zu kompensieren erleichtert.

Durch das Aufleben eines Rechtstrends in der Bundesrepublik ist die Erwartung zahlreicher kritischer Spontangruppen als Illusion entlarvt worden, von der Basis aus unmittelbar verändernd auf gesellschaftliche Strukturen wirken zu können. Relativ konfliktfrei vermochte sich in diesem politischen Klima eine große Zahl von rein therapeutisch bzw. eigentherapeutisch operierenden Selbsthilfegruppen zu entwickeln. In mehr oder minder deutlicher Anlehnung an das Vorbild der schon lange bekannten Alkoholiker-Selbsthilfegruppen haben sich vor allem in Universitätsstädten, von der Öffentlichkeit kaum bemerkt, Tausende von überwiegend jüngeren Menschen zusammengetan, um gruppenweise gemeinsame Probleme zu bewältigen, seien es Kontaktschwierigkeiten, Sexualprobleme, bestimmte chronische Krankheiten oder Behinderungen. M. L. Moeller*, der diese Entwicklung seit Jahren erforscht hat, hat kürzlich erstmalig einen relativ umfassenden Überblick über die Selbsthilfegruppenbewegung geliefert.

* M. L. Moeller: Selbsthilfegruppen. Rowohlt Verlag, 1978.

Neben eigentherapeutischen auch politische Ziele vertreten Selbsthilfegruppen und Selbsthilfeorganisationen, denen es neben oder sogar vor der Überwindung persönlicher Schwierigkeiten um die Beseitigung gemeinsamer sozialer Benachteiligungen geht. Hier wäre eine große Zahl von Initiativen aufzuzählen. Nur als Beispiele seien die Frauengruppen in den Frauenhäusern und zum Teil auch in Betrieben genannt, ferner die Gruppen allein erziehender Väter und Mütter, Eltern von behinderten Kindern usw.

Viele der sozialpolitisch aktiven Initiativgruppen, die Ende der sechziger, Anfang der siebziger Jahre entstanden waren, haben sich aufgelöst, weil sie ihre zum Teil sehr weitgesteckten politischen Zielvorstellungen nicht rasch verwirklichen konnten. Andere sind durch Gelder oder restriktive Vorschriften gezähmt worden und haben sich in apolitische Versorgungs- oder Freizeitclubs gewandelt. Wo, wie gelegentlich im Bildungswesen und in der Psychiatrie, versuchsweise neue Kooperationsmodelle an der Basis gefördert worden waren, mit erweiterter Selbstverantwortung für Lehrer-, Eltern-, Schülergruppen bzw. für therapeutische Gemeinschaften aus therapeutisch-pflegerischem Personal und Patienten, da fand man bald fiktive «Beweise» für die Nachteile dieser Experimente und stoppte viele von ihnen. Der eigentliche Grund war die Angst vor der Ansteckungswirkung dieser Modelle und vor der Erschütterung der bestehenden institutionellen Machtverhältnisse.

In Wirklichkeit hat etwa das *Modell der therapeutischen Gemeinschaft* in der Psychiatrie Außerordentliches geleistet. Die kollegiale Bestimmung der Arbeit und die Auflockerung des üblichen Vorgesetztenverhältnisses zwischen akademisch und nichtakademisch ausgebildetem Personal sowie die Delegierung erweiterter Verantwortung an die Patienten hat alle Beteiligten befriedigt. Die Patienten sind ermutigt und stimuliert worden, auf den Stationen entwickelte sich ein neues Zusammengehörigkeitsgefühl, und die Ablösung professioneller Routine durch unkonventionelle neue Gruppenmethoden führte überwiegend zu einer deutlichen qualitativen Verbesserung der Arbeit. Aber diese Modelle ließen sich eben nicht hermetisch abschirmen. Sie regten zu breiter Nachahmung an, und in jeder der damit experimentierenden Anstalten brachten sie das tradtionelle hierarchische Organisationsgefüge in Gefahr. Nicht, weil sie nicht funktionierten, sondern weil sie von den höheren Leitungs- und Aufsichtsgremien als unkalkulierbarer Machtfaktor gefürchtet wurden, hat man zahlreiche solcher therapeutischen Gemeinschaften wieder abgewürgt. Andere bestehen freilich weiter, und das Bewußtsein von der zukunftsweisenden Bedeutung dieser Experimente ist immerhin in vielen, die damit in Berührung gekommen sind, nicht mehr auszulöschen.

In der Deutschen Gesellschaft für Soziale Psychiatrie und in dem sogenannten Mannheimer Kreis arbeiten nach wie vor zahlreiche Sozialarbeiter, Psychologen, Psychiater, Arbeitstherapeuten, Psychotherapeuten, Krankenschwestern und Pfleger zusammen, die beharrlich an dem Prinzip einer berufsübergreifenden partnerschaftlichen Zusammenarbeit mit Patienten festhalten. Hier wie auch in verschiedenen familientherapeutischen Arbeitskreisen experimentiert man mit neuen Therapiemodellen, in denen der Eigenaktivität von Klienten bzw. Patienten eine zunehmende Bedeutung eingeräumt wird. Auch kümmert man sich um fortschrittliche Formen von Fort- und Weiterbildung, in denen sich beruflich gemischte Gruppen bei zurückhaltender Anleitung und Supervision von Erfahrenen weitgehend selbständig erweiterte Kompetenzen verschaffen.

Die Fortbildungs-Selbsthilfegruppe erweist sich überhaupt mehr und mehr als eine Alternative gegenüber Spezialistentrainings, in denen Therapeuten theoretisch und technisch methodisch einseitig immer länger und reglementierter geschult werden. Letztlich ist es der Druck der von mannigfachen psychosozialen Krisen und Leiden betroffenen Individuen und Familien, der zu einer Modernisierung des Fort- und Weiterbildungswesen in psychosozialer Betreuung zwingt. Denn die sich wegen ihrer elitären und umständlichen Standards nur ganz langsam erweiternden Spezialistenzirkel sind außerstande, dem Bedarf der Bevölkerung gerecht zu werden. Ein charakteristischer Modellfall ist die Familientherapie, die der Bevölkerung frühestens in 15 bis 20 Jahren in ausreichendem Umfang zur Verfügung stünde, wenn das kleine Häuflein von familientherapeutischen Experten darauf bestehen würde, die Legitimation für diese

Methode an eigene monopolistische Ausbildungsangebote zu binden. Statt dessen zeichnet sich jetzt ein anderer Weg ab: Die familientherapeutischen Experten fördern die Bildung von regionalen Selbsthilfe-Fortbildungsgruppen in Familientherapie, die offen sind für Angehörige sämtlicher helfender Berufe, die für die Beratung, Betreuung und Therapie von Familien in Frage kommen. Alle, die morgen anfangen wollen, in Sozialarbeit, Krisenberatung, Therapie unter familientherapeutischer Perspektive zu arbeiten, können das tun. Durch Zusammenarbeit in einer umfassenden Arbeitsgemeinschaft für Familientherapie und in örtlichen Selbsthilfe-Fortbildungsgruppen lernen sie, die Probleme dieses neuen Ansatzes besser zu verstehen und zu handhaben. Die spärlich vorhandenen Experten helfen durch gelegentliche Supervision und durch seminaristische Blockveranstaltungen mit, die z. T. überregional organisiert werden. Damit wird der Gefahr entgegengewirkt, daß sich Familientherapie wie viele andere Methoden wieder nur als ein aus Macht- und Geldgründen sorgfältig abgeschirmtes Spezialistenprivileg entwickeln würde, rücksichtslos verteidigt von denen, die ihren einmal erkämpften Expertenvorsprung nicht mehr preisgeben wollen.

Den Kampf *in* der Gesellschaft nimmt inzwischen ein neuer Typ von engagierten Spontangrupen auf, die binnen weniger Jahre zu einem einflußreichen politischen Faktor geworden sind. Das sind die vielen kritischen *Bürgerinitiativen*, die teils eng umschriebene Kommunalprobleme aufgreifen, teils Probleme, die – wie die Kernkraftpolitik – von zentraler Bedeutung für die Gestaltung unserer gesellschaftlicher Zukunft sind. Die Bürgerinitiativen sind ein symptomatischer Ausdruck für die wachsende Sorge der Menschen, daß um kurzfristiger ökonomisch-technischer Vorteile willen immer mehr an fundamentalen menschlichen Bedürfnissen vorbei geplant wird und daß die maßgeblichen Entscheidungsträger die Gesellschaft anscheinend eher wie eine Art Wirtschaftsbetrieb zu lenken versuchen, dessen optimale Rationalisierung sie mit Fortschritt verwechseln. Die Bürgerinitiativen repräsentieren weithin vergewaltigte emotionale Bedürfnisse, in denen längerfristig offenbar sehr viel mehr Vernunft steckt als in den prognostischen Entwürfen technokratischer Statistiker, die in ihren Zahlen niemals herausfinden können, wie die Menschen morgen eigentlich leben wollen und auf wieviel Komfort sie zu verzichten bereit wären, um sich nach wie vor in dieser Welt heimisch und menschlich fühlen zu können. Die etablierten politischen Organisationen und die Administrationen sind obendrein durch ihre Überbürokratisierung meist gar nicht mehr imstande, prompt und flexibel zu reagieren, um unheilvolle Entscheidungen zu revidieren und manifeste Fehlplanungen über den Haufen zu werfen. Die Spontangruppe der Bürgerinitiative, als Notbehelf entwickelt, erweist sich immer mehr als ein unentbehrliches Instrument der Menschen an der Basis, im Falle der Bedrohung vitaler Interessen wenigstens zu einem leidlichen politischen Einfluß zu gelangen. Mag dieser Einfluß gelegentlich auch nur darin bestehen, daß die Politiker gezwungen werden, über gefährliche Entscheidungen kritischer nachzudenken.

Nur zu verständlich ist es allerdings, daß diese kritischen und offensiven Bürgerinitiativen das Schicksal zahlreicher anderer der «Systemveränderung» zu bezichtigenden Spontangruppen teilen und verschiedentlich von rechts als vermeintliches kommunistisches Teufelswerk angeprangert und verfolgt werden. Die großen Parteien gehen gegenüber diesen Gruppen zunehmend auf Distanz und hoffen, daß die ihnen unheimlichen Initiativen sich ihres Sonderstatus als unmittelbarer Repräsentanz kritischen Bürgerwillens begeben und durch eine eigene Parteigründung bald in Routine und bürokratischem Trott erstarren, die sie selbst mehr oder minder fesseln. Aber die Bürgerinitiativen sehen anscheinend durchaus diese Gefahr. Sie benötigen zwar, wie sich im Falle der Kernkraftwerkplanungen zeigt, die Stoßkraft einer Massenorganisation. Aber es ist wichtig, sich die Beweglichkeit einer Sammlungsbewegung engagierter Gruppen zu erhalten, um weiterhin vitale Bedürfnisse direkt artikulieren zu können und spontan handlungsfähig zu bleiben. Wie vital und aktuell die von den Umweltschutz-Bürgerinitiativen vertretenen Bedürfnisse zumal von der jungen Generation eingeschätzt werden, beweisen die letzten westdeutschen Landtagswahlen.

Noch ein Wort zu den Beispielen des Buches «Die Gruppe».

Es gibt heute mehr Kinderläden und Eltern–Kinder-Gruppen als zum Erscheinungstermin dieses Buches. Noch immer erstrebt man in den Kinderläden vorrangig eine frühzeitige Ermutigung der Kinder zu kreativer Mitgestaltung des Lebens in der Kindergruppe und in der Familie. Man fördert gezielt ihre soziale Sensibilität und ihre Verantwortungsfreude. Die Auswüchse eines überspitzt antiautoritären Experimentierens sind überwunden. Aber selbst die verbliebenen gemäßigt progressiven Ansätze vieler Kinderläden, Kindergärten und Kindertagesstätten geraten immer mehr unter politischen Druck von rechts. Die Aktionen des Frankfurter CDU-Magistrats gegen die dortigen Kitas sind ein schlimmes Beispiel für derartige Repressionen.

Auch zahlreiche Initiativgruppen, die im Randgruppenbereich arbeiten, werden vielerorts mehr und mehr diszipliniert und in ihrer Spontaneität eingeengt. Im Zuge der allgemeinen Klimaveränderung ist eine Tendenz zur Entpolitisierung und zur Hervorkehrung reiner Betreuungsaufgaben in diesen sozialpolitischen Modellen unverkennbar. In der Rezessionsphase führten die Kürzungen der Sozialetats an zahlreichen Orten zur Einschränkung von öffentlichen Zuschüssen, zu Personalkündigungen und mitunter auch zur Zerschlagung derartiger Projekte. Mit dem Abklingen der Rezession hat aber bezeichnenderweise keine Gegenbewegung eingesetzt. Zahlreiche qualifizierte Randgruppenprojekte kümmern nach wie vor mit einer spärlichen Förderung dahin und bangen von Jahr zu Jahr um die spärlichen Zuschüsse, von denen ihr Überleben abhängt. Es ist von symptomatischer Bedeutung, daß der wirtschaftliche Aufschwung dieses Feld der Sozialpolitik praktisch unberührt gelassen hat.

Die Gießener Initiativgruppe Eulenkopf lebt – im 9. Jahr – fort. Sie hat gewiß viele positive Veränderungen in der Randsiedlung Eulenkopf erreicht. Manche Krisen waren zu überstehen, und seit längerem ringt die Gruppe darum, ihre Zielvorstellungen der Tatsache anzupassen, daß sie aus der avantgardistischen Pionierphase herausgewachsen und zu einer Institution geworden ist. Wie sich die Eulenkopf-Arbeit aus meiner Sicht weiterentwickelt hat, habe ich teilweise in «Flüchten oder Standhalten» (1976), vor allem aber im «Jahrbuch der Sozialarbeit 1978» nachzuzeichnen versucht.

Durch 8 Jahre hindurch hat die Caritas, mit der die Initiativgruppe Eulenkopf als Träger zusammenarbeitet, das Projekt großzügig gefördert. Sie hat eine schriftliche Rahmenvereinbarung mit der Initiativgruppe zu allen Zeiten respektiert, die besagt, daß die Initiativgruppe die Arbeit nach eigenen Konzepten gestaltet. Einem interessierten und befähigten Sozialarbeiter, der eine frei gewordene Stelle bekommen sollte, verweigerte die Caritas nun aber plötzlich die Einstellung, weil er nicht der Kirche angehört. Auch der Hinweis darauf, daß soziales Engagement im Randgruppenbereich eine Übereinstimmung mit entscheidenden christlichen Grundwerten verläßlicher bezeuge als formale Kirchenzugehörigkeit, nützte nichts. Eine wissenschaftliche Untersuchung spricht dafür, daß gerade in Randgruppenprojekte ein besonders hoher Anteil von nicht kirchengebundenen jungen Menschen eingeströmt ist. Ursprünglich waren die Träger dankbar, daß ihnen Hunderte von Spontangruppen eine Arbeit abgenommen haben, die sie von sich aus nie in dieser Wirksamkeit hätten organisieren können. Aber jetzt, da die Projekte vielerorts einigermaßen glatt laufen, glaubt man es sich offenbar leisten zu können, die Gruppen in den Griff zu nehmen und als so etwas wie einen eigenen Besitz darzustellen.

Die Bewohner unserer Siedlung Eulenkopf haben von Anfang an und sogar auch in einer Fernsehsendung bekundet, daß sie eine hilfreiche Zusammenarbeit mit unserer Projektgruppe wollen, aber nicht im Sinne einer einseitigen Ideologie erzogen bzw. indoktriniert zu werden wünschen. Schließlich haben die Bürger dieser Siedlung keine Wahl zwischen verschiedenen Projekten mit konkurrierenden Trägern. Demzufolge wäre ein kirchlicher Träger gut beraten, seine Monopolstellung in einer solchen Siedlung zu keiner Art von kirchlicher Bevormundungsstrategie zu mißbrauchen, zumal ja in derartige Projekte stets auch ein erheblicher Anteil von staatlichem Geld hineinfließt.

Einen wichtigen Sinn scheinen mir übergreifende regionale Selbstorganisationen vom Typ der vorstehend geschilderten Psychosozialen Arbeitsgemeinschaften zu erfüllen, indem sie den bei zunehmender Institutionalisierung gefährdeten Spielraum kleiner sozialtherapeutischer und sozialpolitischer Spontangruppen wieder zu gewinnen ermöglichen. Da in unserer

Psychosozialen Arbeitsgemeinschaft Lahn-Dill neben freiwilligen Helfern Angestellte der verschiedensten Behörden, Träger und Vereine mitwirken, ist die Gruppe als Ganzes nicht in ein einheitliches administratives Abhängigkeitssystem eingefügt. Das Bewußtsein einer relativen Selbständigkeit vermittelt auch die Tatsache, daß wir auf lange Sicht nur einen sehr geringen Finanzbedarf für die Geschäftsführung und die Organisation unserer regionalen Kooperation haben. Schließlich können wir uns darauf stützen, daß der Sachverständigenbericht der Psychiatrie-Enquete, der wahrhaftig keiner kühnen politischen Tendenzen verdächtigt werden kann, Psychosoziale Arbeitsgemeinschaften von der Art der unsrigen ausdrücklich empfiehlt, und zwar nicht nur als Einzelmodell, sondern als wünschenswerte generelle Basisorganisation zur Kooperation und Koordination der psychosozialen Versorgung in der Bundesrepublik.

Die Verhärtung unseres politischen Klimas hat kürzlich auch das Buch «Die Gruppe» erfahren. Am 30. 1. 1978 gab der Münchner Pressedienst der CSU eine Presseerklärung heraus. Darin wurde ich bezichtigt, ich sei für das SPK Heidelberg als eine der schrecklichsten Ausgangsstätten des Terrorismus in unserem Lande in Wort und Schrift eingetreten und hätte dies auch in dem vorliegenden Buch «Die Gruppe» getan. Zynischerweise hätte ich dem Rektor der Universität Heidelberg sogar empfohlen, für das SPK Universitätsmittel zur Verfügung zu stellen.

Die letzte Behauptung hat die CSU selbst zurückgenommen. Zu den übrigen Behauptungen äußert sich das Landgericht München I, bei dem ich eine einstweilige Verfügung beantragt hatte, in seinem Urteil vom 15. 2. 78 wie folgt:

«I. Dem Verfügungsbeklagten (Peter Gauweiler, Pressereferent der CSU München, der Verf.) wird verboten, zu behaupten,

1) der Verfügungskläger sei für das SPK Heidelberg, in Kenntnis dessen, daß es sich hierbei um eine der schrecklichsten Ausgangsstätten des Terrorismus in unserem Lande gehandelt habe und daß dessen Mitglieder mehrere Menschen aus politischen Gründen grausamst ermordet hätten, in Wort und Schrift eingetreten und zwar auch in seinem Buch Die Gruppe, S. 329ff,

2) er habe in einer als «Gutachten» bezeichneten Schrift abschließend angeregt, dem SPK eine Fortsetzung des Projekts zu empfehlen.

II. Dem Verfügungsbeklagten wird angedroht, daß für jeden Fall der Zuwiderhandlung ein Ordnungsgeld bis zu 500000 DM und für den Fall, daß dieses nicht beigetrieben werden kann oder statt des Ordnungsgeldes unmittelbar eine Ordnungshaft bis zu 6 Monaten festgesetzt werden kann.»

Aber was einmal in der Öffentlichkeit gesagt worden ist, erzielt seine Wirkung, auch wenn es nicht wiederholt werden darf. Die wenigsten erhalten von dem zitierten Gerichtsurteil Kenntnis. Der Angegriffene kommt immerhin ins Gerede. Das kann ich in meiner Position tragen. Ich kann mich auch leicht öffentlich wehren. Wie viele andere kritisch engagierte Menschen und Gruppen mag es indessen unter dem fatalen Einfluß des Radikalenerlasses geben, die ebenso leichtfertig und unberechtigt des «Sympathisantentums» verdächtigt und darüber unmittelbar in ihrer sozialen Existenz gefährdet werden?

Verleger und Autor

Die Einladung, die nachfolgende kleine Rede zu halten, erging an mich als sogenannten erfolgreichen Autor. Aber wer bestimmt denn, wonach die Erfolge von Büchern zu bewerten sind, und wer kümmert sich überhaupt darum, wie Leser mit Büchern umgehen? Die unbewußte Assimilation und die Automatisierung kapitalistischer Denkmuster führt dazu, daß längst nicht mehr nur die Kaufleute, sondern weiteste Kreise erfolgreiche mit erfolgreich verkauften Büchern unkritisch gleichsetzen. Freilich wünsche ich mir auch als Autor, daß viele ein Buch von mir erwerben, mit dem ich etwas bewirken möchte. Aber was möchte ich eigentlich bewirken? Und findet etwas von dem statt, was ich bewirken möchte?

Man nennt mich einen Sachbuchautor. Aber über Sachen schreibe ich gerade nicht, und ich möchte auch nicht menschliche Probleme versachlichen. Kritiker haben mich den Autoren zugerechnet, die sich im weiteren Sinne um das bemühen, was man «Lebenshilfe» nennt. Nun gut. Aber was ist das für eine Lebenshilfe? Man kann Hilfe anbieten, indem man Menschen tröstet, beschwichtigt, ihnen Rezepte vermittelt. Aber geht es mir darum? Eigentlich möchte ich wie auch sonst in meinen sozialen Beziehungen zusammen mit dem Leser vor allem lernen, Probleme offen zu sehen. Als Psychotherapeut begegne ich nicht selten Patienten, die erklären mir als ihr Heilungsziel, daß sie selbstsicherer und angstfreier werden wollten. Man kann Selbstunsicherheit und Ängste in gewissem Grad durch moderne Trainingsmethoden wegtherapieren. Und den Betroffenen erscheint dies zunächst als die plausible Lebenshilfe schlechthin. Aber vielleicht handelt es sich um Leute, die in krampfhaftem Konkurrenzehr-

geiz ihre soziale Sensibilität unterdrücken und voreilig einen wichtigen Aspekt ihrer Menschlichkeit als bloßen Funktionsdefekt wegwünschen? Vielleicht könnten sie entdecken, daß sich in ihren vermeintlichen «Hemmungen» eine psychische Seite bemerkbar macht, die sie zu akzeptieren lernen sollten? Nach einem psychoanalytischen Prozeß kann herauskommen, daß jemand keineswegs in der Richtung gesünder geworden ist, in der er sich ursprünglich orientiert hatte. Aber er mag die Fähigkeit, mit sich selbstkritisch umzugehen und mannigfache Ängste besser ertragen zu können, als eine sinnvollere Art von Gesundheit empfinden als jene, die er ursprünglich erstrebt hatte.

Es ist stets mit Leiden verbunden, wenn man sich selbst und die soziale Welt, deren Teil man ist, mit größerer Offenheit zu sehen und kontinuierlich in Frage zu stellen lernt. Im Gegensatz zu dem üblichen Begriff von Lebenshilfe meine ich in der Tat, daß es gut sei, die Fähigkeit zum Leiden zu stärken, wenn anders die soziale Wirklichkeit nicht klar gesehen und bewältigt werden kann.

Aber in diesem Buch war ja auch verschiedentlich davon die Rede, daß Psychoanalytiker mitnichten gegen die Infektion durch kollektive Verleugnungen und andere unbewußte Abwehrmechanismen gefeit sind. Auch der Psychoanalytiker sucht Geborgenheit in Anlehnung, und dabei kommt es leicht zu unreflektierter Assimilierung der Vorurteile derjenigen Gruppen, mit denen man sich einig wissen möchte, weil man sich ihnen in der Grundorientierung relativ am nächsten fühlt. Also braucht auch der Psychoanalytiker den kontinuierlichen kritischen Dialog, um sich immer wieder von falschen und voreiligen Festlegungen zu lösen und die Unsicherheit des immer wieder Neufragen-Müssens auszuhalten. Wie sollte er sonst sein berufliches Geschäft glaubwürdig betreiben können, nämlich andere beständig im Mut zur Selbstbefragung zu stärken?

In der Therapie kann und muß der Psychoanalytiker viele an ihn gestellte Fragen an den Fragenden zurückgeben, damit dieser seinen eigenen Weg sucht und nicht in kindlichen Abhängigkeitsmustern verbleibt. Auch als Buchautor kann ich dieses Prinzip bis zu einem gewissen Grade verfolgen und z. B. den Leser durch provokativ formulierte Interpretationen dazu nötigen, Gelesenes nicht einfach zu konsumieren, sondern sich selbständig damit auseinanderzusetzen. So ist ja auch mancher darüber irritiert, wenn der kritischen Analyse gewohnter Vorstellungen und Verhaltensnormen oft nicht die Wegweisungen folgen, an die man sich gern klammern möchte. Aber diese Führungsrolle kann man als Autor nicht übernehmen, wenn man keine Patentlösungen bei der Hand hat. Mir geht es um die Ermutigung zu einem gemeinsamen Nachdenken, das zunächst herausbringt, wie wir eigentlich miteinander leben wollen. Wenn es richtig ist, was eigene und andere Erhebungen zu zeigen scheinen, nämlich daß die Menschen mehr Sicherheit und mehr Sinn für ihr Leben in der Verwirklichung von mehr solidarischer Gemeinschaft suchen, so ist herauszufinden: Was heißt da eigentlich mehr solidarische Gemeinschaft? Wie kann, wie soll das aussehen zwischen Mann und Frau, zwischen Eltern und Kindern, zwischen Stärkeren und Schwächeren, zwischen Experten und Laien, zwischen Administration und Bürger, zwischen Gesunden und Kranken? – Ich komme oft nicht mit denen mit, die so tun, als müßte man die Menschen gar nicht mehr befragen, wie sie sich eigentlich verstehen und verwirklichen möchten. Als wüßte man dies alles längst und müßte nur noch über theoretische Formeln zur Organisation des gesellschaftlichen Ganzen und über die Anwendung dieser Formeln reden.

Ich bin zwar auch davon zutiefst überzeugt, daß die einseitige Verteilung wirtschaftlicher Macht ein gesellschaftliches Grundübel ist und daß es ohne ein neues Verhältnis zwischen Geld und Arbeit keine wirkliche soziale Gemeinschaft in Freiheit geben kann. Aber durch den Abbau ökonomischer Privilegien allein werden noch nicht automatisch die Lebensformen herbeiorganisiert, nach denen die Menschen ursprünglich verlangen. Und es gibt eine Form des politischen Theoretisierens, das über die Köpfe der Bürger hinweg denkt und plant und im Grunde genau die Bevormundung und die infantilisierende Unterschätzung der Menschen wiederholt, die eigentlich aufgehoben werden soll. Als Psychoanalytiker neigt man freilich eher zu der entgegengesetzten Befangenheit und Gesichtsfeldeinschränkung, nämlich zu der Überschätzung dessen, was Menschen aus sich heraus bzw. aus der Kraft kleiner sozialer Gemeinschaften tun können. Aller-

dings scheint mir die Gefahr dieser Fehleinschätzung im Zuge einer gesellschaftlichen Entwicklung laufend zu schwinden, in der faktisch das menschliche Verhalten immer mehr bürokratistisch verplant, nivelliert und automatisiert wird. Es ist schwer möglich, einem Wesen an der Basis illusionärerweise noch irgendeine großartige gesellschaftliche Gestaltungskraft zuzutrauen, das immer mehr zum innerlich verarmenden, monotonen Abbild, zum bloß mitfunktionierenden Teil eines weitgehend eigengesetzlich laufenden technischen Betriebes geworden ist.

Mit der Psyche vieler geschieht doch derzeit offenbar Ähnliches wie mit den Patientenkörpern, die auf Intensivstationen an Systemen von Apparaten hängen und dank perfekter Überwachung und Steuerung am Funktionieren erhalten werden. Man kann sich heute schon Fortschritte in der Organisation der Gesellschaft vorstellen, die gar nichts mehr bewirken würden, weil das Potential der Menschen inzwischen verkümmert wäre, sich mit Hilfe dieser organisatorischen Erleichterungen freier zu entfalten. Also ist es keine nachgeordnete, sondern eine stets aktuelle und auch in politischer Dimension entscheidend wichtige Aufgabe, uns unablässig zu vergewissern, wie wir uns sinnvoll fühlen und uns in unserem menschlichen Zusammensein sinnvoll erleben können. Darüber immer wieder klarzuwerden, möchte ich anderen so wie mir helfen. Und ich meine, daß diese Klarheit nicht in einem rein theoretisierenden Nachdenken, sondern nur in einer kritisch reflektierenden Begleitung und Verarbeitung eigenen bzw. gemeinschaftlichen experimentierenden sozialen Handelns zu gewinnen ist.

Das ist jedenfalls in etwa die Idee von der «Botschaft», die vermitteln zu wollen mir beim Schreiben und als Ziel meines Schreibens eingefallen ist. Ich muß ja in dieser Hinsicht Farbe bekennen, um ein Kriterium vorzuweisen, wonach ich selbst das Gelingen oder Scheitern meines Vorhabens beurteilen möchte. Und im übrigen möchte ich mich denjenigen Rezensenten gegenüber deutlicher verständlich machen, die mich mit fast schon traditioneller Regelmäßigkeit auf Hoffnungen und Absichten festgelegt haben, die ich in dieser Form gar nicht hege (z. B. Heilung der Gesellschaft durch Psychoanalyse, durch Initiativgruppen, durch Abschaffung der Administration usw., usw.).

Eine Sache ist es, wie sich ein Autor den Umschlag mit dem Leser vorstellt. Eine andere Sache ist es, wie der Leser tatsächlich reagiert. Ob es also wirklich zu einer Art von stillem Dialog kommt, der den Angesprochenen sensibilisiert und zu kritischem Engagement stimuliert. Welche Prozesse in welchen Gruppen von Lesern vor sich gehen, ist in beunruhigendem Grade unbekannt. Auch die professionellen Kritiker können darüber nur wenig Auskunft geben, zumal dann, wenn sie sich eher wie expertenhafte Zensoren fühlen, die Bücher nach Kriterien beurteilen, die eben häufig weder dem Autor noch dem Leser wichtig sind.

Was einzelne Leser gelegentlich durch spontane Zuschriften mitteilen, ist kaum repräsentativ. Also ist weitgehend unklar, was Bücher überhaupt bewirken und somit auch, ob man die Wirkung in tieferem Sinne als Erfolg bezeichnen kann. Hier wäre noch viel zu untersuchen. Aber untersucht wird immer nur, worauf Untersuchende neugierig sind. Sind eigentlich die am Buchgeschäft beteiligten Gruppen in dieser Hinsicht genügend neugierig? Verleger und Lektoren sollten es sein, wenn sie die aus ihrer sozialen Rolle erwachsende Mitverantwortung an der gesellschaftlichen Bewußtseinsentwicklung im vollen Umfang bejahen würden. Sie nach diesem Aspekt ihres Selbstverständnisses kritisch zu befragen, war der Hintergedanke der folgenden kleinen Rede auf der Buchmesse.

Rede anläßlich der Frankfurter Buchmesse 1976

M. D. u. H., liebe Freunde, bei der Landwirtschaftsmesse, der Grünen Woche in Berlin, passiert es gelegentlich, daß die Erzeugerfirmen nicht nur die Waren Milch und Käse vorführen, sondern obendrein Musterexemplare der Kühe, von denen diese Waren ursprünglich stammen. Das sind dann in der Regel Kühe, die besonders viel Milch geben. Trotz meiner Verbundenheit mit dem Hause Rowohlt darf ich sagen, daß ich mich wie manche andere auf der Buchmesse herausgestellte Autoren durchaus in einer ähnlichen Lage wie diese Musterkühe fühle. Jedenfalls ist zumindest eine Eigenschaft, die unsere Präsentation den Produktionsfirmen nützlich erscheinen läßt, die gleiche. Uns zu melken, ist ein besonders einträgliches Geschäft. Hinzu kommt, und das ist freilich ein bedeutender Unterschied gegenüber den Kühen, daß wir sogenannten Bestseller-Autoren uns am Ende selbst in einen Markenartikel verwandeln lassen und als solcher, zumindest eine Zeitlang, gut verkäuflich sind. Es heißt von uns, es sei gar nicht mehr so wichtig, *was* wir schrieben. Bei einem neuen Buch von uns genügten unser Autorname und allenfalls noch ein attraktiver Titel, um ein gutes Verkaufsergebnis zu erzielen. Autoren, die auf einer solchen Buchmesse auf die Bühne gebeten werden, müssen sich jedenfalls darüber klar sein, daß ihnen diese Ehre vor allem wegen ihres momentanen persönlichen Marktwertes zuteil wird. Im übrigen hilft das Auftreten von Autoren, die anläßlich der Messe Interviews geben oder aus ihren neuen Werken lesen, die Illusion zu nähren, als sei eine Buchmesse anders als sonstige Messen eher eine kulturelle Veranstaltung, ein Forum des Geistes. Tatsächlich ist aber diese Messe ein Markt wie jeder andere, bestimmt durch die Teilnehmer am Buchgeschäft. Wir Autoren stecken in der Ware drin, oder wir figurieren eben gelegentlich selbst als Ware oder auch als verschleiernde Dekorationsstücke.

Aber diese ökonomischen Determinanten sind objektiv begründet. Und wir alle, die wir als Autoren, Lektoren, Buchhändler, Vertreter, Verleger mit Büchern zu tun haben, agieren mitverantwortlich in Rollen, die durch die ökonomischen Gesetzmäßigkeiten des Buchmarktes bestimmt werden. Ich meine, und dies versuchte ich ja besonders in meinem letzten Buch «Flüchten oder Standhalten» zum Ausdruck zu bringen, daß es wichtig sei, nicht nur solche ökonomischen Zusammenhänge selbst, sondern auch ihre sozialpsychologischen Aspekte genauer zu studieren. Zu diesen Aspekten gehört ein Phänomen, das ich bereits mit dem Milchkuhbeispiel vorweggenommen habe. Im unheiligen Zusammenspiel zwischen Geist und Geld ereignet sich leicht eine Polarisierung, die sich aus sozialpsychologischen Gründen kreisförmig selbst zu verstärken trachtet. Diese Polarisierung beruht auf einem Austauschverhältnis, wie man es in ähnlicher Art aus der Psychologie der Paarbeziehung kennt. Je nach der Rollenfunktion in dem Zusammenspiel identifizieren sich hier die einen mit dem Geist, die anderen mit dem Geld, bzw. beide

Gruppen gewöhnen sich daran, jeweils den ergänzenden Aspekt an die andere Seite abzutreten. Manche Autoren, Lektoren und Redakteure fühlen sich sicher in der Illusion, es allein mit dem Geist zu tun zu haben und arme Opfer der Kaufleute in den Verlagen zu sein, die ausschließlich danach trachteten, den Geist marktgerecht auszubeuten. Dies ist natürlich ein Selbstbetrug, und die Autoren sind mitnichten ahnungslose Milchkühe, sondern unmittelbar mitverantwortlich für die Verwertung ihrer Erzeugnisse, ob sie diese Verantwortung nun aktiv wahrnehmen oder nicht.

Die durch ihre unterschiedlichen Rollen bedingte Neigung der mit dem Buch befaßten Berufsgruppen, sich einerseits in die Partei des Geistes, andererseits in die Partei des Geldes aufzuspalten, führt somit immer wieder zu einer falschen Personalisierung und zu falschen Frontbildungen. Statt dessen käme es für uns alle darauf an zu durchschauen, daß wir miteinander insgesamt den übergreifenden Zwängen des Marktes in unserer Wirtschaftsordnung unterworfen sind.

Es ist indessen zugleich ein quasi paradoxer Faktor dieses Marktes, daß viele Konsumenten, daß viele Menschen heutzutage mit Hilfe des Buches dringend nach Chancen suchen, ihre Identität zu retten gegen die von rein ökonomischen Prinzipien bestimmte überhandnehmende Verwertung, Verwaltung und Verplanung ihres Lebens. Das ist die Paradoxie, die ja wohl auch hauptsächlich die Absatzziffern meiner eigenen Bücher erklärt, die sich mit den Möglichkeiten des Menschen befassen, sich gegen seine totale Vereinnahmung zu wehren. Diesen kritischen widerstandsbereiten Buchkäufern stehen freilich die anderen Konsumenten gegenüber, die bereits mehr oder minder unbewußt kapituliert haben, die ihre Entfremdung hinnehmen und ihre totale Gleichschaltung möglichst glatt und konfliktfrei vollenden wollen. Die beiden einander entgegengesetzten Konsumentengruppen repräsentieren nun eine echte Alternativfrage an die Adresse der Büchermacher. Verlage, die so etwas wie eine eigene Identität bewahren wollen, werden sich nicht auf die Dauer leisten können, beide Interessen gleichzeitig zu bedienen. Sie werden sich selbst endgültig wegtaktieren, wenn sie nebeneinander sowohl drucken, was Entfremdung, Hörigkeit, Beschwichtigung, Konfliktverdrängung fördert wie zugleich diejenige Literatur, die auf den Abbau eben dieser Prozesse abzielt. Ohne die Bedeutung der Sozialpsychologie zu überschätzen, meine ich, daß die Struktur der Kooperation der Gruppen innerhalb eines Verlages, ferner zwischen Verlag und Autoren, Verlag und Buchhändlern, Verlag und Leserpublikum eine sehr wesentliche Bedingung dafür darstellt, ob und wie rasch sich Verlage dieser Problemlage bewußt werden und daraus Konsequenzen zu ziehen vermögen. Daß diese Kooperation bislang meist schlecht oder gar nicht funktioniert und daß dadurch automatisch Selbsterneuerungsvorgänge blockiert werden, ist so unverkennbar, daß genauere Belege überflüssig erscheinen. Mir ist dabei noch an dem selbstkritischen Hinweis gelegen, daß wir Autoren uns natürlich zunächst an die eigene Nase zu fassen und zu begreifen haben, daß wir danach trachten müssen, die Politik der Verlage durch direkte Mitwirkung und nicht nur indirekt über unsere abgelieferten Produkte zu beeinflussen. In dieser Hinsicht ist die kürzliche Initiative von Günter Grass gewiß von wegweisender Bedeutung.

Eine Buchmesse wäre an sich genau der richtige Ort, die Art und Weise der Zusammenarbeit aller an diesem Wirtschaftszweig partizipierenden Gruppen kritisch zu diskutieren. Denn hier kommen alle diese Gruppen zusammen. Zwar sind die eingefahrenen Rituale im Stile einer bloßen Renommier-, Werbe- und Handelsarena einer solchen Diskussion nicht gerade förderlich. Da wäre vieles zu ändern. Aber ich würde mich sehr freuen, wenn wenigstens dieser Empfang, für dessen Arrangement ich dem Hause Rowohlt und für dessen Besuch ich Ihnen allen sehr herzlich danke, von uns genützt werden könnte, über diese Probleme näher nachzudenken.

Michael Lukas Moeller

Selbsthilfegruppen

Aus dem Inhalt:

Juttas Weg in die Selbsthilfegruppe
Geschichte der Selbsthilfegruppenbewegung
Beschreibung der Selbsthilfegruppen
Was geschieht in Selbsthilfegruppen?
Gruppenbildung
Erfahren statt Geführtwerden
Werte und Prinzipien der Gruppenselbstbehandlung
Das Gesamttreffen
Zur Bedeutung der Selbsthilfegruppen

416 Seiten. Brosch.

Rowohlt